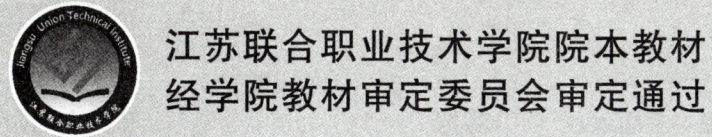

江苏联合职业技术学院院本教材
经学院教材审定委员会审定通过

五年制高等职业教育商务类专业精品课程系列规划教材

电子商务运营

DIANZI SHANGWU YUNYING

- 主　编　杨　昕
- 副主编　钱晓舒　杨永靖
- 编　者　陈　欣　陈　欢
　　　　　顾　盼　朱爱花
　　　　　徐　军　张　威

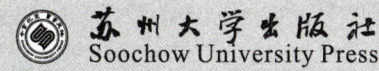

图书在版编目(CIP)数据

电子商务运营 / 杨昕主编. —苏州：苏州大学出版社, 2020.4
五年制高等职业教育商务类专业精品课程系列规划教材
ISBN 978-7-5672-3029-3

Ⅰ.①电… Ⅱ.①杨… Ⅲ.①电子商务－运营管理－高等职业教育－教材 Ⅳ.①F713.365.1

中国版本图书馆 CIP 数据核字(2019)第 263221 号

电子商务运营
杨　昕　主　编
责任编辑　马德芳

苏州大学出版社出版发行
(地址：苏州市十梓街1号　邮编：215006)
丹阳兴华印务有限公司印装
(地址：丹阳市胡桥镇　邮编：212313)

开本 787 mm×1 092 mm　1/16　印张 21　字数 525 千
2020 年 4 月第 1 版　2020 年 4 月第 1 次印刷
ISBN 978-7-5672-3029-3　定价：58.00 元

若有印装错误，本社负责调换
苏州大学出版社营销部　电话：0512-67481020
苏州大学出版社网址　http://www.sudapress.com
苏州大学出版社邮箱　sdcbs@suda.edu.cn

出版说明

江苏联合职业技术学院成立以来，坚持以服务经济社会发展为宗旨、以促进就业为导向的职业教育办学方针，紧紧围绕江苏经济社会发展对高素质技术技能型人才的迫切需要，充分发挥"小学院、大学校"办学管理体制创新优势，依托学院教学指导委员会和专业协作委员会，积极推进校企合作、产教融合，积极探索五年制高职教育教学规律和高素质技术技能型人才成长规律，培养了一大批能够适应地方经济社会发展需要的高素质技术技能型人才，形成了颇具江苏特色的五年制高职教育人才培养模式，实现了五年制高职教育规模、结构、质量和效益的协调发展，为构建江苏现代职业教育体系、推进职业教育现代化做出了重要贡献。

面对新时代中国特色社会主义建设的宏伟蓝图，我国社会主要矛盾已经转化为人们日益增长的美好生活需要与发展不平衡不充分之间的矛盾，这就需要我们有更高水平、更高质量、更高效益的发展，实现更加平衡、更加充分的发展，才能全面建成社会主义现代化强国。五年制高职教育的发展必须服从服务于国家发展战略，以不断满足人们对美好生活需要为追求目标，全面贯彻党的教育方针，全面深化教育改革，全面实施素质教育，全面落实立德树人根本任务，充分发挥五年制高职贯通培养的学制优势，建立和完善五年制高职教育课程体系，健全德能并修、工学结合的育人机制，着力培养学生的工匠精神、职业道德、职业技能和就业创业能力，创新教育教学方法和人才培养模式，完善人才培养质量监控评价制度，不断提升人才培养质量和水平，努力办好人民满意的五年制高职教育，为决胜全面建成小康社会，实现中华民族伟大复兴的中国梦贡献力量。

教材建设是人才培养工作的重要载体，也是深化教育教学改革，提高教学质量的重要基础。目前，五年制高职教育教材建设规划性不足、系统性不强、特色不明显等问题一直制约着内涵发展、创新发展和特色发展的空间。为切实加强学院教材建设与规范管理，不断提高学院教材建设与使用的专业化、规范化和科学化水平，学院成立了教材建设与管理工作领导小组和教材审定委员会，统筹领导、科学规划学院教材建设与管理工作。制定了《江苏联合职业技术学院教材建设与使用管理办法》和《关于院本教材开发若干问题的意见》，完善了教材建设与管理的规章制度；每年滚动修订《五年制高等职业教育教材征订目录》，统一组织五年制高职教育教材的征订、采购和配送；编制了学院"十三五"院本教材建设规划，组织18个专业和公共基础课程协作委员会推进了院本教材开发，建立了一支院本教材开发、编写、审定队伍；创建了江苏五年制高职教育教材研发基地，与江苏凤凰职业教育图书有限公司、苏州大学出版社、北京理工大学出版社、南京大学出版社、上海交通大学出版社等签订了战略合作协议，协同开发独具五年制高职教育特色的院本教材。

今后一个时期，学院在推动教材建设和规范管理工作的基础上，紧密结合五年制高职教育发展新形势，主动适应江苏地方社会经济发展和五年制高职教育改革创新的需要，以学院18个专业协作委员会和公共基础课程协作委员会为开发团队，以江苏五年制高职教育教材研发基地为开发平台，组织具有先进教学思想和学术造诣较高的骨干教师，依照学院院本教材建设规划，重点编写出版约600本有特色、能体现五年制高职教育教学改革成果的院本教材，努力形成具有江苏五年制高职教育特色的院本教材体系。同时，加强教材建设质量管理，树立精品意识，制定五年制高职教育教材评价标准，建立教材质量评价指标体系，开展教材评价评估工作，设立教材质量档案，加强教材质量跟踪，确保院本教材的先进性、科学性、人文性、适用性和特色性建设。学院教材审定委员会组织各专业协作委员会做好对各专业课程（含技能课程、实训课程、专业选修课程等）教材进行出版前的审定工作。

本套院本教材较好地吸收了江苏五年制高职教育最新理论和实践研究成果，符合五年制高职教育人才培养目标定位要求。教材内容深入浅出，难易适中，突出"五年贯通培养、系统设计"专业实践技能经验积累培养，重视启发学生思维和培养学生运用知识的能力。教材条理清楚，层次分明，结构严谨，图表美观，文字规范，是一套专门针对五年制高职教育人才培养的教材。

学院教材建设与管理工作领导小组
学院教材审定委员会
2017 年 11 月

序 言

为了适应五年制高等职业教育商贸类专业课程改革和精品课程建设需要，进一步提高商贸类专业人才培养质量，根据江苏联合职业技术学院商贸类专业人才培养方案和相关专业课程标准，学院商务类专业协作委员会组织了各分院专业骨干教师，有计划、有步骤地开发五年制高等职业教育商贸类专业精品课程院本教材。

五年制高等职业教育商贸类专业精品课程系列教材，力求以案例教学为主，配以与相关职业岗位相适应的能力训练项目，使知识学习与能力训练做到有机融合。系列教材所涉及的课程既包括了商贸类专业基础课，也包括了营销类专业的主干课程。所有教材坚持"就业—能力—学生"三位一体的原则，即：坚持"以就业为导向、以能力为本位"的职业教育目标，坚持"以学生职业能力培养为主"的职业教育课程目标，坚持"以学生为主体、教师为主导"的职业教育课堂教学目标，教材紧扣课程性质和特点，既有利于教学的组织与实施，又充分展现了五年制高职课程的特色。

五年制高等职业教育商贸类专业精品课程系列教材开发是在江苏联合职业技术学院全面统筹下，根据高等职业教育的人才培养模式，结合专业课程体系、课程结构及教学内容的改革要求，由各分院专业骨干教师共同组织编写。教材编写凸显职业能力的教育观念，突破传统的思路和框架，教材的选题、立意构思新颖，能够着眼于培养学生的职业素质、创新精神和专业技术应用能力，充分体现以能力为本位的思想；教材使用有利于推动教学模式、教学方法和教学手段的改革。

五年制高等职业教育商贸类专业精品课程系列教材主要适用于五年制高等职业教育商贸类专业及相关专业的专业基础课教学，也可用于三年制高等职业教育、中等职业教育财经商贸类专业教学。

学院商务类专业协作委员会
2018 年 3 月

前言

当前,电子商务在中国市场已经走过了仅注重技术与产品价值的阶段,近几年,在网络社交方式的改变及网络环境的影响下,单纯依靠产品和技术的领先就能垄断市场从而获得稳定收益的情况伴随着电子商务的发展有所改变,后续的运营对其成功起着决定性的作用。电子商务运营已经成为企业开展电子商务活动的必备环节,同时也是最重要的环节。

本书主要内容分为三大部分。1. 运营基础设置篇:包括认识电商运营、开店基础、店铺管理基础、店铺运营基础和店铺推广基础5个项目,读者通过学习基础理论进一步加深对淘宝网店运营的基本认识。2. 运营岗位操作篇:包括SEO专员操作、CRM专员操作、直通车专员操作、钻展专员操作和活动专员操作5个项目,从维护客户、站内流量转化和站外流量转化3个方面加深读者对电商运营各岗位工作内容的认识。3. 运营数据分析篇:包括行业数据分析、竞品数据分析和店铺数据分析3个项目,从网店运营数据管理和诊断的角度帮助读者成为一个真正的电商运营人员。本书着重培养读者具备以下能力:网店日常运营能力、网店推广运营能力和网店运营数据分析能力。

本书力求理论和实战相结合,具有以下特点:1. 以工作过程为导向,按照电商运营的各岗位工作过程组织教材内容,把握当代职业教育的精髓,是一本集科学性、专业性、实战性、实用性、职业性于一体的教材。2. 根据工作流程、创业就业理念设计教学环节,以实战工作任务为主线,以网店运营为载体,围绕店铺开设、网店基本设置、运营推广、活动策划、数据分析等内容设计了13个项目,每个项目下设计若干个任务,每个任务包括任务情境、任务分析、知识准备、任务实施、任务总结、任务训练、课外学习等内容,引导学生将理论与实战相结合。3. 教材中融合了互联网新技术,结合教学方法改革,创新教材形态,以二维码嵌入微课、动画、视频等数字资源,不仅增加了教材的可读性和趣味性,还将教材、课堂、教学资源三者融合,实现线上线下相结合的教材出版新模式。

本书由多位具有多年电子商务企业实战经验的电子商务运营人员以及高职院校电子商务骨干教师共同编写。全书由杨昕担任主编,钱晓舒、杨永靖担任副主编,陈欢、张威、徐军、顾盼、朱爱花、陈欣参与编写。具体分工如下:项目一、项目十和项目十二由杨永靖编写;项目二由杨昕编写;项目三由杨昕、陈欣编写;项目四由陈欢编写;项目五、项目九和项目十三由钱晓舒编写;项目六由杨昕、顾盼编写;项目七由朱爱花编写;项目八由徐军编写;项目十一由张威编写。常州市龙道电子商务有限公司

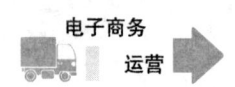

的陈开平与李新安对各个项目的实操部分进行了编写指导。张格余负责本书的审稿工作并对全书的总体框架和编写大纲提出了建议。

本书适合作为高等职业院校电子商务类、工商管理类、市场营销类专业课教材,也可作为电子商务从业人员、网店一线运营人员的自学参考用书。

在本书编写过程中,得到了江苏联合职业技术学院商务类专业协作委员会、苏州大学出版社的大力支持,他们对本书的编写提出了许多宝贵意见。本书也参考了部分教材和资料,在此对其编者表示感谢。由于时间仓促,加之编者水平有限,书中难免存在疏漏和不足之处,恳请读者批评指正,以便再版时加以改进和完善。

编 者

第一篇 运营基础设置篇

项目一　认识电商运营　　3

　　任务一　初识电商运营岗位　　3
　　任务二　了解岗位工作内容　　9

项目二　开店基础　　16

　　任务一　淘宝开店流程　　16
　　任务二　天猫开店流程　　25
　　任务三　京东开店流程　　31

项目三　店铺管理基础　　36

　　任务一　装修店铺　　36
　　任务二　发布商品　　40
　　任务三　设置店铺软件及服务　　44

项目四　店铺运营基础　　49

　　任务一　运用淘宝营销工具　　49
　　任务二　开展客户群体推广　　57
　　任务三　开展内容营销　　63

项目五　店铺推广基础　　72

　　任务一　直通车推广　　72
　　任务二　钻石展位推广　　79
　　任务三　淘宝客推广　　84

第二篇　运营岗位操作篇

项目六　SEO 专员操作　　95

　　任务一　利用数据优化标题　　95
　　任务二　宝贝上下架优化　　103
　　任务三　认识影响 SEO 权重的维度　　105
　　任务四　实现关键词卡位　　111
　　任务五　数据化运营 SEO　　114

项目七　CRM 专员操作　　121

　　任务一　网店 CRM 基础设置　　121
　　任务二　开展新用户 CRM 营销　　127
　　任务三　基于 CRM 原理的老客户运维　　132
　　任务四　智能营销 CRM 运维及效果　　140

项目八　直通车专员操作　　150

　　任务一　开展关键词推广　　150
　　任务二　开展定向推广与优化　　161
　　任务三　推广内容管理　　167
　　任务四　提高直通车推广技巧　　176

项目九　钻展专员操作　　190

　　任务一　选择资源位　　190
　　任务二　创意制作及管理　　194
　　任务三　创建计划　　201
　　任务四　查看报表　　214

项目十　活动专员操作　222

　　任务一　活动资源维护与新增　222
　　任务二　主要活动报名　235
　　任务三　店内活动策划　246

第三篇　运营数据分析篇

项目十一　行业数据分析　259

　　任务一　大盘数据分析　259
　　任务二　类目数据分析　263
　　任务三　关键词数据分析　268
　　任务四　人群数据分析　272
　　任务五　属性数据分析　277

项目十二　竞品数据分析　283

　　任务一　竞品单品数据分析　283
　　任务二　竞品店铺数据分析　292

项目十三　店铺数据分析　303

　　任务一　店铺核心数据分析　303
　　任务二　推广数据分析　314

第一篇 运营基础设置篇

认识电商运营

学习目标

- 理解电子商务运营的内涵
- 了解我国电商行业发展现状及趋势
- 了解企业组织结构类型及其优缺点
- 熟悉电商运营岗位、岗位职责及工作任务

学习重点

- 电商运营岗位、岗位职责及工作任务

学习难点

- 组织架构的选择及确定

任务一 初识电商运营岗位

1.1.1 任务情境

比尔·盖茨曾说过：21世纪要么电子商务，要么无商可务。马云也曾讲过：未来5年，如果你不做电子商务你会后悔。随着电子商务和互联网的迅猛发展，越来越多的企业纷纷在网上建立自己的网络直销渠道。江苏夏艺女装公司计划通过组建专门的电子商务运营部来推动网络销售渠道的建立。按照公司CEO的要求，人力资源部着手制订电子商务运营部人员招聘方案。

1.1.2 任务分析

随着电商竞争愈演愈烈，对电商运营团队专业性的要求也越来越高，那么随之而来的是人才、团队、资本、供应链和模式等方面的竞争。组建电商运营团队首先要分析并确定部门架构，明确团队内部的分工，然后再确定招聘人才的方向，随后开展招聘工作。

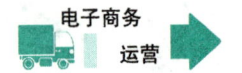

1.1.3 知识准备

- 电子商务运营内涵。

电子商务运营(Electronic Commerce Operation,ECO)最初定义为电子商务平台(如企业网站、论坛、博客、微博、商铺、网络直销店等)的建设,各种搜索产品优化推广,电子商务平台维护重建、扩展以及网络产品研发及盈利。从后台优化服务于市场,到创建执行服务市场,同时创造市场。电子商务运营从名字上来看就可以分成两部分:电子商务和运营,前者指的是后者所在的平台。

- 电商行业发展现状。

电子商务经济已经形成了从商品交易、资金传输、商务活动、供应链体系建设,到商业发展、产业链体系和产业集群形成的发展模式。随着近年来的快速稳健发展,电子商务经济以其开放性、全球化、低成本、高效率的优势,广泛渗透到生产、流通、消费及民生等领域,在培育新业态、创造新需求、拓展新市场、促进传统产业转型升级、推动公共服务创新等方面的作用日渐凸显,成为国民经济和社会发展的新动力,是推动"互联网+"发展的重要力量,是新经济的主要组成部分。

国家统计局电子商务交易平台调查显示,2018年全国电子商务交易额为31.63万亿元,比上年增长8.5%。其中,商品、服务类电商交易额达30.61万亿元,比上年增长14.5%;合约类电商交易额达1.02万亿元,比上年下降51.3%。商品、服务类电商交易,表现出三个特点:全年交易额继续保持较快增长;东部地区交易额占比大,东北地区交易额增速高;各类电商交易额增速均有所回落。

据商务部公布数据显示:2018年中国网络零售市场规模持续扩大,全国网上零售额突破9万亿元。其中,实物商品网上零售额达7万亿元,同比增长25.4%,对社会消费品零售总额增长的贡献率达到45.2%,较上年提升7.3个百分点。2018年我国网络零售市场发展呈现以下几个特点:零售品质持续提升,推动消费升级不断深化;农村电商迅猛发展,开辟农产品上行新通道;社交电商迅速成长,成为市场发展"生力军";生活服务电商提质升级,生态圈建设成为新重点;跨境电商再上新台阶,"丝路电商"合作不断深化。

- 电商行业发展趋势。

我国电子商务未来将呈现七大发展趋势:

(1)电商法——优胜劣汰的催化剂。2018年8月31日,十三届全国人大常委会第五次会议表决通过《中华人民共和国电子商务法》,自2019年1月1日起施行。多年来电商领域消费者质疑平台独大、店大欺客、纠纷难处理、没有统一执行标准等,多年来社会呼吁出台电商法,2019年电商法终于到来了。对消费者而言,国家出台法律,电商有法可依,当然是好事。对整个电商行业而言,行业一定会迎来震荡,震荡过后一定是更加规范有序,而规范的过程就是优胜劣汰的过程。电商法的实施会让很多中小商家淘汰出局,也会让很多有真正核心竞争力的商家脱颖而出。这不是电商法直接导致的,而是到了电商行业该调整的时候。电商法只是推动变化的催化剂而已。

(2)全渠道——无缝的用户体验和优质的客户服务。一方面,成本的上涨迫使电商零售商通过实体店寻找新的销售机会。另一方面,实体店零售商也正在逐步拓展线上渠道。全渠道零售继续为在线和实体零售创造协同效应,共同销售产品。通过实施全渠道方式为客户提供服务、产品销售和营销,能够让消费者在线上和线下获得统一且互联的用户体验。无论客户身在何处,或是以什么方式与企业建立联系,都可以创建全渠道用户体验。如今,大多数知名品牌商都开始为客户创建全渠道体验,统一的品牌形象将确保消费者获得统一的体验,继而为电商带来更好的销售业绩,并通过多种方式提供优质的客户服务:确保结账顺畅、快速响应、提供个性化体验和倾听客户的反馈,这是现在所有企业的标配。

(3)内容化——未来电商平台的主要方向。电商的内容化就是把产品或者品牌的调性、风格做得专业、好玩、有趣、有特色,呈现这些的具体过程就是内容化。表现形式是多样的,可以是文字、图片、短视频、直播、VR/AR等。从手机淘宝首页的布局我们不难发现,内容板块占首页篇幅非常大,足见内容化是平台的主要方向。大品牌商家应该想办法通过内容让消费者更多维度地喜欢和追随。中小商家也应该重视内容,至少可以让某一类消费者爱上你,内容可以很幽默、很搞笑、很好玩、很小众、很有才等。

(4)新零售——一切有"人货场"的地方都将逐步数据化、流量化。新零售是以消费者体验为中心的数据驱动的泛零售形态,是基于大数据的"人货场"重构。随着电商平台的影响力变大,依托大数据,商家通过消费者的消费习惯和消费偏好,充分了解客户群,收集有价值的客户数据,这是提高营收和优化客户体验的重要方式。这也能增加消费者和零售商或者品牌之间的互动,与消费者进行有效的沟通,从而加强消费者的忠诚度和黏性。网店作为新零售的线上阵地,以前是直通车引流到单品页让产品卖爆,现在是打广告吸引消费者进入直播间,想办法留住粉丝并持续经营粉丝。接下来,有人的地方都将流量化,不管是线上还是线下。如何将这些人转化为企业的流量并在后期更好地利用这些人,会成为各行各业挖掘机会的重点。也就是说一切有"人货场"的地方都将逐步数据化、流量化。

(5)跨境电商——让电商变得更具吸引力。随着中国开放时间的增长,人们对境外货品的关注度和需求度越来越高,但渠道和真伪问题还限制着消费者的选择。在达沃斯举行的2018年世界经济论坛年会上,阿里巴巴集团创始人兼董事局主席马云发言称:"没有任何人可以制止全球化,没有任何人可以制止贸易。"中国与其他国家展开的跨境电商总量最为有力地体现了电子商务对全球化进程的推动效果。为了取得成功,零售商会趁着这个趋势,继续大力推动跨境电商的发展,特别是技术创新和更高效物流的保障。同时零售商将越来越多地关注近岸仓储解决方案,以更高的效率和更快的交货速度改善客户体验,用商品的品质来消除消费者对货品真假的怀疑,让消费者更加信服。

(6)社交电商——社交媒体和电子商务的"汇合点"。现代消费者在做出购买决策的过程中,社交媒体发挥了很大的作用,而且还可以改善整体用户体验——通过在社交媒体平台公司发布可直接购买商品的文章内容,并且附上购买链接(或按键)。毫无疑问,社交电商将会成为品牌有效利用社交媒体,并将用户参与度转化为直接业务的最佳选择。

(7)技术流——物联网、无人机、人工智能。未来零售数字领域可能会得到较大增长,而且物联网设备将会占据中心位置,有的可能会提供智能按键服务,有的则支持语音启用功能,物联网技术还将会大幅提升库存管理和供应链管理效率。无人机的商业化应用时代其实已经到来了,未来会有更多电商公司尝试推动这一创新服务。与传统物流速递交付模式相比,无人机更具成本效益,而且速度也更快。在不久的将来,我们会看到无人机像送货卡车一样有规律的运营,并最终取代传统本地交付服务。人工智能已经在许多电商商店中得到应用,不仅能帮助电子商务公司完善推荐引擎、聊天机器人、虚拟助手和自动化仓库运营,还能够结合大数据了解消费者行为和购买模式。不仅如此,基于人工智能的电商分析还可以更准确地预测行业发展趋势,更好地满足消费者的需求,提供更具个性化的客户体验。

- 电商运营团队架构。

对于很多企业,电商运营部一直是核心部门,也是一个神秘部门,甚至有"成也运营,败也运营"的说法。电商运营团队架构是根据不同阶段来设置的,如初创阶段、发展阶段、成熟阶段等。

(1)初创阶段。企业首先需要的是架构系统和业务策略,所以需要一两个对业务精通,又具备项目运营管理才能的核心人员,这样可以明确方向、理清思路,同时组建团队的核心骨架。

(2)发展阶段。企业需要一套成熟的运营体系,包括流程制度体系、激励体系、企业文化体系和培训体系,不断扩充及培养人才,这样才能随着业务发展,不断壮大与业务匹配的运营团队。

(3)成熟阶段。企业不仅要优化流程和管理制度体系,还要不断挖掘现有人员的潜能,同时通过优胜劣汰来保持团队的活力。

1.1.4 任务实施

一、明确组织构架

夏艺女装公司新增电商运营部后,其部门的组织结构如图1-1-1所示。

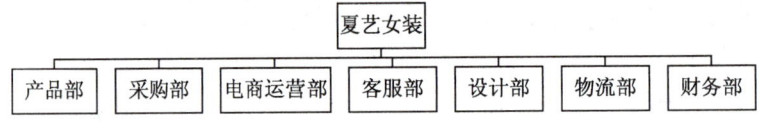

图1-1-1 夏艺女装部门组织结构图

电商运营部的基本职能包括运营、文案、策划、推广、设计、客服、物流和财务等,电商运营部的建立首先必须有一个与部门发展相符的组织架构。传统企业中常见的组织架构形式有6种,但在电商运营业务中就简化了许多,以直线制和矩阵制为主。

在选择组建团队构架时要先确定企业类别,再结合企业的现状和实际需求设置分部门。夏艺女装公司作为中小型企业,结合自身的实际业务情况,计划组建的电商运营部的部门架构采取直线制管理模式,如图1-1-2所示。

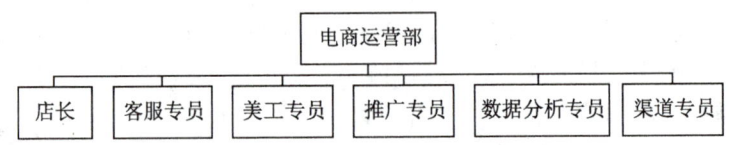

图1-1-2 电商运营部部门架构

二、明确岗位职责

1. 店长岗位职责

(1)制订本店季度目标,并且分为月、周、日计划。

(2)负责网店整体规划、营销、推广、客户关系管理等系统经营性工作。

(3)负责整个店铺的经营,协调和管理各岗位人员。

（4）负责老客户关系维护,提高重复购买概率。

（5）分析店铺有关数据。

2. 客服专员岗位职责

（1）熟悉公司产品规格、款式及配件等,熟悉淘宝、天猫等后台操作流程。

（2）及时准确地跟进订单,接受顾客咨询,回复顾客留言,保证网店的正常运作。

（3）了解客户需求,妥善处理客户投诉及其他纠纷事件,定期或不定期回访客户,保证客户满意。

（4）负责处理接单、查单等订单相关事务,跟踪物流,妥善处理退款、退换货等事项。

（5）对网店销售数据和客户咨询反馈资料进行定期整理,汇报给直接主管。

（6）推动团队业绩增长,完成店铺销售目标,提升公司品牌。

（7）根据活动能制订相对应的营销计划,有效留住和利用活动流量;活动后效果统计和得失分析。

（8）积极处理部门主管及其他上级领导安排的其他相关工作,配合其他部门的相关工作。

3. 美工专员岗位职责

（1）根据商品定位及商品策划脚本拍摄产品图片。

（2）负责本公司网店的视觉定位及策划,美化处理商品图片。

（3）负责本店铺整体装修及美化、日常维护、产品上传及网络推广。

（4）根据商品定位、文案,设计商品详情页。

（5）依据活动促销方案、淘宝宣传活动的要求,设计宣传活动图片等。

（6）完成上级主管交办的其他事宜,配合其他部门的相关工作。

（7）推动团队业绩增长,完成店铺销售目标,提升公司品牌。

4. 推广专员岗位职责

（1）SEO 专员。SEO(Search Engine Optimization)是搜索引擎优化的英文缩写。SEO 专员每天进行全店搜索数据统计分析、主推单品数据分析、主图点击率测试查看、搜索主推关键词和卡位计划跟进执行;每周五进行行业关键词分析,每周一完成上周总结,每周六制订下周计划;每月 3 日前完成上月总结,每月 25 日完成下月卡位计划。

（2）CRM 专员。CRM(Customer Relationship Management)是客户关系管理的英文缩写。CRM 专员能多渠道搜集、挖掘客户信息,熟悉 CRM 软件的操作,熟练应用短信和 EMD 等进行营销;多维度对店铺会员灵活合理地分组,为日常工作和店铺相关活动提供支持;合理定制客户关系日常维护,如发货提醒、催付款,交易成功之后的感谢,潜在流失客户和周期购物客户节日、生日关怀等;对重要客户重点对待;根据活动能制订相对应的营销计划,有效留住和利用活动流量;活动后效果统计和得失分析。

（3）直通车专员。其岗位职责包括流量架构的把控,流量工具的熟练使用及数据分析。

（4）钻展专员。其岗位职责包括控制素材审核通过率;负责钻石展位关键词选择、出价,钻石展位的报表分析;有效地控制投放成本,获取更多的展现流量,降低点击成本,提高 ROI(Return On Investment,投资回报率);精通钻展投放流程,投放规则,计划调整,竞价出价等;与设计部门配合制作适合推广的素材,获得更高的点击率和转化率。

（5）活动专员。每天完成有关的活动报名、资源维护和岗位对接;每周制订周计划,完成周报;每月进行店内活动策划,制订月计划,完成月报。

5. 数据分析专员岗位职责

数据分析专员主要进行推广方案的效果评估,竞争对手店铺的数据采集分析,客户行为分析,监控每日营销、交易、商品、顾客等数据,进行客服组效果评估。

6. 渠道专员岗位职责

(1) 分销店铺管理与运营。日常数据同步、产品上新、分销日常咨询、分销商招募与培养、分销活动、分销销售分析等。

(2) 其他分销渠道拓展。与其他 B2C 网站、团购网等合作接洽。

通过招聘和培训,夏艺女装公司电商运营部开始正式运行,部门人员构成及其他部门对接人员如表 1-1-1 所示。

表 1-1-1 部门人员构成及其他部门对接人员

序号	职员	部门	岗位	备注
1	赵明	电商运营部	店长	兼职数据分析专员
2	朱蕊	电商运营部	客服专员 CRM 专员	从客服部借调
3	刘娟	电商运营部	美工专员	从设计部借调
4	李伟	电商运营部	推广专员 活动专员	主要负责站内推广、站内活动报名
5	宗仰	电商运营部	推广专员 活动专员	主要负责站外推广、站外活动报名,兼职渠道专员
6	周申	产品部	产品专员	负责产品部与电商运营部的业务对接
7	张华	物流部	物流专员	负责物流部与电商运营部的业务对接
8	李峰	采购部	采购专员	负责采购部与电商运营部的业务对接

1.1.5 任务总结

1. 知识结构图(图 1-1-3)

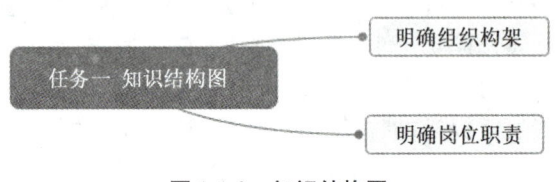

图 1-1-3 知识结构图

2. 拓展知识

SWOT 分析法

SWOT 分析法即态势分析法,就是将与研究对象密切相关的各种主要内部优势、劣势和外部的机会和威胁等,通过调查列举出来,并依照矩阵形式排列,然后用系统分析的思想,把各种因素相互匹配起来加以分析,从中得出一系列相应的结论,而结论通常带有一定的决策性。其中,S(Strengths)是优势,W(Weaknesses)是劣势,O(Opportunities)是机会,T(Threats)

是威胁。运用这种方法,可以对研究对象所处的情景进行全面、系统、准确的研究,从而根据研究结果制订相应的发展战略、计划以及对策等。

优势,是组织机构的内部因素,具体包括:有利的竞争态势、充足的财政来源、良好的企业形象、技术力量、规模经济、产品质量、市场份额、成本优势和广告攻势等。

劣势,也是组织机构的内部因素,具体包括:设备老化、管理混乱、缺少关键技术、研究开发落后、资金短缺、经营不善、产品积压和竞争力差等。

机会,是组织机构的外部因素,具体包括:新产品、新市场、新需求、外国市场壁垒解除和竞争对手失误等。

威胁,也是组织机构的外部因素,具体包括:新的竞争对手、替代产品增多、市场紧缩、行业政策变化、经济衰退、客户偏好改变和突发事件等。

SWOT分析法的优点在于考虑问题全面,是一种系统思维,而且可以把对问题的"诊断"和"开处方"紧密结合在一起,条理清楚,便于检验。

1.1.6 任务训练

以零食行业为例,请查找并熟悉该行业美工专员的岗位职责。

1.1.7 课外学习

通过智联招聘、前程无忧等招聘网站,查询你感兴趣的就业岗位的岗位职责、任职资格等,查找差距和不足,争取在实习前完善自己的知识和技能,更好地应对职场竞争。

任务二 了解岗位工作内容

1.2.1 任务情境

夏艺女装公司完成了电商运营部的组建,现在须要明确每个岗位的详细工作内容,以便尽快使部门正常运转起来。

1.2.2 任务分析

有效明确的职责分工、合理清楚的岗位设置,对于一个企业的发展来说是至关重要的。岗位职责是指一个工作岗位应该完成的工作内容以及应承担的责任范围,它主要强调的是在工作范围内所应尽的责任。在任务一中我们已经明确了岗位职责。岗位工作内容是指一个工作岗位每天具体从事的项目,强调的是执行与操作的具体任务与事项。

1.2.3 知识准备

- 淘宝 SEO。

传统的淘宝 SEO 即淘宝搜索引擎优化，通过优化店铺宝贝标题、类目、上下架时间等来获取较好的排名，从而获取淘宝搜索流量的一种新型技术。

广义的淘宝 SEO 是指除去淘宝搜索引擎优化以外，还包括一淘搜索优化、类目优化、淘宝活动优化等，也把它叫作淘宝站内免费流量开发，即最大限度地吸取淘宝站内的免费流量，从而销售宝贝的一种技巧。

1.2.4 任务实施

一、店长工作内容

1. 店铺管理

（1）团队管理：合理安排自己团队人员的工作，并监测检查结果，帮助团队成员不断进步，不断接受挑战。

（2）客户管理：联合 CRM 专员，积极组织一些老客户营销活动，提高老客户黏度和重复购买率。

（3）日常管理：各种活动资源，店铺巡查，商品检查，日常营销计划跟踪。

（4）销售管理：各项销售数据分析、针对数据分析的各种问题及时采取应对策略。

2. 店铺运营

（1）活动策划：策划节日及季节促销、会员活动及充分利用淘宝的各种活动资源。

（2）文案编辑（协作/检查）：对产品进行符合品牌定位的描述及气氛渲染、文案撰写、图片构想，树立企业和产品形象；参与各种促销及营销策划，并共同参与撰写策划方案和实施方案；策划公司促销活动及品牌包装（文案类）工作，协同技术人员完成平面海报的版面设计与制作（文案类）；对淘宝精通，能在各人气板块发帖宣传新品。

（3）市场推广（协作/检查）：熟悉直通车、钻石展位、聚划算、活动报名、竞价、焦点图、淘宝客等；熟悉淘宝客、淘宝论坛、帮派、产品上架时间、收藏排行、关键词，懂得针对不同的推广渠道，开展营销活动，协调各方面资源配合执行，为店铺引入有价值的 PV（Page View，页面的浏览量）；对推广商品具备有效的判断，及时跟进推广效果，根据推广效果提出调整建议；社区、论坛、博客及微博等推广。利用网络媒介推广公司产品，提高网站的知名度，完成销售额。

3. 数据分析

详细内容参见数据分析专员工作内容。

二、客服专员工作内容

（1）发货提醒：为系统设置，称重的时候自动触发。

（2）交易成功感谢：按照固定的时间段提取数据，当前时间的前 10 天左右的订单，除去退换货基本可以保证全是交易成功的订单。

（3）催付款：按照固定的时间段，上午 10 点或者下午 14 点（发货前）催款，保证每一个未付的都可以催付到。金额较大的订单优先电话催付款。

（4）周期购物客户提醒：周期固定为一个数，遇到活动可以把周期定为一个范围。

（5）生日、节日关怀：收集客户相关信息，在客户生日及节日时问候。

（6）活跃老客户：平时推荐使用邮件，多商品促销，周期和内容以不反感为前提，一般一周最多2次，短信也是如此。

（7）潜在流失客户激活：按照固定的时间段，对最后购物时间为2个月前的客户进行激活，一般尝试激活2次，间隔为1周。

（8）店铺促销：配合活动要求，挑选符合活动的客户群，挽回流失客户（休眠客户群），店铺优质客户维护（新品促销优先享受等），活动前预测活动效果，制订不同的促销和活动中后的关联促销方案，活动后统计效果，得失分析。

三、美工专员工作内容

（1）根据不同商品选择不同的布局、环境进行商品实物图的拍摄。

（2）把商品实物图与针对性的文案结合，制作出具有较强竞争力的商品描述。

（3）利用稳定性强的相册对拍摄图片进行存储管理。做好相应的备份措施。

（4）根据需要对商品图片进行一定的美化，或者特效（如统一写好"促销""新品上架""清仓特卖"等字样，并附上水印）。

四、推广专员工作内容

1. SEO专员

（1）利用有关软件进行商品关键字的SEO处理。

（2）研究消费者的心理需求，优化对应商品描述文案。

（3）侦测竞争对手运营情况及市场最新动态，发掘新的商机或商品。

（4）研究平台类目及搜索引擎，提炼有用信息促进店铺经营。

（5）利用网店自带软件对店铺进行常规性的优化。

（6）研究店铺统计数据，发掘隐含内在问题并及时处理。

（7）完成有关计划和总结。

2. CRM专员

（1）有较强的销售意识和潜力，善于发掘潜在客户，跟踪客户信息。

（2）及时通过CRM软件对客户信息进行更新和维护。

（3）会员制的管理和运营，包括会员章程和积分设计、渠道建设、活动策划执行、数据库管理等。

（4）与客户保持良好沟通，做好维护与服务跟踪，策划并实施客户关怀活动，以确保提高客户的忠诚度和满意度。

（5）受理客户投诉，并跟踪相关负责人对投诉处理的全过程，形成反馈报告。

（6）协助CRM经理完成VIP计划的客户服务工作，确保VIP客户得到个性化的服务。

（7）老客户维护，包括常规活动和非常规活动。常规活动计划，包括新客户40天培养项目、新客户100天培养项目、活跃客户培养项目、预流失客户培养项目、满月礼券活动、节日关怀计划等；非常规活动计划，包括淘宝官方活动（聚划算、品牌团、淘抢购、618、双11、双12、年货节等）及店铺活动等的活动计划。

（8）老客户数据统计及分析，活动后做好活动数据统计和活动效果分析。

（9）为客服部门改进和完善客户服务提供相应的建议和数据支持。

3. 直通车专员

（1）配合运营部直通车款式选择，关键词的选词和直通车出价。

（2）直通车报表分析（账户报表、宝贝报表、关键词报表、地域报表、时段报表）。

（3）做好直通车投放的数据统计，并进行数据分析。

（4）熟悉直通车的竞价排名规则，懂得关键词筛选、竞价及关键词竞价技巧。

（5）为流量、ROI等重要指标负责，完成上级下达的业绩指标。

（6）通过数据分析和研究，提升直通车转化率。

（7）每周、每月、每季总结汇报。

4. 钻展专员

（1）日常的钻展维护与优化，做好推广规划，负责钻展的投放，精通钻展投放流程，投放规则，计划调整，竞价出价等。

（2）协助其他部门完成新产品的推广，打造爆款，培育明星产品。

（3）分析CPM（Cost Per Mille，每千人成本）和CPC（Cost Per Click，每点击成本）的推广数据，做好数据跟踪，及时发现数据异常，并做出应对策略有效地控制投放成本，获取更多的展现流量，降低点击成本。

（4）观察市场，提出相关推广方案，配合运营具体的营销活动及市场推广方案，根据整体行情，优化推广策略，并研究同行业竞争对手发展状况，定期进行各平台市场数据分析以及竞品的分析，制订相关推广线的推广计划。

（5）按照指标要求、市场计划完成KPI（Key Performance Indicator，关键绩效指标）考核，对重要的推广指标负责。

（6）与设计部门配合制作适合推广的素材，获得更高的点击率和转化率。

5. 活动专员

（1）维护官方资源。

（2）维护与新增第三方活动资源。

（3）维护与新增淘客资源、达人资源和微博团长资源。

（4）熟知聚划算、淘抢购、官方大促报名流程（女神节、年中大促、双11、双12和年货节等）。

（5）店内活动策划。

（6）活动复盘总结。

五、数据分析专员工作内容

（1）对推广方案的推广效果进行评估，对店铺及产品访问量、转化率数据进行分析。

（2）对店铺的IP、PV、销量、跳出率、地域分布、转化率、重复购买率等做出专业的数据分析及平时做好竞争对手网站的数据的采集、评估和分析。

（3）使用生意参谋等网店统计工具，提供客户行为分析报告。

（4）每日监控的数据：流量数据、交易数据、商品管理数据、服务数据。

六、渠道专员工作内容

1. 分销运营

（1）店铺维护：日常分销店铺的维护与接收咨询；新品上架与产品资讯更新；优先保证货源，每天更新库存。

（2）分销商招募：日常分销商申请审核；寻找销量好的店铺，邀请其来分销商品；报名参加招商活动。

（3）分销商管理：对分销商定期进行拜访沟通；与分销商共同设计促销方案；提供指定特价品给予分销商进行促销活动；提供活动素材给予核心分销商店铺推广支持；及时准确掌握分销商相关信息，日常数据统计与分析。

2. 其他渠道拓展

评估了解其他渠道的可信性以及安全性，及时把资讯反馈给领导，与多方平台对接相应合作事宜。

1.2.5 任务总结

1. 知识结构图（图 1-2-1）

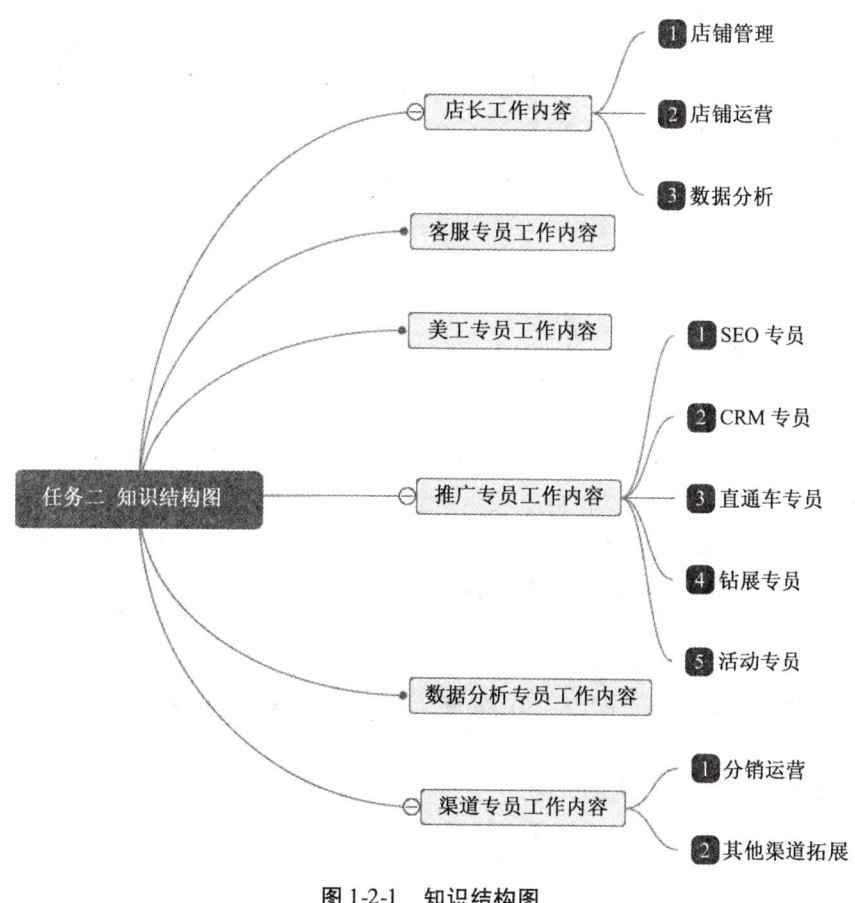

图 1-2-1　知识结构图

2. 拓展知识

内容营销

通过图片、文字、动画等介质内容的创建、发布及传播，向用户传递有价值的信息，从而实现网络营销的目的。它们所依附的载体，可以是企业的 LOGO、画册、网站、广告，甚至是T恤、纸杯、手提袋等，根据不同的载体，传递的介质各有不同，但是内容的核心必须是一致的。内容营销作为一种营销策略，它包含了以下要素：内容营销适用于所有的媒介渠道和平台；内容营销要转化为：为用户提供一种有价值的服务，能吸引用户、打动用户、影响用户和品牌/产品间的正面关系；内容营销要有可衡量的成果，最终能产生盈利行为。

1.2.6 任务训练

以小组为单位，组建一个网店团队，并分配各自的岗位。请将回答内容填入下框中。

1.2.7 课外学习

"那些年错过的大雨，那些年错过的爱情……"当《那些年》这首歌在耳边响起时，勾起的不只是人们的那些青春回忆，还有那些年错过的遗憾。在2018年高考时，广发分享日就基于人们的这种回忆，推出了暖心海报《那些年错过的美好》，妥妥地激起了消费者心中的涟漪。

请查一查，还有哪些内容营销的经典案例，收集有关案例下次课进行分享。

项目一　练习题

一、单选题

1. （　　）是组织机构的内部因素，具体包括：设备老化、管理混乱、缺少关键技术、研究开发落后、资金短缺、经营不善、产品积压和竞争力差等。
   A. 优势　　　　B. 劣势　　　　C. 机会　　　　D. 威胁

2. （　　）是组织机构的外部因素，具体包括：新产品、新市场、新需求、外国市场壁垒解除和竞争对手失误等。
   A. 优势　　　　B. 劣势　　　　C. 机会　　　　D. 威胁

二、多选题

1. 电子商务经济的优势有（　　）。
   A. 开放性　　　B. 全球化　　　C. 低成本　　　D. 高效率

2. 电商内容化的表现形式可以是（　　）等。
   A. 文字　　　　B. 图片　　　　C. 短视频　　　D. 直播
   E. VR/AR

3. 企业组织结构类型一般包括（　　）等。
   A. 直线制　　　B. 职能制　　　C. 事业部制　　D. 模拟分权制
   E. 矩阵制

4. 推广专员包括（　　）。
   A. SEO专员　　B. CRM专员　　C. 直通车专员　D. 钻展专员
   E. 活动专员

三、判断题

1. 电子商务运营最初定义为电子商务平台的建设,各搜索产品优化推广,电子商务平台维护重建、扩展以及网络产品研发及盈利。( )

2. 2018年8月31日,十三届全国人大常委会第五次会议表决通过《中华人民共和国电子商务法》,自2019年1月1日起施行。( )

3. 电商的内容化就是把产品或者品牌的调性、风格做得专业、好玩、有趣、有特色,呈现这些的具体过程就是内容化。( )

4. 新零售是以消费者体验为中心的数据驱动的泛零售形态,是基于大数据的"人货场"重构。( )

5. 电商运营部的基本职能包括运营、文案、策划、推广、设计、客服、物流和财务等。( )

6. 在SWOT分析法中,只有优势是组织机构的内部因素。( )

7. 在SWOT分析法中,机会和威胁都是组织机构的外部因素。( )

8. 威胁是组织机构的外部因素,具体包括:新的竞争对手、替代产品增多、市场紧缩、行业政策变化、经济衰退、客户偏好改变和突发事件等。( )

9. 广义的淘宝SEO即淘宝搜索引擎优化,通过优化店铺宝贝标题、类目、上下架时间等来获取较好的排名,从而获取淘宝搜索流量的一种新型技术。( )

开店基础

学习目标

- 能创建淘宝网个人店铺
- 了解淘宝网企业店铺的创建流程
- 了解天猫、京东店铺的创建流程

学习重点

- 创建淘宝网个人店铺

学习难点

- 淘宝网企业店铺的创建流程

任务一 淘宝开店流程

2.1.1 任务情境

夏艺女装公司是一家专门生产女士大衣的企业。公司准备拓展网络销售渠道,成立了专门的电商运营部门负责产品在互联网上的销售。作为部门负责人的小张首先想到在淘宝网创建一家店铺。

2.1.2 任务分析

要在淘宝网上创建一家网店首先要注册一个账号并且通过认证,这是买卖身份的标识,同时还必须拥有一个"网上钱包"作为网上支付和收款的工具,这些前期的准备工作十分重要。目前在淘宝网上可以创建个人店铺和企业店铺,但申请个人店铺和企业店铺要准备的材料是有很大区别的。

2.1.3 知识准备

- 个人店铺:通过支付宝个人实名认证的商家创建的店铺就是个人店铺。
- 企业店铺:通过支付宝企业认证的商家创建的店铺就是企业店铺。

● 保证金：根据淘宝网《消费者保障服务协议》约定的条款和条件，以及淘宝网其他公示规则的规定，缴存并冻结于网店经营者支付宝账户，在其未履行消费者保障服务承诺时用于对买家进行赔付的资金。

2.1.4 任务实施

一、淘宝个人店铺开店流程

步骤一：注册淘宝账户。

（1）账户未登录情况下，点击淘宝网首页左上角"免费注册"。

（2）进入用户注册页面，根据页面提示输入手机号码，点击"下一步"。

（3）输入手机接收到的验证码，点击"确认"，如图 2-1-1 所示。

图 2-1-1 输入手机验证码页面

若页面提示手机账户已存在，可进行如下判断：

① 提示账号是你本人的，希望直接使用该账号，可以直接点击"该账户是我的，立即登录"，登录该账号。

② 该账号长期未使用或该账号不是你本人的，可以点击"不是我的，使用邮箱继续注册"，注册新的账号。

（4）设置支付方式：如果手机账户是新注册用户，进入设置支付方式页面，输入本人银行卡号、持卡人姓名、证件号码及手机校验码，点击"同意协议并确定"即完成用户注册，如图 2-1-2 所示。

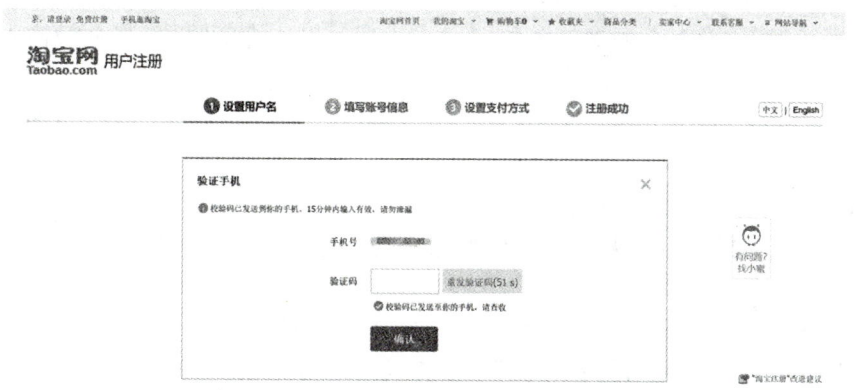

图 2-1-2 设置支付方式页面

步骤二：完成支付宝实名认证。

（1）在淘宝网首页上方点击"千牛卖家中心"，进入【店铺管理】，点击"我要开店"。未进行过支付宝实名认证的，必须先进行支付宝认证操作。

（2）在支付宝实名认证的条件项，点击"继续认证"后，会进入"支付宝实名认证"页面，点击"立即认证"。

（3）填写与支付宝账户注册时相同身份证号码开户的，并可正常使用的银行卡信息，并按页面提示操作。

（4）仔细阅读跳转页面上的信息，并在等待银行打款的过程中先返回淘宝开店页面，同步做淘宝开店认证。

（5）在支付宝向您的银行卡打款后可进入淘宝开店页面继续支付宝实名认证的操作。

（6）点击上图"输入查询到的金额"后，进入实际输入金额页面，将金额输入后，点击"确定"。

（7）输入正确金额后，系统确认完成，支付宝实名认证即可完成。关掉页面后，继续返回淘宝卖家中心免费开店页面。

步骤三：完成淘宝开店认证。

（1）当完成支付宝实名认证操作之后，点击返回免费开店页面时，可以进行淘宝开店认证的操作。

（2）进入淘宝网身份认证页面，点击该页面中的"立即认证"。

（3）通过手机淘宝客户端"扫一扫"功能扫描二维码。若未下载手机淘宝客户端，点击二维码图中的"下载淘宝客户端"进行下载，下载安装完成后使用手机淘宝客户端中的扫码功能进行认证。

（4）根据手机页面提示依次进行实人认证操作。

步骤四：完成店铺创建。

身份认证审核通过后点击"创建店铺"，进入店铺基本信息设置页面，如图 2-1-3 所示，设置完成后店铺即视为创建成功。

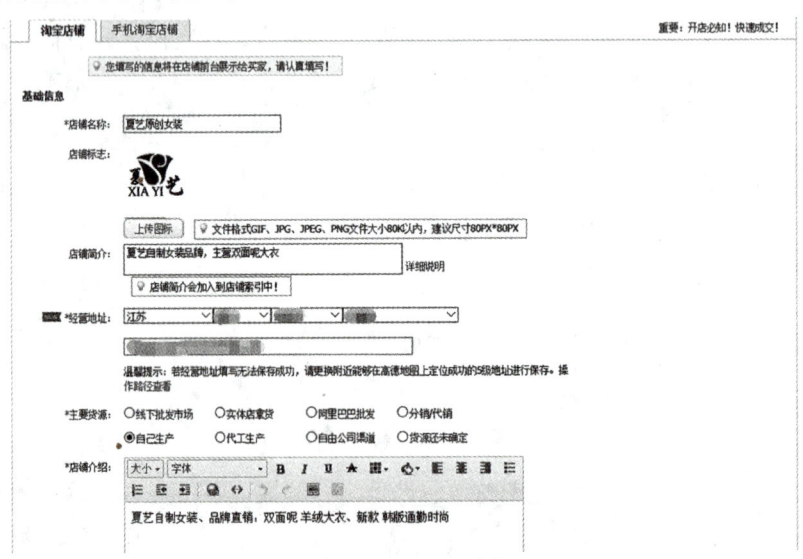

图 2-1-3　店铺基本信息设置页面

小贴士

　　店铺创建成功后,如果连续 4 周出售商品数为 0,店铺会被释放,店铺前台和装修无法访问,店铺名只保留 1 周,1 周后会被释放,发布宝贝即可激活店铺。如果连续 5 周出售商品数为 0,店铺会被删除,店铺前台和装修无法访问,店铺名立即释放,域名保留 90 天,须要重新走开店流程才能激活店铺。激活店铺后,店铺信誉、订购的服务、装修等不受影响。

二、淘宝个人店铺缴纳保证金

步骤一:进入缴纳页面。

　　在淘宝网首页上方点击"千牛卖家中心",进入【淘宝服务】中消费者保障服务页面,先点击"保证金",再点击"缴纳"。

步骤二:缴纳保证金。

　　缴纳保证金之前可以先点击查看"各类目保证金额度要求",然后点击"自定义额度",输入金额数字,缴纳相应的保证金金额。点击"确定"按钮后即缴纳成功。

小贴士

　　用手机淘宝扫描右方二维码查看淘宝各类目保证金额度。

三、淘宝个人店铺升级企业店铺

　　在淘宝首页上方点击"千牛卖家中心",进入【基础设置】,点击"店铺升级",如图 2-1-4 所示。

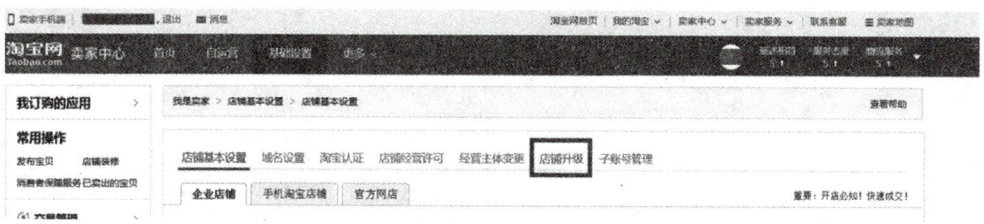

图 2-1-4　店铺升级页面

注意:

(1)没有经营的个人店铺无法升级为企业店铺。

(2)上传材料前须完成扫脸认证。

(3)资料审核时间为 3 个工作日。

(4)变更公示期为 7 天。

(5)公示期结束缴纳服务费 200 元。

> **小贴士**
>
> 若已经办理了个体工商户营业执照,但不想升级为企业店铺,登录"卖家中心",点击导航栏中【店铺】→【个体户亮照】后,再点击"个体户亮照"并根据页面要求填写:工商营业执照注册号/统一社会信用代码、工商营业执照有效期截止时间等有效信息并上传营业执照照片。同时,要求店铺认证人与营业执照上的经营者姓名保持一致。

四、淘宝企业店铺开店流程

步骤一:注册淘宝企业账户。

(1)账户未登录情况下,点击淘宝网首页左上角"免费注册",进入用户注册页面,点击"切换成企业账户注册"。

(2)输入电子邮箱地址并进行验证,点击"下一步"。

(3)系统将会发送一封验证邮件至注册邮箱,点击"请查收邮件"。

(4)点击邮件中的链接完成注册。

(5)进入账号信息填写页面,填写登录密码、手机号码、会员名、企业名称信息。填写完成,点击"确认"即注册成功,如图 2-1-5 所示。

图 2-1-5　填写账号信息页面

步骤二:创建支付宝企业账户。

(1)打开支付宝官方网站(www.alipay.com),点击"立即注册"。

(2)点击"企业账户",填入电子邮箱和验证码,点击"下一步"。

(3)输入手机号码,并填写校验码,点击"下一步"。

(4)点击"立即查收邮件",进入邮箱。

(5)在电子邮箱中会收到一封激活支付宝账户的邮件,点击"请激活您的支付宝账户"。

(6)打开邮件,点击"继续注册"。

（7）填写登录密码、支付密码、安全保护问题及答案，点击"下一步"。
（8）填写法定代表人和实际控制人信息。

步骤三：完成支付宝账户商家认证。

（1）申请企业支付宝账户须要进行实名认证，填写完以上信息后，点击"企业实名信息填写"继续完成认证即可使用账户。

（2）选择单位类型，如图 2-1-6 所示。

图 2-1-6　选择单位类型页面

（3）上传并填写企业证件资料。

① 企业名称：根据营业执照中的名称填写。

② 社会信用代码（注册号）：根据营业执照右上角的统一社会信用代码或注册号填写。

③ 营业执照：上传单位证照照片（企业法人营业执照），照片应是原件扫描件或复印件加盖公司红章。

（4）上传并填写法定代表人证件信息。

① 法定代表人归属地：根据法人归属选择"中国大陆、中国香港、中国澳门、中国台湾、海外"。

② 法定代表人证件（表 2-1-1）：上传法人证件，正反面原件扫描件或复印件加盖公司红章。注意图片仅支持 jpg、bmp 格式。

表 2-1-1　证件号类型表

法人代表归属地	所需填写内容
中国大陆	身份证号码
中国香港	来往内地通行证号
中国澳门	来往内地通行证号
中国台湾	台胞证号（回乡证）
海外	护照号

③实际控制人身份:勾选"法定代表人"或"非法定代表人"。

④填写人身份:勾选"法定代表人"或"代理人",若为代理人则须要额外上传代理人身份证正反面照片以及代理委托书。委托书模板可在页面上下载,按文档内容填写后加盖单位公章(或财务专用章),扫描后上传。

(5)核对并完善企业信息。

①企业名称:根据营业执照中的名称填写,系统会识别到前一页面填写的信息自动填入,也可自己编辑。

②社会信用代码(注册号):系统会识别到前一页面填写的信息自动填入,也可自己编辑。

③单位所在地和住所:根据营业执照中的住所填写。

④经营范围:根据营业执照中的经营范围填写。

⑤营业期限:根据营业执照中的营业期限填写。

⑥注册资本:根据营业执照中的注册资本填写。

(6)核对并完善法定代表人信息(若填写人身份为代理人,则须要额外填写代理人信息)。

注意:代理人归属地只能为中国大陆。

(7)填写实际控制人信息。

①选择类型:个人或企业。

选择个人,须填写实际控制人归属地、姓名、证件号码及证件有效期;选择企业,系统会根据填写的公司名称自动填入,名称可编辑。

②填写联系人手机号码,用于通知认证审核结果,不会与账户绑定。确认无误点击"确定",若要修改可点击"上一步"。

(8)证件资料将进行审核,审核结果将在48小时内通过短信或邮件方式通知。

(9)进行打款认证。

证件资料审核通过后,须要按照页面提示,填写对公银行信息,进入打款认证流程。

①填写对公账户:选择开户银行,填写与银行开户名一致的银行账号,点击"提交"。

②为确保验证成功,须仔细阅读验证说明。

③根据页面要求向指定的收款账号进行打款并完成验证。认证成功后,验证资金会全额退回到你认证的支付宝账户。

步骤四:创建企业店铺。

进入千牛卖家中心页面,点击"创建企业店铺",若"创建企业店铺"按钮显示为灰色,说明账户的认证类型为个人实名认证,无法申请企业店铺。

步骤五:完成淘宝企业店铺责任认证。

(1)完成支付宝实名认证操作之后,点击返回免费开店页面时,可以进行淘宝企业店铺责任人开店认证的操作。点击"立即认证"后,会进入淘宝网身份认证的页面,根据页面提示使用手机淘宝进行扫码认证。

(2)根据要求拍照并上传企业店铺责任人身份证正反面照片和企业店铺责任人半身照。

注意:企业店铺责任人可以是企业店铺法定代表人或淘宝店铺实际经营人,对淘宝店铺负相关法律责任。

企业认证与店铺负责人认证成功后,企业店铺就创建成功了。

小贴士

扫一扫右方二维码查看哪些类目不能从个人店铺升级为企业店铺。

2.1.5 任务总结

1. 知识结构图(图2-1-7)

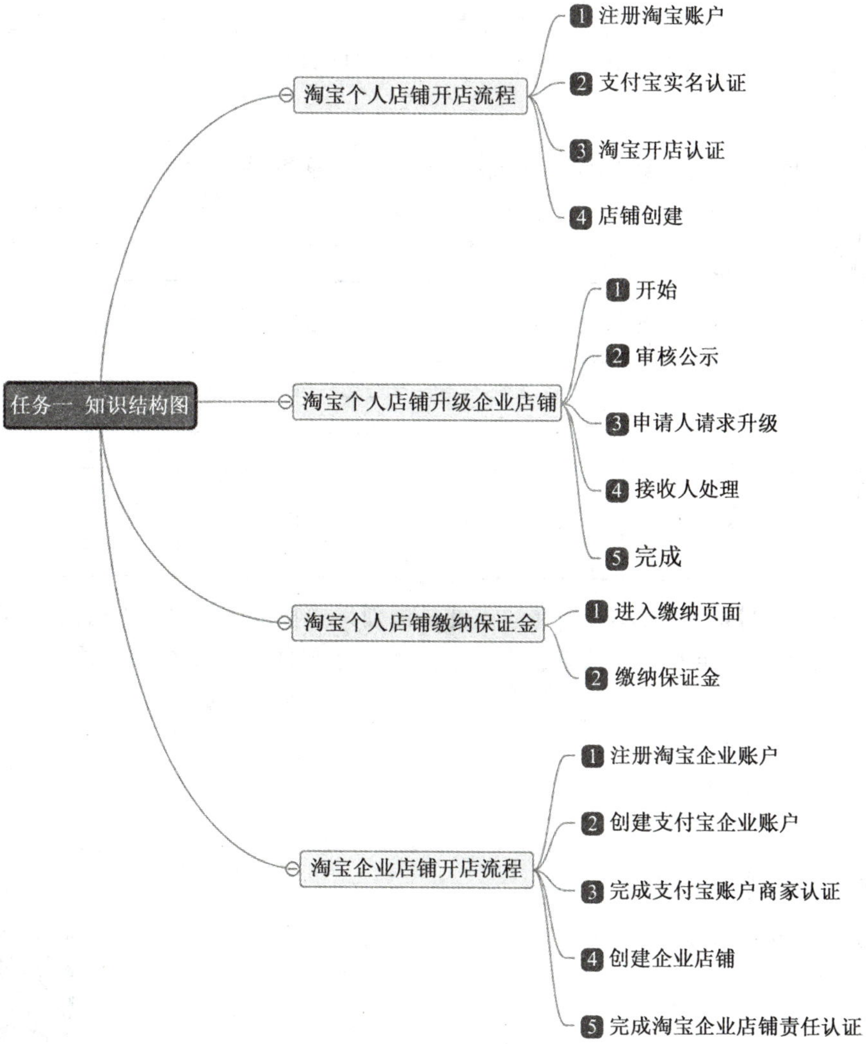

```
                          ┌─ 淘宝个人店铺开店流程 ─┬─ 1 注册淘宝账户
                          │                      ├─ 2 支付宝实名认证
                          │                      ├─ 3 淘宝开店认证
                          │                      └─ 4 店铺创建
                          │
                          │                          ┌─ 1 开始
                          │                          ├─ 2 审核公示
   任务一 知识结构图 ─────┼─ 淘宝个人店铺升级企业店铺 ┼─ 3 申请人请求升级
                          │                          ├─ 4 接收人处理
                          │                          └─ 5 完成
                          │
                          ├─ 淘宝个人店铺缴纳保证金 ─┬─ 1 进入缴纳页面
                          │                        └─ 2 缴纳保证金
                          │
                          │                        ┌─ 1 注册淘宝企业账户
                          │                        ├─ 2 创建支付宝企业账户
                          └─ 淘宝企业店铺开店流程 ─┼─ 3 完成支付宝账户商家认证
                                                   ├─ 4 创建企业店铺
                                                   └─ 5 完成淘宝企业店铺责任认证
```

图2-1-7 知识结构图

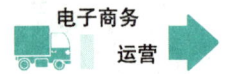

2. 拓展知识

《中华人民共和国电子商务法》对主体登记的要求

《中华人民共和国电子商务法》颁布后，我们对网店注册的流程有了更多的关注。对于是否要对网店进行市场主体登记大家都存有疑惑。

新开店铺还没有成交记录，超过零星小额标准才属于市场主体登记的范围，或属于《中华人民共和国电子商务法》规定的其他不需进行市场主体登记的类型，亦无须进行登记。此外，若销售的商品或提供的服务属于须取得行政许可才能经营的，则须要进行市场主体登记，并取得相应行政许可。

《中华人民共和国电子商务法》明确规定符合以下情形的，无须进行市场主体登记：① 个人销售自产农副产品；② 个人销售家庭手工业产品；③ 个人利用自己的技能从事依法无须取得许可的便民劳务活动；④ 个人进行零星小额交易活动；⑤ 其他依照法律、行政法规无须进行登记的情况。

据了解，相关行政主管部门暂未对"零星小额"作出具体规定。若不确定是否属于"零星小额"范畴，可以等待相关行政主管部门对此作出具体规定再办理登记事宜。

2.1.6 任务训练

1. 注册淘宝网个人卖家账号并创建淘宝网个人店铺，填写下表。

个人卖家账号	
淘宝网个人店铺地址	

2. 填写下列商品类目的保证金金额。

商品类目	保证金金额
男装	
女装	
特色手工艺	
饰品	
网游装备	

3. 由于一些特殊原因，小明现在的店铺是借别人的身份证开的个人店铺，他希望把当前的个人店铺升级为企业店铺，请问他该如何操作？请将回答内容填入下框中。

2.1.7 课外学习

- 电子商务法全文。

电子商务法全文

任务二　天猫开店流程

2.2.1　任务情境

为了在网络销售渠道上有进一步发展,电商运营部店长赵明想到了在天猫平台上再开一家店铺,作为一家专门生产女士呢大衣的企业,希望通过天猫店铺赢得更多流量和转换,从而有更大的销量。

2.2.2　任务分析

创建一家天猫店铺首先需要营业执照影印件、公司银行账户以及法定代表人身份证影印件,其次注册一个企业支付宝账号,并进行企业实名认证,确认好天猫店的定位(旗舰店、专卖店和专营店),最后上传相关资料等待系统审核。

2.2.3　知识准备

- 旗舰店:商家以自有品牌(商标为 R 或 TM 状态)入驻天猫开设的店铺。
- 专卖店:商家持品牌授权文件在天猫开设的店铺。
- 专营店:经营天猫同一招商大类下两个及以上品牌商品的店铺。
- 天猫软件服务年费:天猫软件服务年费是商家在天猫经营每年所需缴纳的费用。年费的收取分为 3 万元和 6 万元两档,根据商家所经营的一级类目收取天猫软件服务费。商家在经营过程中符合天猫的标准,同时满足天猫的经营要求,天猫会根据50%和100%两个比例来进行天猫软件服务年费的返还。

2.2.4　任务实施

一、提交入驻资料

步骤一:查看招商标准。

(1)进入天猫招商页面,查看招商标准和招商品牌。

(2)阅读了解入驻流程,确认入驻须知,然后点击"立即入驻"进行申请。

步骤二:选择店铺类型、品牌和类目。

(1)根据申请经营的情况,选择店铺类型、填写品牌商标注册号。若商标注册号已被天猫录入,则直接选择对应的品牌即可。

> **小贴士**
> (1)如经营非图书音像大类,须点击选择"所有类目"。
> (2)如经营图书音像大类,须点击选择"图书音像"。
> (3)如申请经营专营店,须至少提交2个品牌。

(2)若商标未被天猫录入,则须补充品牌信息。

(3)选择申请的经营大类及类目,点击"选择类目"按钮,选好经营的类目后点击

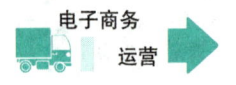

"确认"。

> **小贴士**
> 一个品牌只可以选择一个主要经营大类,切换大类则会覆盖之前的操作,请谨慎操作。若搜索不到卖家想要的类目,则说明该类目天猫暂不招商。如一个品牌要跨大类经营,卖家可以在店铺上线后申请添加类目,添加新类目标准按照当前招商标准执行。

(4)确认是否已符合基本入驻要求,若不符合,则提交后可能会被小二审核拒绝。

> **小贴士**
> 如果品牌不在招商品牌池内,须要先评估品牌实力,再进行资质审核,这样会延长审核时间。

步骤三：填写品牌信息。
(1)根据实际情况填写品牌信息,注意左侧的选项卡,每个选项卡下内容均须填写完整。若该选项卡内容未填写完整,标签会显示"待填写",填写完成后将显示"已填写"。

> **小贴士**
> 若卖家的品牌须要先评估品牌实力,则将在申请页面看到"更多详情信息上传"入口,品牌评估会参考你的品牌影响力及天猫的品类结构和消费者需求。可下载Excel模板,按模板内容详细填入后上传,此信息会让天猫更好地了解卖家的企业和品牌,有助于更快入驻天猫。

(2)全部填写完成后,点击"下一步"。
步骤四：填写企业信息。
根据实际情况填写企业信息,填写完成后,点击"下一步"。
注意：提交支付宝授权书时,须先下载模板,按照模板内容填写并签章后,将授权书拍照上传。
步骤五：店铺命名。
选择填写店铺名称中展现的关键词,并点击"选择店铺名"右侧的下拉框选择店铺名称以及店铺域名,也可以在"店铺命名建议"中填写期望的店铺名称。选择完成后,点击"下一步"。

> **小贴士**
> 选择的店铺名称必须符合《天猫店铺命名规范》,用手机淘宝扫描右方二维码可查看天猫店铺命名规范。

步骤六：提交审核。

再次确认填写的信息是否正确，如需修改，可点击"返回修改"，返回填写页面修改信息。若信息无误，无须修改，可点击"确认无误提交"，提交申请资料给天猫。申请资料一旦提交，将无法进行修改，只能耐心等待审核结果。

二、商家等待审核

申请资料提交成功后，须耐心等待小二审核。

> **小贴士**
>
> 等待审核期间，保持电话畅通，并关注邮件、旺旺信息，以便小二与你取得联系。若联系方式变更，可点击页面下方联系方式旁边的"修改"按钮，重新填写。

步骤一：品牌评估。

（1）若申请经营的品牌不在天猫招商品牌池内，须先通过品牌评估。品牌评估期间若资料不符合要求，须要补充修改，系统会以邮件和短信的方式通知登录申请账号查看修改。点击"前往修改"，可按照提示完成修改并提交。须在15天内操作修改并重新提交，逾期此次申请将失效。

（2）若提交的品牌未能通过评估，此次申请将失效，可以更换品牌再次提交申请。

（3）品牌评估通过后，可以点击"开始资质审核"，进入资质审核阶段。当看到"开始资质审核"按钮时，建议点击此按钮继续申请，否则流程将无法继续。

步骤二：资质审核。

（1）资质审核阶段分为初审和复审，审核期间若资料不符合要求，须要补充修改，系统会以邮件和短信的方式通知登录申请账号查看修改。点击"前往修改"，可按照提示完成修改并提交。须在15天内操作修改并重新提交，逾期此次申请将失效。

（2）资质审核期间，卖家可以在页面下方查看目前的审核状态以及预计完成的时间。

（3）初审、复审均审核通过后，入驻申请才算通过审核，可以继续完善店铺信息、发布商品、操作店铺上线。

三、完善店铺信息

步骤一：激活商家账号并登录。

设置密码，填写联系人手机、邮箱和企业支付宝账号，填写完成后点击"激活账号"，激活你的商家账号。

> **小贴士**
>
> 此处填写的支付宝账号为店铺后期收款、资费结算的账号，请谨慎选择。
> （1）请勿将该支付宝账户与任何淘宝账号绑定。
> （2）请勿将支付宝邮箱设置为任何淘宝账号的登录邮箱。
> （3）请确保该支付宝账号的企业认证信息与你在天猫入驻资料提交的企业信息一致。

步骤二: 完成开店前相关任务。

(1) 激活账号后,登记商家账号,完成开店前相关任务。卖家可以点击"前去完成"按钮前往相关页面进行操作,操作完成后可以点击"刷新状态"查看进度。

(2) 此项任务完成后,任务后面会显示"已完成"。

步骤三: 锁定保证金和缴纳年费。

签署协议完成后,可以点击"马上锁定/缴纳"进行锁定保证金和缴纳年费的操作。

> **小贴士**
> (1) 请确保支付宝账户内余额充足。
> (2) 须在 15 天内完成锁定和缴纳的操作,如未能按时完成,此次申请将失效。
> (3) 完成锁定保证金和缴纳年费操作 24 小时后,才能发布商品。

四、店铺上线

步骤一: 发布商品。

完成锁定保证金和缴纳年费操作 24 小时后,卖家可以发布商品及店铺装修。不同经营范围店铺上线须发布规定数量的商品,完成后可以点击"立即店铺上线"。

> **小贴士**
> 用手机淘宝扫描右方二维码可查看不同经营范围店铺上线前须发布的商品数。

步骤二: 店铺上线。

店铺上线后可以前往商家中心进行更多操作,如图 2-2-1 所示。

图 2-2-1　店铺上线页面

2.2.5 任务总结

1. 知识结构图(图 2-2-2)

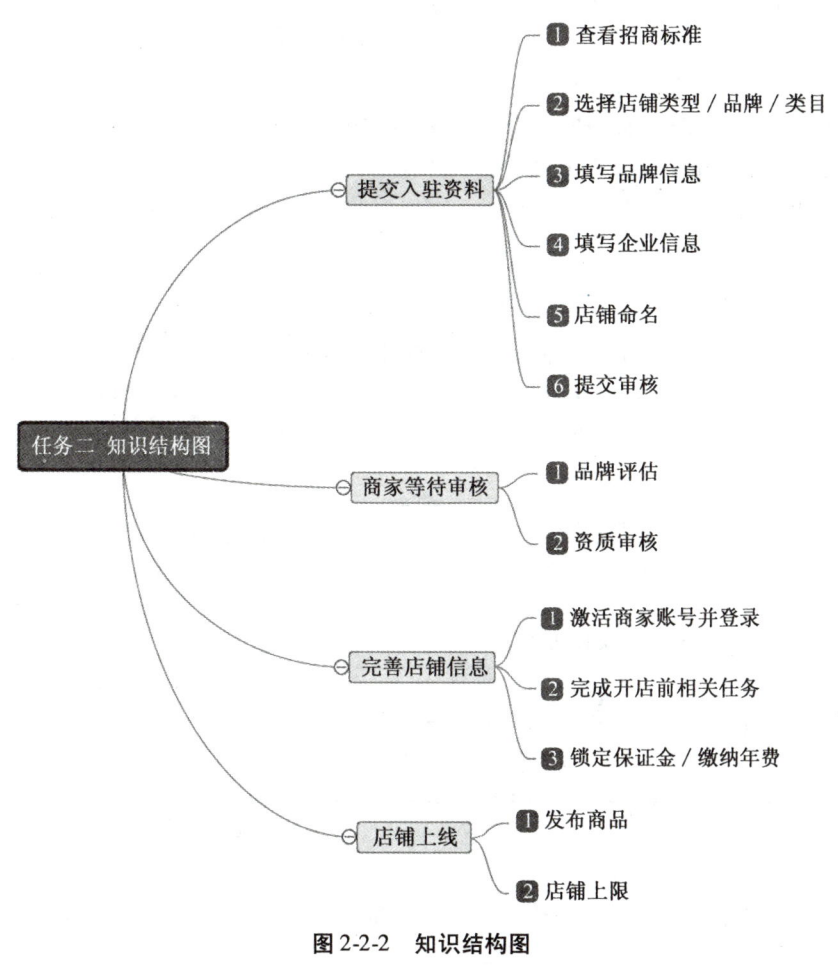

图 2-2-2 知识结构图

2. 拓展知识

"不真实"的证明材料的认定

天猫平台规则第七十一条,提供虚假资质证明,是指商家为达到某种目的或牟取利益向天猫提供不真实的资质证明的行为。商家向天猫提供虚假资质证明的以严重违规行为扣 48 分。

"不真实"的证明材料如何认定？

（1）经天猫核实证明材料系伪造、编造的。

（2）基于对证明材料的合理怀疑,天猫将通知会员进一步对该证明材料的真实性、合法性补充自证或做出合理解释,商家未在天猫规定的合理时间内予以提供证明或做出合理解释的,该证明材料将被认定为"不真实"。

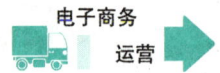

虚假资质证明包含的内容

虚假资质证明包括但不限于：

（1）品牌授权书造假（如公章造假、授权内容造假）。

（2）品牌商标注册证造假（如商标注册号、商标核定范围造假）。

（3）一般纳税人资质造假。

（4）特殊行业经营许可证造假（如食品经营许可证、图书经营许可证）。

（5）企业资质造假（如企业营业资质）。

（6）其他入驻资质造假。

（7）其他商品资料。

2.2.6 任务训练

1. 请在下表中填写下列大类店铺上线前须发布的商品数。

商品类目	商品数
女鞋	
流行首饰	
彩妆	
家具饰品	
收纳整理	

2. 请在下表中填写下列店铺类型的命名规则。

店铺类型	命名规则
旗舰店	
专卖店	
专营店	

3. 干扰天猫运营秩序的信息有哪些？请将回答内容填入下框中。

2.2.7 课外学习

- 天猫入驻标准（用手机淘宝扫一扫）。

任务三　京东开店流程

2.3.1　任务情境

电商平台销量可观,电商运营部店长赵明准备继续拓展网络销售渠道,计划注册一家京东店铺,使夏艺女装在电商平台上获得更多的展示机会与流量。

2.3.2　任务分析

在京东开店,首先须要注册京东"个人用户"账号,其次选择入驻类型、填写并上传相关资料,最后选择期望店铺类型、期望经营的品牌及类目。

2.3.3　知识准备

- 京东主站业务。

(1) POP 主站:在国内进行销售的商家。

(2) 奢侈品店:仅支持国内外奢侈品品牌。

(3) 拍卖店铺:参加拍卖业务的拍卖公司。

- 京东全球购:国外公司经营,从保税区或者海外发货,在中国大陆进行退货、售后服务。

- 京东 POP 开店资质:公司资质、品牌资质和行业资质。

(1) 公司资质包括:营业执照、一般纳税人资格证、银行开户许可证、法定代表人身份证。

(2) 品牌资质包括:商标注册证或商标注册申请受理通知书、授权书。

(3) 行业资质包括:报关单、检测报告、全国工业产品生产许可证、卫生许可证、电信设备进网许可证/入网许可证、无线电发射设备型号核准证、3C 认证等,详细要求按各类目要求查看。

2.3.4　任务实施

一、入驻指南

(1) 确保授权链条的完整,即申请入驻企业拿到的授权能够逐级逆推回品牌商。

(2) 务必保证入驻前后提供的相关资质的真实有效性(若提供的相关资质为第三方提供,如商标注册证、授权书等,请务必先核实其真实有效性),一旦发现虚假资质,公司将被列入非诚信商家名单。

二、入驻申请

步骤一:注册账号。

(1) 须要注册京东"个人用户"账号,拥有账号后才可进行下一步,如已有个人账户则直接输入用户名、密码登录即可。若没有,则须先注册。

(2) 进入京东用户中心验证手机及邮箱,如图 2-3-1 所示。

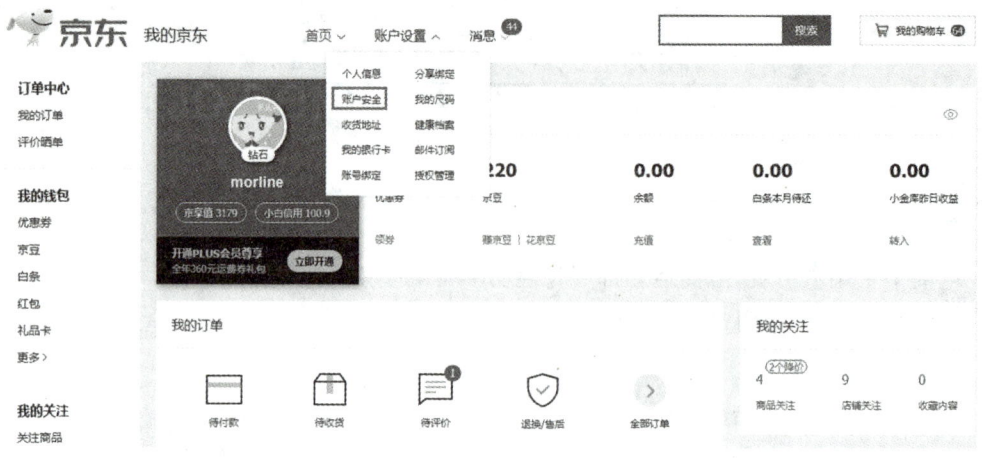

图 2-3-1　账户安全验证页面

（3）进入商家入驻页面（http：//zhaoshang.jd.com）点击"马上入驻"。

（4）选择类型，国内商家选择"入驻京东主站"，国外商家选择"入驻京东全球购"。

（5）查看京东平台入驻相关资质要求，确认后点击"确认，继续入驻"。

（6）认真查看商家入驻流程、入驻相关说明，再次确认已准备好相应的资质后点击"开始提交"。

（7）填写联系人信息。

步骤二：完善公司信息。

（1）上传营业执照，系统自动识别填写营业执照信息，若识别失败，须手动填写，提交前须仔细核对填写是否正确。

（2）完成录入后，点击"下一步，完善税务及财务信息"。

（3）完善公司税务登记证信息、结算银行账户信息，同时上传相应的电子版信息（须要加盖企业公章）。

（4）完成录入后，点击"下一步，完善店铺信息"。

步骤三：完善店铺信息。

（1）录入商家基本经验信息、是否受到其他商家推荐、是否收到京东垂直网站要求（如未收到邀请，请勿选择）。

（2）完成信息录入后，点击"下一步，完善类目及资质"。

（3）选择期望店铺类型、期望经营的品牌及类目。所选类目均须提供对应的资质，相关资质要求可点击查看右侧帮助或经营类目处的资质解读。

（4）填写完成后点击保存。

（5）选择主营二级类目，点击"下一步，店铺命名"。

（6）根据所选的店铺类型完成店铺命名，按照提示的规范完成店铺命名，不符合命名规范将被驳回。

（7）提交前请进行核对，错误可点击"返回修改"。

步骤四：签署合同提交入驻申请。

确认在线服务协议。仔细阅读《"京东 JD.COM"开放平台在线服务协议》，如无异议，勾选"我已仔细阅读并同意协议"后,点击"提交入驻申请"。

三、入驻进度查询及通知

提交入驻申请后,商家可以通过入驻申请页面登录查看入驻申请的进度,同时京东也会在入驻过程中通过短信、邮件实时通知,开店完成后,店铺登录相关信息会以邮件形式通知商家。

2.3.5 任务总结

1. 知识结构图(图 2-3-2)

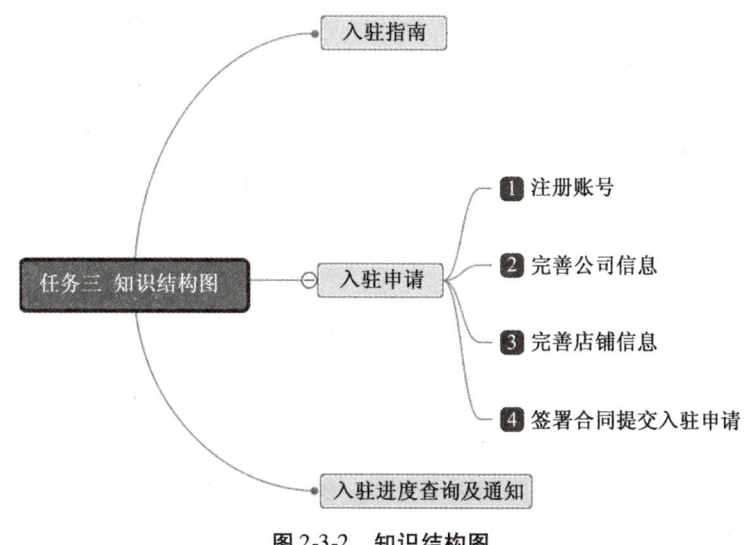

图 2-3-2　知识结构图

2. 拓展知识

京东海囤全球介绍

京东海囤全球是京东在 2015 年开启的跨境电子商务新业务,是国际品牌与京东连接的第一站,是海外新品和新品牌打开中国市场的孵化器,旨在为用户带来更优质、更多选择的海外商品,让顾客足不出户购遍全球。

海囤全球由原"京东全球购"更名而来,主营跨境进口商品业务,是京东旗下所属品牌。京东全球购成立于 2015 年,已吸引近 2 万个品牌入驻,SKU(Stock Keeping Unit,库存量单位)近千万,覆盖时尚、母婴、营养保健、个护美妆、3C、家居、进口食品、汽车用品等产品品类,来自美国、加拿大、韩国、日本、澳大利亚、新西兰、法国、德国等 70 多个国家和地区。

2.3.6 任务训练

1. 京东 POP 开店须要具备哪些资质?请将回答内容填入下框中。

2. 完善公司信息须要填写哪些相关信息？请将回答内容填入下框中。

2.3.7 课外学习

- 京东开店经和京东开放平台总则。

京东开店经

京东开放平台总则

项目二 练习题

一、单选题

1. 箱包皮具类天猫店铺，在开店前须发布（　　）件商品。
   A. 10　　　　　B. 20　　　　　C. 30　　　　　D. 40

2. （　　）主要用于保证商家按照天猫的规则进行经营，且在商家有违规行为时根据《淘宝商城服务协议》及相关规则规定用于向天猫及消费者支付违约金。
   A. 保证金　　　　　　　　　　B. 软件服务年费
   C. 软件服务费　　　　　　　　D. 年费

3. 淘宝店铺主营瑜伽垫，须缴纳（　　）元保证金才能发布商品。
   A. 100　　　　B. 500　　　　C. 1 000　　　　D. 2 000

4. 中国大陆法人代表须填写（　　）。
   A. 来往内地通行证号　　　　　B. 身份证号码
   C. 台胞证号（回乡证）　　　　D. 护照号

5. 京东POP开店资质不包括（　　）。
   A. 公司资质　　B. 品牌资质　　C. 行业资质　　D. 个人信用

二、多选题

1. 以下天猫店铺，在上线前须发布10件商品的有（　　）。
   A. 化妆品　　　　　　　　　　B. 家装、家具、家纺
   C. 图书音像　　　　　　　　　D. 服装

2. 公司在入驻天猫前，须要做哪些准备？（　　）
   A. 准备好公司人员、物流、仓储、商品供应链、定价、宣传图片素材等
   B. 了解天猫入驻要求
   C. 学习天猫店铺运营方式
   D. 了解天猫规则

3. 入驻天猫审核通过后，还须要做什么？（　　）
   A. 激活商家账号并登录　　　　B. 完成开店前相关任务
   C. 锁定保证金/缴纳年费　　　　D. 注册支付宝账号

4. 必须缴纳2 000元保证金才能发布商品的类目有(　　)。
A. 美发、护发　　　B. 手机　　　　　C. 男装　　　　　　D. 户外用品
5. 淘宝开店企业证件资料包括(　　)。
A. 邮箱　　　　　　　　　　　　　　B. 企业名称
C. 社会信用代码(注册号)　　　　　　D. 营业执照
6. 京东入驻申请包括(　　)。
A. 注册账号　　　　　　　　　　　　B. 完善公司信息
C. 完善店铺信息　　　　　　　　　　D. 签署合同提交入驻申请

三、判断题

1. 3C类天猫店铺在上线前只要发布5件商品。　　　　　　　　　　　　　(　　)
2. 天猫商家可以修改店铺名。　　　　　　　　　　　　　　　　　　　　(　　)
3. 在天猫平台,一个品牌只可以选择一个主要的经营大类。　　　　　　　(　　)
4. 一个营业执照或一个身份证在正常情况下仅能开设一家店铺。具备一定持续经营能力、满足一定经营条件的诚信卖家,可享有开设多店的权益。　　　　　　(　　)
5. 没有经营的个人店铺无法升级为企业店铺。　　　　　　　　　　　　　(　　)
6. 淘宝个人店铺无须缴纳保证金。　　　　　　　　　　　　　　　　　　(　　)
7. 京东店铺质保金,只要入驻时缴纳,无须每年缴纳。　　　　　　　　　(　　)
8. 京东全球购是指国外公司经营,从保税区或者海外发货,在中国大陆进行退货、售后服务。　　　　　　　　　　　　　　　　　　　　　　　　　　　　　　(　　)
9. 京东主站业务分为POP主站和奢侈品店。　　　　　　　　　　　　　(　　)

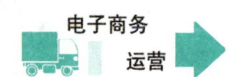

店铺管理基础

学习目标

- 能掌握装修淘宝店铺方法
- 完成店铺商品发布全流程
- 设置店铺软件及服务

学习重点

- 装修淘宝店铺

学习难点

- 装修淘宝店铺

任务一　装修店铺

3.1.1　任务情境

在项目二中，夏艺女装淘宝店铺已经创建完成，取名为夏艺原创女装。美工专员刘娟开始着手进行店铺的装修，店铺的装修要从哪些方面入手呢？刘娟决定从淘宝大学里学习店铺装修的知识和技能。

3.1.2　任务分析

店铺设置和装修主要包括店铺基本信息设置、店铺首页设置、详情页设置等。合理并且专业的网店装修可以吸引顾客的眼球，并有效地提高网店的流量转化率，但是想要留住顾客以及提升销量的话，要做的工作就不只是制造视觉效果这么简单了。

3.1.3　知识准备

- 网店装修的目的：首先是引入流量、提升销售；其次是给买家提供便捷，使其能简捷、快速地找到需要的产品；最后是让卖家自身对店内销售有一个清晰的了解。
- 淘宝二级域名：淘宝二级域名（子域名）是商家可以根据自己的需要，在不触犯相关申请规则的情况下来设置自己的域名。有了淘宝二级域名,访问店铺的时候地址栏中就会默认显示商家设置的域名。

3.1.4 任务实施

一、设置店铺基础信息

（1）登录淘宝首页,输入用户名和密码,进入【千牛卖家中心】→【店铺管理】页面,点击"店铺基本设置"。

（2）在"店铺基本设置"页面上编辑店铺名称、店铺标志、简介、店铺介绍等内容。

（3）进入【店铺管理】→【域名设置】页面,点击"二级域名",输入域名前缀,点击"查询是否占用",在域名可用的情况下点击"申请绑定"。

（4）在同意协议规则中打钩,点击"绑定"。

域名绑定成功后,域名修改不能超过3次。超过3次将不能修改,以最后一次为准,如图3-1-1所示。

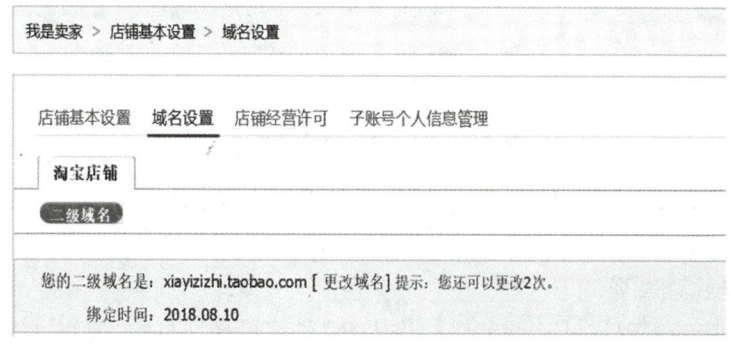

图 3-1-1　店铺域名设置页面

二、设置店铺首页

（1）进入【千牛卖家中心】→【店铺管理】页面,点击"店铺装修"。

（2）包括手机端和PC端,我们以PC端为例介绍如何装修店铺。点击"PC端",然后在首页一栏中点击"装修页面"。

（3）在首页装修页面,可以看到左边是功能模块,右边是我们要装修的页面板块,当我们需要哪一个模块时,可以直接把它从左边功能模块拖到页面右边即可,如图3-1-2所示。页面装修板块的"店招"和"导航"是必不可少的。

图 3-1-2　店铺首页装修页面

(4)店铺招牌装修。将鼠标放到店铺招牌板块中,点击"编辑"按钮,招牌类型选择"自定义招牌",把上传到图片空间中的图片地址复制到编辑框中。

(5)导航装修。当鼠标经过"导航"区域时点击"编辑",即可编辑店铺导航分类。其他模块原理都是如此。

(6)点击"布局管理",可以对页面结构进行调整,如添加或删除布局、模块,如图3-1-3所示。

图3-1-3　首页布局管理页面

(7)当首页全部装修完成后,一定要点击页面右上角的"发布站点"按钮,才可保存装修。

三、设置店铺详情页

(1)点击【店铺管理】→【店铺装修】,进入PC端宝贝详情页的"装修页面"。

(2)点击"页面编辑",选中一个模板,在右侧选择页面编辑以后会出现详情页操作界面。这里提供了一种可视化的操作界面,可以对版面进行布局、对添加的模块进行编辑、删除等操作。

(3)在弹出的页面中可以看到一个宝贝描述信息,在它的右下角有一个添加模块。假如要在宝贝描述信息的模块添加一个模块的话,只要单击一下这个添加模块即可。

(4)如果要添加一个自定义模块,单击"添加"按钮,这时宝贝描述信息的布局中就增加了一个自定义内容区的模块。

(5)如果要对添加的自定义模块内容进行修改,可点击"编辑"按钮,进入在线编辑器界面,在编辑器中插入文字、图片或者其他的内容模块进行编辑。编辑完成后点击"立即保存"即可。

(6)接下来是布局管理模块,当选中一个模板,而且右侧选中的是布局管理的话,则会看到如图3-1-4所示的界面,在该页面可以对页面结构进行调整,如添加删除布局、模块。

第一篇 运营基础设置篇

图 3-1-4 详情页布局管理页面

3.1.5 任务总结

1. 知识结构图（图 3-1-5）

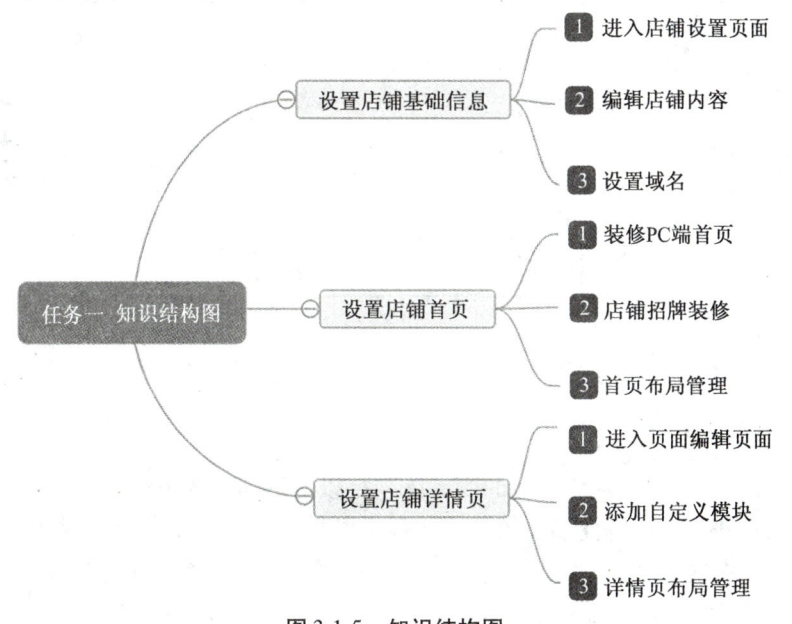

图 3-1-5 知识结构图

2. 拓展知识

网店装修准确来说属于网页设计的范畴。网店装修与网页设计是一样的，就是通过对文字、图像、音频、视频、动画等文件的创意组合设计出漂亮迷人的页面，从而吸引顾客，创造网店视觉销售力。因此，店铺装修目前使用最多的工具是网页和图像编辑工具，如Dreamweaver、Frontpage、Photoshop、Fireworks。不管是专业的设计人士还是业余爱好者，这4款软件已经能够满足设计的需求了。Frontpage、Dreamweaver是制作网页的专业软件，Photoshop、Fireworks是图片设计方面的专业软件。任意选其中2种软件组合使用就可以了，这个可以根据我们已有的基础来选择。

3.1.6 任务训练

1. 为自己的淘宝网店进行基本信息设置,并将操作流程填入下框中。

```
　
　
　
　
　
```

2. 为自己的淘宝网店进行 PC 端首页装修、一个商品的详情页装修,并在下表中填写页面的链接地址。

项　目	链接地址
PC 端首页	
详情页	

3.1.7 课外学习

● 淘宝新手卖家装修店铺技巧。

任务二　发布商品

3.2.1 任务情境

与传统零售方式不同,网络零售的商品陈列是以网页的形式来展示的,顾客通过搜索商品名称、比较商品图片、了解商品介绍这个流程来寻找和选择商品,因此,商品发布是网店日常运营的主要工作内容之一,也是最重要的工作步骤。夏艺女装淘宝店铺基本装修已经完成,接下来要进行商品发布的相关操作。

3.2.2 任务分析

学会商品发布很简单,因为操作流程都是固定的,但是要学好商品发布却很难,因为在这个工作里包含了大量顾客心理分析和销售技巧。基于对网络零售模式和流程的理解,并且把这些经验运用到实际操作中,是网店运营者必须了解和掌握的能力,因为这是决定能否成交的第一个环节,会直接影响到店铺的浏览量和成交率。与商品管理有关的操作包括编辑宝贝分类、对商品进行分类、建立运费模板、发布商品等。

3.3.3 知识准备

● 淘宝的配送方式:主要是快递和物流两种方式,买家可以和卖家沟通相关的配送方式。目前淘宝网常用的配送方式有三种:邮政的平邮和 EMS、快递公司、物流公司。平邮是最慢的运送方式,无法查询物流信息,但是价格比较实惠,而且网点多,适合偏远地区使用;EMS速度相对较快,但费用较高,优点是网点多,全国没有盲点,都能送到,并且可以查询物流信息;常用的快递公司有:申通快递、圆通快递、中通快递、百世快递、韵达快递、天天快递、顺丰速运、宅急送等;物流公司一般是运送大宗货物的,如果商品体积大、重量大等可以选择物流公司,缺点是速度慢,不送货上门,常用的物流公司有:佳吉物流、德邦物流等。

3.3.4 任务实施

一、编辑宝贝分类

(1)进入【千牛卖家中心】→【店铺管理】页面,点击"宝贝分类管理"。

(2)首先进行分类管理,可以点击"添加手工分类"添加分类和子分类。

(3)分类名称设置完成后,可以选择是否上下移动,点击"添加照片",对每个分类添加照片。

(4)添加照片有两种形式:直接添加内部网络地址和插入图片空间的图片,但不再支持外部链接。

(5)也可以点击"添加自动分类",根据需要设置自动分类的条件,按照类目、属性、品牌、时间以及价格进行自动分类。

(6)接着进行宝贝分类,点击导航栏的"宝贝管理",可以对单个未分类宝贝添加分类,也可以进行"批量分类"。

(7)找到要分类的宝贝点击"添加分类",勾选分类,可以将宝贝同时分到若干个不同的分类里。

(8)宝贝分类之后可以在左侧导航处查看分类效果,如图3-2-1所示。

图3-2-1 分类效果页面

二、建立运费模板

(1)进入【千牛卖家中心】→【物流管理】页面,点击"物流工具"。

(2)勾选物流服务商进行开通,也可以批量进行,如图3-2-2所示。

(3)选择"运费模板设置",在下面点击"新增运费模板"。

(4)填写模板名称(此名称只能店主自己看到,便于自己识别)、宝贝地址(店主发货的地址)、发货时间(很多人都会选择2天内,即48小时。如果24小时内能保证发出,就填24小时,发货越快权重越高)、是否包邮选择"自定义运费",计价方式选择"按件数"(如果是比较大、比较重的可以选择按体积或按重量)。

图 3-2-2　服务商设置页面

（5）运送方式选择"快递"，填写默认运费（根据网店所在地的运费价格填写）。

（6）点击"为指定地区城市设置运费"，在新添加的列表中点击"编辑"。

（7）选择不同的地区编辑运费，分别填写运费价格和续重价格，点击"保存"。

（8）保存后，就可以看到新设置的运费模板，如图 3-2-3 所示。

图 3-2-3　运费模板页面

三、发布商品

（1）进入【千牛卖家中心】→【宝贝管理】页面，点击"发布宝贝"，进入宝贝发布页面。

（2）在商品类目的选择页面，可以在搜索框中输入产品名称，如"女式大衣"，然后点击"快速找到类目"，如图 3-2-4 所示。

（3）输入要发布的商品名称后，会弹出商品类目选择框，选择商品具体所属的类目，然后点击"我已阅读以下规则，现在发布宝贝"按钮。

（4）在宝贝详细信息页面中，填写基础信息、销售信息、图文描述、支付信息、物流信息、售后服务，填写完相关内容后点击"提交宝贝信息"发布商品。

（5）如果对新发布的商品填写的信息不满意，可以回到卖家中心，点击"宝贝管理"菜单下的"出售中的宝贝"，就会在右侧出现宝贝列表，点击"编辑商品"按钮即可重新编辑。

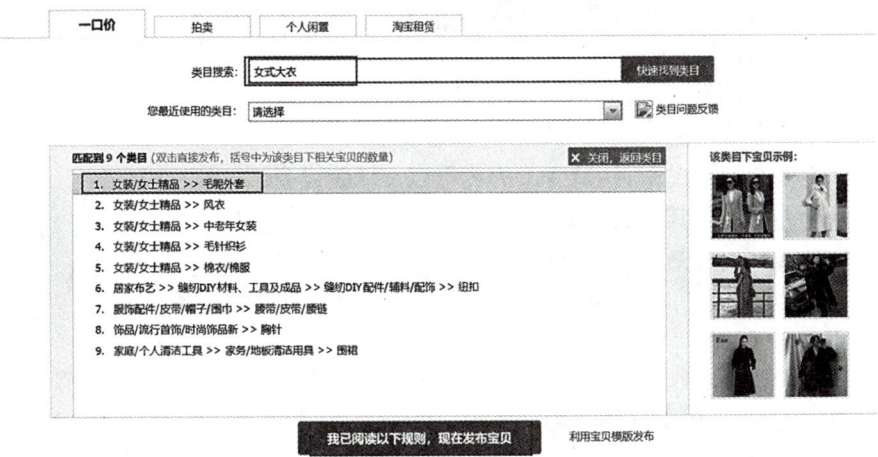

图 3-2-4　宝贝类目页面

3.2.5　任务总结

1．知识结构图（图 3-2-5）

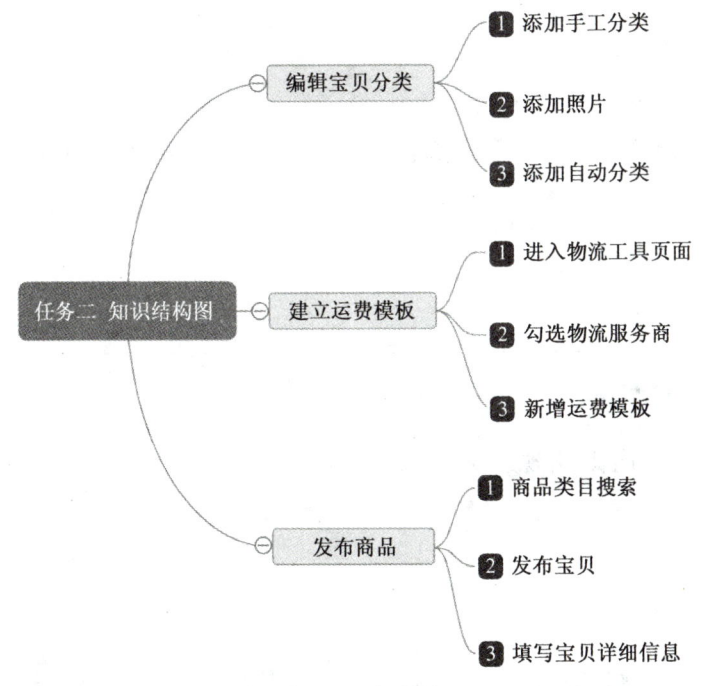

图 3-2-5　知识结构图

2．拓展知识

淘宝禁止发布的商品种类

（1）枪支、弹药、军火或相关器材、配件及仿制品。

（2）易燃、易爆物品或制作易燃易爆品的相关化学物品。

（3）毒品、麻醉品、制毒原料、制毒化学品、致瘾性药物、吸食工具及配件。

（4）含有反动、破坏国家统一、破坏主权及领土完整、破坏社会稳定涉及国家机密、扰乱

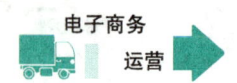

社会秩序,宣扬邪教迷信,宣扬宗教、种族歧视等内容或相关法律法规禁止出版发行的书籍、音像制品、视频、文件资料。

（5）人体器官、遗体。

（6）用于窃取他人隐私或机密的软件及设备。

（7）正在流通的人民币,伪造变造的货币以及印制设备。

（8）麻醉注射枪及其相关商品。

（9）走私、盗窃、抢劫等非法所得。

（10）可致使他人暂时失去反抗能力、意识模糊的口服或外用的化学品,以及含有黄色淫秽内容的商品、信息。

（11）涉嫌违反《中华人民共和国文物保护法》相关规定的文物。

（12）其他淘宝认定为禁售的商品信息。

3.2.6 任务训练

1. 为自己的淘宝网店建立运费模板,并将操作流程填入下框中。

2. 在自己的淘宝网店中发布一件商品,并将操作流程填入下框中。

3.2.7 课外学习

- 淘宝店铺发布宝贝出现违规处理方法。

任务三 设置店铺软件及服务

3.3.1 任务情境

夏艺女装店铺美工专员完成发布商品的任务之后,为了网店能够正常运转、提供优质的在线客户服务、提高浏览量和销量等,须要对千牛软件进行设置、选取促销工具对店铺进行营销推广。

3.3.2 任务分析

首先要下载并安装千牛软件,并对软件进行基本的设置,给不同的员工分配各自的子账号,这里就涉及子账号的添加和设置。淘宝的商家服务市场提供大量的第三方服务和软件,涉及营销推广、装修设计、短视频制作、客服外包、摄影市场、装修模板、企业服务和知识产权等。卖家在服务市场根据自己的需求查询想要的工具软件,订购后即可进入服务后台使用了。

3.3.3 知识准备

● 淘宝子账号:子账号是淘宝网及天猫提供给商家的员工账号服务,目前的主要功能是对卖家员工淘宝内部行为的授权及管理,通过开放希望实现与商家的内部管理系统员工账号体系打通,进而为商家提供一体化的账号管理服务并降低商家员工账号管理及使用成本。只要进行实名认证后就可以享受淘宝的所有权限。

3.3.4 任务实施

一、设置子账号

(1)进入【千牛卖家中心】→【店铺管理】页面,点击"子账户个人信息管理"。

(2)在子账号设置页面,点击"新建员工",这里要进行二次验证。

(3)通过验证之后,即可填写新建员工的信息,如图3-3-1所示。

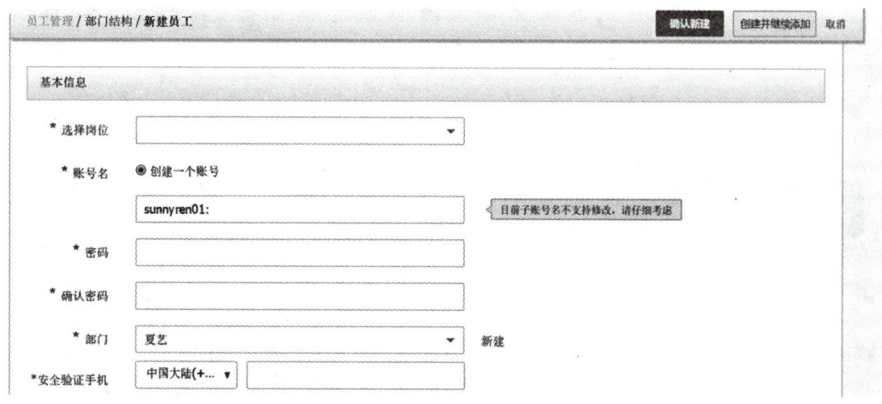

图 3-3-1 新建员工页面

(4)员工基本信息填写完后,点击"确认新建"即可。须要注意的是,子账号的名称确定之后,不可修改。

(5)员工信息新建之后,即可在子账号中心的【管理岗位】中查询,新建的账号须要进行认证方可使用。

二、订购第三方软件

(1)进入【千牛卖家中心】→【软件服务】页面,点击"定制服务"。

(2)在淘宝商家服务市场,根据需要获取相关软件,里面有淘宝官方的软件,也有第三方服务软件。

(3)选择需要的服务软件的类型,这里我们选择"促销管理",在搜索结果页面选择一款应用,点击其下方的"立即订购"按钮进入订购页面。

(4)在服务应用详情页面,可以选择服务版本、订购周期等,在购买之前,建议先查看服务的相关评价,如图3-3-2所示。如果觉得可以点击"立即购买",同意并付款后即可完成订购。在"我的服务"中可以查看服务的到期时间、订购时间。淘宝第三方服务软件,一般都是可以免费体验一段时间的。

图 3-3-2　订购第三方软件页面

3.3.5　任务总结

1. 知识结构图(图 3-3-3)

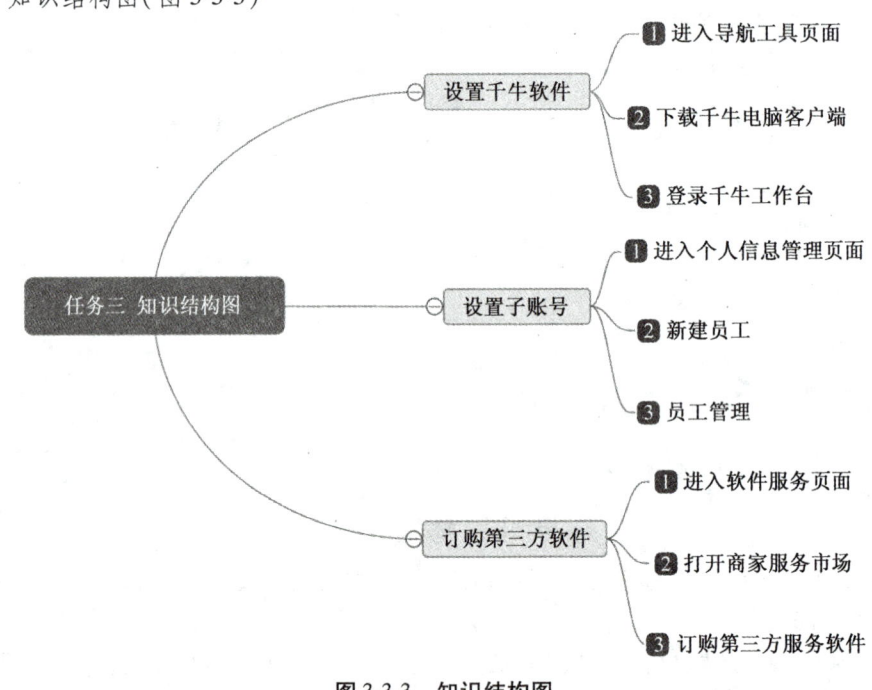

图 3-3-3　知识结构图

2. 拓展知识

千牛软件是阿里巴巴集团于 2013 年 6 月 24 日推出的一个为淘宝、天猫、1688 商家提供手机和 PC 端服务的卖家一站式管理工作台,千牛软件是在卖家版旺旺的基础上升级而来的,包含卖家工作台、旺旺卖家版、消息中心、插件中心四大核心模块,同时新增"淘宝智能机器人"官方客服,加强移动端的客户管理功能。

功能服务：

（1）卖家工作台。

为卖家提供店铺关键信息提醒，以及商品、交易、数据等常用操作快捷入口。

（2）旺旺卖家版。

支持手机旺旺登录，卖家可随时查看商品订单情况，方便发送商品或订单链接给买家。登录千牛移动版，能够及时看到后台推送的新消息，方便跟买家之间进行交流，有利于交易的推进。

（3）消息中心。

能够第一时间将商品消息、订单消息、退款消息、官方公告类消息发送到卖家手机上，避免错过关键的信息，具有良好的应急机制。

（4）插件中心。

卖家可根据店铺的实际运营情况，选择合适的商品管理、交易管理、数据统计等常用插件，满足不同等级店铺的需求。

3.3.6 任务训练

为自己的淘宝网店设置一个子账号，并将操作流程填入下框中。

3.3.7 课外学习

- 千牛评价管理—旺旺聊天新功能（用手机淘宝扫一扫）。

项目三 练习题

一、单选题

1. 淘宝的首页装修自定义模块图片，宽是（　　）。
   A. 990 像素　　　　B. 950 像素　　　　C. 1 480 像素　　　　D. 1 920 像素
2. 淘宝商品标题最多包含多少个字？（　　）
   A. 20　　　　　　　B. 29　　　　　　　C. 30　　　　　　　　D. 33
3. 修改淘宝商品标题后，多久可以生效？（　　）
   A. 5 分钟　　　　　B. 10 分钟　　　　　C. 15 分钟　　　　　　D. 20 分钟
4. 千牛的版本有（　　）。
   A. 安卓手机版　　　　　　　　　　　　B. 电脑版
   C. 苹果手机版　　　　　　　　　　　　D. 以上三者都有

5. 淘宝建立运费模板时不可以用下面哪种计价方式？（ ）
   A. 按地区　　　　B. 按件数　　　　C. 按体积　　　　D. 按重量
6. 淘宝发布宝贝时第一步是确定什么？（ ）
   A. 宝贝类目　　　B. 宝贝标题　　　C. 宝贝价格　　　D. 宝贝库存
7. 店铺个性域名可以有（ ）次修改机会。
   A. 2　　　　　　B. 3　　　　　　C. 4　　　　　　D. 5
8. 在"已卖出的宝贝"界面不能看到（ ）。
   A. 备注信息　　　B. 交易状态　　　C. 物流信息　　　D. 发货状态
9. 在"出售中的宝贝"里无法操作的是哪项？（ ）
   A. 编辑宝贝　　　B. 编辑标题　　　C. 编辑库存　　　D. 上架宝贝
10. 相同关键词，同一个店铺最多只能上架几个宝贝？（ ）
    A. 1　　　　　　B. 2　　　　　　C. 3　　　　　　D. 4

二、多选题

1. 已卖出的宝贝界面可以查看哪些信息？（ ）
   A. 近3个月的订单　　　　　　　　B. 3个月前的订单
   C. 退款中的订单　　　　　　　　D. 需要评价的订单
2. 哪些界面可以直接点击编辑宝贝？（ ）
   A. 已卖出的宝贝　B. 出售中的宝贝　C. 仓库中的宝贝　D. 宝贝分类界面
3. 子账号管理后台可以设置什么？（ ）
   A. 增加子账号　　B. 查看聊天记录　C. 修改子账号密码　D. 删除子账号
4. 宝贝下架时间可以在哪些界面看到？（ ）
   A. 出售中的宝贝　B. 仓库中的宝贝　C. 橱窗推荐　　　D. 已卖出的宝贝
5. 淘宝在建立运费模板时，运送方式包括（ ）。
   A. 快递　　　　　B. EMS　　　　　C. 平邮　　　　　D. 以上都不是

三、判断题

1. 运费模板可以按体积进行设置。（ ）
2. 图片空间的上传形式分为普通上传和高速上传两种。（ ）
3. 宝贝是可以设置指定时间上架的。（ ）
4. 卖家中心的卖家工作台是可以增加或删除板块的。（ ）
5. 宝贝分类中，不可以将宝贝同时分到若干个不同的分类里。（ ）

<<< 第一篇 运营基础设置篇

店铺运营基础

学习目标

- 能运用淘宝营销工具进行商品推广
- 了解客户群体的推广方式
- 了解内容营销的推广方式

学习重点

- 运用淘宝营销工具

学习难点

- 内容营销的推广方式

任务一 运用淘宝营销工具

4.1.1 任务情境

夏艺女装为了吸引更多买家进店,推广专员李伟和宗仰在部门例会上提出可适当使用淘宝店铺营销工具进行推广。那他们究竟可以使用哪些淘宝店铺营销工具呢?

4.1.2 任务分析

为了给卖家提供更多的销货方式和平台,淘宝也一直在探索和进步,不断提供新的营销工具,目前淘宝提供的店内营销工具主要有优惠券、单品宝、搭配宝、店铺宝等,作为卖家必须熟悉这些营销工具的操作流程。

4.1.3 知识准备

- 单品宝:可支持店铺商品 SKU 级打折、减现、促销价。
- 搭配宝:将商品打包成套餐销售,消费者打包购买,可设定为固定套餐和自选套餐。
- 店铺宝:对全店商品及自选商品进行促销活动,提供多层级的优惠级别、优惠内容,可随时暂停与重启活动。可进行满件打折、满元减现、包邮、送赠品、送权益、送优惠券等促

49

销活动,设置后优惠信息默认在 PC 端和移动端宝贝详情页展示。
- 淘金币折扣:淘宝卖家可免费开通"卖家淘金币账户",通过赚金币、花金币,提升店铺流量,提高买家黏性与成交转化率。
- 自然转化率:过去 15 天内加购该商品的消费者在昨日的转化率。

4.1.4 任务实施

一、设置单品宝

步骤一:新建活动。

进入【千牛卖家中心】→【营销中心】→【店铺营销工具】→【优惠促销】→【单品宝】页面,点击"新建活动",填写信息(注:活动时间最长可设置 180 天),如图 4-1-1 所示。可选择的优惠方式有:限时打折、减现和促销价。

注意:活动创建后,优惠方式将无法修改。

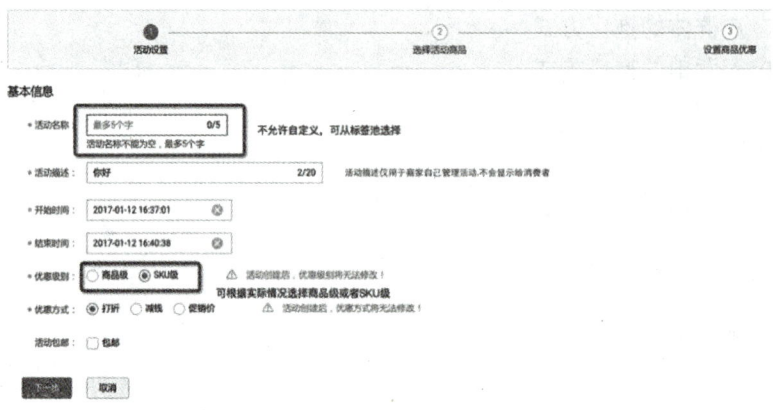

图 4-1-1　填入信息页面

步骤二:选择活动商品。

在如图 4-1-1 所示的页面中填完信息后点击"下一步",选择活动商品。

步骤三:设置商品优惠。

商品优惠分为两种:第一种为商品级优惠,可以设置限购数量;第二种为 SKU 级优惠,无法设置限购数量。

SKU 级优惠下有三种优惠方式,分别为打折、减钱和促销价。

- 打折:可对每个 SKU 设置差异化折扣。
- 减钱:可对每个 SKU 设置减钱金额。
- 促销价:可对每个 SKU 设置促销价格。

步骤四:活动管理。

(1) 活动创建完毕后,选择活动状态下拉列表,找到对应活动。
(2) 可根据需要进行活动修改、优惠设置及添加商品的操作。
(3) 针对已结束状态的活动,可选择一键重启,重新设置活动时间。

步骤五:商品管理。

可针对活动中未开始的宝贝,进行优惠信息编辑和撤出活动操作。

二、设置优惠券

步骤一：进入优惠券模块。

点击【千牛卖家中心】→【营销中心】→【店铺营销工具】→【优惠促销】→【优惠券】,进入优惠券设置页面,选择"店铺优惠券/商品优惠券"进行创建即可。

步骤二：选择推广渠道并创建优惠券。

推广渠道有三种,分别为全网自动推广、官方渠道推广和自有渠道推广。

1. 创建全网自动推广优惠券

全网自动推广类型的店铺优惠券会在宝贝详情页、购物车、天猫工具栏等页面展示。

注意：商品优惠券是无法展示的,只有店铺优惠券才会自动展示。

2. 创建官方渠道推广优惠券

官方渠道推广类型的优惠券均无法提取链接,且不能主动结束或删除,只能等待活动自然结束,同时也会占据100个模板的额度,务必谨慎设置,如图4-1-2所示。

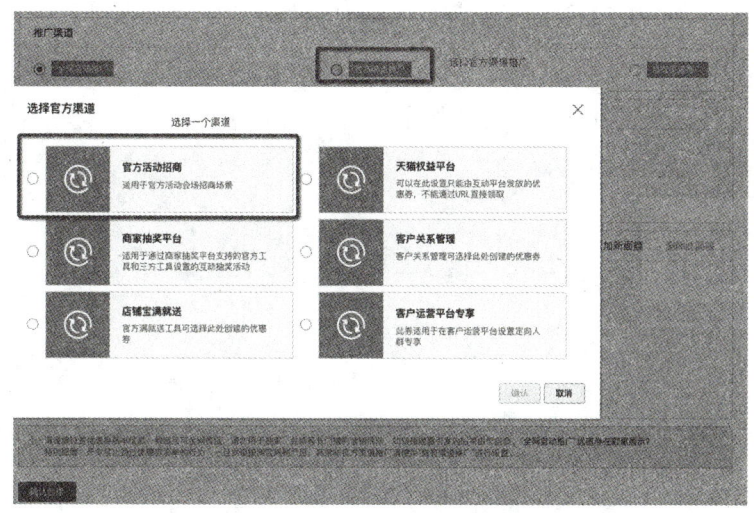

图4-1-2　创建官方渠道推广优惠券页面

3. 创建自有渠道推广优惠券

自有渠道推广可设置对指定消费者发送"一次性链接"和"通用领券链接"(不公开优惠券)。

小贴士

创建优惠券注意事项

(1) 优惠券名称不能使用特殊符号,如(、)、#、￥等,建议将优惠券名称修改为纯文字形式。

(2) 同一消费者最多同时持有同一店铺的优惠券10张。

(3) 不能设置无门槛金额,可自定义1、2、3、5的整数倍金额,面额不得超过1 000元。

店铺券和商品券最大可创建数量分别是100张,在活动过期后应及时删除无效优惠券。

三、设置搭配宝

步骤一： 创建套餐。

点击【千牛卖家中心】→【营销中心】→【店铺营销工具】→【优惠促销】→【搭配宝】，进入搭配宝设置页面，选择"创建套餐"，如图4-1-3所示。

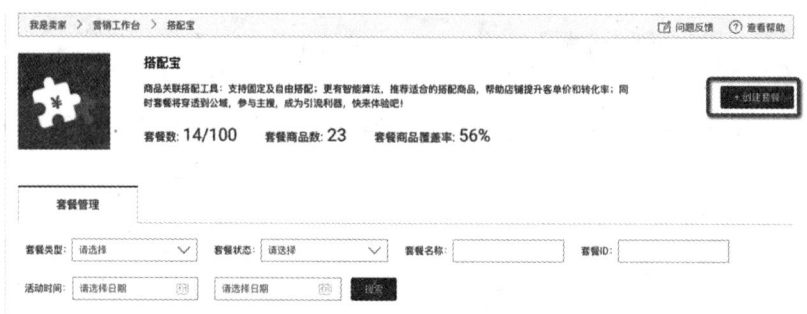

图4-1-3　创建套餐页面

步骤二： 选择商品。

（1）进入选择商品页面，如图4-1-4所示。

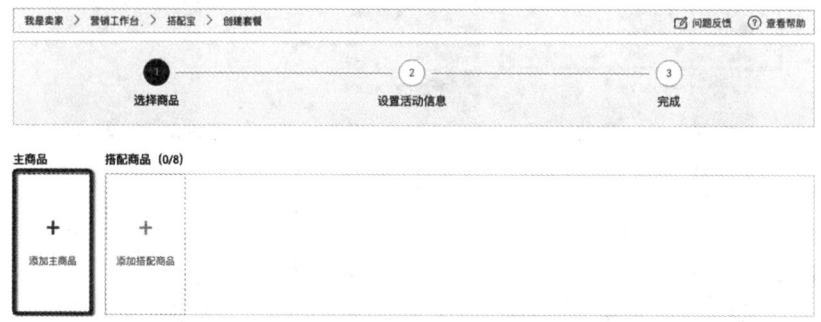

图4-1-4　选择商品页面

（2）选择主商品（不支持搭配及赠品类目下商品）。

（3）选择主商品后，系统会帮助自动推荐适合的搭配商品；同时，也可根据实际需求，自行选择搭配商品，最多可选择8个。

步骤三： 设置活动信息。

（1）设置套餐名称、套餐介绍、活动时间、套餐类型、套餐属性等信息。套餐名称限10个字内，套餐介绍限50个字内，活动时间最长可设置180天。

（2）设置套餐内商品的搭配价、搭配数量（即套餐内该商品可最多购买件数）。

步骤四： 套餐管理及套餐商品管理。

（1）套餐管理。支持根据套餐类型、状态名称、ID进行活动筛选。

（2）套餐商品管理。支持以商品维度的套餐活动查询，进行编辑、撤出套餐等操作。

四、设置店铺宝

步骤一： 填写基本信息。

点击【千牛卖家中心】→【营销中心】→【店铺营销工具】→【优惠促销】→【店铺宝】，进入店铺设置页面，点击"新建活动"，开始填写基本信息。活动时间最长可设置180天。

步骤二：填写优惠门槛及内容。

选择优惠条件,填写优惠门槛及内容。若需要多级优惠,可点击"增加一级优惠",最多支持5级优惠,优惠力度须逐级增加。

优惠内容包含四项：满件打折、包邮、送赠品、送权益。

- 满件打折：以件数为条件设置折扣。
- 包邮：包邮请谨慎选择,勾选包邮后,参加活动的商品对应的运费模板将失效。
- 送赠品：将赠品发布到"其他-赠品类目"或"其他-搭配类目"下,支持宝贝ID、名称及编码搜索,最多可选择8个商品。同时可以选择每个消费者一次活动中可以获得的赠品数量。比如,选择了3个赠品,若选择每个消费者可获得3个赠品,那消费者下单满足条件后,可以获得3个赠品。
- 送权益：选择对应权益类型,点击关联模板后,会出现以下三种状态：

（1）选择发放。

（2）权益已用完——请点击右上角新建模板（须要进入客户运营平台创建权益）,创建完毕刷新后,点击发放即可。

（3）权益领取截止时间须要比活动结束时间大30天——考虑到消费者点击确认收货后,才发放权益,存在较长的时间差。

步骤三：选择活动商品。

（1）若创建为"全店商品活动"类型,则活动创建完毕。本次活动的商品范围是本活动时段内,全店商品中未参加其他活动的所有商品。活动生效时段内新发布的商品,也会参加到本活动中。

（2）若创建为"自选商品活动"类型,操作如下：

① 下载模板,进行商品批量上传。

② 上传完毕后,可查看失败和成功的记录（同一个商品在同一个时间段内不允许参加多个自选商品的活动类型）。

③ 确认已选商品,并完成创建。

自选商品活动优先级高于全店活动,创建自选商品活动后,若同时存在全店活动,则自选商品仅生效自选活动中的优惠,全店活动中这些商品的优惠将失效。

步骤四：活动及商品管理。

（1）活动创建完毕后,选择活动状态下拉列表,找到对应活动。

（2）可根据需求,进行活动修改、暂停、重启、删除及商品管理操作。

五、设置购物车营销

步骤一：进入购物车营销模块。

进入【千牛卖家中心】→【营销中心】→【店铺营销工具】→【优惠促销】→【购物车营销】页面。

步骤二：查看商品加购列表。

宝贝排序：加购宝贝按照加购人数从高到低排序展示,最多可展示50个商品。

宝贝展示：只显示上架商品数据,已下架、已失效等非上架状态的商品会被自动剔除掉。

步骤三：查看商品加购人群画像。

了解加购人群的基本特征,便于开展营销动作。

画像维度：从新老顾客、性别、消费层级、淘宝等级和地域五个维度提供客户画像。

步骤四：创建购物车营销活动。

活动数：每一个商品设置一个活动，每个卖家同时在线生效的活动不得超过5个。

活动有效期：卖家一旦在系统后台成功设置了一个活动，这个活动将于创建成功后的30分钟开始生效，并在当天24:00结束。

可创建活动的时段：每日可创建活动时间为10:00—22:00，在其他时段创建活动时，系统会提示不可用。

步骤五：设定限时活动价（不同价格覆盖不同数量加购人数）。

降价要求：每一个类目都有不同的最低降价门槛要求。

覆盖人数：相较消费者加购时的价格，商家设置的活动价必须达到平台要求的最低降价门槛，卖家才能圈中这个消费者。

同时，系统会根据消费者在平台的行为预测加购人群的转化概率，自动过滤掉转化概率很低的人群（计算时的参考因素有是否已经购买相同商品、加购是否是为了比价等）。

步骤六：查看活动列表。

创建完活动后，可以在活动列表中查看活动的基本数据及运行状态。可以通过查看详情，获得本宝贝的活动具体详情和更详细的数据。

> **小贴士**
> **购物车营销使用条件**
> （1）店铺里有加购未成交人数超过100人的宝贝有机会使用购物车营销。
> （2）目前每日限量全网开放50 000个活动名额，10点准时开抢。

六、设置淘金币折扣

步骤一：开通卖家淘金币账户。

（1）进入【千牛卖家中心】→【营销中心】→【淘金币】→【淘金币卖家中心】，点击"立即申请淘金币账户"。

（2）查看淘金币账户协议，点击"同意协议并申请账户"，提示申请成功，点击"确认"。

步骤二：开通"淘金币抵钱"。

1. 开通路径

进入【千牛卖家中心】→【营销中心】→【淘金币】→【淘金币卖家中心】，点击"淘金币抵钱"。

2. 开通操作

选择"全店抵扣比例（2%、5%和10%三个选项）"与"活动时间"，点击"开通抵扣"。

3. 如何抵钱

淘金币抵钱设置成功后，买家交易时，可以使用淘金币抵扣部分金额，交易完成后，所使用的淘金币70%存入卖家淘金币账户。

举例：抵扣金额计算

若店铺设置的"全店抵扣比例"为10%，商品淘宝价为150元，买家最多可抵扣150×10%＝15元，需要1 500个淘金币，买家确认收货后，会有1 050个淘金币到卖家淘金币账户。若买家只有500个淘金币，则本次交易最多可抵扣的金额为5元。

4. 活动明细查看

根据开通路径,点击"查看详情"可以查看淘金币进出明细,若卖家要修改活动设置,可终止活动后重新进行设置。

5. 如何终止开通

根据开通路径,进入明细查看页面,可选择"终止活动"。

步骤三:设置单品抵钱。

开通淘金币抵钱后,还可以对单个商品设置更高比例的抵钱。抵钱设置灵活,操作简便。具体操作步骤如下:

(1)进入淘金币抵钱页面,找到"添加单品"进入设置。
(2)添加单品,设置单品抵钱比例,最低可设置为1%,最高可设置为99%,必须为整数。
(3)设置成功后,卖家可进行继续添加、删除等操作。

4.1.5 任务总结

1. 知识结构图(图4-1-5)

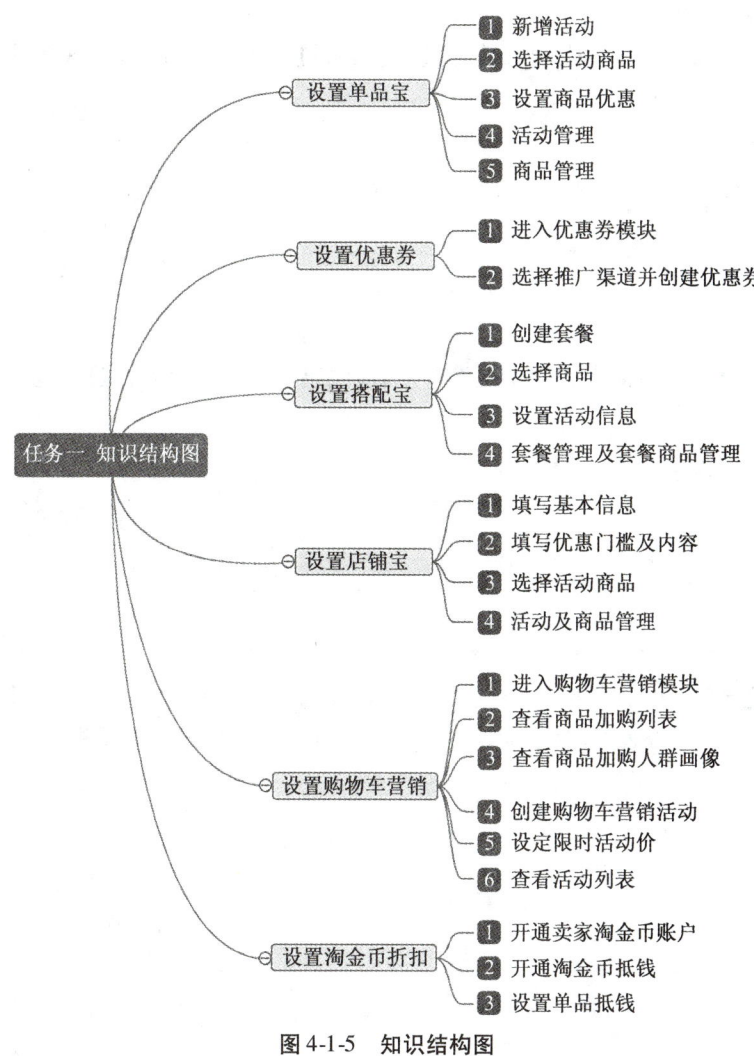

图4-1-5　知识结构图

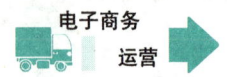

2. 拓展知识

优惠工具叠加顺序

优惠金额优先计算单品级优惠,再计算店铺满减与优惠券,再计算跨店购物券,如表 4-1-1 所示。

表 4-1-1　优惠工具叠加说明

优惠工具叠加顺序	单品级优惠→店铺级优惠→跨店优惠
单品级优惠	单品宝、搭配宝、聚划算/抢购活动价、大促价、日常活动价、第三方工具打折等 特征:针对单个商品的打折、减价、促销价等打折方式
店铺级优惠	店铺宝、店铺优惠券、商品优惠券、第三方工具满就减/满件折等 特征:针对全店商品或部分商品的满就减、满件打折
跨店优惠	天猫购物券、聚划算跨店满减、购物津贴

4.1.6 任务训练

1. 李伟在单品宝中设置限购 1 件,他发现买家可以拍下多件,请问这是什么原因造成的?请将回答内容填入下框中。

2. 李伟在设置了店铺宝之后发现没有生效,他应该从哪几个方面进行检查?请将回答内容填入下框中。

3. 有一位老客户一次性购买了五件呢大衣,李伟和赵明商量后,决定单独设置一个优惠券给这位客户使用以表感谢,请问该如何设置?请将回答内容填入下框中。

4.1.7 课外学习

- 了解淘宝拼团(用手机淘宝扫一扫)。

任务二 开展客户群体推广

4.2.1 任务情境

网店经营过程中对老客户的推广是非常重要的一项工作内容,李伟和宗仰决定一起研究如何持续与店铺的老客户保持互动,继而带来更大的商品销量。

4.2.2 任务分析

过去消费者和商家主要通过搜索、类目导航和营销活动互动,客户容易流失。而现在淘宝通过创建与消费者相关的内容、相关的场景,让消费者和商家能更好地沟通。微淘和淘宝群就是两种与客户保持互动的工具。

4.2.3 知识准备

- 微淘:卖家在微淘发布内容,已关注的粉丝即可通过微淘频道查看。在微淘,可以拥有众多活跃的忠实粉丝,发布的内容可以被粉丝收到。
- 淘宝群:淘宝推出的面向卖家的会员及粉丝的实时在线运营阵地,通过淘宝群,卖家可高效地与消费者互动,结合群内丰富的玩法和专享权益,形成用户的高黏性互动和回访,促进买家进店消费。

4.2.4 任务实施

一、利用微淘进行客群推广

步骤一:开通微淘号·商家。

如果是开店商家且店铺状态正常,则自动生成微淘号·商家,即可用该号登录阿里创作平台或者千牛 App 发布内容。

步骤二:发布微淘。

在微淘中可以发布的内容主要有长文章、宝贝清单、上新与预上新、短视频、宝贝图集、好货心得等。

1. 发布长文章

长文章类型内容,是自由度最高、最适合独立创作的作者使用的内容发布类型。

(1)编写内容主体。

创作者要在编辑器内,按照灰色字体提示编辑内容。内容主体包含帖子的标题、引文、正文、图片、宝贝等。

(2)添加封面图。

封面图分为单图与三图两种模式,具体如下:

单图：基础的封面图上传模式，优先保证微淘的展示规则。要求上传图片尺寸不小于750×422 px。图片突出主体与内容真实意图。禁止上传与内容的标题、引文、正文等不相关的封面图或含有错误引导性的图片。

三图：更好地适应全网各个业务前台的样式。要求上传图片尺寸不小于750×422 px。一次性上传3张不同风格的图片，但要保证3张图片均与内容相关。建议最后一张图片采用白底或者浅色底图片。

2. 发布宝贝清单

宝贝清单是围绕某一相同话题的宝贝专辑模板。挑选优质的宝贝和不含杂质的图片将有助于提高内容质量。卖家须要上传封面图，并至少添加3个宝贝，如图4-2-1所示。

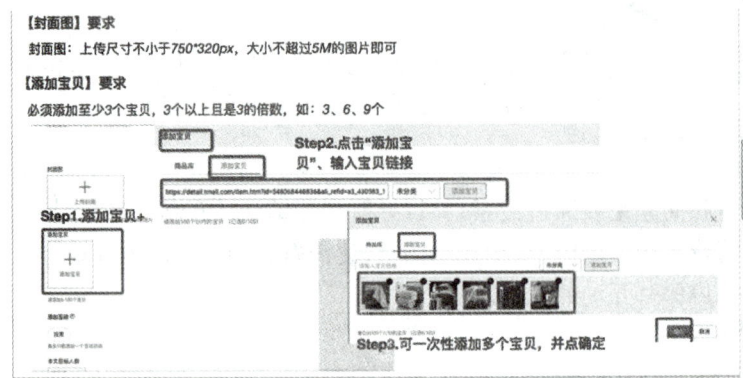

图4-2-1 发布宝贝清单页面

3. 发布上新与预上新

（1）填写"对粉丝说什么"内容。

该内容在关注频道、上新频道、店铺微淘动态中展示，如图4-2-2所示。

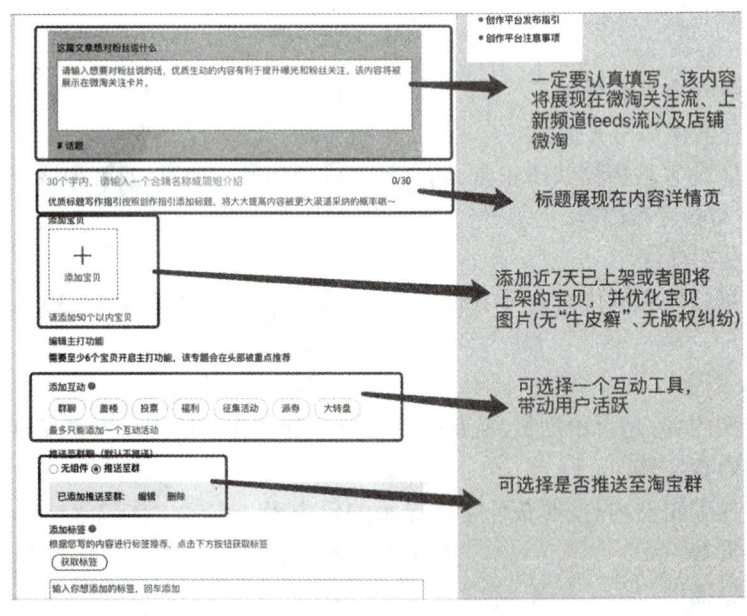

图4-2-2 发布上新与预上新页面

（2）填写标题。

标题展现在内容详情页，用于内容在其他场景中的分发。

（3）添加宝贝。

点击完善资料，更换宝贝主图，如图4-2-3所示。

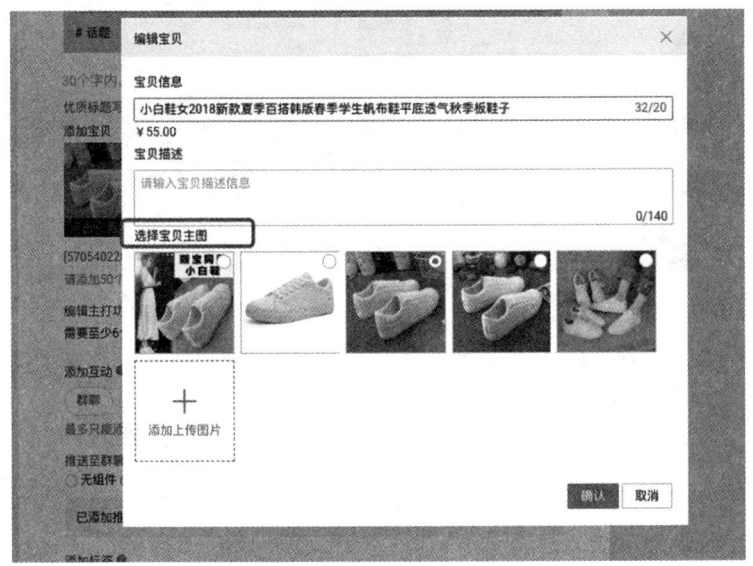

图 4-2-3　完善资料页面

4．发布短视频

（1）视频素材投稿要求。

① 标题字数为 8～14 字。

② 视频描述为 20～60 字，尽量简单，不能与标题相同。

③ 封面图与视频比例相同，尺寸为 750×422 px 或者 422×750 px，另需一张 1∶1 的封面图，不能是商品图片，应为视频氛围图。

④ 5 s 预览视频 1 个，要求无黑边、无二维码、无任何文字。

（2）视频基础要求。

① 时长：3 min 以内(1～2 min 最佳)。

② 清晰度：720p(高清)及以上。

③ 比例：16∶9 或 9∶16，即支持横版、竖版。

④ 视频只能带与账号同名或栏目角标在右下角，视频中不能含其他平台的二维码、站内外店铺等任何二维码信息。

⑤ 视频内容中不能含微信、QQ、今日头条等其他内容平台引导的透出(如微信朋友圈、公众号、QQ 空间等)。

⑥ 不能含其他视频平台、电视台、境外网站、境外制作公司的标志(含港澳台)，如腾讯视频、爱奇艺、搜狗等。

⑦ 视频内容不能违反相关法律法规条例。

⑧ 用专业视频设备拍摄、剪辑的高品质短视频，镜头不虚不晃，构图精美，包装精致，剪辑有想法。风格、类型都不限，拒绝纯电视购物等广告类型。

5. 发布宝贝图集

宝贝图集是较高自由度的图集展示模板，上传优质的图片合辑更有利于获得影响力和粉丝关注，如图4-2-4所示。

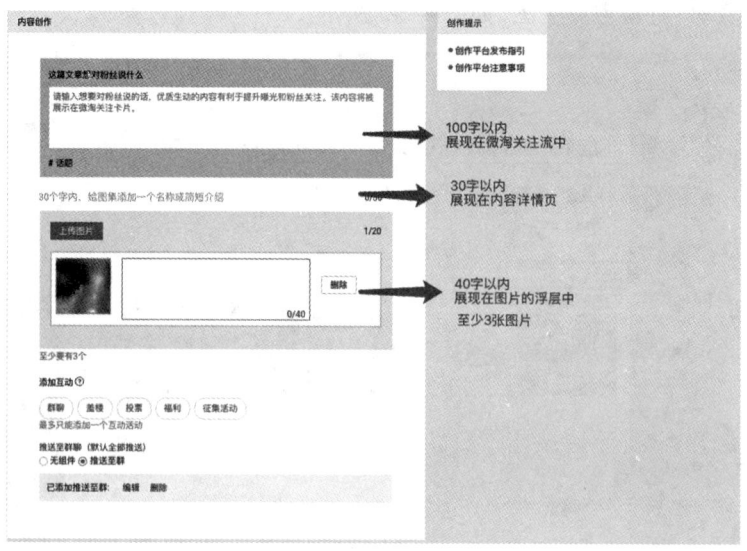

图4-2-4　宝贝图集发布页面

6. 发布好货心得

围绕单个宝贝的亮点、使用心得展开介绍。

（1）选择宝贝并编辑标题和长亮点。

添加2～3个宝贝亮点，每个亮点不超过20字，点击右侧编辑区可编辑亮点文案以及添加或减少宝贝亮点。宝贝亮点是从创作者视角出发，总结宝贝的特点、长处，并非宝贝详情的描述。清晰准确的亮点总结，是引起消费者继续阅读的关键，如图4-2-5所示。

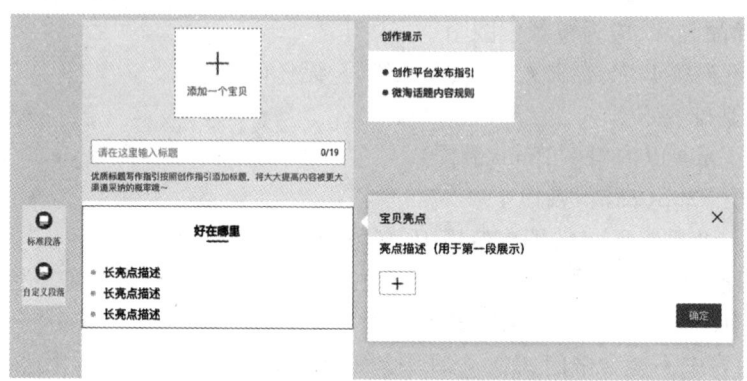

图4-2-5　编辑标题和长亮点页面

（2）编辑短亮点。

填写短亮点，用于展示卡片字段，数量2～3个，每个短亮点6～12字。与长亮点相比，短亮点更注重宝贝或产品的特征。

二、利用淘宝群进行客群推广

步骤一：创建淘宝群。

方式一：卖家用卖家主账号登录手机淘宝，首先点击底部导航"消息栏"，然后点击右上角"＋"选择创建群，最后填写群信息即完成创建。

方式二：打开 PC 版网址（https：//liao.taobao.com），用卖家主账号登录后进行群创建。

步骤二：管理群。

登录淘宝群 PC 版网址（https：//liao.taobao.com），进行群管理。可进行建群、拉黑及踢人等操作。

手机淘宝上也可直接管理群，点击"消息"可看到自己创建的群，可直接进行消息发送、群成员管理、群公告设置等。

> **小贴士**
>
> **淘宝群注意事项**
>
> （1）单个群组最多可有 10 个子群，每个子群最多可加入 500 人，单个群组成员上限 5 000 人。
>
> （2）群组的群公告、群密码、自动回复等基础设置，对该群组下的所有子群生效。
>
> （3）买家看到群组统一入口，点击加入群后，将被默认加入群成员未满且序号靠前的子群。

步骤三：进行群基础设置及群发消息。

1. 群基础设置

展开单个群组，点击"群组设置"，即可进行群组基础信息修改，设置子账号为管理员、获取群长期链接等。

2. 群发消息

该功能仅支持群组，且须对该群组下所有子群同时发送。

步骤四：维护和提高群内粉丝活跃度。

官方提供多款群权益工具，可供卖家使用，帮助提升群内活跃度，提高老顾客回头率，提升新客转化率。具体如下：

（1）红包：限手淘客户端设置，所有建群卖家可使用。

（2）投票：限手淘客户端设置，限群成员 10 人及以上的建群卖家使用。

（3）拼团：网页版设置拼团商品，手淘客户端发送至群内，限群成员 10 人及以上的建群卖家使用。

（4）买家秀：群内聊天选项卡展示。

步骤五：拉人入群。

（1）在微博、微信、旺旺聊天窗口等分享群链接或二维码给客户，邀请他们入群。

（2）微淘发布内容时勾选淘宝群组件，引导买家进群。

（3）在店铺首页等增加群入口，引导买家进群。

（4）在宝贝详情页、旺旺底部自动回复，引导买家入群。

4.2.5 任务总结

1. 知识结构图(图 4-2-6)

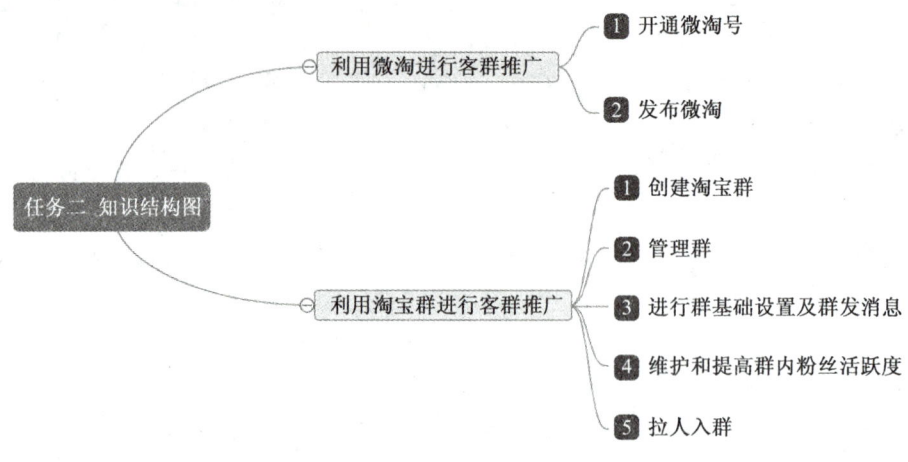

图 4-2-6 知识结构图

2. 拓展知识

创建淘短链

步骤一：进入淘短链。

进入【卖家中心】→【营销中心】→【店铺营销工具】→【店铺引流】→【淘短链】页面，点击"新建淘短链"。

步骤二：新建淘短链。

可以生成店铺首页、活动页或某个特定商品详情页的短链。只能选择一个宝贝，并且要求库存数量大于或等于 50。

步骤三：创建成功。

创建之后第二天即可在系统中查询淘短链的点击次数、引导成交次数等数据信息。

步骤四：发送。

将创建好的短链接，通过短信或者旺旺发送给消费者，其中短信可以用第三方服务商的工具进行发送。

4.2.6 任务训练

1. 李伟要为店内一款产品做一个"好货心得"，产品如图 4-2-7 所示。请问他应如何编辑内容？请将回答内容填入下表中。

图 4-2-7 产品图片

宝贝图片	
标题	
长亮点	
短亮点	

2. 李伟要在淘宝群里创建红包喷泉,请问他该如何设置？请将回答内容填入下框中。

4.2.7 课外学习

- 设置买家秀（用手机淘宝扫一扫）。

任务三 | 开展内容营销

4.3.1 任务情境

现在的买家越来越喜欢看一些有趣的、实用的文章或者短视频,李伟和宗仰决定从产品的内容上做文章,打造一批"网红"款产品。

4.3.2 任务分析

内容营销是淘宝未来的定位和发展,因为平台的竞争越来越大,淘宝要想留住更多的顾客就要从内容入手。网店开展内容营销可以借助淘宝内的淘宝直播、淘宝主图短视频,也可借助抖音等内容平台。

4.3.3 知识准备

- 淘宝直播：是阿里巴巴推出的直播平台,定位于"消费类直播",用户可边看边买,涵盖的范畴包括母婴、美妆等。
- 淘宝主图短视频：在短视频出现之前,淘宝详情页都是利用主图来吸引眼球,而在淘宝短视频出现之后,主图视频就成了淘宝促进店铺销量的新功能,并且短视频会展现在主图之前,视频时长不得超过 60 s,建议 9~30 s。

4.3.4 任务实施

一、利用淘宝直播推广商品

淘宝直播可通过两种方式发布：一是通过淘宝直播 App 直接创建发布直播,如图 4-3-1 所示；二是通过 PC 端直播中控台发布。中控台发布后即为直播预告,若要开始直播,须要通过直播 App 扫码开启,如图 4-3-2 所示。

图 4-3-1　淘宝直播 App 创建直播页面　　　　图 4-3-2　PC 端直播中控台直播页面

步骤一：选择直播类型。

首先以主播的账号登录 PC 端直播中控台，也就是主播后台，选择直播类型，如图 4-3-3 所示。

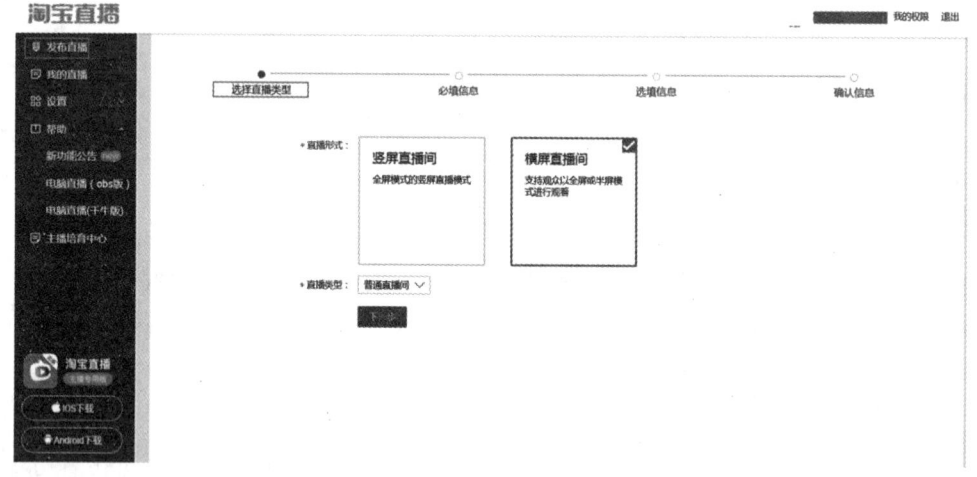

图 4-3-3　选择直播类型页面

步骤二：填写直播信息。

直播信息包含：直播开始时间（如果不是现在的时间，就表示要发一条直播预告）、直播标题、本场直播的内容简介、直播封面图、直播位置、内容标签，如图 4-3-4 所示。所有的直播都建议提前发起预告，前期积累关注量后再开启正式直播。

注意：直播预告发布后须要审核。

步骤三：选择展现方式。

必要信息填写好之后，点击"下一步"，选择重点信息展现方式，如图 4-3-5 所示。

图 4-3-4　填写直播信息页面

图 4-3-5　选择展现方式页面

步骤四：确认发布。

检查之前填写的信息是否有误，如果确认无误，点击确认发布，跳转到直播阶段的后台页面。在直播准备页面，可以选择填写一些图文信息来补充说明直播，比如，优惠力度，或者填写今天直播的一些亮点内容。

点击右上角的"设置"，会跳出一个选择界面。在这个界面，你可以选择是通过设备推流还是手机扫码推流，如图 4-3-6 所示。

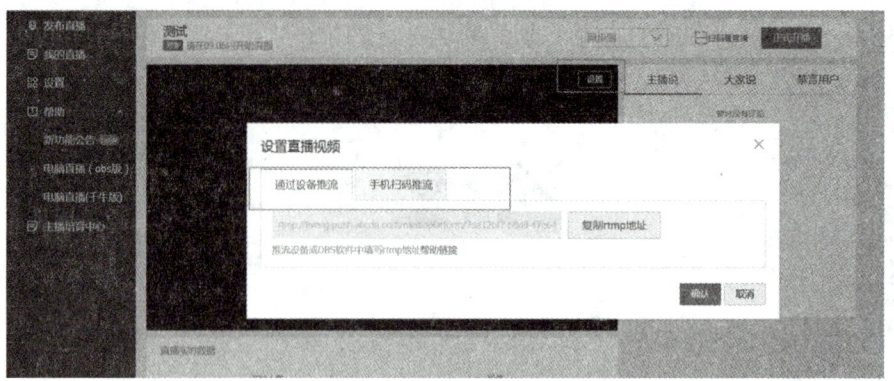

图 4-3-6　选择推流页面

> **小贴士**
>
> 如何申请加入淘宝直播？（用手机淘宝扫一扫）

二、利用淘宝主图短视频推广商品

1. 淘宝主图短视频制作

在短视频出现之前，淘宝详情页都是利用主图来吸引眼球，而淘宝短视频出现之后，主图视频就成了淘宝促进店铺销量的新功能，并且短视频会展现在主图之前，可见短视频在一定程度上能够更加直观清晰地展示产品，那么淘宝主图短视频到底是怎么制作的呢？

主图视频时长要求不超过 60 s，分辨率、比例等都要设置到位，制作过程十分烦琐。制作淘宝主图视频，如果是找专业的公司做，就要请专业的拍摄团队和专业模特，花费大。而如果是自己拍摄的话又不清晰，很难控制视频的时间及拍摄角度。在这里介绍一种批量制作淘宝店铺视频的快捷方法，该方法要借助到甩手工具箱来完成，使用它制作视频的优势在于：

（1）操作简单快捷，只要会用电脑的人就可以在几分钟时间内为店铺中所有宝贝制作出视频。

（2）批量抓取不同平台中的宝贝详情来做素材生成与自己店铺匹配的宝贝视频。

（3）可多选生成视频的尺寸，满足卖家的不同需求。

（4）精心筛选，自动识别店铺中已有视频的宝贝，可勾选是否重复制作已有主图视频的商品。

（5）自动化设计出最完美的主图视频，视频由商品主图、销售图片和描述图片组成，可勾选在商品主图和销售图片不够 6 张时是否自动添加描述中的图片作为视频素材。

制作详细步骤如下：

步骤一： 登录甩手工具箱账号，在起始页选择"制作主图视频"。若制作整店宝贝的视频，选择"整店制作"，输入自己的淘宝账号。

步骤二： 选择店铺定的父分类，选择待制作视频宝贝。

步骤三： 下载宝贝详情（下载制作视频素材）、视频设置，生成视频中，然后预览生成完成的视频,选择导出存放在电脑本地的位置,导出完成。

制作完成后,在淘宝视频中心进入视频上传页面将视频上传,待审核、转码完成后即可在视频中心添加视频,要注意的是,PC端视频制作有很多软件可以使用,而无线端虽然也能同步,但是要订购官方功能才行。

2. 短视频打标操作

视频作为单独一个模块展现在头图位置,内容很重要,并且商家可以对主图视频进行打标。打好标的商品,买家可以通过滑动或者点击标签,快速观看感兴趣的分段式视频。而对商家来说,也能将商品的卖点更加清晰地通过视频表达,并在前台展现。同时,新版主图视频信息更聚焦,内容更容易被快速找到。

(1) 淘宝主图短视频如何打标?

标签是视频通过抽象、归纳、解析后得到的最有价值、最具代表性的信息,是用户对这篇内容的认知和理解;推荐系统会通过深度学习,对视频进行特征的识别,对视频内容进行分词理解和图像识别,提取出该视频中最有价值、最吸引人的内容。

标签勾选的方向主要有:内容类型、风格主题、领域、适用人群、有效期、视频主体、拍摄地点等。

- 内容类型:视频所属的大的拍摄方向,如商品简单的展示、深度内容(教程评测类)。
- 风格主题:视频的拍摄风格,如潮流、实用等风格。
- 领域:视频所属内容的分类。
- 适用人群:视频的目标人群或突出受众,具有典型的人群特征和区分度。
- 最佳展示时间(有效期):视频最合适的分发时间。
- 视频主体:视频拍摄对象,演绎视频的主角。
- 拍摄地点:视频拍摄的地点。

对主图视频打标的商品,播放率及有效播放率相较无标签商品要高得多,同时清晰的标签透出,便于让消费者进行消费决策,购买转化也有一定的涨幅。

(2) 打标的步骤。

步骤一:进入【卖家中心】,点击"出售中的宝贝"。

步骤二:进入主图视频模块,重新上传头图视频,选择商品的视频,在右下角点击确认(无视频的商品可点击右上角"上传视频"进行上传,上传后视频审核需要一些时间,建议提前做好视频上传再做打标)。

步骤三:进入视频分段标签设置,拉动竖条选择标签对应的时间点,点击增加标签即可(第一个标签从第一秒开始),每个标签时长必须大于等于9 s,一个头图视频最多设置3个标签。

步骤四:标签反馈,目前每个类目的标签都是固定的,若觉得标签无法满足要求,可以通过"标签反馈"入口进行提交,淘宝工作人员会定期评估审核。

步骤五:完成打标后,点击右上角完成,保存即打标成功。若要修改标签,将鼠标移动到该标签处,右边会出现编辑/删除入口。

主图视频是商品面向消费者的第一窗口,用来吸引消费者尽快达成购买意向。视频相比于图片具有特殊的优势,声情并茂,要传达的信息也更加准确丰富,也能更好地诠释产品的精髓。

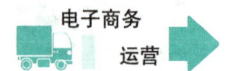

> **小贴士**
>
> **利用抖音推广商品**
>
> 抖音是一款可以拍摄短视频的音乐创意短视频社交软件,是一个专注年轻人的音乐短视频社区平台。网店也可以利用抖音推广商品。扫描右方二维码可以查看站外抖音短视频基础运营。

4.3.5 任务总结

1. 知识结构图(图 4-3-7)

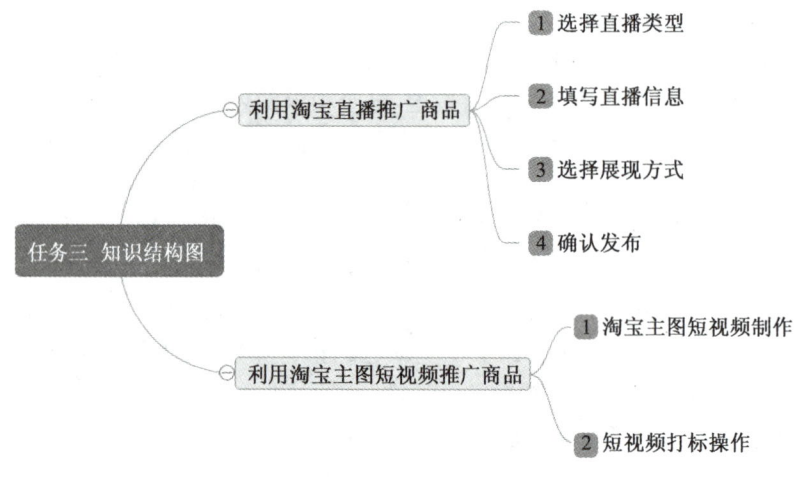

图 4-3-7 知识结构图

2. 拓展知识

如何在淘宝直播中发放优惠券

(1)进入淘宝直播中控台,开始直播后,点击下方的"优惠券"选项,如图 4-3-8 所示。

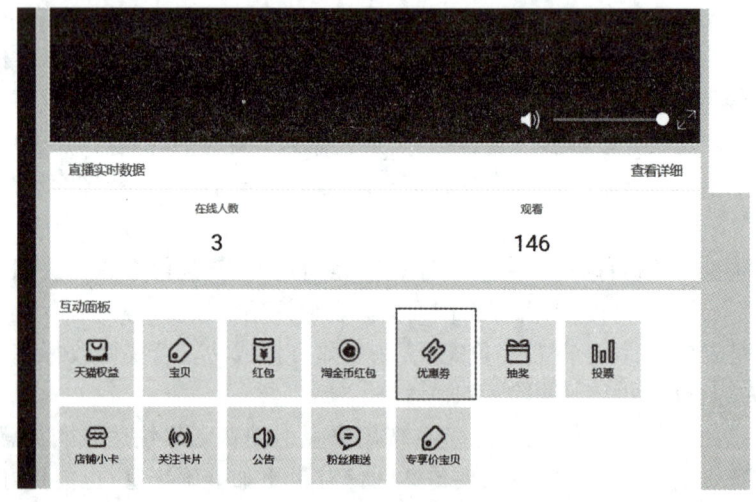

图 4-3-8 直播页面

（2）新建优惠券。

注意：必须选择"全网买家可领"的店铺优惠券，如图 4-3-9、图 4-3-10、图 4-3-11 所示。

图 4-3-9　设置优惠券页面

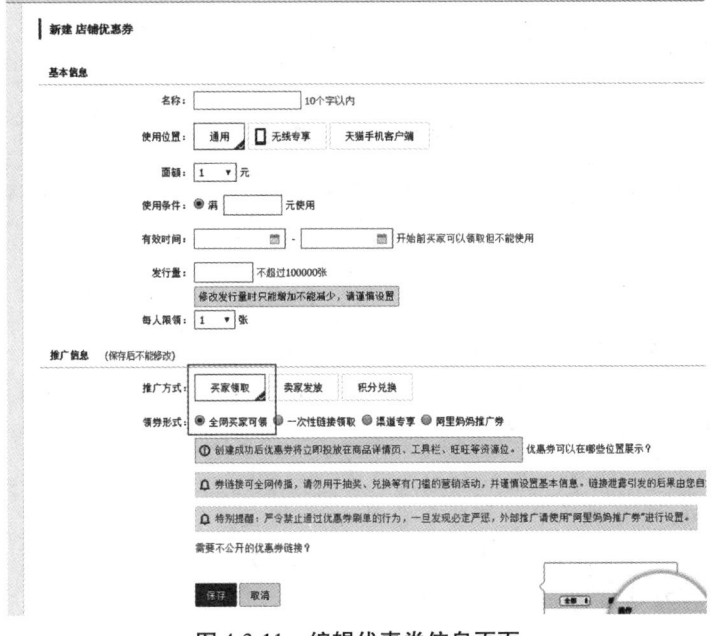

图 4-3-10　选择优惠券类型页面

图 4-3-11　编辑优惠券信息页面

4.3.6 任务训练

1. 在淘宝直播过程中,李伟想要给观看者发红包,请问他该如何设置?请将回答内容填入下框中。

```



```

2. 李伟要为店内一款产品做一个抖音推广视频,产品如图 4-3-12 所示。请为他进行制作。

4.3.7 课外学习

- 淘宝内容营销 5A 度量衡。

图 4-3-12　产品图片

项目四　练习题

一、单选题

1. 单品宝目前折扣价的设置范围为(　　)。
   A. 0.01~9.99　　B. 0.1~9.9　　C. 1~9　　D. 1~8
2. 单品宝商品级单次活动下最多可创建(　　)种商品。
   A. 100　　B. 200　　C. 300　　D. 400
3. 最多可创建(　　)个单品宝活动。
   A. 100　　B. 200　　C. 300　　D. 400
4. 最多可创建(　　)个自选商品活动类型的店铺宝活动。
   A. 30　　B. 40　　C. 50　　D. 60
5. 店铺宝活动最长可以设置(　　)天。
   A. 30　　B. 60　　C. 90　　D. 180
6. 卖家在 14:30 创建了一个购物车营销活动,那么这个活动将在(　　)正式生效。
   A. 14:30　　B. 15:00　　C. 15:30　　D. 16:00
7. 一次下单中,店铺优惠券能使用(　　)。
   A. 1 张　　B. 2 张　　C. 3 张　　D. 多张

二、多选题

1. 单品宝优惠折扣默认会展示在( )页面。
   A．PC 端搜索页　　　　　　　　　　B．移动端搜索页
   C．宝贝详情页　　　　　　　　　　　D．订单页

2. 单品宝可以和哪些营销工具叠加使用？( )
   A．店铺宝　　　B．优惠券　　　C．购物津贴　　　D．淘金币

3. 店铺宝的优惠内容有( )。
   A．打折　　　　B．减钱　　　　C．包邮　　　　　D．送赠品

4. 搭配宝设置后展示在( )。
   A．PC 端详情页　　　　　　　　　　B．移动端详情页
   C．PC 端搜索页　　　　　　　　　　D．移动端搜索页

5. 优惠券分为( )。
   A．赠品优惠券　　　　　　　　　　　B．店铺优惠券
   C．购物优惠券　　　　　　　　　　　D．商品优惠券

三、判断题

1. 可以对商品单个 SKU 进行单品宝优惠设置。　　　　　　　　　　　　( )
2. 单品宝设置后还可以修改优惠设置。　　　　　　　　　　　　　　　　( )
3. 单品宝不计入销量和主搜。　　　　　　　　　　　　　　　　　　　　( )
4. 店铺宝勾选包邮后，一定要全国都包邮。　　　　　　　　　　　　　　( )
5. 全店商品活动和自选商品活动同时进行，优先生效全店商品活动。　　　( )
6. 每一个商品只能设置一个购物车营销活动，每个卖家同时在线生效的活动不得超过 5 个。　　　　　　　　　　　　　　　　　　　　　　　　　　　　　　　( )

项目五 店铺推广基础

学习目标

- 了解淘宝直通车的推广原理
- 了解淘宝钻石展位的推广原理
- 了解淘宝客的推广原理

学习重点

- 淘宝直通车、钻石展位、淘宝客

学习难点

- 淘宝钻石展位的扣费原理

任务一 直通车推广

5.1.1 任务情境

店铺的生意并不是特别理想,赵明非常郁闷,为什么人家的店铺级别越来越高,销量也不错,而自己的店铺却只有四颗红心呢?他发现在店铺营销中心有很多店铺的推广方式,直通车就是其中一种,随即他找来李伟一起研究直通车推广。

5.1.2 任务分析

要开展直通车推广首先要了解直通车的加入方式,其次要对直通车各种推广方式的产品原理、展示形式、展示位置、展示规则及扣费原理了如指掌,这样才能为后续的直通车推广操作打下基础。

5.1.3 知识准备

- 淘宝直通车:淘宝直通车是为淘宝卖家量身定制的,是一种按点击付费的效果营销工具。包括关键词推广、定向推广两种方式。
- 质量得分:它是系统估算的一种相对值,质量得分分为计算机设备质量得分和移动设备质量得分。质量得分是搜索推广中衡量关键词与宝贝推广信息、淘宝网用户搜索意向之间相关性的综合性指标。以 10 分制的形式来呈现,分值越高,获得的推广效果越理想。其计算依据涉及多种维度,包括基础分、创意效果、相关性、买家体验。

5.1.4 任务实施

一、加入淘宝直通车

步骤一:进入直通车模块。

进入【千牛卖家中心】→【营销中心】→【我要推广】页面。

步骤二:进入直通车后台。

(1)点击"即刻提升"进入直通车后台。

(2)首次进入直通车后台,须要同意协议,阅读《直通车软件服务协议》并点击"我已阅读并同意以上协议"按钮。

(3)进入直通车后台页面,如图 5-1-1 所示。

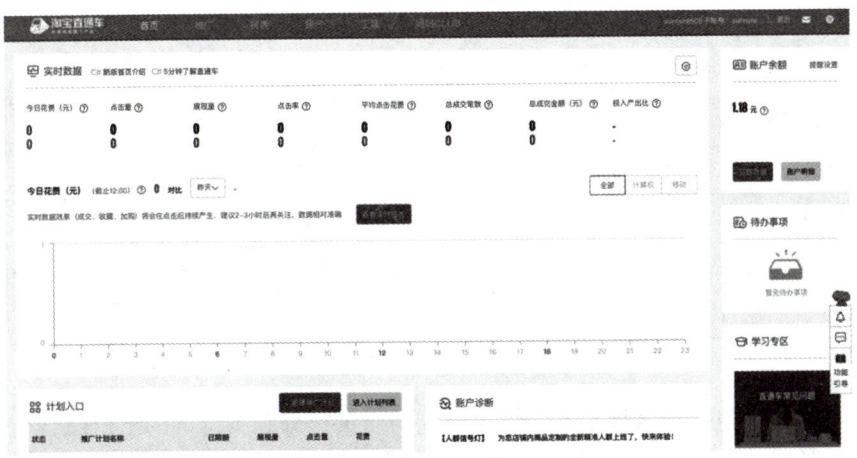

图 5-1-1　直通车后台页面

小贴士

用手机淘宝扫描右方二维码查看淘宝直通车服务使用规范。

二、了解搜索推广

1. 产品原理

卖家设置与推广商品相关的关键词和出价,在买家搜索相应关键词时,推广商品获得展现和流量,实现精准营销,卖家按所获流量(点击数)付费。卖家加入淘宝/天猫直通车,即默认开通搜索营销。

2. 展示形式

(1)显著位置展示创意图、创意标题、价格、销量等。

(2) 展现位置打上"掌柜热卖"标识。

3. 展示位置

(1) 关键词搜索结果页的掌柜热卖位置:前面4个,右侧16个,底部5个。

(2) 在手机等移动终端进行搜索推广时,展示在关键词搜索结果中带有"HOT"字样的宝贝。

由于手机端展现特性,无线直通车展示位是和自然搜索结果混排在一起的,不同的移动设备型号,无线展示位也有所区别。

WAP:即通过浏览器输入网址进去。

App:手机中下载的应用客户端。包括IOS、Android、Ipad、WP7等客户端版本。

触屏版:触屏版页面(m.taobao.com),即HTML5页面(俗称H5版)。通常就是大家看到的WAP端的大图形式页面。

标准版:标准版页面(m.taobao.com),即XHTML页面。通常是小图小字形式。

具体展示位置见表5-1-1,其中的"1"或"2"就是直通车无线展示位,其他的数字是自然搜索商品位。

表5-1-1 无线直通车展示位说明

移动设备型号	移动设备型号	含义
IOS	1+5+1+5+1+10+1…	每隔5或10个宝贝有1个展示位
Android	1+5+1+5+1+10+1…	每隔5或10个宝贝有1个展示位
IPAD	1+5+1+15+1+20+2…	每隔5、15或20个宝贝有1个或2个展示位
WAP	1+20+2+20+2…	每隔20个宝贝有2个展示位

4. 展示规则

淘宝直通车目前的排名规则是根据关键词的质量得分和关键词的出价综合衡量出的商品排名。质量得分与创意效果、相关性和买家体验有关。

(1) 创意效果。

创意效果指的是关键词所在宝贝的推广创意效果。包括推广创意的关键词点击反馈、图片质量等。卖家通过不断测试优化推广创意,努力提升创意的点击率。

(2) 相关性。

① 关键词与宝贝本身信息的相关性,包括宝贝标题、推广创意标题。

卖家购买的关键词与卖家宝贝的相符程度。目前主要是体现在宝贝标题信息和直通车推广内容信息上。如果关键词是在卖家宝贝标题中用到的,特别是直通车的推广标题中出现过,那么该关键词与宝贝的相关度就会提高。

② 关键词与宝贝类目的相关性。

卖家宝贝发布的类目和关键词的优先类目的一致性。注意宝贝不要放错类目。

③ 关键词与宝贝属性的相关性。

卖家发布宝贝时选择的属性与关键词的一致性,尽可能地填写符合自己宝贝特征的属性。

（3）买家体验。

买家体验是指根据买家在店铺的购买体验和账户近期的关键词推广效果给出的动态得分。它包含直通车转化率、收藏和加入购物车、关联营销、详情页加载速度、好评和差评率、旺旺反应速度等影响购买体验的因素。卖家的关键词对应的各项分值越大，代表推广效果越好，但不同行业的关键词的质量得分也是与实际行业类目相关的。卖家要以实际情况为准，参考优化中心的建议进行优化，不断提高各项指标值。

如果卖家的各项相关性的反馈值发生变化或降低，整体的质量得分也会发生变更或下降。所以卖家也要抽出一定的时间对推广标题、宝贝描述等各方面进行优化。

5. 扣费原理

（1）按点击计费。

买家搜索一个关键词，设置了该关键词的宝贝就会在淘宝直通车的展示位上相应出现。当买家点击推广的宝贝时卖家才需付费，淘宝直通车才会进行相应扣费。根据卖家对该关键词设置的价格，淘宝直通车的扣费均小于或等于卖家对此关键词的出价。

（2）扣费公式。

单次点击扣费 = 下一名出价 × 下一名质量分/本人质量分 + 0.01 元

因此，质量得分越高，卖家所需付出的费用就越低。扣费最高为卖家设置的关键词的出价，当公式计算得出的金额大于出价时，将按实际出价扣费。

> **小贴士**
>
> 质量分无线端标示名词解释（图5-1-2）。
>
> （1）质量分页面显示蓝色手机标示，代表有首屏展示机会，关键词移动质量得分7~10分即显示蓝色手机标示。
>
> （2）质量分页面显示绿色手机标示，代表有无线混排的展示机会。关键词移动质量得分6分即显示绿色手机标示。
>
>
>
> 图5-1-2　质量分无线端标示
>
> （3）质量分页面显示黄色手机标示，代表该关键词下宝贝在无线端无任何展示机会。关键词移动质量得分1~5分即显示黄色手机标示。

（3）扣费时间。

直通车点击是实时扣费的，当买家在直通车展位上点击了卖家推广的宝贝时就会产生相应扣费，卖家可以通过直通车自助系统首页的今日费用和实时数据表关注实时的扣费情况，无效点击系统会做相关过滤，建议卖家以第二天的报表为准。

三、了解定向推广

1. 产品原理

直通车定向推广依靠淘宝网庞大的数据库，多维度构建买家潜在购物偏好模型。通过各维度买家模型，根据场景以及位置来推送最容易被购买的商品，我们称此类买家模型为人群标签。

2. 展示形式

定向推广根据不同的位置会有不同的展示形式,展现创意主要由宝贝推广图、营销卖点、推广标题等内容组成。目前有轮播模块形式和宝贝集合页形式,无论哪种展示形式,都只有在点击进入到宝贝详情页后,才会进行扣费。

3. 展示位置

定向推广主要展示在淘宝网站内(包含淘宝手机客户端)和淘宝网站外(包含手机App),如图 5-1-3 所示。

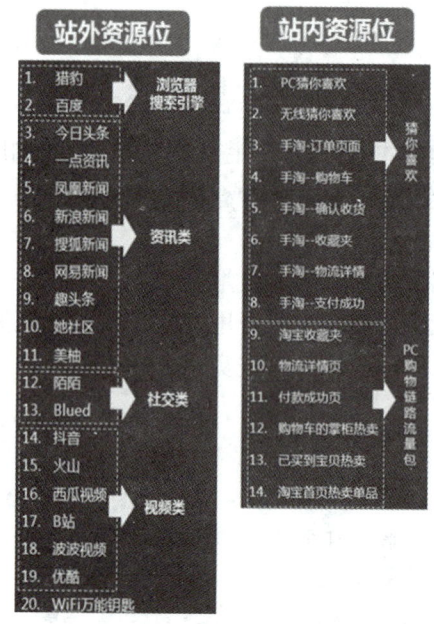

图 5-1-3　展示资源位

4. 展示规则

定向推广会根据买家浏览购买习惯和对应位置推送最适合的内容,由系统根据卖家的推广设置匹配出相关度较高的宝贝,并结合出价以及宝贝推广带来的买家反馈信息进行展现。

出价高、买家反馈信息好,定向推广展现概率大。同时,系统会根据宝贝所在类目及宝贝标题(非推广标题)去匹配宝贝,宝贝标题越详细,被匹配概率越大。

5. 扣费原理

开通直通车后,定向推广按点击扣费,根据卖家为宝贝设置的定向推广出价,单次扣费不会大于卖家的出价。

如果卖家设置了受众人群,当卖家选择性别、购买年龄、购买意图时,系统会按综合情况最好的受众进行展示,并按此受众进行扣费,扣费不会大于卖家的出价。

> **小贴士**
>
> 定向推广准入条件:淘宝集市店铺开通定向推广信用级别需要在一钻以上(包含一钻)。

5.1.5 任务总结

1. 知识结构图（图5-1-4）

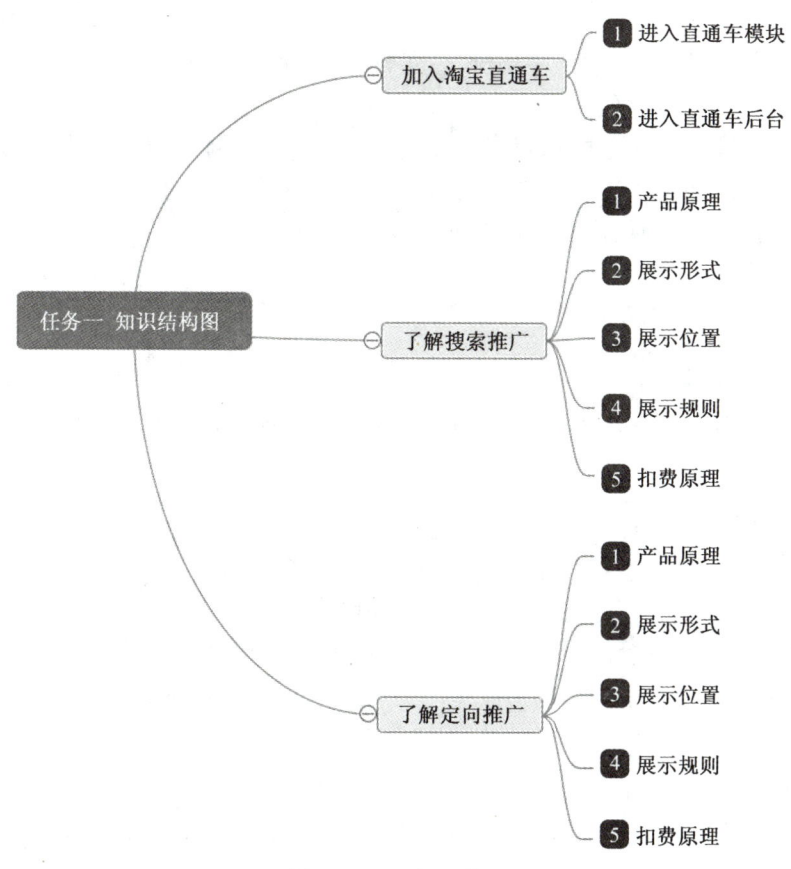

图 5-1-4　知识结构图

2. 拓展知识

优化质量得分

主要从创意效果、相关性、买家体验三个方面进行优化。

（1）创意效果优化。

推广创意是我们呈现推广产品最主要的核心内容。建议使用创意设备指定功能优化对应设备创意。在移动设备上建议上传相对清晰清楚的创意，在计算机设备上建议上传相对适合计算机设备推广的创意，更好地呈现产品的创意图片，吸引买家点击。

建议上传多张创意，目前创意最多可以上传 4 张，并使用创意流量分配功能来进行创意的测试。

（2）相关性优化。

① 类目相关性。

从买家的搜索购买行为习惯，我们会归纳总结得出大部分买家期望看到的宝贝所属的类目和属性，直通车会优先展示这些类目属性下的宝贝。

首先，检查宝贝发布的类目是否正确。很多卖家对自身宝贝的定位很模糊，容易将宝贝的类目发布错误,这个时候,关键词的质量得分会很低,所以首先要检查一下宝贝类目有没有发布错误。其次,权衡关键词的相关性对宝贝的价值与贡献。

② 关键词的相关性。

建议使用系统推荐词。添加关键词的时候,建议使用关键词推荐工具,可以按照卖家添加关键词的市场数据,如展现量、平均价、热度等进行排序,并且选择后添加。也可以使用关键词推荐工具中的相关标签关键词来进行添加。

建议多设置最相关的关键词,可以参照宝贝标题属性。例如,推广一款韩版的呢大衣,可以将"韩版 呢大衣"拆分成 3 个中心词"韩版""呢大衣""韩版 呢大衣",然后分别按照这 3 个中心词去添加一系列更精准的关键词。

（3）买家体验。

建议从客服、宝贝详情页、关联营销等方面来提升点击转化率。

5.1.6 任务训练

1. 根据表格中直通车的相关数据,计算卖家 A、B、C、D 最终扣费的金额。将数字填入下表空白处。

卖家	关键词	出价（元）	质量得分（原始分）	质量得分（直通车后台中标准化处理后的得分）	最后综合排名得分	综合排名	最终扣费（元）
A	呢大衣 韩版	0.68	1 358	10	92 344	1	
B	呢大衣 韩版	0.70	1 221	10	85 470	2	
C	呢大衣 韩版	0.80	1 009	9	80 720	3	
D	呢大衣 韩版	1.20	613	7	73 560	4	

2. 卖家为关键词"羽绒服"设置出价 1 元,对已购买过该宝贝的搜索人群溢价 50%,分时折扣为每天 22:00 以后是 50%,其余时间是 100%。请问,若有一位已购买过该宝贝的买家在 23:00 再次点击此关键词,此时"羽绒服"的最终出价是多少?请列式计算并将回答内容填入下框中。

```
                                                                        
                                                                        
                                                                        
                                                                        
                                                                        
```

5.1.7 课外学习

● 淘宝直通车 A 类、B 类、C 类违规行为解读（用手机淘宝扫一扫）。

● 淘宝直通车 A 类、B 类、C 类违规行为处罚规则,见表 5-1-2。

淘宝直通车 A 类、B 类、C 类违规行为解读

表 5-1-2 违规行为处罚规则

类型	累计扣分达 12 分	累计扣分达 24 分	累计扣分达 36 分	累计扣分达 48 分
A 类违规	推广违规商品,暂停账户使用 14 天	推广违规商品,暂停账户使用 90 天	推广违规商品,终止直通车服务	推广违规商品,干扰直通车运营并冻结直通车账户营销金额
B 类违规	推广违规商品,暂停账户使用 7 天	推广违规商品,暂停账户使用 14 天	推广违规商品,暂停账户使用 30 天	推广违规商品,暂停账户使用 90 天
C 类违规	推广违规商品,暂停账户使用 7 天	推广违规商品,暂停账户使用 14 天	推广违规商品,暂停账户使用 30 天	推广违规商品,暂停账户使用 90 天

任务二 钻石展位推广

5.2.1 任务情境

李伟学习了直通车后发现直通车是一种非常好的推广手段,而后他又注意到在直通车推广的旁边还有一个钻石展位的推广手段,他决定也学习一下,看看是否能给网店带来更多的流量。

5.2.2 任务分析

要开展钻石展位推广首先要了解钻石展位的加入方式,其次要对钻石展位的各项产品有所了解。另外扣费方式也是很重要的一项学习内容,它与推广效果紧密联系。

5.2.3 知识准备

- CPM:指按照广告创意每 1 000 次展现计费。
- CPC:指广告创意按照用户点击次数计费。
- 钻石展位:以图片展示为基础、精准定向为核心,面向全网精准流量实时竞价的展示推广平台。钻石展位推广支持按展示付费(CPM)和按点击付费(CPC),为客户提供精准定向、创意策略、效果监测、数据分析、诊断优化等一站式全网推广投放解决方案,帮助客户实现更高效、更精准的全网数字营销。

5.2.4 任务实施

一、加入钻石展位

步骤一:进入钻石展位模块。

进入【千牛卖家中心】→【营销中心】→【我要推广】页面。

步骤二:进入钻石展位后台。

(1)点击"立即登顶"进入钻石展位后台。

(2)首次进入钻石展位后台,须要同意协议,阅读《钻石展位广告服务协议》,勾选"我已经阅读并同意以上协议",并点击"确认"按钮。

（3）进入钻石展位后台页面，如图 5-2-1 所示。

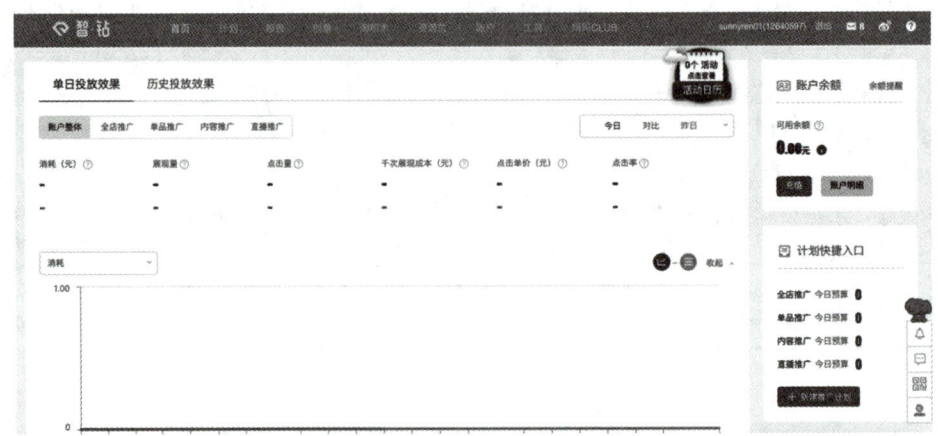

图 5-2-1　钻石展位后台页面

小贴士

钻石展位广告服务使用规范（用手机淘宝扫一扫）。

二、了解钻石展位

1. 展现逻辑

钻石展位按照出价高低顺序进行展现。系统将各时间段的出价，按照竞价高低进行排名，价高者优先展现，出价最高的预算消耗完后，轮到下一位，以此类推，直到该小时流量全部消耗，排在最后面的无法展示。

卖家能获得的总流量 = 总预算/CPM 千次展现单价 ×1 000，在同样的预算下，千次展现单价越高，获得的流量反而越少，因此我们需要在保证出价能展现的基础上，合理竞价。CPM 值越高展示顺序越靠前，但是展现的流量并不一定是最多的，见表 5-2-1。

表 5-2-1　CPM 与 PV 的关系

客户	CPM（每千次展示出价）	预算	购买到 PV	展示顺序
A	5 元	500 元	100 000	2
B	3 元	1 000 元	330 000	3
C	7 元	800 元	110 000	1
D	2 元	3 000 元	1 500 000	4

2. 展示位置

淘宝、天猫首页，以及各个频道大尺寸展位、淘宝无线 App 端以及淘宝站外，如新浪微博、腾讯、优酷等各大优势媒体。可投放的资源位卖家可在钻石展位后台的"资源位"根据自己的需求筛选，如图 5-2-2 所示。

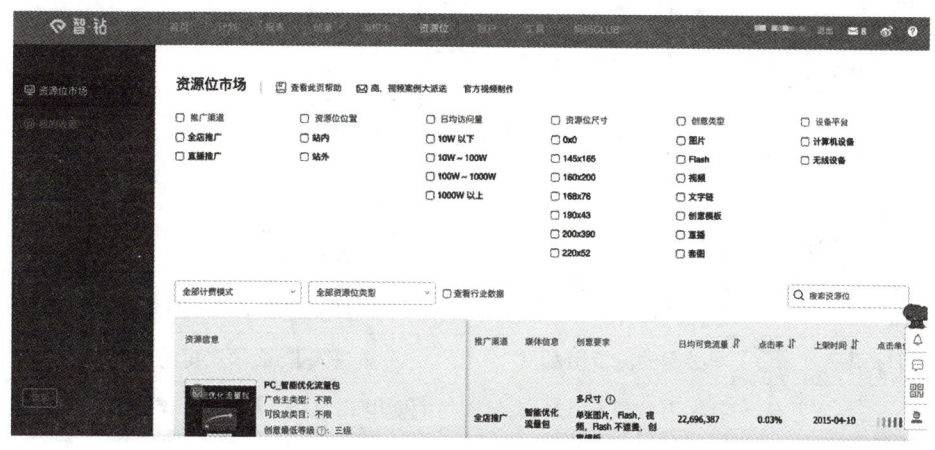

图 5-2-2　资源位页面

3. 扣费原理

钻石展位支持按展现收费(CPM)和按点击收费(CPC)的扣费模式。

(1) 按展现收费(CPM)。

按照 CPM 竞价收费,即按照每千次展现收费,点击不收费。按照竞价高低进行排名,价高者优先展现。实际扣费=按照下一名 CPM 结算价格+0.1 元,实际扣费不超过自己的出价。

例如,你出价 6 元,那么你的广告被人看 1 000 次收取 6 元。

系统会自动统计展现次数,并在钻展后台报表中给予反馈,不满 1 000 次的展现系统自动折算收费。

(2) 按点击收费(CPC)。

按照 CPC 竞价收费,即展现免费,点击收费。该投放模式下按照公式:CPM = CPC × CTR × 1 000,将"点击出价"折算成"千次展现的价格",折算后的 CPM 出价与其他商家进行竞争,价格高的优先展示。

> **小贴士**
>
> **什么是 CTR**
>
> CTR 是一个系统预估值,受多种因素影响,主要影响的因素有:资源位、定向、创意。资源位、定向和创意系统会参考商家历史投放数据。若为新商家且从未投放过钻石展位,系统则会参考此类目同一级别相关店铺的数据。其中,创意建议商家使用之前投放过 CPM 点击率比较好的创意,来提升预估 CTR。

举例:商家 A 设置的"点击出价"是 0.8 元,预估 CTR 是 5%。

① 参与竞价的 CPM = CPC × CTR × 1 000 = 0.8 × 5% × 1 000 = 40(元)。

也就是说用点击付费模式设置的出价是 0.8 元,实际是以 40 元的 CPM 参与竞价,最后根据 CPM 出价高低进行展现排序。

② 假设下一名的结算价格为 29.9 元,商家 A 投放结算的 CPM 价格为 29.9 + 0.1 = 30(元)。最终通过下一名的结算价格+0.1 元,即 30 元,作为最后实际扣费的 CPM 价格。

③ 实际扣费 CPC = 30/(1 000 × 5%) = 0.6 元。

(3) 两者的区别见表 5-2-2。

表 5-2-2　CPC 与 CPM 的区别

4 大维度	CPC	CPM
店铺人群管理	CPC 人群宽泛、成本可控，更适合拉新	CPM 人群精细，更适合店铺用户分层和老客户维护
推广场景	CPC 更适合日常引流	CPM 更适合活动期间爆发式引流
目标用户	非必需的流量用 CPC	重要人群、必须竞得的用 CPM
流量竞得	日常用 CPC + CPM；大促期间主要用 CPM；大促后市场竞价不那么激烈了，再回到 CPC + CPM	

5.2.5　任务总结

1. 知识结构图（图 5-2-3）

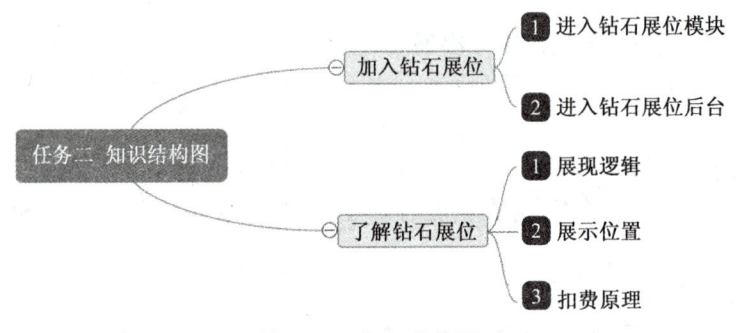

图 5-2-3　知识结构图

2. 拓展知识

钻石展位资源位支持的创意形式

钻石展位目前共支持 4 种创意形式，分别是静态图片、动态创意、无线 feeds 流专用模板以及文字链。除了旺旺有文字链资源形式外，淘宝站内资源位均以静态图片呈现。站外媒体资源位大部分都支持 flash 或轮播等动态创意的投放。

5.2.6　任务训练

1. 假设有 4 家店铺圈定了同一用户群、投放同一资源位，且竞价过程中都没有调整出价。请计算每家店铺的 CPM 结算价格和 1 次展现的结算价格，填入下表空白处。

	出价方式	CPM 出价	竞价排名	CPM 结算价格	1 次展现的结算价格
A 店铺	CPM	72.00 元	1		
B 店铺	CPM	60.00 元	2		
C 店铺	CPM	54.00 元	3		
D 店铺	CPM	53.99 元	4		

2. 假设有 4 家店铺圈定了同一用户群、投放同一资源位,且竞价过程中都没有调整出价。请计算每家店铺的 CPM 结算价格和 1 次展现的结算价格,填入下表空白处。

	出价方式	出价	预估 CTR(系统提供)	竞价排名	CPM 结算价格	1 次展现的结算价格
A 店铺	CPC	0.8 元	9%	1		
B 店铺	CPM	60.00 元	/	2		
C 店铺	CPC	0.9 元	6%	3		
D 店铺	CPM	53.99 元	/	4		

3. 目前有 4 位钻石展位用户,他们参与了相同展位的同时段竞价,各自计划中的 CPM 和预算设定如下:用户 A—CPM 为 5 元、预算 500 元,用户 B—CPM 为 3 元、预算 1 000 元,用户 C—CPM 为 7 元、预算 800 元,用户 D—CPM 为 2 元、预算 3 000 元。若 4 位用户的计划均能被展现且消耗完毕,此时哪位能购买到最多的 PV 量?请列式计算并将回答内容填入下框中。

4. 目前有 4 位钻石展位用户,他们参与了相同展位的同时段竞价,各自计划中的 CPM 和预算设定如下:用户 A—CPM 为 5 元、预算 500 元,用户 B—CPM 为 3 元、预算 1 000 元,用户 C—CPM 为 7 元、预算 800 元,用户 D—CPM 为 2 元、预算 3 000 元。根据以上内容可以判断哪位用户在展示顺序的第一位?请列式计算并将回答内容填入下框中。

5.2.7 课外学习

- 钻石展位 A 类、B 类、C 类违规行为解读(用手机淘宝扫一扫)。
- 钻石展位 A 类、B 类、C 类违规行为处罚规则,见表 5-2-3。

钻石展位 A 类、B 类、
C 类违规行为解读

表 5-2-3 钻石展位违规行为处罚规则

类型	累计扣分达 12 分	累计扣分达 24 分	累计扣分达 36 分	累计扣分达 48 分
A 类违规	推广违规商品,暂停账户使用 14 天	推广违规商品,暂停账户使用 90 天	推广违规商品,终止钻石展位服务	推广违规商品,干扰钻石展位运营并冻结钻石展位账户营销金额
B 类违规	推广违规商品,暂停账户使用 7 天	推广违规商品,暂停账户使用 14 天	推广违规商品,暂停账户使用 30 天	推广违规商品,暂停账户使用 90 天
C 类违规	推广违规商品,暂停账户使用 7 天	推广违规商品,暂停账户使用 14 天	推广违规商品,暂停账户使用 30 天	推广违规商品,暂停账户使用 90 天

任务三 淘宝客推广

5.3.1 任务情境

最近李伟发现手机里的微信群里群主经常发一些淘宝网商品的内部优惠券,用优惠券购买十分便宜,李伟琢磨利用这种方式也能对网店的商品进行推广,随即他联系上了群主,从群主那里得知原来这是淘宝客推广的一种方式。

5.3.2 任务分析

要开展淘宝客推广首先要了解淘宝客推广的加入方式,其次要了解淘宝客推广的各种产品,最重要的是会对淘宝客推广支出的佣金进行计算,这样才能保证推广的最大效果。

5.3.3 知识准备

- 淘宝客推广:它是一款站外引流的营销产品,按成交金额计费。商家参加淘宝客推广,淘宝客(个人或网站主)会将商家的商品投放到网站、App、微博、微信、QQ 群等站外渠道进行推广,若有买家通过淘宝客推广的链接进入店铺购买商品并交易成功,商家要支付佣金给淘宝客。
- CPS(Cost Per Sale):指按成交支付佣金。

5.3.4 任务实施

一、加入淘宝客

步骤一:进入淘宝客模块。

进入【千牛卖家中心】→【营销中心】→【我要推广】页面。

步骤二:进入淘宝客后台。

(1)点击"开始拓展"进入淘宝客后台。

(2)首次进入淘宝客后台,须要同意协议,阅读《淘宝客推广软件产品使用许可协议》,勾选"我已经阅读并同意淘宝客推广软件产品使用许可协议",并点击"确认"按钮。

（3）查看全店参与推广提示，没有问题点击"确认"按钮。
（4）输入支付宝账户和支付密码，确认支付宝代扣款协议后即可参加推广。
（5）进入淘宝客后台页面，如图 5-3-1 所示。

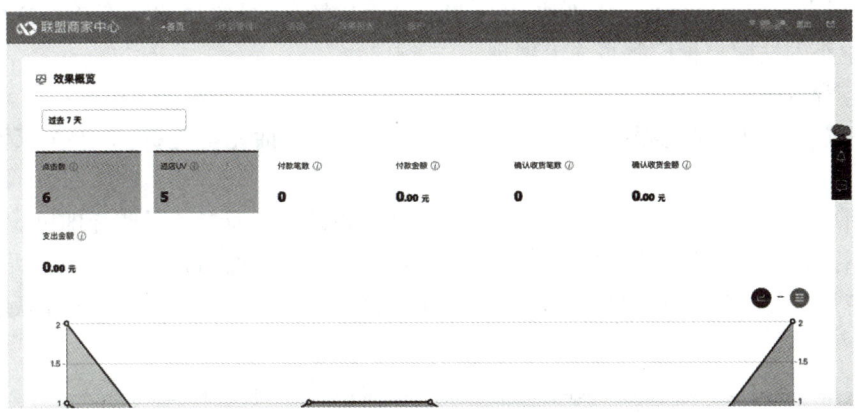

图 5-3-1　淘宝客后台页面

> **小贴士**
> 　　用手机淘宝扫一扫右方二维码查看淘宝客推广软件产品服务使用规范。

二、了解淘宝客推广产品

1. 营销计划

（1）产品原理。

营销计划是商家在淘宝联盟后台进行单品推广的新计划。该计划将支持单品推广管理、优惠券设置管理、佣金管理、推广时限管理等商家推广所需的基本功能，并可支持查看实时数据及各项数据报表。

（2）产品优势。

① 绑定营销工具，让淘客便捷取链推广，获得更多流量。

② 查看实时数据，了解商品实时推广效果。

③ 确定性流量支持，淘客流量将优先推广加入营销计划的商品库。

④ 库存销完的商品将按照通用佣金结算，有效控制推广成本。

2. 阿里妈妈推广券

（1）产品原理。

阿里妈妈推广券是阿里妈妈官方唯一指定的淘宝客渠道推广优惠券，功能等同于公开的优惠券，可支持淘宝客通过优惠券＋商品的模式进行推广，在站外推广中引入新购买人群，大大提高转化率。

（2）产品优势。

① 设置"阿里妈妈推广券"，即授权给阿里妈妈官方，帮助卖家获得更多的推广流量。

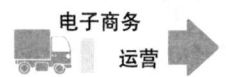

② 操作简单方便,可以绑定营销计划单品宝贝,大大提高转化率。

3. 如意投

(1) 产品原理。

系统根据卖家设置的佣金比例和宝贝的综合质量情况,将商品智能推送到爱淘宝搜索结果页、中小网站橱窗推广等页面上展现。

(2) 产品优势。

① 按成交计费:如意投推广按成交计费,没有成交的话完全免费,对于卖家没有任何推广风险。

② 简单易用:使用如意投只要启用如意投推广并设置相应的类目佣金即可。

③ 精准推广:系统智能分析用户行为,进行精准投放,让商品轻松地展现在买家面前。

④ 流量可控:系统自动投放,省去了找淘客漫长的过程,调整佣金设置可以影响流量多少。

⑤ 渠道丰富:如意投依托联盟自有媒体和合作伙伴的推广渠道,为卖家带来更多站外优质流量。

(3) 展示位置。

主要展示在爱淘宝搜索结果页以及一些中小网站的橱窗位置上。

(4) 展示规则。

系统根据卖家设置的佣金比例和宝贝的综合质量情况,将商品智能推送到爱淘宝搜索结果页、中小网站橱窗推广等页面上展现。

(5) 扣费公式。

① 按成交计费,如果有推广成功的订单才会扣费。

② 佣金按实际成交金额×产品对应佣金率进行计算。如果将产品设置成主推商品,那产品按主推商品设置的佣金率结算,没有添加主推商品的按类目佣金率结算。

4. 定向计划

(1) 产品原理。

定向计划是卖家针对不同质量的淘客设置的推广计划。卖家可以筛选加入的淘客等级,也可以自主联系淘客来申请加入。除了一个通用推广计划外,卖家最多可以设置 30 个定向推广计划,在创建定向推广计划时,计划可以选择是否公开,审核方式设置为自动或手动以及设定计划的开始时间和结束时间。

(2) 产品优势。

① 筛选优质淘客:卖家通过筛选淘客等级寻找更优质淘客来推广。

② 高佣金奖励:卖家设置更高佣金获得更多流量和转化效果。

③ 长期合作:建立与优质淘客的长期稳定合作。

5. 自选计划

(1) 产品原理。

自选计划是店铺中设置为公开自动审核"定向计划"的升级计划。该计划是为商家管理淘宝客而量身定制的新计划。除提供淘宝客推广店铺效果数据、淘宝客推广能力评估外,商家还可根据各淘宝客的推广情况选择同淘宝客建立具体的推广关系,如为某淘宝客开设人工审核的定向计划等。

（2）产品优势。

① 拉近商家与淘宝客的确定关系。商家淘宝客推广后台将根据淘宝客昵称（或 PID）展现该淘宝客近期推广店铺的效果数据，让商家更了解为自己店铺推广的淘宝客。

② 明确淘宝客推广能力。提供推广过该计划的淘宝客的推广能力指标，如近 90 天引流能力、推广能力、推广单价等，商家可根据淘宝客能力评判淘宝客推广实力，作为是否进行长期合作的参考依据。

③ 自主管理淘宝客合作关系。商家可自主选择同淘宝客的合作关系，针对推广效果好的淘宝客可单独与其建立人工审核定向计划，提供专属佣金率与淘宝客保持更稳定的定向合作关系，针对效果未达到期望值的淘宝客也可暂停自选计划下该淘宝客的推广 30 天。

6. 淘宝客活动

（1）产品原理。

淘宝客活动意在搭建淘客与卖家之间的沟通推广桥梁。卖家在淘客创建的活动广场报名活动，淘客对报名的商品筛选后进行推广。活动可以公开给其他淘客，若选择公开，则当有其他淘客推广该活动时，成交后获得的佣金将按一定比例给活动创建者。

（2）产品优势。

① 找淘客捷径：淘客发起活动，卖家自主报名，无须费力找淘客。

② 站外流量打爆款：每天数万活动任卖家挑选报名，推广力度大。

③ 简单易用：卖家没有烦琐的操作，只要挑选商品报名即可。

三、了解淘宝客推广支出佣金计算

淘宝客是按照成交计费的，卖家支付给淘宝客的佣金 =（商品的实际成交金额 - 运费）×佣金比例。

举例：

商品标价 100 元，佣金比例为 5%，因为商品有折扣，买家支付宝实际付款 60 元，其中运费 10 元，则佣金是 (60 - 10) × 5% = 2.5（元）。

> **小贴士**
>
> 实际成交价的计算。
>
> 如果买家在支付时使用了优惠券、淘金币，在计算实际支付金额时要扣除相应的优惠；如果买家在支付时使用了集分宝，在计算实际支付金额时不要扣除相应的优惠。

淘宝客佣金在商品确认收货后从店铺绑定的支付宝中扣除，和买家的支付方式没有关系。卖家设置不同的计划，佣金会按照淘客当时推广的计划链接收取佣金，平台不会重复扣费，也不会存在佣金扣费错误的情况。

加入淘宝客推广是默认全店参加，未单独设置佣金比例的商品，会按照该商品所在类目佣金比例计算。买家点击过淘宝客的推广链接，平台会对点击跟踪 15 天，15 天内买家购买店铺的任何商品都要支出佣金。

5.3.5 任务总结

1. 知识结构图(图5-3-4)

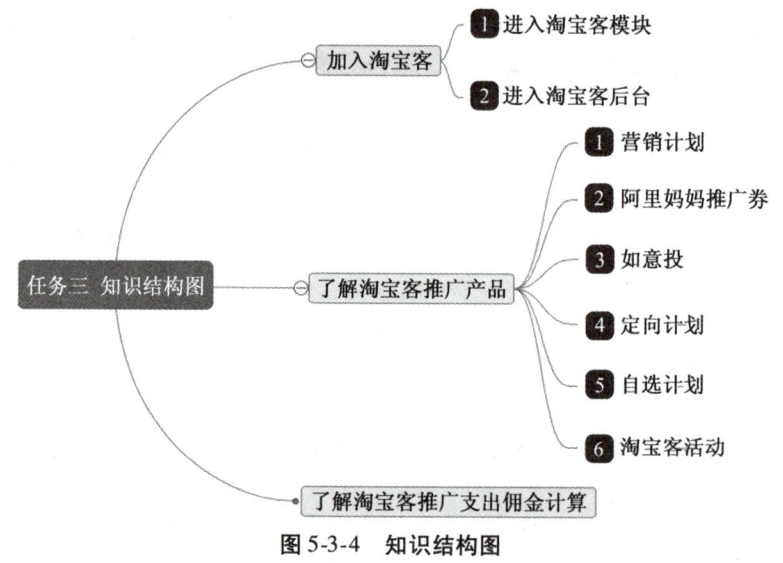

图 5-3-4　知识结构图

2. 拓展知识

淘宝客订单发生退款时佣金的结算方法

(1)确认收货前。

买家还没有确认收货就退款了,那么按订单最终实际成交金额结算。佣金计算是同步对应淘宝订单最终成交价格乘以对应佣金比例。

如果最终订单是交易关闭的状态,那么实际成交额是0元,无须支付佣金。如果买家申请部分退款不退货,那么按没有退款的成交金额计算佣金。

举例:

订单100200300,货款为100元,运费为0元,买家于5月30日拍下,没有确认收货。

场景1:买家收到货之后,申请退货退款,退款完成,那么交易关闭,不结算佣金。

场景2:买家收到货之后,申请仅退款,退了部分款,如退了10元,那么按90元结算佣金。

(2)确认收货后。

买家确认收货之后申请售后退款规则:当月确认收货的订单如果买家在订单确认收货的下个月15日之前线上申请售后,系统都可以同步淘宝的订单维权状态,如果订单在下个月15日维权成功,当天返还佣金。

举例:

订单100200300,买家于5月30日拍下,6月10日确认收货。

场景1:买家在7月12日维权成功,那么7月12日当天就返还佣金。

场景2:买家在7月8日发起了维权,但是7月15日之前无法完成退款,请在7月10日之前致电客服,提供订单编号进行处理。

5.3.6 任务训练

1. 小 A 的订单总付款金额是 105 元,运费为 5 元,佣金比例为 5%,则应支付的佣金是多少元?请列式计算并将回答内容填入下框中。

2. 小 B 店铺总共 20 个宝贝(都是女装类目),女装类目佣金比例设置为 6%,小 B 将一款连衣裙设置为主推商品,佣金比例为 10%,那么其他的没有设置主推商品的女装类目商品应如何结算佣金?请将回答内容填入下框中。

3. 买家是点击通用计划链接进入产生的订单,应该怎样结算佣金比例?买家是点击如意投计划的链接进入产生的订单,应该怎样结算佣金比例?请将回答内容填入下框中。

4. 买家 1 号点击淘宝客的推广链接进店,后续 15 天内进入店铺购买 3 次是否会扣除佣金?如果下单的时候距离点击的时间超过 15 天,是否会扣除佣金?请将回答内容填入下框中。

5.3.7 课外学习

- 淘宝客违规行为扣分明细(用手机淘宝扫一扫)。

项目五 练习题

一、单选题

1. 以下关于钻石展位定义的描述,不正确的是( )。
   A. 精选了淘宝和互联网优质展示位　　B. 按照竞价排序
   C. 按照点击计费　　D. 按照展现计费

2. 下列哪个因素不会影响钻展流量的购买?( )
   A. 预算　　B. 出价　　C. 定向加价　　D. 店铺信誉

3. CPM 指的是( )。
   A. 每千次浏览单价　　B. 每千次点击收费
   C. 每次点击单价　　D. 每次浏览单价

4. 钻石展位按照什么顺序进行展现?( )
   A. 预算多少　　B. 出价高低　　C. 创意多少　　D. 点击率高低

5. 以下几个关于钻石展位广告类型的描述,不正确的是( )。
   A. 视频类型　　B. 文字链类型　　C. 图片类型　　D. 搜索类型

6. 店铺推广是如何扣费的?( )
   A. 按展现扣费
   B. 同单品推广一样,按点击扣费
   C. 店铺推广当日扣费可能会超出设置的日限额
   D. 按转化扣费

7. 下列哪项不符合店铺推广对推广图片的要求?( )
   A. 不能违反有关国家法律的规定以及淘宝规则,如涉及侵权、色情等信息
   B. 图片中最好包含一个店内宝贝单品
   C. 图片和单品推广不一样,只能为长方形图片
   D. 图片可采用多种规格,也可采用正方形

8. 淘宝客推广是哪种付费模式?( )
   A. CPC　　B. CPT　　C. CPS　　D. CPM

9. 以下哪类商品不能参加淘宝客推广?( )
   A. 游戏机　　B. 游戏手柄　　C. 游戏光盘　　D. 游戏点卡

10. 一件产品标价100元,最终以50元包邮出售,掌柜实际支付邮费为8元。请问最终淘宝佣金按下列哪个基数来计算?( )
    A. 100　　B. 92　　C. 50　　D. 42

二、多选题

1. 钻石展位资源位支持以下哪几种创意形式?( )
   A. 静态图片　　B. 动态创意
   C. 无线 feeds 流　　D. 文字链

2. 钻石展位按照 CPC 竞价收费,即展现免费,点击收费。扣费公式:CPC = CPM/(1 000×CTR)。其中,CTR 是一个系统预估值,主要受以下哪些因素影响?( )

A. 资源位　　　　　B. 定向　　　　　C. 创意　　　　　D. 计划

3. 卖家可通过直通车设置买家感兴趣的宝贝推广信息,宝贝推广信息包含以下哪些内容?(　　)

A. 图片　　　　　B. 标题　　　　　C. 售价　　　　　D. 成交量

4. 质量得分是系统估算的一种相对值,它是搜索推广中用于衡量某些因素间相关性的综合指标。以下哪些项就是前文提到的"某些因素"?(　　)

A. 直通车关键词　　　　　　　　　B. 宝贝推广信息
C. 买家搜索意向　　　　　　　　　D. 买家喜好

5. 以下关于直通车一个人点击多次扣费说法正确的有(　　)。

A. 严格按照点击扣费,点击几次扣费几次

B. 同一 IP 在 24 小时内多次点击同一个广告位置,系统会自动排查,过滤掉恶意点击。当然也不是 100% 会被排查到,不过卖家完全不用担心,淘宝的防恶意点击系统已经做得很完善

C. 24 小时内同一 IP 多次点击只记一次,所以同一局域网多台电脑点击无效

D. UV 也是基于 cookies 的,比如同一局域网内 16 台电脑访问一个宝贝,根据 cookies 的原理,是对这个宝贝带来了 16 个 UV,但点击 IP 却只有一个

6. 以下说法正确的有(　　)。

A. 销售额=流量×转化率×平均客单价

B. 转化率越高的产品,直通车质量得分越高,然后点击越省钱

C. 关键词的优化选取是为了给宝贝提供一个优先的排名展示机会

D. 钻石展位是在淘宝通过用图片的方式以展现付费获取流量,俗称"小硬广",钻展的最大用途最好集中在推广品牌和活动时使用

三、判断题

1. 钻石展位将各时间段的出价,按照竞价高低进行排名,价高者优先展现,出价最高的预算消耗完后,轮到下一位。按照以上描述可以判断按时竞价是钻石展位的展现逻辑。
(　　)

2. 钻石展位目前支持多种创意形式,PC 端阿里旺旺弹窗资源位可以使用文字链。
(　　)

3. 淘宝卖家只要加入消费者保障计划、卖家信用级别达到一钻以上,就可以在自己的店里设置淘宝客推广。
(　　)

4. 淘宝直通车在站外投放的时候,卖家可以自由选择某个具体的网站进行投放。
(　　)

第二篇　运营岗位操作篇

项目六 SEO专员操作

学习目标

- 能利用数据优化标题
- 掌握宝贝上下架时间安排
- 能够制订并执行卡位计划

学习重点

- 利用数据优化标题

学习难点

- 制订并执行卡位计划

任务一 利用数据优化标题

6.1.1 任务情境

夏艺女装网店已经运营了一段时间,电商运营部SEO专员李伟发现网店最近进入了流量和销量的瓶颈期。小李开始思考,怎样把淘宝网上的流量引入夏艺女装店铺呢？他分析了淘宝网流量的基础入口——淘宝自然搜索(即用户搜索带来的基础流量),发现通过优化宝贝标题,能够很大幅度地提升用户搜索流量,带来的订单数和销售额也随之增加。

6.1.2 任务分析

很多卖家在抱怨网店没流量的时候往往忽视了一个最根本的问题,那就是淘宝搜索引擎优化中最基础的宝贝标题优化。淘宝标题优化的好处是提升搜索展现量,让宝贝充分展示在顾客眼前。店铺宝贝标题优化主要包括：数据选款、数据选词、关键词、店铺类目及属性布局等。不过在优化时一定要注意淘宝网的一些规则。

6.1.3 知识准备

- 标题优化：就是对店铺、网页、宝贝等的标题进行符合规则的优化,使之能够在众多同类内容中排名靠前,增加曝光率、点击量以提升转化率。标题优化可以通过控制标题长度、关键字分布、关键字词频及关键字组合技巧等这些方面来实现。下面是宝贝标题优化的一些规则:

(1)宝贝标题请限定在30个汉字(60个字符以内),否则会影响发布。但游戏币类目支持输入60个汉字。

(2)标题要尽量简单直接,还能突出卖点。要让买家即使看一眼,也能知道商品的特点,知道是什么商品。

(3)宝贝的标题要和当前商品的类目、属性一致(例如,出售的是女装T恤,就不能出现童装等非女装T恤类关键词)。

(4)不允许出现半角符号"＜＞"与表情符号。设置标题格式为宋体、小四。

注意:不能出现和商品不符、侵犯他人知识产权或违反广告法的关键词,比如品牌叠加使用,夸大宣传的"全国第一""最大"等。

这里给出一个书写标题的"公式",供大家参考:

标题公式 = 营销词 + 类目词 + 属性词 + 核心关键词

6.1.4 任务实施

一、标题优化准备

(1)Excel表格/WPS表格。

(2)生意参谋—流量纵横。

(3)生意参谋—市场行情—行业热搜词。

(4)过去7天竞品分析表。

二、标题优化步骤

步骤一:使用生意参谋,完成手淘数据的下载。

(1)进入【千牛卖家中心】→【数据中心】→【生意参谋】→【流量纵横】→【商品来源】,如图6-1-1所示。

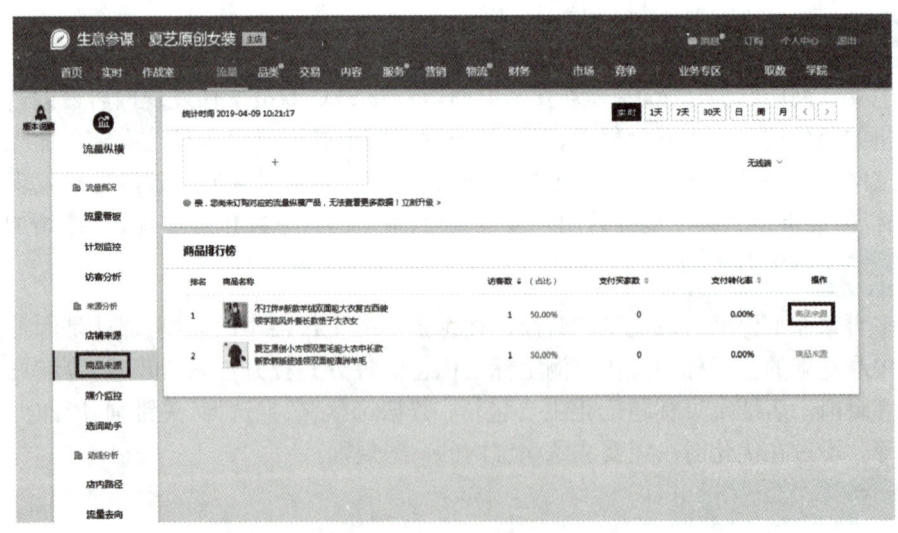

图6-1-1 商品来源详情

（2）选择过去 30 天的数据，打开手淘搜索来源的详情，下载相应数据到电脑里，如图 6-1-2 所示。

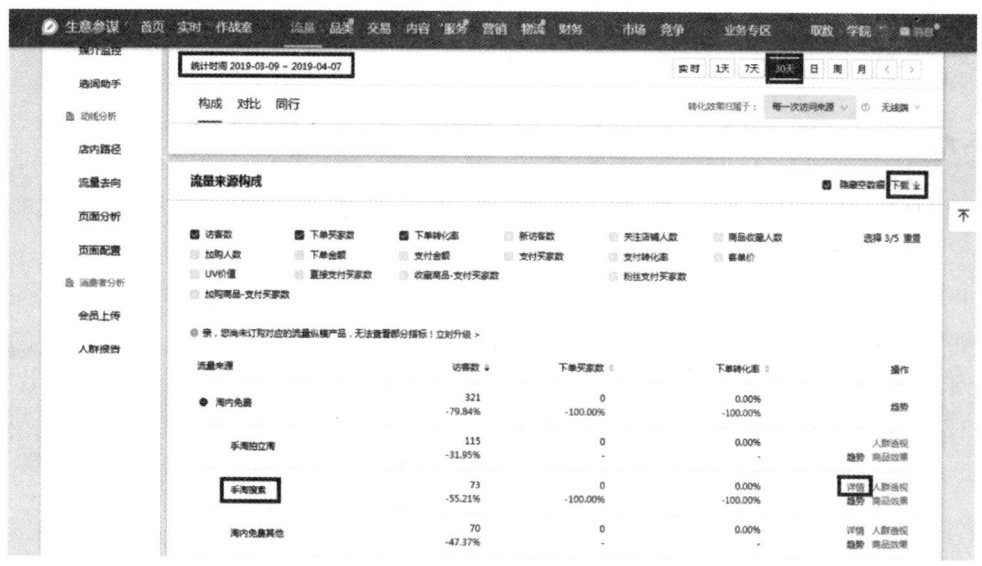

图 6-1-2　手淘搜索来源的详情

（3）打开下载的文件，删除前面 5 行，选中带绿标的所有数字，点击左上角转化为数字，如图 6-1-3 所示。

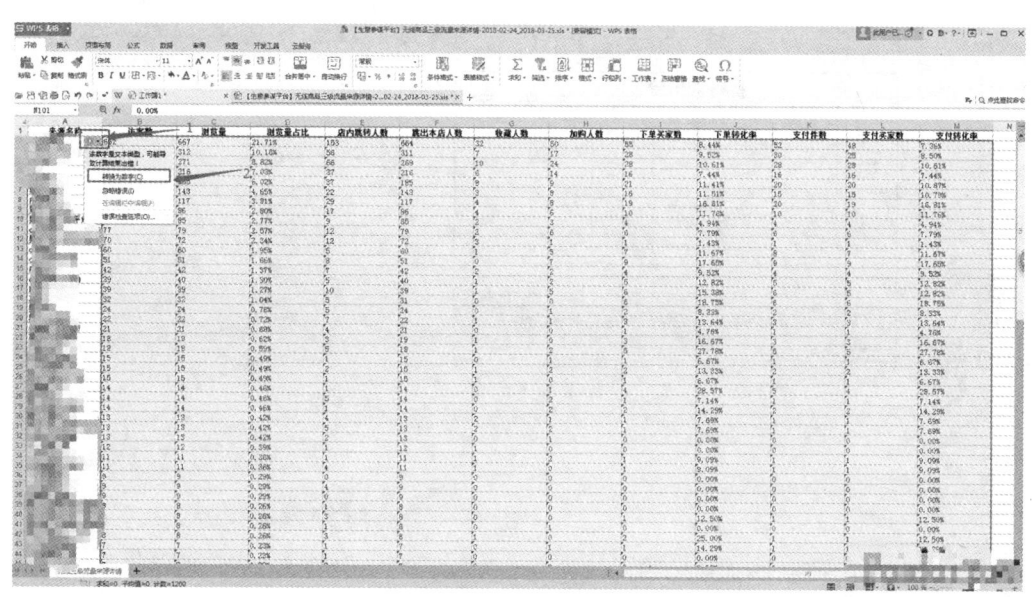

图 6-1-3　筛选下载数据

步骤二： 使用 Excel 表格的 SUMIF 函数，完成标题优化工具表。

（1）在步骤一中修改后的表格里左下角添加一个工作表，并重命名为"标题优化工具"，如图 6-1-4 所示。

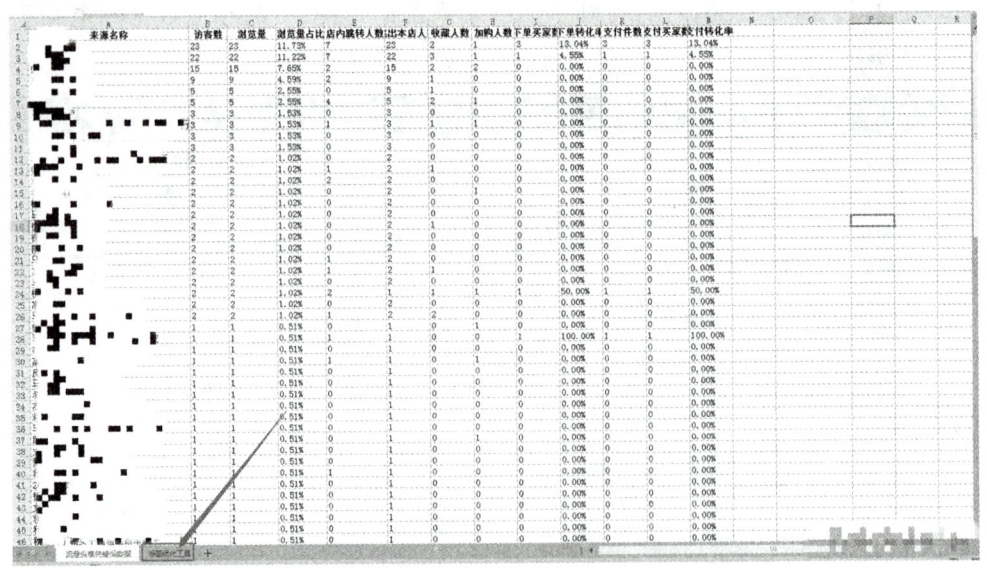

图 6-1-4　设置工作表"标题优化工具"

（2）在新建的工作表上创建一个标题优化表格（总共 7 列 6 大数据指标），然后选中并且进行筛选（收藏率也可以自己添加），如图 6-1-5 所示。

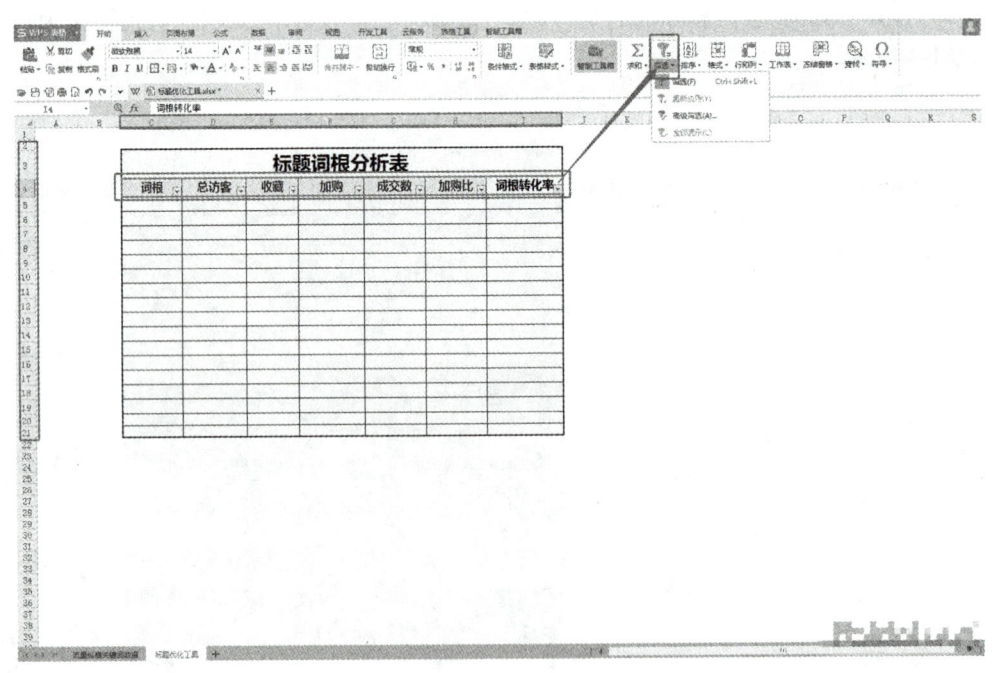

图 6-1-5　标题优化表格的筛选

（3）接下来就要用到 Excel 表格的 SUMIF 函数了，在 D5（总访客指标下面）里输入 SUMIF 函数公式【=SUMIF(流量纵横关键词数据!\$A：\$A,"*"& \$C5&"*",流量纵横关键词数据!B：B)】，SUMIF 函数公式中的"流量纵横关键词数据!B：B"对应的是工作表"流量纵横关键词数据"里的整列"访客数数据!B：B"，如图 6-1-6、图 6-1-7 所示。

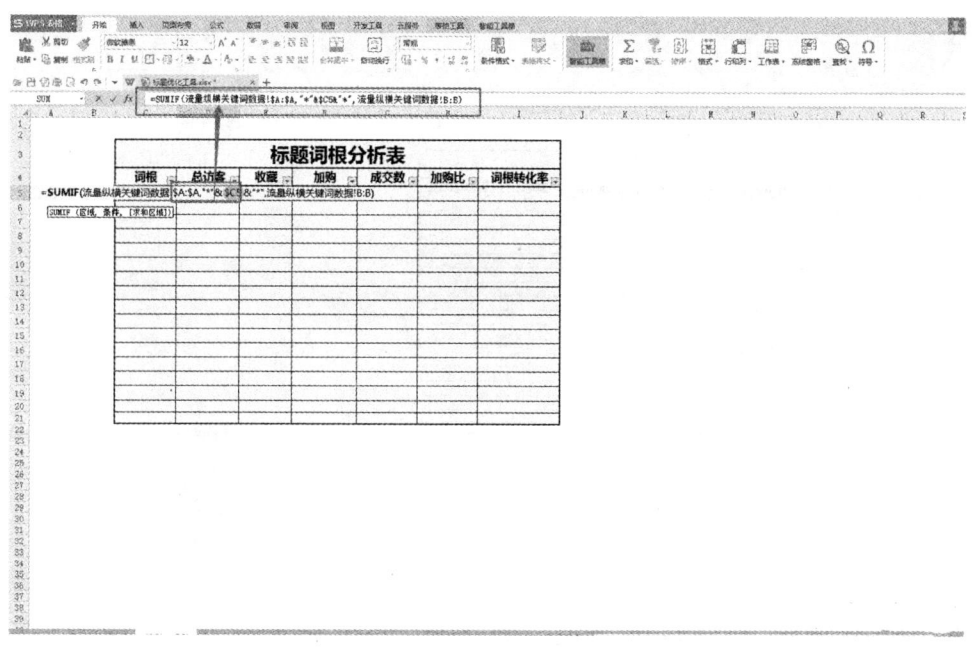

图 6-1-6　总访客指标设置 SUMIF 函数

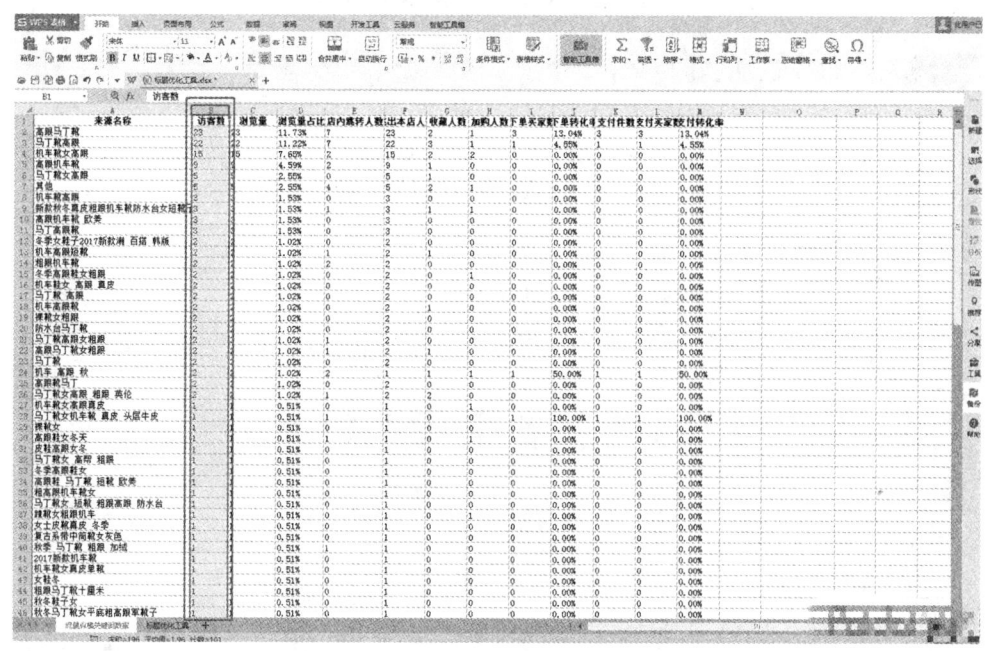

图 6-1-7　访客数列应用 SUMIF 函数

（4）分别在 E5、F5、G5（即收藏、加购、成交数指标下）重复上一步的操作，也分别对应工作表"流量纵横关键词数据"里的收藏人数、加购人数和支付买家数，即!G:G、!H:H、!L:L，再在加购比（H5）和转化率（I5）下面输入公式，如图 6-1-8、图 6-1-9 所示。

图 6-1-8　收藏、加购、成交数指标设置 SUMIF 函数

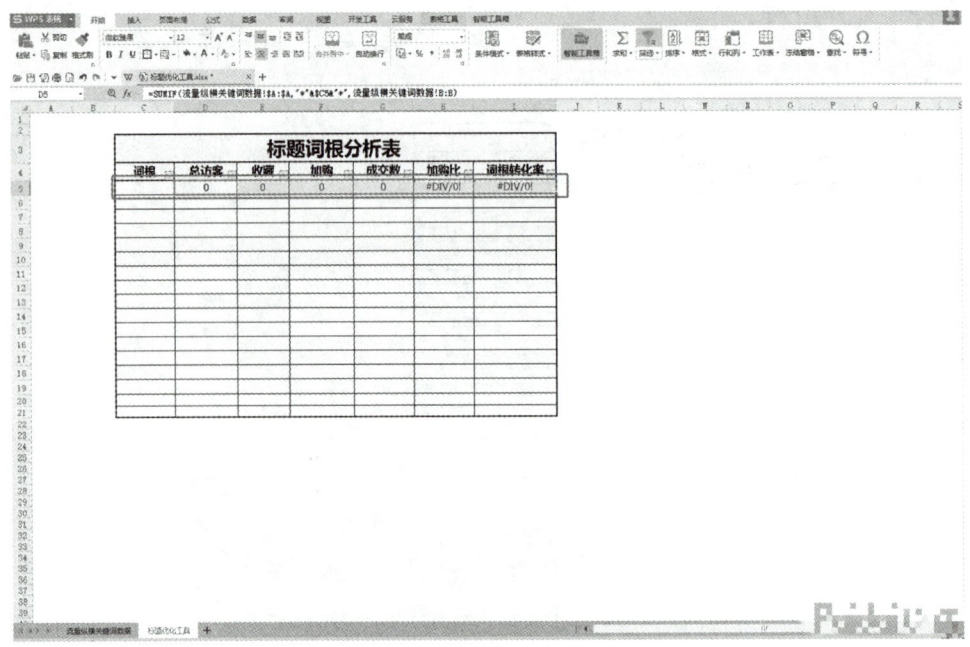

图 6-1-9　收藏人数、加购人数、成交数列应用 SUMIF 函数

（5）选中 D5 至 I5，将鼠标往下拉，让公式填充到整个表格，这个表格就完成了，如图 6-1-10 所示。

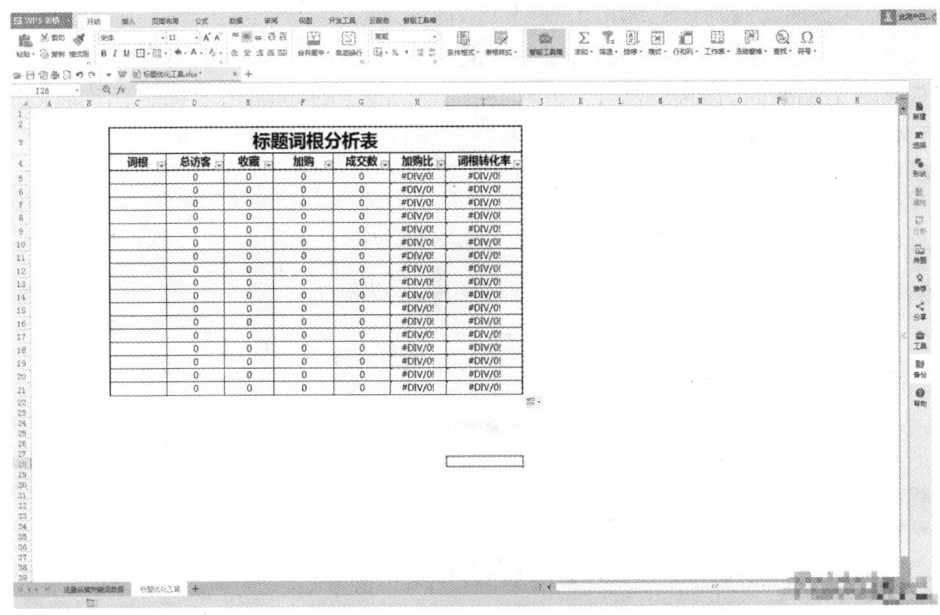

图 6-1-10　整个表格填充公式

步骤三：利用淘宝首页断词进行重新排序,最终提炼出热门的标题关键词。

（1）打开淘宝首页,把已经下载数据的标题复制过来,利用淘宝搜索功能进行断词,如图 6-1-11 所示。

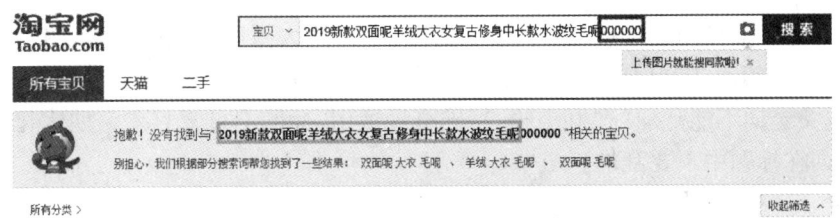

图 6-1-11　淘宝首页断词

（2）把图 6-1-11 所示搜索框中的词复制到记事本重新排序,如图 6-1-12 所示。

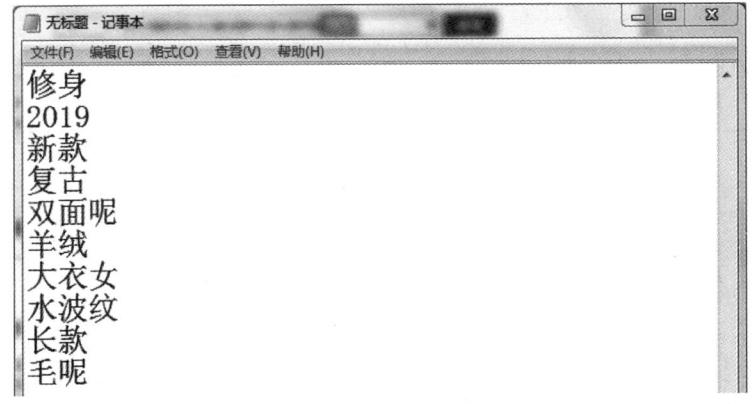

图 6-1-12　断词重新排序

（3）把这些词复制到标题优化工具中的词根部分。

经过以上操作，标题中哪些词好，哪些词差，就一目了然了。收藏率指标也可以自行添加，原理是利用关键词的词根去整合关键词的周期数据。标题优化工具能有效地帮助我们节省更多的时间，节省时间就等于节省成本。

6.1.5 任务总结

1. 知识结构图（图6-1-13）

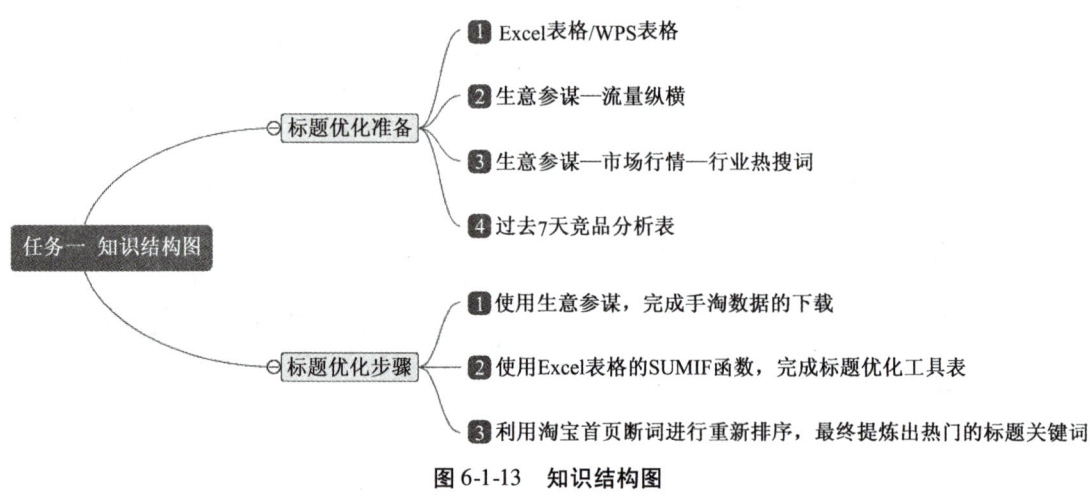

图 6-1-13　知识结构图

2. 拓展知识

标题决定了宝贝的展现量，配合主图和排名可以最大限度地获取流量。我们如何在做标题时不违规，须要注意以下几个方面：类目属性防止填写错误，关键词堆砌要斟酌，废词勿乱用，主关键词不能乱加"/"和空格，特殊符号慎用，标题不重复且要定期优化，品牌词和一般属性词在标题中不要乱加。

6.1.6 任务训练

通过学习和理解淘宝 SEO 标题优化技巧，完成下表中案例标题的撰写。

案例	眼　霜
标题	五皇冠进口欧莱雅复颜双效眼霜 15 ml 提拉抗皱紧致双重眼部精华新版
优化标题	从类目分析、关键词选择、最后标题成形三方面入手
最终标题	

6.1.7 课外学习

- 宝贝排名优化的方法。

任务二　宝贝上下架优化

6.2.1　任务情境

经过前段时间的努力,夏艺女装网店已经小有起色,订单量也增加了,但是发展速度还达不到预期的效果。尤其在宝贝上架后,由人工逐一去设置上下架时间,常常会因为操作不及时而让不少宝贝下架空置着,从而导致流量白白浪费了。

6.2.2　任务分析

在淘宝网的搜索机制里面,宝贝上下架搜索排名有不可忽视的作用,因此这也是要考虑的因素。在网店的经营过程中,须要对店铺中的宝贝进行上、下架操作。但选择宝贝的上架时机其实是有很多技巧的,因为上架直接关系到宝贝在搜索前台得以展示的机会。如果把握好宝贝的发布时机,就能为网店带来更多的浏览量,宝贝也就能得到更多的推荐机会。

6.2.3　知识准备

- 上下架:上架是指商品发布进入店铺,下架是指人为手动或系统自动把商品从店铺中排除。自动上下架的时间是7天,从刚上架时开始倒计时,越靠近最后一天,最后下架时间默认排名就越靠前,7天后自动下架并接着自动重新上架,并再次从7天开始倒计时,这就是商品公平、轮流曝光的一种展示方式。
- 淘宝最佳上下架时间设置:

(1)选择更短的上架时间也就是7天,一个宝贝的上架周期为7天,越临近下架的宝贝权重越高,一般情况下,一个页面中位置不会出现同一个店铺的宝贝超过2个。

(2)宝贝上架要挑选用户网购高峰期,且宝贝上架时间一定要错开,切勿一起上架,因为一起上架也不会一起展现。

6.2.4　任务实施

根据淘宝规则,淘宝搜索结果页优先展示的宝贝,离下架时间越近的排名越靠前。合理的上下架时间优化可以带来更多的展现,从而提高搜索排名,增加流量。

对于已经上架销售中的产品,可使用旺店宝中"自动上下架"功能新建调整计划,如图6-2-1所示,右侧可以选择产品所在的类目行业,软件会自动切换为该行业的热门时段,当然你也可以根据你的产品的实际需要稍微调整时间,然后一键开启计划,店内所有宝贝就会在一周内陆续调整到你设置的上下架时间段里。

对于未上架还在仓库中的新品,一般卖家都是一次性批量上架,一次性上架只能得到一个时间点的下架时间,而一个时间点得到的搜索展示是有限的。如果1天上架1 000个宝贝,按每天1 440分钟算,每个宝贝间隔1分钟上架,1 000个宝贝得到的展示机会是大大增加的。

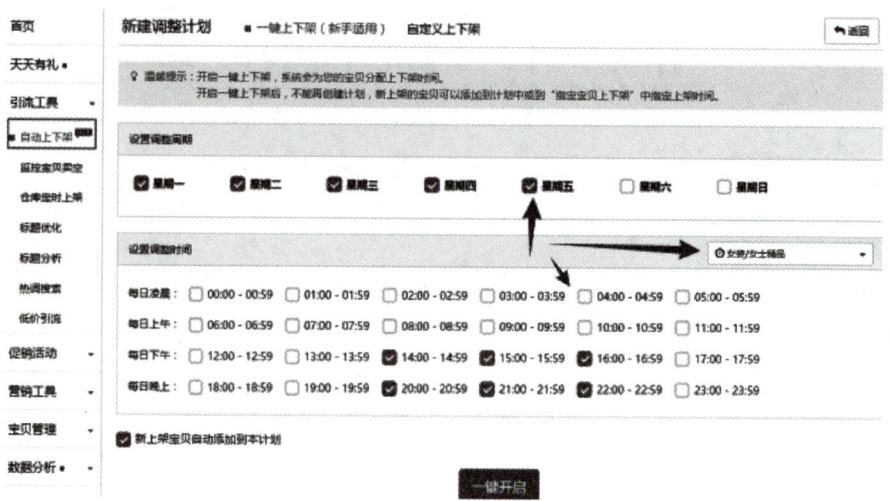

图 6-2-1　自动上下架新建调整计划

当然,手动间隔上架是不可能的,借助软件可以大大提升效率。旺店宝不仅可以设置定时上架,还能设置每个宝贝间隔多少分钟。假设店铺有 60 款新品,设置每隔 5 分钟上架 1 个宝贝,那软件就会在 300 分钟即 5 小时内把店铺内的 60 款宝贝分次上架,并且这 5 小时是在你选择的热门时段内,如图 6-2-2 所示。

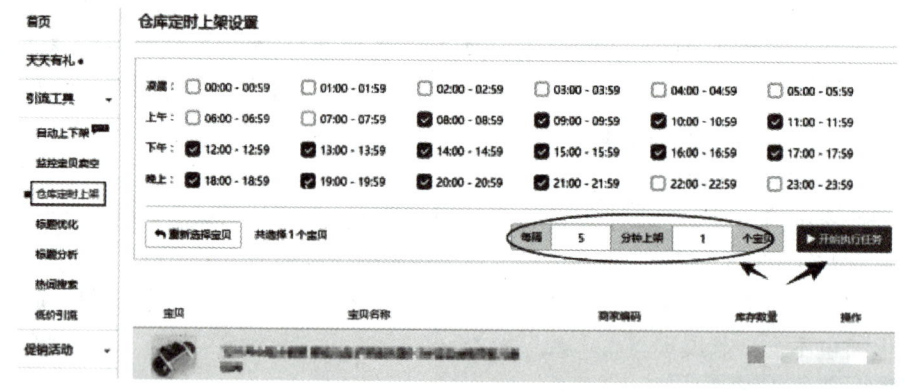

图 6-2-2　仓库定时上架设置

6.2.5　任务总结

1. 知识结构图(图 6-2-3)

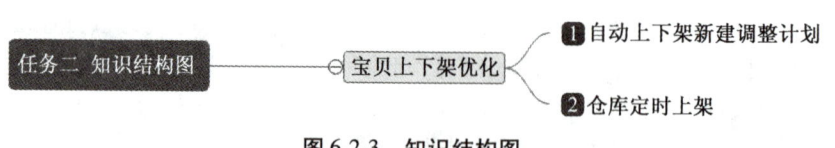

图 6-2-3　知识结构图

2. 拓展知识
- 在淘宝上下架时要注意的规则以及问题。
（1）要注意目标客户的在线购物时间。
（2）尽量避开人气较高的商品。

(3) 清楚淘宝禁止的与下架时间有关的两个行为。
(4) 发布商品。
- 宝贝上下架时间操作须知。
(1) 7天上下架周期。
(2) 商品一定选择在黄金时段内上架。
(3) 同类商品要分开上架。
(4) 增大宝贝收藏量和浏览量。

6.2.6 任务训练

1. 为什么要对宝贝进行上下架优化？上下架的时候要注意什么？请将回答内容填入下框中。

| |
| |

2. 结合自己网店经营的商品，制订一份宝贝上下架计划，请将回答内容填入下框中。

| |
| |

6.2.7 课外学习

- 如何提高淘宝类目流量？

任务三 认识影响 SEO 权重的维度

6.3.1 任务情境

SEO 专员李伟原以为只要夏艺女装产品质量好、有价格优势和品牌优势，销量肯定不错。但从实际情况来看，新品做了有一周了，选了一个竞品作为目标，通过补单每天的日销量能达到竞品的量，但是手淘搜索流量还是没有竞品的多。这种情况该怎么解决呢？

6.3.2 任务分析

SEO 专员李伟从认识影响 SEO 权重的维度开始：权重是淘宝对于店铺和宝贝的好感度评分（评分越高越好），换句话说就是淘宝认为卖家的店铺和宝贝的重要程度、卖家的权重越高，淘宝给卖家的排名就越高。除了点击率、转化率、复购率之外，有一些是我们不知道的权重体现方式，如何从多个角度去提升宝贝和店铺权重是首先要了解的，淘宝规则在不断变化，只有紧追淘宝规则的脚步，才能知道哪里的权重增加了，哪里的权重又降低了，时刻把握权重最新消息，让权重彻底地落实到店铺当中。影响店铺 SEO 权重的因素有很多，如违规、相关性、DSR(Detail Seller Rating,卖家服务评级系统)、点击率、转化率、收藏加购等。

6.3.3 知识准备

提升流量，拉升综合搜索，明确搜索原理是关键词扩展＋标签化组合形成的一个排名机制。当宝贝上架后同时展现，点击量高的宝贝，搜索权重的积累就会快一些，当然搜索流量是倾向于受欢迎的宝贝的，所以宝贝的停留时间长短、跳失率、收藏加购、转化率是决定搜索流量多少的因素，如图 6-3-1 所示。

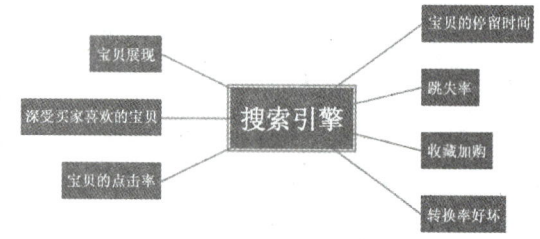

图 6-3-1　SEO 权重的影响因素

- 权重：淘宝综合排名的一个打分机制，或者说一套打分的系统，得分越高，权重越高，宝贝的排名也就越高。得分的高低决定了权重的高低，权重的高低又决定了宝贝排名的高低。

- 决定搜索流量的因素：

（1）点击率：自然搜索的坑位点击。

（2）跳失率：表示顾客通过相应入口进入，只访问了一个页面就离开的访问次数占该入口总访问次数的比例。

（3）转化率：访客中发生购买行为的比率。

- DSR 动态评分：在淘宝网交易成功后，买家对本次交易的卖家进行"宝贝与描述相符""卖家的服务态度""物流服务的质量"3 项评分。

- 动销率：3 个月未成交的不给予排名，单品动销率＝有销量宝贝/所有宝贝。

- 不违规：违规操作主要包括虚假交易、换宝贝、错放类目、重复铺货、SKU 作弊、主图有关键词堆砌、盗图、虚假发货、违背承诺、价格不符等。

6.3.4 任务实施

一、页面停留时长、跳失率对权重的影响

当买家进入链接马上跳出到另一家店铺，基本上是没有权重，甚至还会影响到淘宝对店铺宝贝的价值判断，认为是不被买家喜欢的产品，想要增加买家浏览深度，就要从主图、详情页、营销点来刺激买家，让买家做深度浏览，从而增加权重，若能增加转化那更加是加权项，如图 6-3-2 所示。

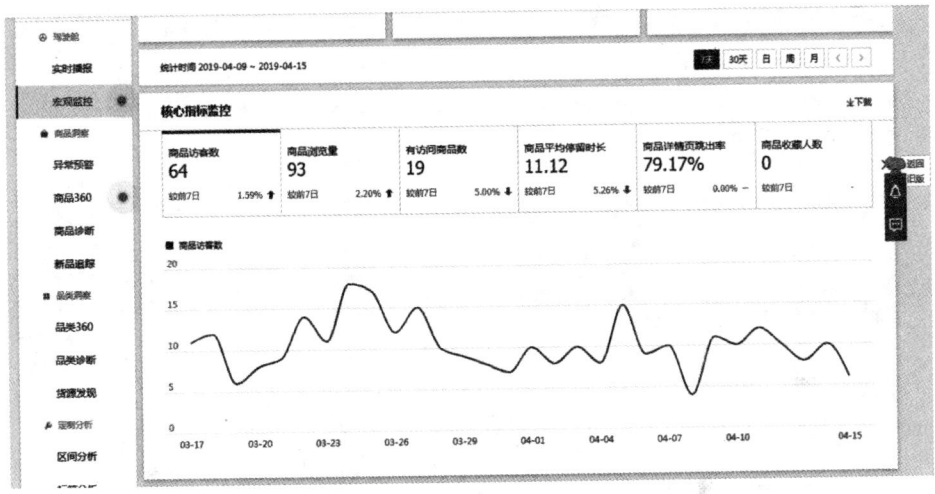

图 6-3-2 核心指标监控

二、DSR 过低对权重的影响

DSR 对于店铺来说是尤为重要的一项,分数的高低决定店铺的权重值,权重的高低还会对搜索流量有一定影响,最直接的体现就是转化率一直提升不起来,另外销量的权重增长远远没有动态评分降低的权重高。所以要重视每一个买家,这是淘宝比较想看到的,如图 6-3-3 所示。

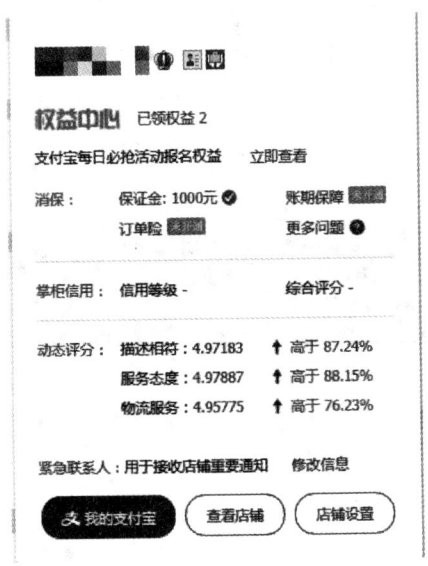

图 6-3-3 DSR 对比同行业平均水平

三、宝贝动销对权重的影响

新品上架 30 天,用店铺有销量的宝贝除以全店宝贝,就是动销率,这个数值越高,产品的动销率越高,权重值也相应地提高,一旦动销率过低,系统判定店铺综合能力过低,也就没什么权重值了,另外长时间没有上新也会拉低店铺的权重,长时间没有销量的宝贝可以下架,或者重新更换标题主图再次上新就可以了,如图 6-3-4 所示。

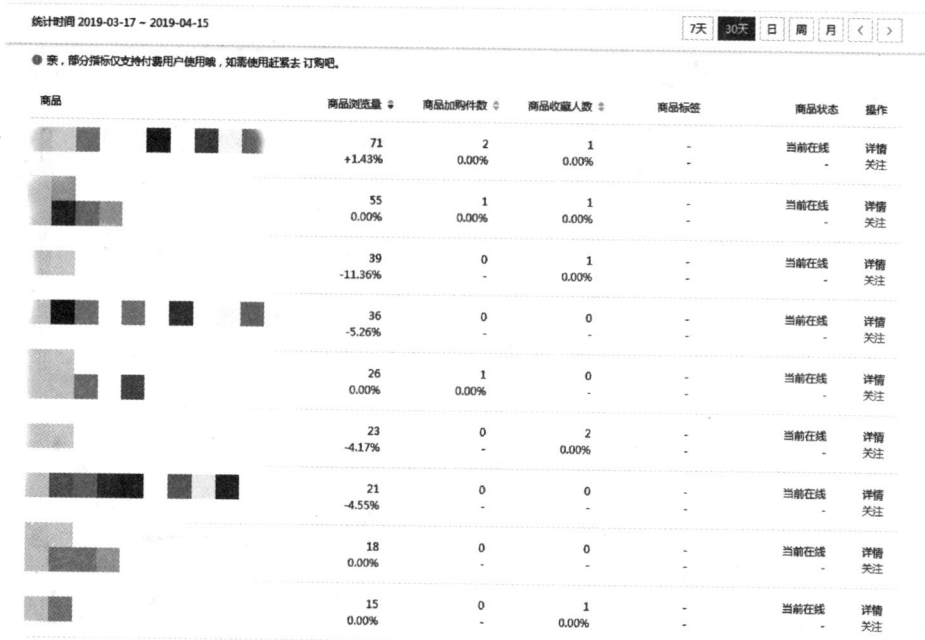

图 6-3-4　店铺上架宝贝销量情况

四、退款对权重的影响

退款率对权重的影响并不大，影响最大的是退款纠纷，退款纠纷率大于 0.1%，或者高于 6 笔，就会影响到服务权重。另外，退款速度越慢，代表服务质量越差，分值也就越低；退款速度越快，说明服务质量越好。当看到买家申请退款时，应积极地和买家沟通，尽快解决问题，最好是当时处理。还可以定期对服务进行体检，如图 6-3-5 所示。

图 6-3-5　服务指标体检

五、店铺违规、降权、扣分对权重的影响

卖家触犯淘宝高压线规则就会被给予违规、降权、扣分的处罚,一年12分,扣分在6分以下可以通过直通车拉回流量,但是一旦扣分在6分以上,如果不是销量高、信誉好的店铺,基本可以考虑换店铺重新再做,而因为违规扣分,分数扣得越多,对信誉的影响就越大,违规宝贝的流量也会随之减少,尤其是售假,无论扣没扣分,店铺基本没有继续做下去的必要了,可以考虑换一个店铺来做,系统不会埋没任何一个有潜力的店铺,同时也不会给任何没有信誉度的店铺机会。处罚期过后扣分清零,并不会有连带歧视。

六、修改宝贝对权重的影响

宝贝上新之后逐步会有访客和转化,产品自身的权重也在逐步增加,不同的时期要做不同的优化调整,成也优化,败也优化,在这个时候一定要注意,没有数据支撑和经验积累的直通车调整,有可能会影响到宝贝的权重,一旦店铺有大量的宝贝被修改,宝贝的权重下降也会降低店铺的权重,如图6-3-6所示。

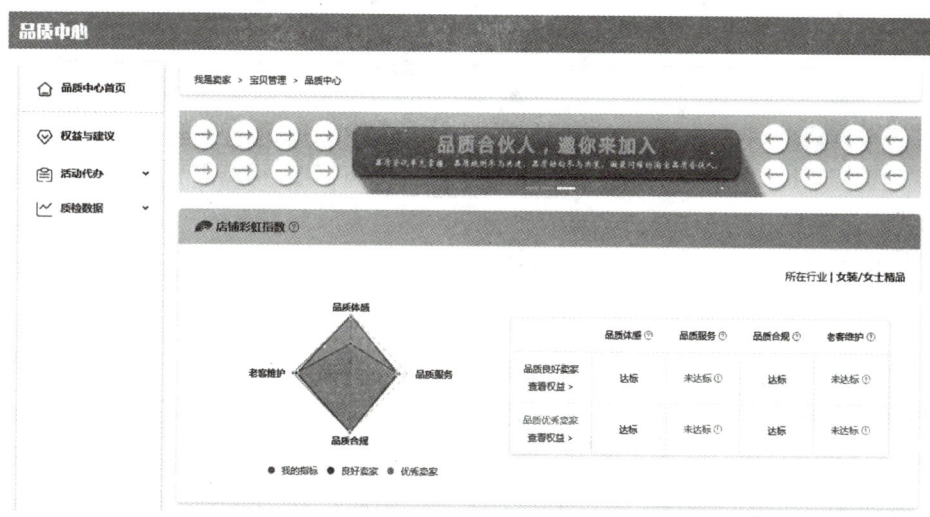

图6-3-6　店铺宝贝品质指数

七、坑产对权重的影响

当平台给店铺宝贝提供展示位置时,宝贝能给淘宝带来多大的利润,淘宝相应地也会给宝贝带来多大的扶持,反之考核数据不达标,基本上往后再想要流量就很艰难了,除非增加推广费,做更进一步的关键词增权。

> **小贴士**
>
> 除了影响权重的因素,也有对店铺的加权项,如七天无理由退换、运险费、花呗信用卡支付、村淘、设置公益宝贝、直播达人和网红等都是非常不错的选择。

6.3.5 任务总结

1. 知识结构图（图 6-3-7）

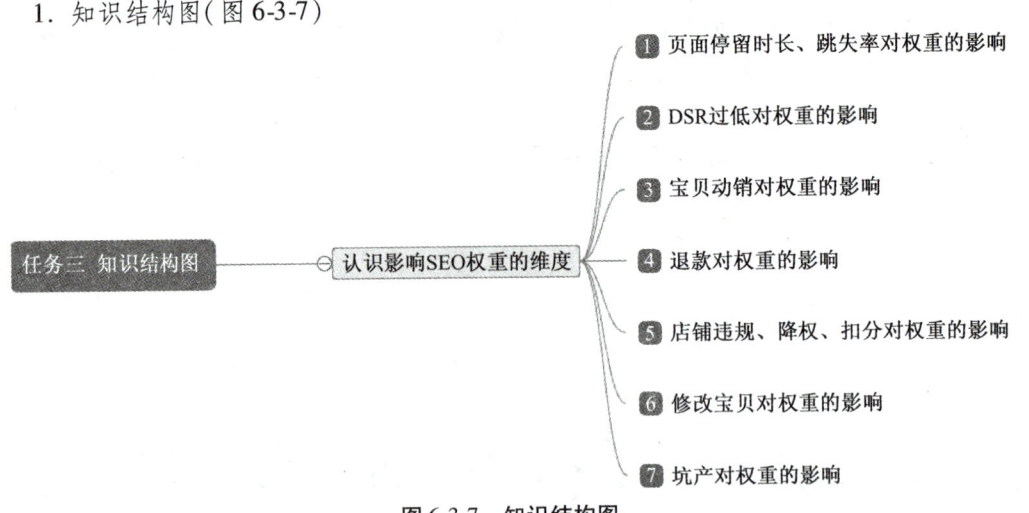

图 6-3-7 知识结构图

2. 拓展知识

店铺六大权重：店铺类型权重、店铺层级权重、DSR 权重、动销率权重、违规处罚权重、服务权重。

单品五大权重：新品权重，销量权重，确认收货权重，UV 价值、客单价和转化率，关键词权重。

淘宝权重由四大类构成：产品、店铺、商业规则、加权期。

6.3.6 任务训练

1. 影响 SEO 权重的因素有哪些？请将回答内容填入下框中。（至少写出 4 个）

2. 根据上题中写出的影响 SEO 权重的因素，分析如何提高权重。请将回答内容填入下框中。

6.3.7 课外学习

· 怎么让宝贝的综合排名靠前(用手机淘宝扫一扫)？

任务四　实现关键词卡位

6.4.1 任务情境

SEO 专员李伟想让夏艺女装店铺有更好的排名,直接进入首页,因此想通过卡位这个运营技巧来打造爆款,如果能卡位成功,可以让店铺排名靠前,在增加流量方面会有很大的帮助。

6.4.2 任务分析

卡位的本质是当产品的综合权重累积到一定的基数,也就是说综合权重排名在 48 名以上,就能进入首页,短期之内其他卖家无法超越我们的产品的综合权重,那么我们就算是卡位成功。关键词卡位,是淘宝卖家打造爆款必会的方法之一,只要淘宝 SEO 存在着,那么关键词卡位就永久有效,如果把这个关键词做到首页,那就意味着每天有源源不断的流量,也即意味着成交。

6.4.3 知识准备

· 卡位：就是产品的权重排名,产品的综合权重越高排名就越靠前,当产品的综合权重累积到一定的基数(综合权重排名在 48 名以上)时,就能进入首页。

(1) 关键词卡位：是淘宝卖家为了打造爆款所使用的运营技巧。

(2) 核心关键词：就是这个词语与产品相关,每天有大量的人搜索。

· 选词助手：是生意参谋平台中的专题工具之一,从 PC 和无线两个终端,分别提供了给店铺引流的店外搜索关键词、反映用户需求的店内搜索关键词、根据所选关键词相关的行业内搜索关键词,同时提供了这些关键词的搜索热度、引导效果等。

6.4.4 任务实施

一、如何选定核心关键词

每件商品都有它的核心关键词,要想用户能搜索到卖家的产品,靠的就是关键词的作用。产品的每个标题,都可以有 1~3 个核心关键词。但选定关键词时,卖家一定要有耐心,不能随便把多个核心词堆砌到一起。

由于淘宝搜索规则里有一条紧密排列一致性优先展现的原则,所以你要学会做超长长尾词,即定向搜索。一般定向搜索所对应宝贝数量不是很多,所以很容易找到。卖家的宝贝通过定向搜索后,才能慢慢积累权重,然后逐步减词,朝着核心关键词靠拢。

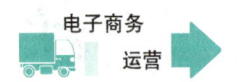

步骤一：选词路径。进入【生意参谋】→【流量纵横】→【选词助手】,选择最近7天的数据,如图6-4-1所示。

图6-4-1　选词路径

步骤二：设置选词的评判指标。词的好坏是要有数据支撑的,这些数据就是评判指标。在淘宝上选词的时候,首先要考虑搜索人气的高低,其次是点击率(尤其是对于新品来讲),然后是商城点击占比(看你自己是C店还是B店),最后是支付转化率和在线商品数,如图6-4-2所示。

图6-4-2　选词评判指标

步骤三：将系统推荐的关键词提取到Excel表格里面。

步骤四：根据店铺的实际情况删除词。如果店铺基础好,重点删除搜索人气太低的词,尽可能地留下搜索人气高的词;如果是新店新品,重点留下点击率高的词;如果想提升转化率,就尽可能地留下转化率高的词。

步骤五：计算每个词的竞争力。

竞争力 = 搜索人气 × 点击率 × 支付转化率/在线商品数 × 1 000

二、如何把搜索结果卡到首页

淘宝搜索首页有 44 个坑位，当卖家的宝贝平均搜索排名小于 45 名时，就可以成功进入搜索首页了。因此，卖家要每天通过量子搜索诊断观察自己的关键词排名的位置，然后去提高宝贝的权重。卖家的商品何时能排到首页，与所卖商品的类目权重竞争有关。权重越高的话，排名会越靠前。权重足够高的话，卡在首页也不是不可能的事情了。

三、如何控制流量转化率

作为卖家，关键词卡位做得很好的话，排名就会靠前。但是如果转化率不行，就算是排名靠前也没有任何意义。例如，卖家每个关键词的流量都不足，那么就会出现转化率100%的情况。如果偶尔出现还比较正常，但连着一周都发生同样的事，自然就会引起淘宝方面的注意了。

> **小贴士**
>
> 为自己的店铺增加流量，除了淘宝 SEO 关键词卡位，推广的方式还有很多，比如在微信中打开淘宝店的迅潮平台，在淘社区中活跃着的淘宝客，在卖家中心须要付费才能开通的直通车，卖家要选择最适合自己的推广方式。

6.4.5 任务总结

1. 知识结构图（图6-4-3）

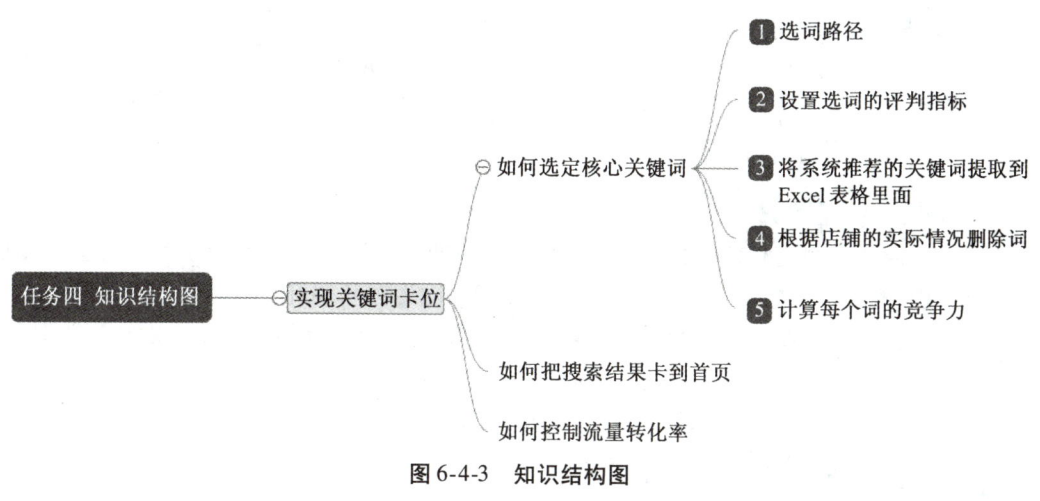

图6-4-3 知识结构图

2. 拓展知识

直通车卡位

直通车卡位，就是通过调整宝贝出价，让宝贝在直通车的排名上下浮动。

直通车卡位包括两个概念：直通车和卡位。

直通车就是淘宝的付费推广。卡位就是产品占据搜索关键词结果下的某个坑位。

直通车是作为淘宝的一套付费推广系统，推广运作的原理就是当买家通过搜索某个关

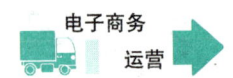

键词来找产品的时候,你通过直通车推广了这个关键词,然后淘宝就把你的产品展现给买家,只要买家点击了你的产品后满意达成购买。直通车的本质依然是自然搜索,所以通过直通车的成交,我们的产品就会在这个直通车成交的关键词下拥有自然搜索权重。

6.4.6 任务训练

淘宝关键词怎么卡位?怎么卡位才有效?请将回答内容填入下框中。

6.4.7 课外学习

- 淘宝直通车卡位的技巧。

任务五 数据化运营 SEO

6.5.1 任务情境

夏艺女装网店在卡位成功以后,想继续提高店铺信誉度,将网上同质商品差异化,那怎样做才能找出属于自己的爆款宝贝,在众多网店当中脱颖而出,让人眼前一亮呢?电商运营部 SEO 专员李伟经过各方数据考量,决定对夏艺女装网店从数据化运营 SEO 入手。

6.5.2 任务分析

很多时候卖家都在犹豫选什么产品,或者担忧推广没效果,拿不到自然流量等。数据运营是指以用户为中心、数据为指标,考核店铺和产品优劣性和提升空间。数据充斥在运营的各个环节,所以成功的运营一定是基于数据的。在运营的各个环节,都需要以数据为基础。当我们养成以数据为导向的习惯之后,做运营就有了依据,不再是凭经验盲目运作,而是有的放矢。在运营中,我们所有的计划和策略都是以数据为结果考核的。

6.5.3 知识准备

六大衡量店铺运营能力的指标:销售能力、供应能力、引流能力、服务能力、承流能力、内容能力。提升店铺运营能力要关注上新率、动销率、滞销率、转化率和跳失率。

- 关注上新率:卖不动的产品及时删除,给商品宝贝换个主图,详情页重新排版,调整一口价等。
- 关注动销率:一般淘宝店铺以 10 个产品计入动销率准则,故建议开始时店铺控制在 11~15 个宝贝即可。

- 关注滞销率：一个月卖不动的产品，可以抽时间刷一刷，或者帮忙弄个搭配套餐等。三四个月卖不掉的产品，建议删除等。
- 关注转化率和跳失率：转化率和跳失率主要体现在访客精准性、标题制作、详情页结构、各类引流推广专业度等。这跟卖家的营销策略有直接关系，建议注意拓宽顾客店铺消费行为路径，通过畅销、新品、促销等活动刺激顾客的购买欲。

6.5.4 任务实施

一、查看店铺数据化运营能力

步骤一：进入千牛卖家工作台，在智慧提能模块（图6-5-1）点击右上角的"更多"，查看六大衡量店铺运营能力的指标，如图6-5-2所示。

图 6-5-1　进入智慧提能界面

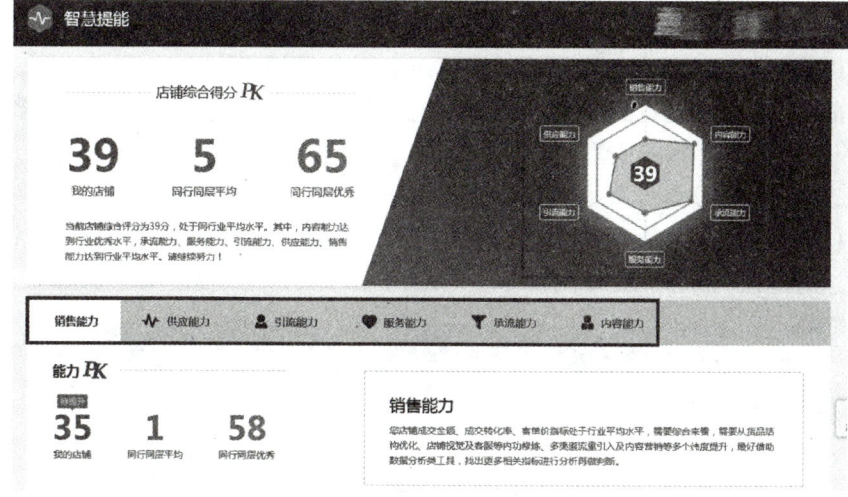

图 6-5-2　六大衡量店铺运营能力的指标

步骤二：分析店铺的几大引流渠道，比较一下，看看欠缺的是哪几个版块。点击"供应能力"会看到一个叫作商品同款率的指标，如图6-5-3所示，如果这里显示的是待提升，说明我们现在的产品同款率过高，权重不高，那就需要优化。

图 6-5-3　供应能力版块指标

二、店铺数据化运营优化

步骤一：基础选品。

大类目选款：上款的数量会比较多，但是不知道哪一个会比较适合自己的店铺。这里建议大家可以用一个新店，先上架一部分宝贝去尝试，建议是 15 款以上。但是使用的图片和详情不能与之后上架到自己店铺的一样（因为后期怕影响到新品标形成）。优化标题后可以通过淘宝下拉框、直通车、生意参谋、选词上架。上架后，经过 2~3 天的周期可看流量的导入和停留时间、收藏，再考虑是否主推。如果数据反馈还不错，可以尝试上架到自己常用的店铺上，进行视觉优化、基础优化和主推。

选款风格：在选款上，风格必须是店铺统一的风格，这样才能更好地抓住老客户、新客户的视觉以及后期的转化，同时更容易获取系统的扶持及推荐。

选款前期：我们主要看的是点击、收藏、加购和停留时间。选款阶段无须过多关注转化率如何，因为影响转化率的因素较多。

步骤二：市场容量分析。

进入【生意参谋】→【品类】→【商品360】，输入卖家店铺所在类目的核心关键词，对出现的数据进行对比，如图 6-5-4 所示。

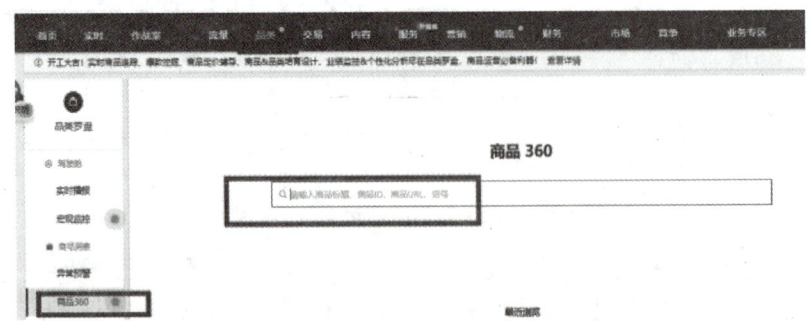

图 6-5-4　对比核心关键词数据

步骤三：适合的推广渠道。

因为推广费方式是决定后期的推广是否真的有效，所以卖家必须通过多个渠道测试后，选择适合店铺的推广费方式后，再着手推广。

步骤四：定位目标人群。

(1) 对于人群特征的分析，可以从【生意参谋】→【流量】→【访客分析】中看到店铺的人群特征分布是哪些，再从特征上去寻找目标人群，确定如何定位，如图6-5-5所示。

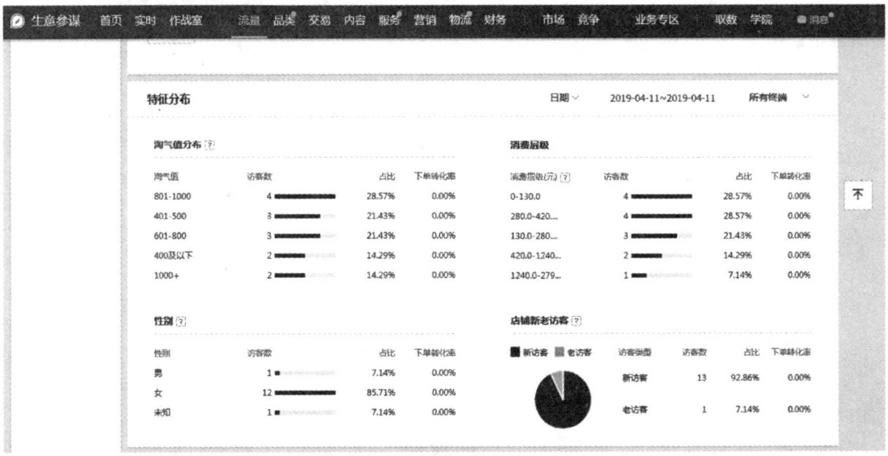

图 6-5-5　目标人群特征分布

(2) 从生意参谋上的访客分析下面也可以看到行为分布，在行为分布上可以看到这一天顾客的行为分布是怎么样的，占比力度如何，如图6-5-6所示。

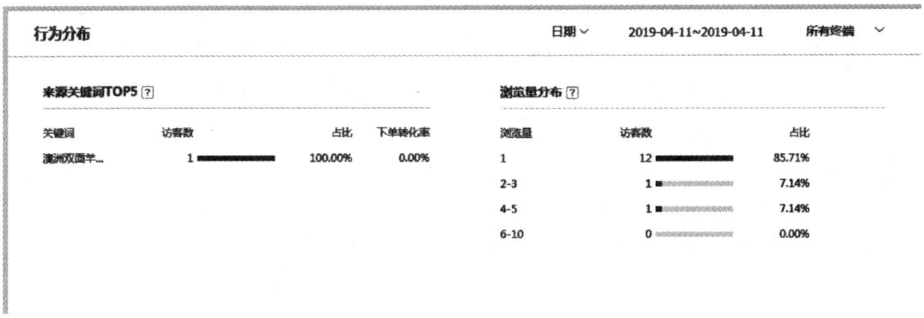

图 6-5-6　目标人群行为分布

步骤五：人群标签和人群圈定。

系统会根据消费者的年龄、性别、职业状况、消费能力、历史购物喜好、买家号淘气值分布这几个特征，给进店人群的买家账号打上一个标签。

人群圈定是和关键词布局离不开的，只有关键词布局好，人群圈定才比较容易。

步骤六：打造店铺爆款宝贝。

在做好了以上的选品准备后，就要着手于店铺宝贝，比如一些详情页、短视频、主图、文案、视觉等。

6.5.5 任务总结

1. 知识结构图(图 6-5-7)

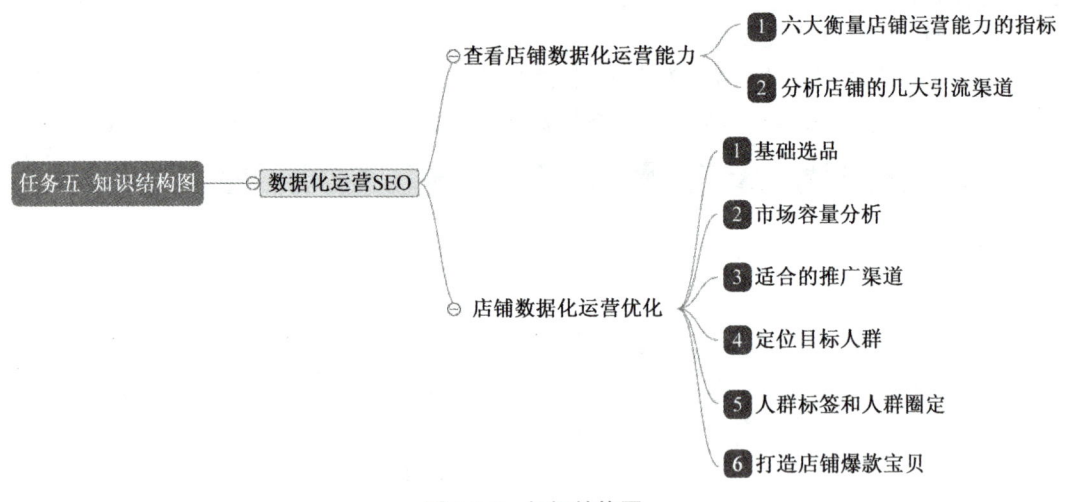

图 6-5-7 知识结构图

2. 拓展知识

新零售

2016 年 10 月,马云提出了"新零售"这个概念,两年内,新零售成为业界被频繁提及的词语,此后京东和腾讯也不约而同地分别提出了"无界零售"和"智慧零售"。但无论是何种说法,各家达成共识的便是线上流量红利殆尽,人、货、场三要素面临重构,线下的价值开始被重新认知,线上线下迎来真正意义上的融合。

所谓新零售,就是要满足用户的极致体验,但满足的过程要让商业效率达到最高。现在的问题在于,由于商业侧没有对客流、获客、消费者环节进行有效的数字化,导致效率低下。所以新零售的关键词就是——数据化。

6.5.6 任务训练

如何实现数据化运营 SEO？请将回答内容填入下框中。

6.5.7 课外学习

- 淘宝运营如何看数据？

项目六 练习题

一、单选题

1. 当某客户提交的关键词设置了精确匹配,当(　　)时,有可能触发推广结果展示。
   A. 搜索词完全包含关键词　　　　　　B. 搜索词与关键词相同
   C. 搜索词为关键词的变体形式　　　　D. 搜索词与关键词意思相关

2. 淘宝商品标题最多包含多少个字?(　　)
   A. 20　　　　B. 29　　　　C. 30　　　　D. 33

3. 修改标题后,多久可以生效?(　　)
   A. 5分钟　　　B. 10分钟　　　C. 15分钟　　　D. 20分钟

4. SEO优化,下列哪项是不对的?(　　)
   A. 优化宝贝上下架时间　　　　　　B. 每天对标题进行调整
   C. 所有宝贝进行橱窗推荐　　　　　D. 定期优化宝贝主图

5. 下列哪种排序会优先展示?(　　)
   A. 时尚大码女装　　　　　　　　　B. 时尚　大码女装
   C. 时尚大码　女装　　　　　　　　D. 时尚　大码　女装

6. 能够较为实际地反映一个网站访问的实际用户数量的是(　　)。
   A. 点击次数　　　　　　　　　　　B. IP地址
   C. 页面浏览量PV　　　　　　　　　D. 独立用户数量UV

7. 淘宝天猫在"出售中的宝贝"里无法操作的是哪项?(　　)
   A. 编辑宝贝　　B. 编辑标题　　C. 编辑库存　　D. 上架宝贝

8. 淘宝天猫设置宝贝搜索排序是在哪个界面?(　　)
   A. 宝贝体检界面　　　　　　　　　B. 出售中的宝贝界面
   C. 店铺装修商品界面　　　　　　　D. 店铺装修营销界面

9. 利用交换链接(　　)。
   A. 可以提高网站在搜索引擎中的排名　　B. 不影响网站在搜索引擎中的排名
   C. 链接过多会被搜索引擎视为作弊　　　D. 降低网站在搜索引擎中的排名

10. 上下架时间多久轮播一次?(　　)
    A. 1天　　　　B. 3天　　　　C. 7天　　　　D. 14天

二、多选题

1. 单品分析中要查看哪些数据?(　　)
   A. 标题　　　B. 上下架时间　　　C. 主图点击率　　　D. 评价和晒图率

2. 哪些界面可以直接点击编辑宝贝?(　　)
   A. 已卖出的宝贝　　　　　　　　　B. 出售中的宝贝
   C. 仓库中的宝贝　　　　　　　　　D. 宝贝分类界面

3. 出售中的宝贝可以进行哪些操作?(　　)
   A. 点击发货　　B. 编辑宝贝　　C. 设置活动　　D. 下架宝贝

4. "体检中心"可以查看以下哪些内容？（　　）
   A. 须处理的警告　　　　　　　　　B. 处理记录
   C. 已退款宝贝　　　　　　　　　　D. 待跟进申诉

5. 下列属于淘宝免费流量的是（　　）。
   A. 类目流量　　B. 淘宝客　　C. 搜索流量　　D. 直通车

6. 标题优化时可以从哪些渠道寻找关键词？（　　）
   A. 淘宝指数　　　　　　　　　　　B. TOP 排行榜
   C. 搜索下拉框　　　　　　　　　　D. 生意参谋

7. 关键词的常见错误有哪些？（　　）
   A. 重复　　　　　　　　　　　　　B. 滥用
   C. 违规　　　　　　　　　　　　　D. 行业热词加入标题

8. 有哪些方式可以寻找类目关键词？（　　）
   A. 淘宝下拉框　　　　　　　　　　B. 生意参谋的行业热词
   C. 店铺内搜索来源　　　　　　　　D. TOP20 万词表

9. 店内免费流量可以通过（　　）来优化。
   A. 标题优化　　　　　　　　　　　B. 关键词卡位
   C. SNS　　　　　　　　　　　　　D. 直通车、钻展

10. 标题元素正常包括哪些？（　　）
    A. 属性词　　B. 促销词　　C. 年份　　D. 夸大词

CRM 专员操作

学习目标

- 能根据店铺客户情况对客户运营平台进行基础性设置
- 能通过客户运营平台清晰地了解店铺各类流量的用户画像
- 能够有效对新老客户展开针对性的客户运营

学习重点

- 用户的分类以及基于 CRM 的精准营销

学习难点

- CRM 营销及效果分析

任务一 网店 CRM 基础设置

7.1.1 任务情境

夏艺女装的淘宝网店已经经营了一段时间,经营收益也不错,更是通过淘宝的渠道积累了不少客户,为对已经积累的客户资源进行有效管理,从而给公司带来更多收益,公司特意设置了 CRM 专员岗位,由从客服部借调过来的朱蕊担任,但是朱蕊之前并未直接接触这部分工作内容,她对网店的客户运营平台的运作犯了愁。

7.1.2 任务分析

淘宝上的流量越来越细分,拉新的成本也是逐年上涨,因此老客户资源成了新的必争之地。老客户成本低,信任度高,可转化率高,因此如何维护老客户资源,发掘最有价值的老客户?是很多电商主越来越关心的问题,本节的重点是对老客户进行分组和 VIP 分级,以及 CRM 平台的基础设置。

7.1.3 知识准备

- 客户运营平台:由原来的"聚星台"全新升级而来,在千人千面的基础上,开放了更强大的访客、加购人群、成交客户和会员的运营等营销能力。

- 客户基础标签：年龄、职业、性别、地理位置、淘气值等，都是我们创建淘宝账号时填写的基本信息。
- 客户行为标签：浏览行为、下单支付行为、收藏行为、回购行为，行为标签产生了之后，基础标签会弱化，行为标签占据了标签主导。
- 淘宝 VIP 和店铺 VIP 的区别：淘宝 VIP 是淘宝平台推出的买家成长体系。店铺 VIP 是由商家推出的买家成长体系。

7.1.4 任务实施

一、客户运营平台概况

步骤一：了解客户运营平台主界面。

（1）登录千牛客户端，点击"客户运营"下的"客户运营平台"即可进入 CRM 管理界面，具体操作如图 7-1-1 所示。

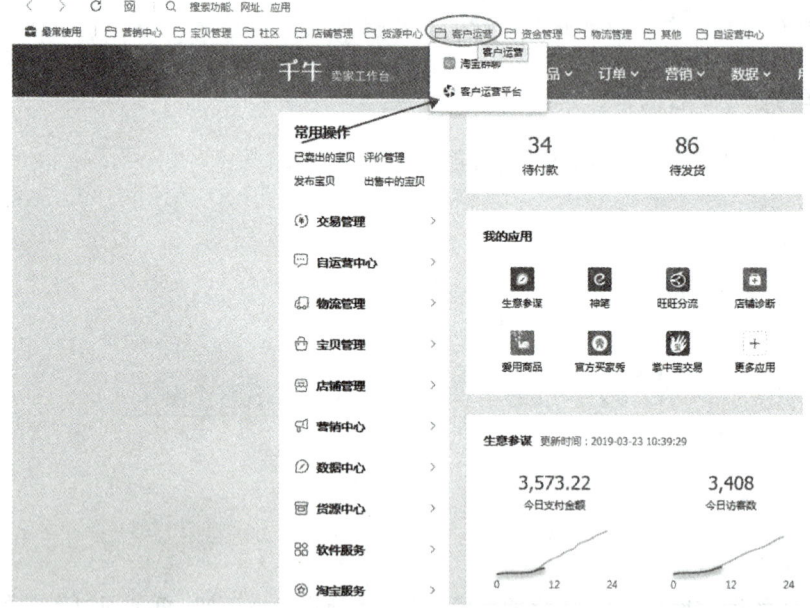

图 7-1-1　客户运营平台进入界面

（2）进入客户运营平台首页，查看平台功能。

客户运营平台主要包括七大功能，分别为客户管理、运营计划、忠诚度管理、工具箱、权益管理、素材管理以及客户运营学院。

其中，客户管理、运营计划、忠诚度管理和权益管理功能各有 2~3 个详细展开项功能，如表 7-1-1 所示。

表 7-1-1　各项功能展开项

客户管理	运营计划	忠诚度管理	权益管理
客户列表	智能店铺	会员数据	平台权益
客户分群	智能营销	忠诚度设置	会员权益
客户分析	场景营销		奖池管理

步骤二：了解客户运营平台的首页常用功能。

（1）在客户运营平台后台，工作台页面主要包括8个面板模块：360客户诊断、智能营销效果、老客数据、会员数据、常用功能、头条、短信概况和运营学院。

（2）在"360客户诊断"中点击"全面诊断"，后台即会根据你店铺的历史运营情况诊断店铺现存问题，并给出建议使用的功能。而点击其中的"兴趣客户转化"则直接跳转至【运营计划】→【智能营销】→【兴趣客户转化】界面，该功能主要针对店铺最近3~10天有加购收藏，但是最近10天没有成交的客户，进行优惠券、短信和定向海报的营销组合投放，提升成交转化率。

（3）"智能营销效果"为【运营计划】→【智能营销】的营销成果的实时数据面板展示。点击"活动列表"即跳转进入"智能营销"详细的展示各类营销计划。

（4）"会员数据"以及"老客数据"则是店铺当前老客户及会员数据的实时显示面板，数据由【客户管理】→【客户分析】以及【忠诚度管理】→【会员数据】提供。

（5）"短信概况"实时显示短信数量的余额。它和"常用功能"皆来自"运营计划"中一些常用的功能。

> **小贴士**
> 在客户运营平台的右上角有旧版平台的跳转入口，如果习惯于旧版平台可以点击"返回旧版"进入旧版平台。

二、客户分组设置

步骤一：选择客户。

在客户平台中点击【客户管理】→【客户列表】选项，可以看到客户信息，CRM系统智能地把客户划分为三个部分：首先是成交客户，可以看到客户的旺旺ID以及成交金额；其次是未成交客户和询单客户，这两部分属于兴趣客户，展示了客户的旺旺ID，具体分类如图7-1-2所示。

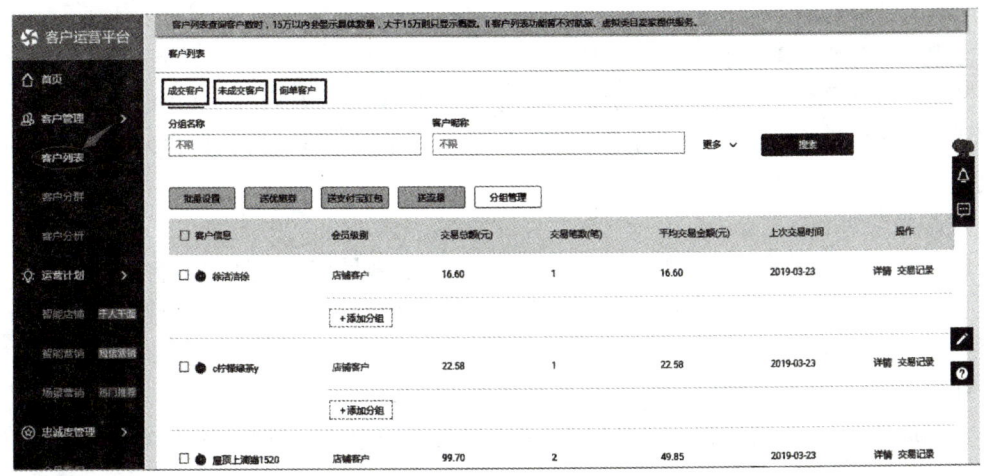

图7-1-2　客户列表界面

步骤二：添加分组。

点击"添加分组"后可以看到下拉菜单里面有很多的组名，可以根据对应的组名进行分组。

步骤三：新建分组。

如果没有你需要的分组，可以点击"分组管理"。如图 7-1-3 所示，点击"新增分组"可以新建分组，注意此处最多可以新建 100 个分组。

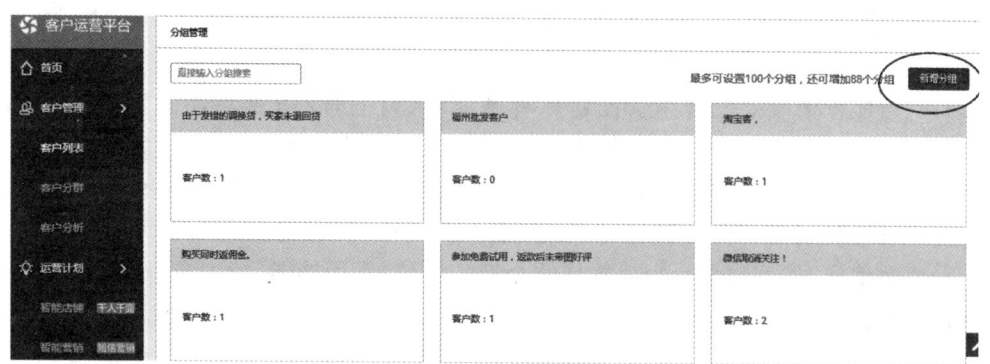

图 7-1-3　新增分组

新增分组有三种打标场景：第一种是"仅创建名称手动打标"，即自定义分组；第二种是"根据交易数据自动打标"，根据不同的条件进行筛选分组，适合筛选出优质高购买力、高购买频次的客户；第三种是"根据商品数据自动打标"，其中选定商品不超过 10 个。

分组的目的是更好地对不同的分组人群在不同的营销场景下进行差异化营销，从而提升营销效果。

三、老客户 VIP 等级设置

步骤一：获得 VIP 会员设置权限。

登录主账号，以主账号身份进入客户运营平台，点击"忠诚度设置"，在忠诚度管理页面对成交客户进行 VIP 设置。点击 VIP 设置一栏的"修改设置"（初次操作显示的是"设置"），进入设置页面。

步骤二：编辑 VIP 会员设置。

VIP 会员名称可自定义。官方版：会员等级分为四个层级 VIP1 ~ VIP4，定制版：自由设置 1 ~ 6 个等级，可以根据交易金额和交易次数两个维度设置对应的折扣，等级越高，折扣力度越大才能设置成功。

设置要点如下：

（1）等级 1 为消费者入会的门槛等级，即买家须要满足该等级规则才能注册入会。

（2）等级层级的划分，可参考交易用户的分布进行合理的规则设计，建议不超过 4 个等级。

步骤三：校验检查设置。

设置成功后，会员规则也会自动生成，可通过会员规则进行校验，检查设置中是否出现错误。

设置后自动生成的店铺会员规则如下：

我已阅读并了解此店铺及本网站的条款条件、隐私政策以及店铺会员的入会协议，并且同意接受其中所有的条款。我同意此店铺向我发送邮件、彩信、旺旺或致电。

入会规则如下：

在本店累计消费金额大于100.0元或者消费次数大于3次，才可以申请成为本店会员，解释权归本店铺所有。

普通会员：(1) 累计在本店铺消费金额达到100.0元；(2) 累计在本店铺消费次数达3次。

高级会员：(1) 累计在本店铺消费金额达到200.0元；(2) 累计在本店铺消费次数达5次。

VIP会员：(1) 累计在本店铺消费金额达到500.0元；(2) 累计在本店铺消费次数达10次。

至尊VIP：(1) 累计在本店铺消费金额达到2 000.0元；(2) 累计在本店铺消费次数达20次。

满足以上会员等级条件中的任意一个条件即可，解释权归本店铺所有。

步骤四：设置商品参与会员打折。

VIP设置成功后，发布产品的时候，系统默认不参与会员打折，要手动修改，如图7-1-4所示。在宝贝上新页面的"售后服务"部分选择"参与会员打折"，则该商品会员就会享受相应的折扣。

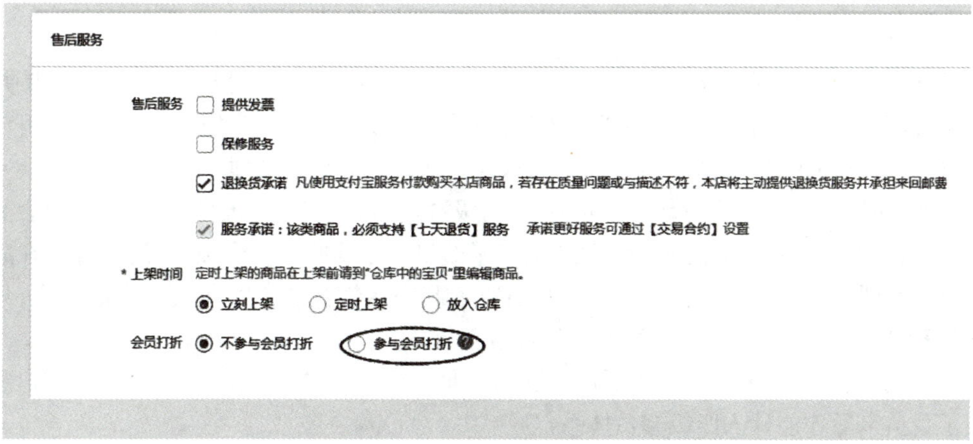

图7-1-4　会员打折设置

小贴士

子账号无权限设置老客户VIP等级，须要先用主账号登录进入客户运营平台，点击【忠诚度管理】→【忠诚度设置】，对成交客户进行VIP设置。

7.1.5 任务总结

1. 知识结构图(图 7-1-5)

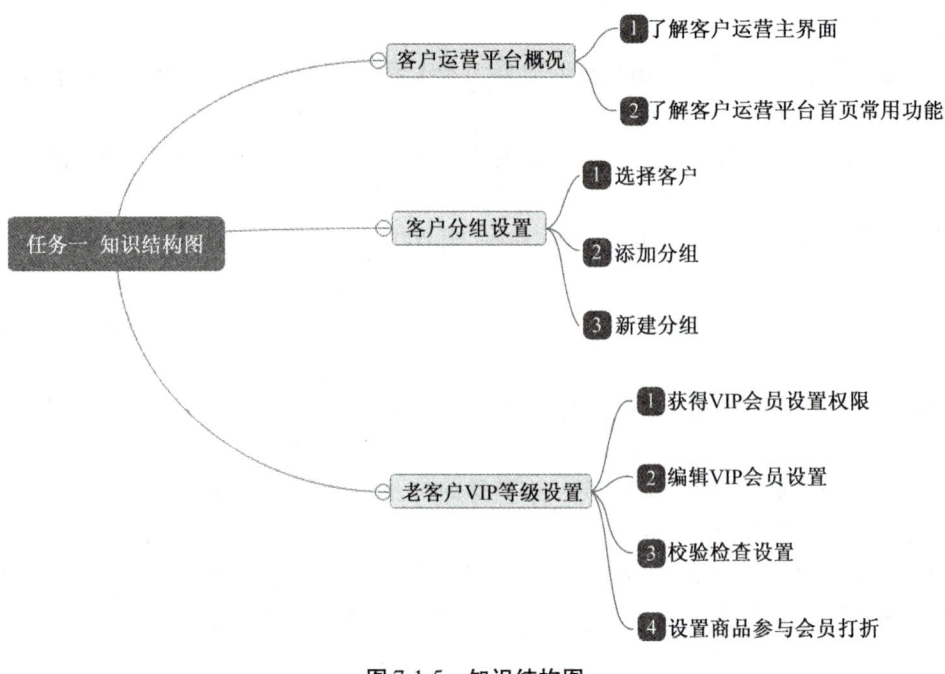

图 7-1-5 知识结构图

2. 拓展知识

2018年淘宝对店铺会员体系–会员定义进行了升级。原"店铺会员"定义：交易并满足商家设定的等级规则(交易金额或次数)即是会员。升级后的"店铺会员"定义：用户主动授权加入会员(主动注册领卡)且满足商家设定的最低等级规则即是会员。

例如，商家 A 设定 4 个等级：普通会员、高级会员、VIP 会员、至尊 VIP，其中普通会员规则为交易金额大于 100 元，高级会员规则为交易金额大于 500 元。升级前，消费者 B 在店铺消费 105 元即默认成为普通会员；升级后，消费者 B 在店铺消费 105 元仅为店铺客户，只有当消费者 B 点击授权加入会员时，才成为普通会员。

所以，店铺会员 VIP 等级设置后所有交易满足条件的客户只是潜在会员，须要客户主动申领了会员卡后才能计入四级会员体系。

7.1.6 任务训练

1. 为自己店铺的客户新增一个职业为医生或老师等事业单位工作的用户分组，并将相关符合的用户分入该分组。将操作流程填入下框中。

2. 为店铺老客户进行 1~4 级 VIP 设置,并导出店铺会员规则。将操作流程填入下框中。

7.1.7 课外学习

- 忠诚度管理 VIP 设置(用手机淘宝扫一扫)。

任务二　开展新用户 CRM 营销

7.2.1 任务情境

夏艺女装网店对一款大衣进行了一次促销活动,活动期间店铺流量剧增,订单量达到了一个高峰期,但是活动过后店铺也迎来了低迷期。朱蕊检查后台数据发现上次活动客户中首次购买的新客户占绝大多数,照理做活动吸引来这么大的新客户量基数,应该有不小的复购量的,但是明显没有。朱蕊疑惑万分地向店长赵明请教问题所在,赵明分析了后台数据认为,每次促销后店铺新用户营销没有承接上,新用户没有得到有效的利用,让朱蕊回去好好琢磨新用户的 CRM 营销设置。

7.2.1 任务分析

作为消费者可以明显地感受到,各大电商平台以各种名目的节日进行各种促销活动,促销已经成为电商的常态,没有一定力度的促销已经是促不动的状态,但是有力度的促销对商家来说,也意味着极高的营销成本和流量成本。如何仅通过一次接触就把握住各类营销活动拉新带来的新客户,促进他们反复购买以此来抵消部分营销成本极其重要。

7.2.3 知识准备

- 新会员礼包:新会员首次注册入会 24 小时内即可享受店铺后台设置的专享礼包,礼包最多包含 3 张优惠券和 1 个礼品,这里的优惠券仅支持店铺优惠券。
- 优惠券种类:只能设置 50 种(3 元、5 元等多种面额),若达到上限 50 种,只有删除原有的几种才可设置新的面额。优惠券最大面值为 100 元。

7.2.4 任务实施

一、设置新会员专享券

步骤一:进入会员权益设置界面。

进入【客户运营中心】→【权益管理】,点击"会员权益"。
步骤二：选择新会员专享券。
选择"新会员专享券",点击进入,如图7-2-1所示。

图 7-2-1　新会员专享券

步骤三：完成新建新会员专享券设置。

点击"新建新会员专享券",可以自定义活动名称,选择活动时间,如图7-2-2所示。选择或点击"新建礼券",优惠券须选择"官方推广渠道"后才会在此展示并选择,并且针对会员入会时间进行投放。

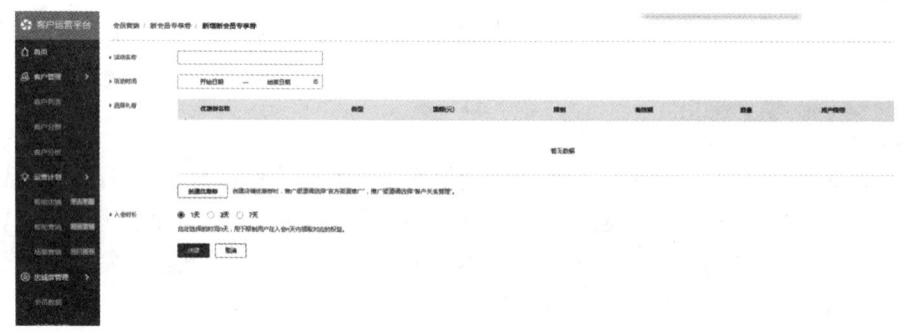

图 7-2-2　新会员专享券设置

二、设置新会员礼包

步骤一：进入新会员礼包设置界面。

点击【会员权益】→【新会员礼包】→【新建礼包】,进入设置页面。

步骤二：完成新建礼包设置。

点击"新建礼包",自定义礼包名称,设置礼包的有效期,选择或点击"新建礼券",同样选择推广渠道为官方渠道推广才会展示优惠券并且选择,设置好后点击"创建",设置完成。

注意：

（1）同一礼包有效期下仅允许一个新会员礼包活动在线。商家可配置分时间段的活动。

（2）优惠券为必选，最多只支持3张优惠券，且每个优惠券限制用户领取1张（无论该优惠券是否有领取限制，礼包内仅支持用户每种优惠券领取1张）。

（3）礼品仅支持天猫商家，为选填项，且礼品须为赠品类目，礼品数不能高于礼品商家库存数。

（4）礼包总数不高于所配置权益内的最低库存数。例如，优惠券每种1 000张，礼品每种100份，则礼包最多100个。礼品库存消耗完毕即意味着礼包发送完毕，活动当即结束或失效。

三、设置移动端会员卡

步骤一： 查看会员忠诚度。

进入【忠诚度管理】→【忠诚度设置】，任务一已经根据购买金额或者购买频次设置VIP，分为四个等级。

步骤二： 进入手机店铺装修界面。

退回千牛卖家主界面，进入【手机店铺】→【淘宝旺铺】页面。

步骤三： 手机端装修。

在淘宝旺铺中点击"装修页面"（已经装修过的店铺点击"店铺首页"就会有下弹按钮"装修页面"）跳转至手机端装修界面。

步骤四： 添加会员卡模块。

在手机端装修界面右侧模块栏中选择"营销互动类"模块点击打开，在其详细模块分类中找到黄色VIP"会员卡模块"，按住鼠标不放移动该模块到右边的展示位置，如图7-2-3所示。

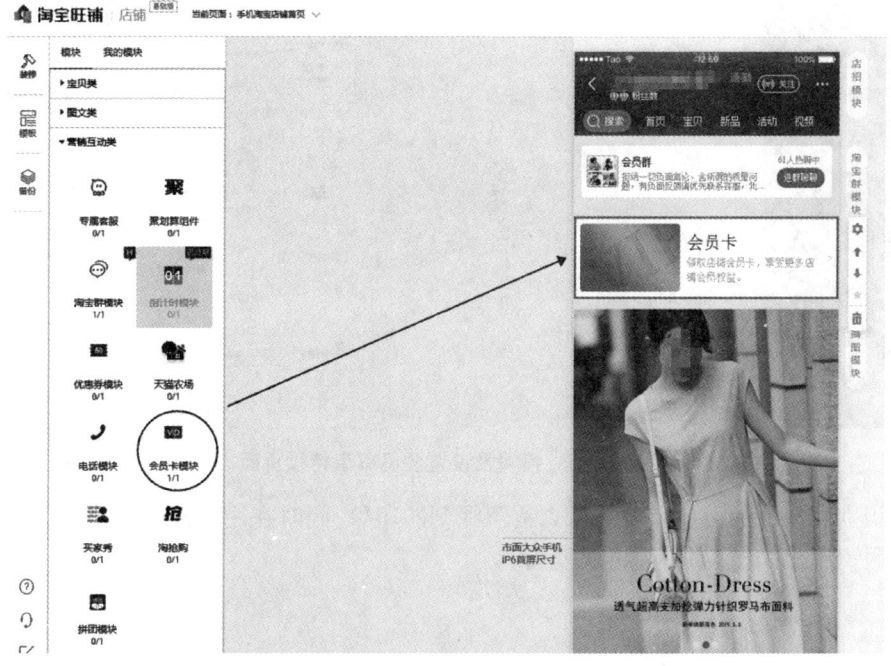

图7-2-3　添加会员卡模块

步骤五： 设定并发布。

点击"预览"，确认无误后点击"发布"按钮，选择合适的发布时间，发布即设定成功。

千牛平台有专门的会员中心，承接无线手机端会员卡领取跳转过来的访客页面。关于"会员中心"的设置具体如下：

（1）进入【客户运营平台】→【忠诚度管理】→【忠诚度设置】，入会成功后在跳转页面选择"跳转会员中心"，如图7-2-4所示。

图 7-2-4　会员中心页面

（2）对会员中心进行装修，如图7-2-4所示，按右侧要求上传logo和背景图完成装修。

（3）进行会员尊享特权设置，为每个等级的会员分别设置权益名称并上传图片设计会员卡卡面，如图7-2-5所示。

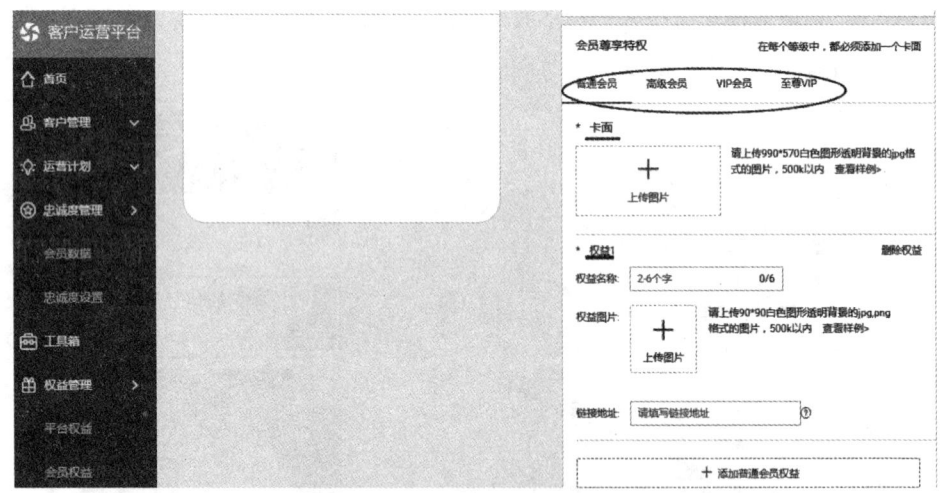

图 7-2-5　编辑及设置会员尊享特权页面

有识别有特征的会员卡将会给人留下深刻的印象，同时在用户淘宝的"红包卡券"中也能被一眼识别出来，容易引起再次购买。

7.2.5 任务总结

1. 知识结构图（图 7-2-6）

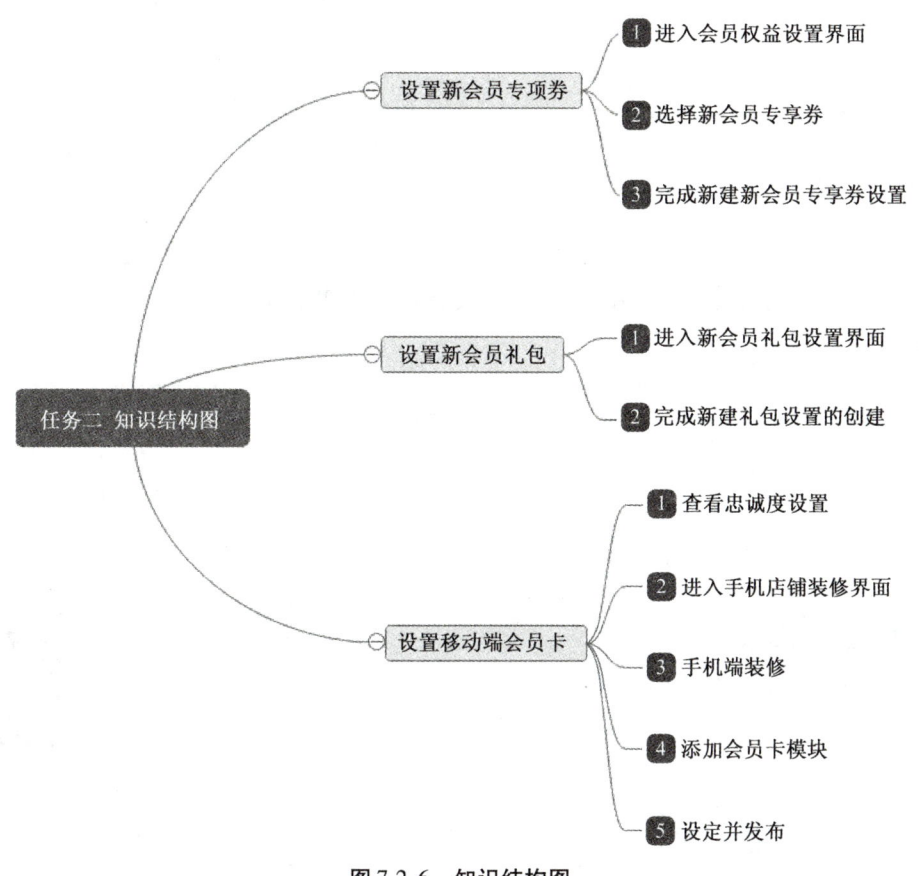

图 7-2-6 知识结构图

2. 拓展知识

"无权益，不会员"

（1）官方权益设置。

进入【客户运营平台】→【权益管理】→【会员权益】。客户运营平台提供基础的权益工具，包含：新会员专享券、新会员专享礼、会员专享券、会员专享礼、积分兑券、积分兑礼（包含积分+钱兑换/购买）、积分兑红包、积分兑流量。目前，礼品类权益仅支持天猫店铺，其余权益支持全部商家；积分类权益须设置积分规则后方可启用。

官方权益设置的几个优势：

① 权益设置可选择自动透出在会员中心页面。

② 权益中天猫商家可使用礼品权益，支持直接走官方的下单流程。

③ 权益中积分兑礼支持灵活的积分+钱购买。

（2）价格类权益设置。

可通过单品宝、店铺宝选择定向会员人群，设置相应的活动。

7.2.6 任务训练

1. 在客户运营平台上为自己的网店设置新会员 5 元无门槛专享券、专享礼。将操作流程填入下框中。

2. 为自己的网店装修会员中心，设计并设置移动端四个等级的会员卡。将操作流程填入下框中。

7.2.7 课外学习

- 店铺新会员体系（用手机淘宝扫一扫）。

任务三　基于 CRM 原理的老客户运维

7.3.1 任务情境

夏艺女装网店在朱蕊针对首次购买的客户发放优惠券、新人礼，提醒客户领取店铺 VIP 会员卡后，店铺的会员数量激增。后台的复购数据无论从数量还是客单价上来看都有大大改善，于是朱蕊琢磨着对这些已成规模的有过 2 次及以上购买记录的老客户及会员进行分层管理，以便提供更好的服务，更有效地抓住这些老客户。

7.3.1 任务分析

自接入互联网的总人数超过 8 亿后，新客户转化越来越难，客户池增长速度远比不上网店的开设速度，客户源越来越紧张，成本也大幅上升，这给我们网店的日常运营带来了很大的考验，让我们不能只把目光放在各种拉新上，更重要的是把老客户维护好，老客户能从多个角度有效降低店铺运营成本：

- 成本考虑：获取一个新顾客的成本是留住一个老顾客的 4~6 倍，一个老顾客贡献的利润是新顾客的 16 倍。

- 二八原则：80%的销售由20%占比的顾客完成，而一般客单价高的都是老顾客。
- 口碑效应：信任机制，老带新。

因此，做好对现有老客户的管理不仅事半功倍，更是互联网流量红利逐年消减的重要应对之策。

7.3.3 知识准备

- 客户分级制度——客户等级 P-G-S-B。

条件：已经积累客户总数超过15万。

客户等级：P-G-S-B（Platinum-Gold-Silver-Bronze，铂金级－黄金级－白银级－青铜级）。

非订购客户：访问后从未成功下单过商品的客户。

无销售客户：加购后没有产生订单的客户。

无订购客户：较长一段时间内未发生购买的老客户。

恶意客户：不建议产生交易的客户。

在未评价期间，新客户将暂时记录为老客户，至评价时获得其真实等级，所有客户分类如图7-3-1所示。

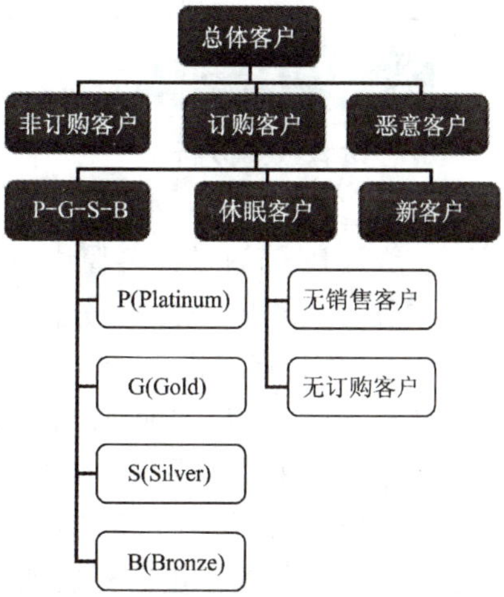

图 7-3-1 网店所有客户分类图

- 客户分类方法——RFM 分析法。

RFM 的含义：

R（Recency，最近一次消费）：客户最近一次交易时间的间隔。R 越大，表示客户交易发生的日期越久，反之则表示客户交易发生的日期越近。

F（Frequency，消费频率）：客户在最近一段时间内交易的次数。F 越大，表示客户交易越频繁，反之则表示客户交易不够活跃。

M（Monetary，消费金额）：客户在最近一段时间内交易的金额。M 越大，表示客户价值越高，反之则表示客户价值越低。

RFM 分析就是根据客户活跃程度和交易金额的贡献，进行客户价值细分的一种方法。

RFM 分析法的操作如下：

顾客等级的评价期为1年，评分标准见表7-3-1。（注意：各个网店标准不通用）

表 7-3-1 某网店 RFM 分值查询表

分数	R	F	M
5	R≤1 个月	6 次≤F	2 000 元≤M
4	1 个月＜R≤3 个月	4 次≤F≤5 次	1 000 元≤M≤1 999 元
3	3 个月＜R≤4 个月	F = 3 次	500 元≤M≤999 元
2	4 个月＜R≤7 个月	F = 2 次	300 元≤M≤499 元
1	7 个月＜R≤1 年	F = 1 次	M≤299 元

查找并计算每个顾客最后的 RFM 分值 = 1R + 3F + 4M。根据顾客最后的 RFM 得分,把顾客分为 4 个级别,见表 7-3-2。

表 7-3-2 PGSB-RFM 对照表

RFM 值	顾客级别	RFM 值	顾客级别
40～36	P（Platinum）	25～17	S（Silver）
35～26	G（Gold）	16～1	B（Bronze）

7.3.4 任务实施

一、访客数据分析

进入【客户管理】→【客户分析】,可以看到客户运营指数、人群指标分解以及访客人群洞察三大模块,下面将对各模块展开操作。

步骤一：客户运营指数分析。

点击"客户运营指数"可以看出店铺内的运营指数得分以及运营指数的排名。从运营指数来分析,如图 7-3-2 所示,本店的各项指标均略超过同行同层的平均指标,店铺的运营能力属于一般平均水平。右侧的运营指数排名有 3 个排名顺序,可分别点击右上角的按钮显示,具体包括行业 TOP20 店铺排名、店铺排名、TOP20 店铺历史排名变化。通过观察这些数据可以快速找到行业标杆店铺,去这些运营得相对较好的店铺内学习、借鉴一下,取长补短。

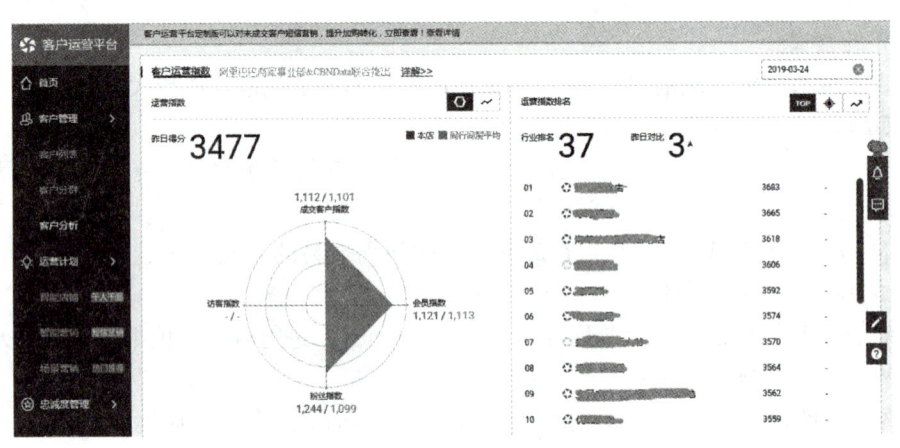

图 7-3-2 客户运营指数界面

步骤二：人群指标分解。

从"人群指标分解"的人群画像可以看出访客、粉丝、会员、成交客户,以及他们在店铺内的表现数据。

（1）点击"人群指标分解"右上角的时间选择统计时段。

（2）分别点击"访客""粉丝""成交客户"查看其相关指标参数。

（3）点击详细的指标数据,如跳失率等,将会跳出整个时段的跳失率的变化趋势图,方便更进一步地进行数据和趋势分析。

从店铺的数据来看,访客的跳失率接近 60%,偏高,直接导致支付的转化率偏低。在粉丝方面,粉丝总量相对来说还是可以的,但是粉丝的活跃数和成交人数实在太低,店铺的粉丝运营是基本没有做的状态。本店铺的人群指标数据还有很大的进步空间。

步骤三:成交人群洞察。

人群洞察是指针对整个店铺的所有访客、粉丝、成交客户的三种类别的流量分别进行画像分析,包括性别、年龄、地理位置、访客的行为(访客在店铺的加购、收藏、支付行为)、聚划算的人群(访客在店铺的加购、收藏、支付行为)、折扣敏感度(用户折扣订单和营销活动的参与情况)、一级类目浏览偏好(通过分析用户折扣订单和营销活动的参与情况)、粉丝支付转化率对比、粉丝微淘互动行为、粉丝中店铺会员占比、新老客对比、粉丝店铺流量分布等指标分析,鉴于篇幅原因仅对成交客户人群洞察进行展开操作分析。

(1)点击【客户分析】→【人群指标分解】→【成交客户】,可以得到店铺后台分析的成交客户的画像,如图7-3-3至图7-3-7所示。

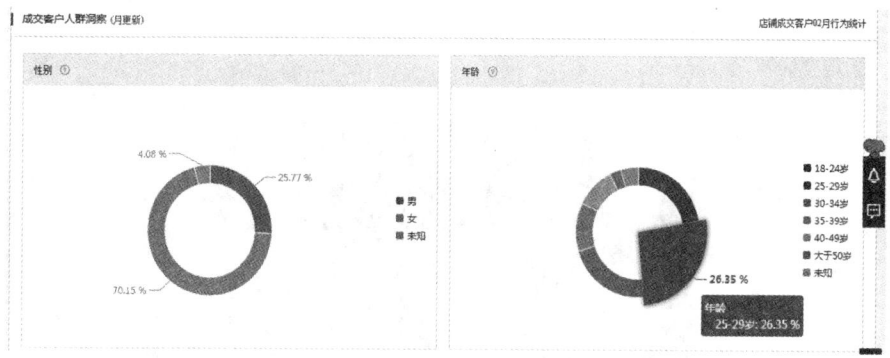

图 7-3-3　性别及年龄分析

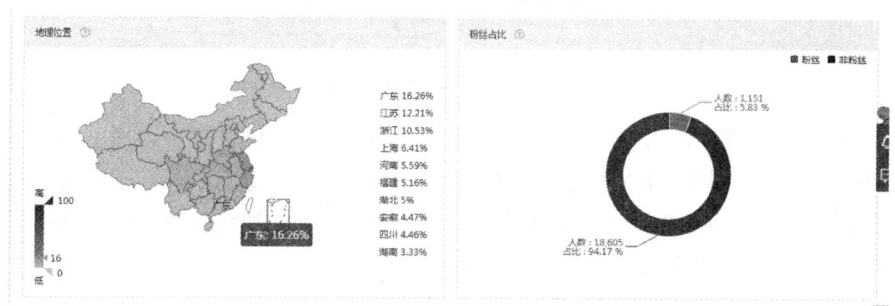

图 7-3-4　地理位置及粉丝占比分析

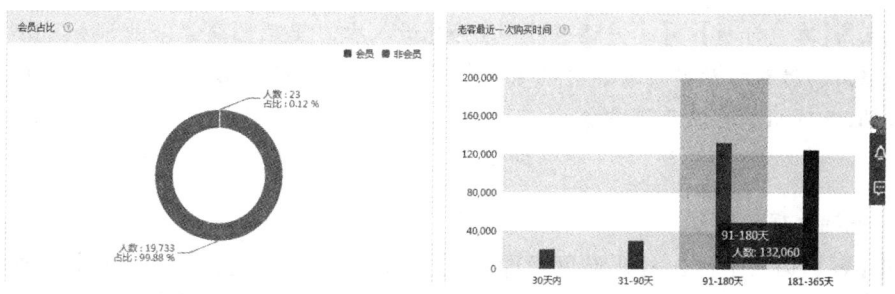

图 7-3-5　会员占比及老客最近购买数据分析

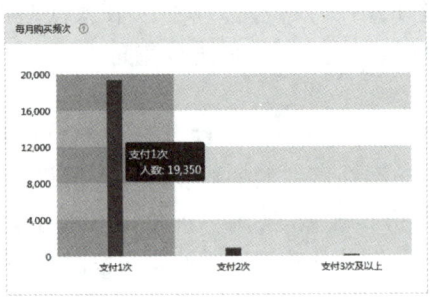
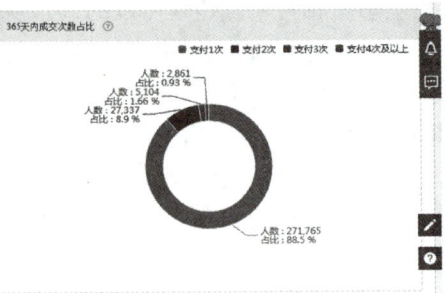

图 7-3-6　购买频次及年成交占比分析

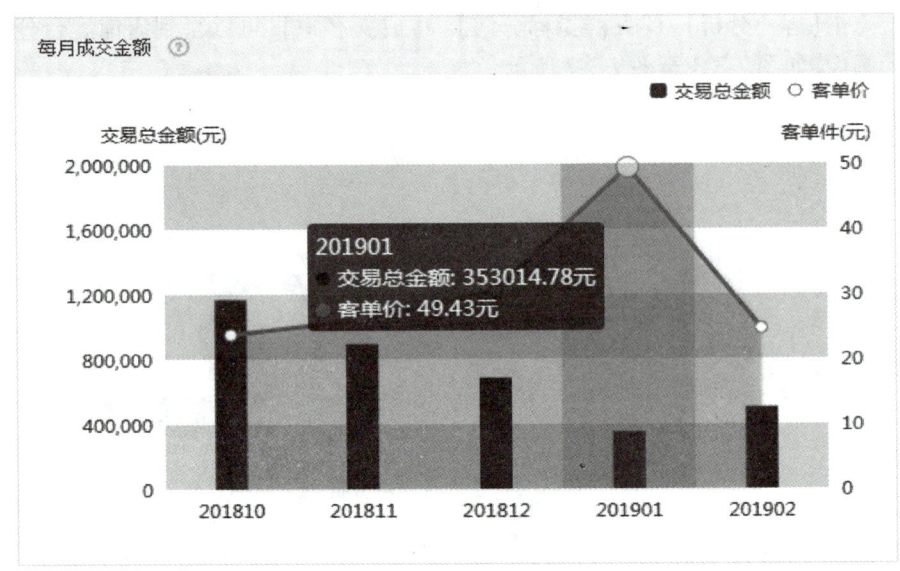

图 7-3-7　月成交金额分析

（2）对数据进行简单的分析。从后台数据中可以看出成交人群中女性占绝大多数，人群相对都比较年轻，集中在 18～49 岁，且多来自江浙沪及广州地区，主要还是以首次购买的非粉丝、非会员客户为主，老客户的购买周期偏长，购买频次较低，最近 30 天的购买行为较少，周期维持在 90 天。3 个月客单价有较大幅度的下滑。

> **小贴士**
> 　　点击【客户分析】→【客户运营指数】将会进入由阿里巴巴商家事业部和 CBNData 联合推出的针对该店铺运营能力的专业解读页面，帮助淘宝店主了解自己的店铺运营情况，并提出推荐的改进方案。

二、会员数据分析

点击【客户运营平台】→【忠诚度管理】→【会员数据】，进入会员数据分析界面，可以明显看到该界面分为 3 个模块：会员贡献、会员规模和会员活跃度，分别展现后台对这些指标的运算结果。同时右上角有一个"导出近 30 天会员数据"功能，方便 CRM 专员对会员数据进行更深层次的数据挖掘和处理。

导出的数据为 Excel 表格,可以直接将其导入 SPSS、AMOS 等数据处理软件进行运算和处理。

步骤一:会员贡献。

(1)点击【客户运营平台】→【忠诚度管理】→【会员数据】→【会员贡献】,在右上角选择统计周期,根据需要选择昨天、7 天和 30 天,如图 7-3-8 和图 7-3-9 所示,可以看到会员贡献的核心指标中昨日的会员成交人数和会员成交占比都非常小,说明会员的复购能力没有得到有效挖掘,会员运营还有很大的发挥空间。

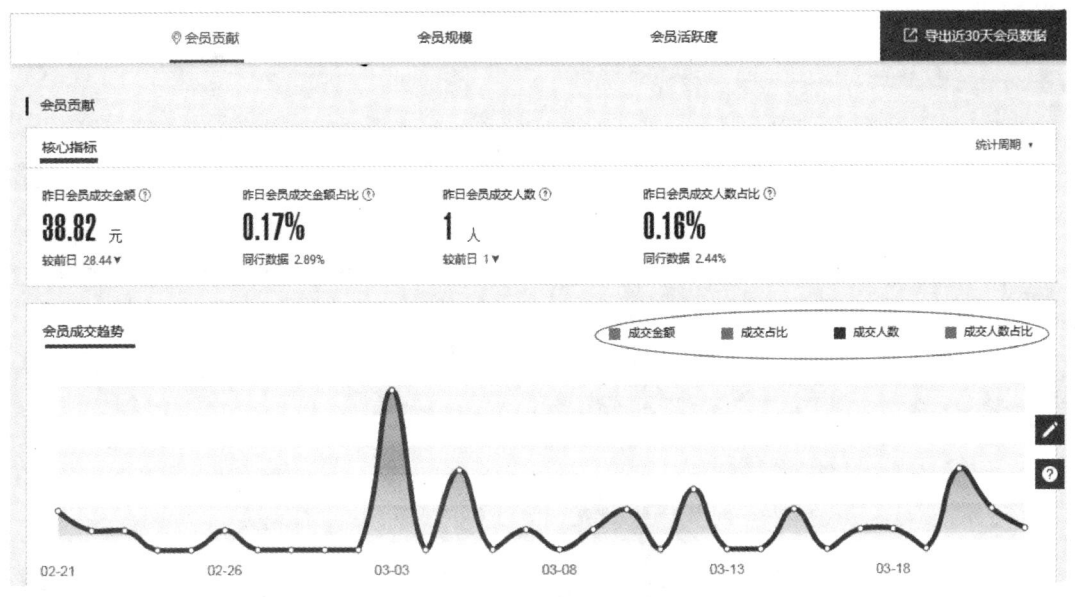

图 7-3-8　会员贡献数据

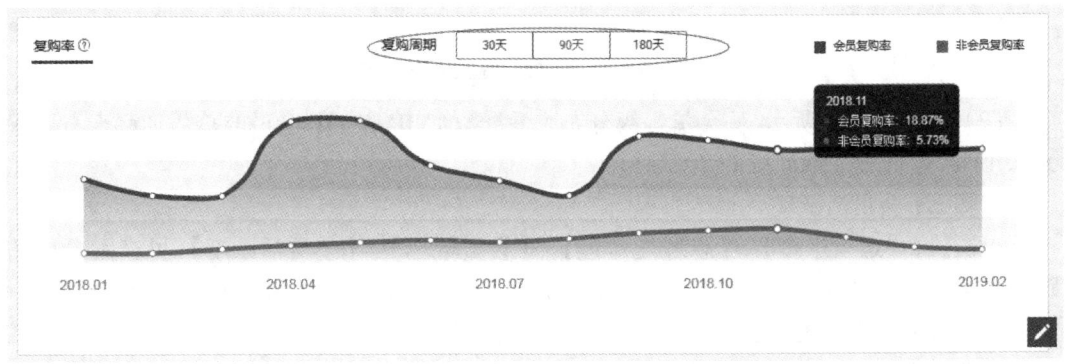

图 7-3-9　会员复购率数据

(2)点击会员成交趋势右上角的四个颜色图块选择不同的数据成像图,便于更加直观地查看会员成交情况的变化。无论从哪个趋势来看,本店的会员成交数据都非常低,会员运营并没有改善。

步骤二:会员规模。

(1)点击【客户运营平台】→【忠诚度管理】→【会员数据】→【会员规模】,查看如

图 7-3-10 和图 7-3-11 所示的数据，无论是会员规模的核心指标还是入会趋势，本店的会员转化比例都非常低，并未对客户进行明显的入会引导，几乎没有进行会员运营。

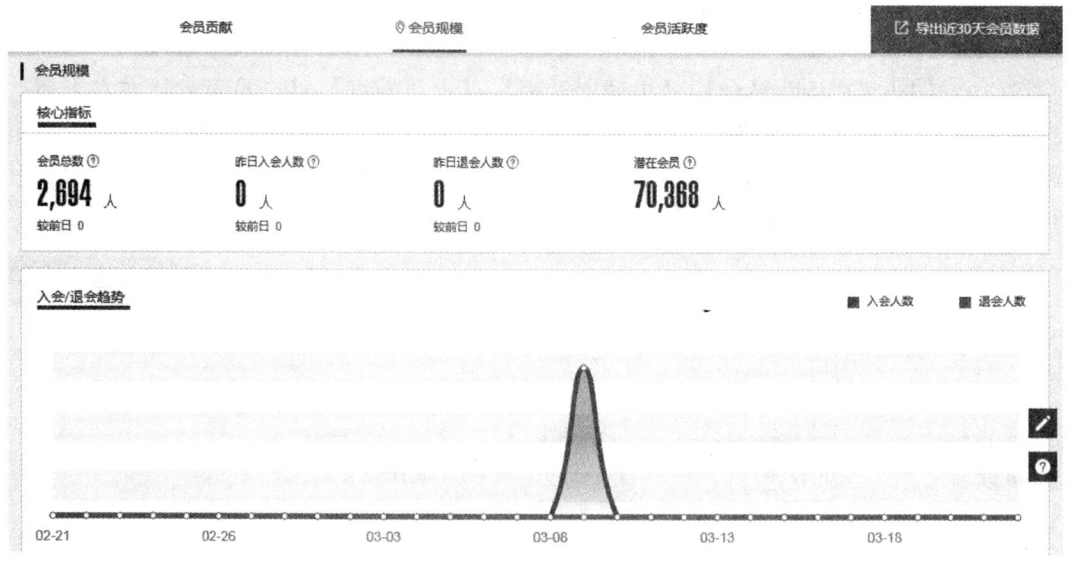

图 7-3-10　会员规模数据

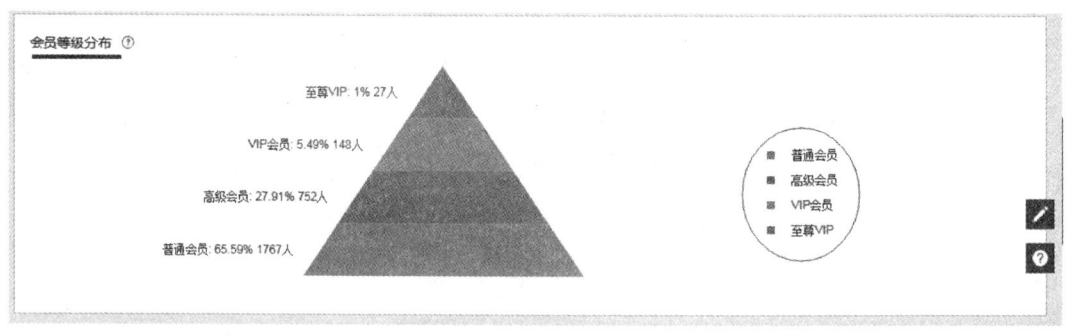

图 7-3-11　会员等级分布

（2）如图 7-3-11 所示，从会员等级分布来看，至尊 VIP 和 VIP 会员的总数加起来占比仅为 6.49%，远低于二八原则的 20%。

步骤三：会员活跃度。

点击【客户运营平台】→【忠诚度管理】→【会员数据】→【会员活跃度】，可查看会员活跃度。会员活跃度是指统计周期内，有本店加购商品、收藏商品、购买、领取会员权益任一行为的会员人数。没有配置会员权益以及没有做会员触达的商家，会员活跃度普遍偏低。各行业一般看 30 天会员活跃度，即月活跃度 = 近 30 天活跃会员数/累计会员数。

在客户运营平台会员活跃度中一般选择统计周期 30 天进行查询。从如图 7-3-12 所示的数据来看，本店的会员活跃度明显低于行业水平，必须要做好会员权益配置。

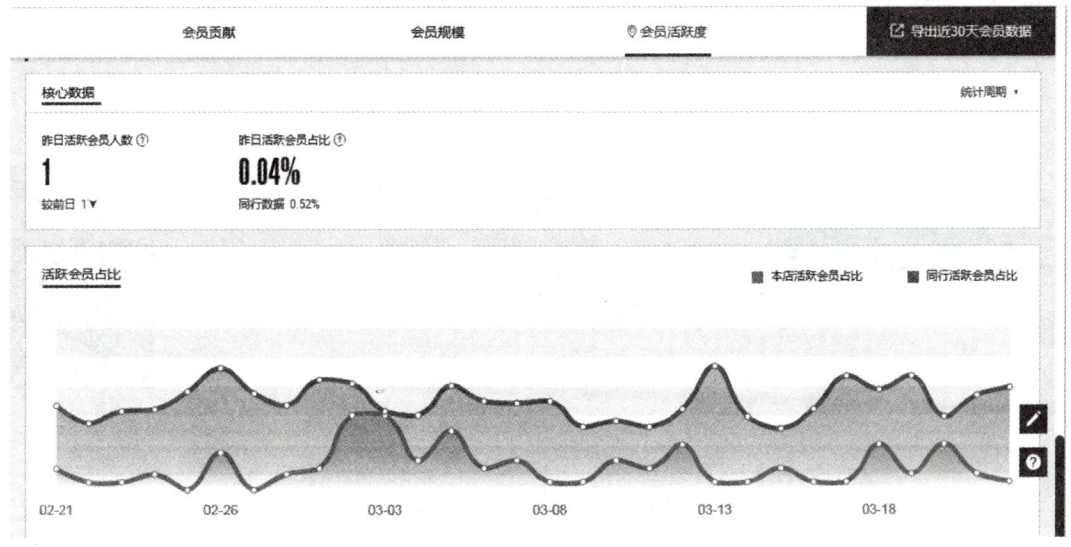

图 7-3-12　会员活跃度数据

7.3.5　任务总结

1. 知识结构图(图 7-3-13)

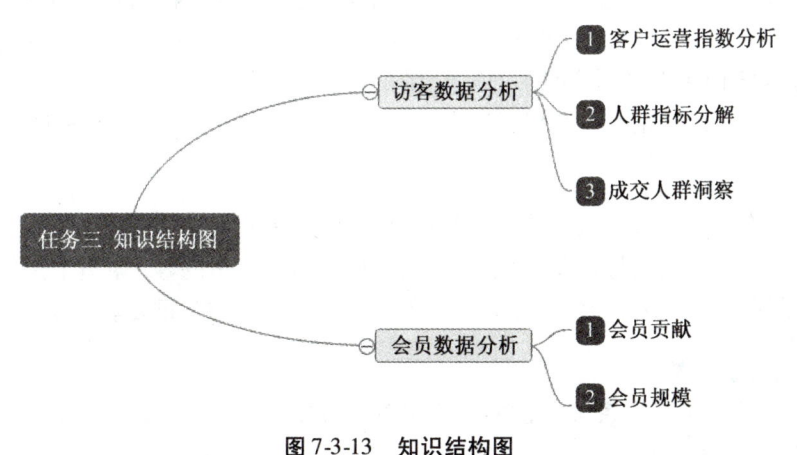

图 7-3-13　知识结构图

2. 拓展知识

淘宝的后台对于客户的分级制度有平台自己的算法,但是多数情况下平台自己的算法并不具有可视性,也并不一定满足卖家店铺管理的需要。实际操作过程中我们可以利用 RFM 模型以及 P-G-S-B 等级分类自主对淘宝会员数据进行分析。

7.3.6　任务训练

运用后台会员数据,结合所学内容,将自己网店的会员运用 RFM 分析法,按照 P-G-S-B 类别进行分类,并将操作流程填入下框中。

7.3.7 课外学习

- 利用 RFM 模型对淘宝会员进行数据分析。

任务四 | 智能营销 CRM 运维及效果

7.4.1 任务情境

全网的"双 11"大促马上要来了,夏艺女装网店也想借势上新,搞个"双 11"大促,但是朱蕊又怕"双 11"活动太多,很多有过购买行为的老客户或者有过收藏行为的潜在客户,被全网的活动迷花了眼,根本没关注到他们店铺的活动,想针对性地发信息通知一波,该怎么操作?可以的话她还想把 618 大促活动那些加购了最后未成交的客户也一并通知了。

7.4.2 任务分析

淘宝后台有强大的数据收集能力,所有的访问流量都有记录,店铺如何利用好历史访问信息,区分客户价值,定向推送差异化优惠券,做好最后一公里的客户转化,最终赢得完美响应率,这对任何一个想要持续稳定经营并扩展销售的网店都非常重要。

7.4.3 知识准备

- **上新老客人群**:是系统提供的一个算法人群,客户运营平台利用阿里的大数据能力,根据最近 7 天第一次上架的商品,圈选出那些对新品感兴趣最有可能购买新品的人群。商家可以针对这部分人群进行新品营销。
- **兴趣人群转化**:针对店铺近 3~10 天有加购或收藏行为但没有购买的客户进行转化。
- **智能复购提醒**:商家设置活动并提供一定的权益后,消费者会在某商品达到复购期时自动收到一条手淘消息盒子的复购提醒通知,精准地触达复购人群,提升店铺客户的复购率。
- **优惠券关怀**:可圈定指定人群,进行优惠券关怀发送。

7.4.4 任务实施

一、智能营销

进入【客户运营平台】→【运营计划】→【智能营销】,有 6 项智能营销途径,分别是上新老客户提醒、短信营销、兴趣客户转化、智能复购提醒、优惠券关怀以及购物车营销。

步骤一：上新老客户提醒。

（1）进入【客户运营平台】→【运营计划】→【智能营销】，点击"上新老客户提醒"进入如图7-4-1所示的界面。

（2）按照页面上的步骤顺序开始设置，第一步选择营销人群，系统会圈定受众人群，也可以勾选"投放部分人群"，拖放自定义圈定投放人数。

图 7-4-1　上新老客户提醒界面

（3）选择权益，添加优惠券。若无优惠券，可点击"新建优惠券"。推广渠道选择"官方渠道推广"，设定推广范围为"客户关系管理"，刷新后即可显示优惠券并且选择对应的优惠券，如图7-4-2所示。

图 7-4-2　选择客户关系管理

小贴士

优惠券一旦生成，无法删除，数量只能增加不能减少，因此设置前及过程中须要仔细检查，避免造成不必要的经济损失。

（4）选择转化渠道。在优惠券选择好后,可以选择两种方式推广:一种是短信推送(须充值短信),并添加短信模板,设置发送时间;另一种是新建海报,与短信推送操作一样,添加海报模板,设置发送时间。短信会将营销信息发送至客户的手机,但短信只支持对人群中的成交客户发放。定向海报是在店铺首页放置一个装修模块,此模块可以对选定人群做个性化展示。

（5）推广方式选择好后,编辑添加策略的名称,然后点击"创建运营计划",即可在设置的有效时间内将上新内容推送给客户。

（6）进入【客户运营平台】→【运营计划】→【智能营销】,在运营计划列表里,点击"上新老客提醒",可以看到之前设置的上新计划、已结束的计划,在右边可以点击数据,看到上新老客户提醒的实施效果,如图7-4-3所示。

图7-4-3　设置成功的上新计划列表页面

步骤二:短信营销。

短信营销在实际操作过程中多用于大促及平台营销活动的老客户的召回活动。

（1）在智能营销页面,选择"短信营销",进入短信营销运营计划设定界面。

（2）明确营销目的后填写计划名称,选择想要营销的目标人群,点击"添加人群"按钮,可以选择一个系统默认的推荐人群。

（3）也可以自己重新创建一个人群,对人群筛选后,可以进行有针对性的短信营销。点击"新建人群"作为营销活动的找回,选择"店铺有加购",确定自然日。人群添加好以后,会在编辑页面看到人群的人数,人群中的所有人都可以进行优惠券和定向海报营销,有历史成交资料的用户可以进行短信营销。

（4）设置好后,选择通知的渠道方式:短信或者定向海报。这里的设置与"上新老客户提醒"一致,就不重复叙述了。建议可以将两种渠道都选中,增加信息传递的效率,增强转化。

（5）下面可以选择设置"定向优惠券"。注意此处的优惠券为发放式优惠券,原本是直接发送到买家的卡券包里,从2018年1月30日起,消费者要通过短信或定向海报领取。多数情况下都会设置定向优惠券,给予客户权益以有效促进客户的转化。这里优惠券的设置也与"上新老客户提醒"的设置基本相同。

(6)设置并检查完成后点击"创建运营计划"即完成短信营销计划创建,同样,在运营计划列表里面点击"短信营销",可查看营销数据及效果并进行分析。

步骤三:兴趣客户转化。

(1)在智能营销页面,选择"兴趣客户转化",点击"立即创建"进入兴趣客户计划制订界面。

兴趣客户转化计划的设置与前面所述的"上新老客户提醒"的四个步骤完全一致,选择系统圈定的人群,为人群选择权益,选择转化渠道(短信或者是海报),设置好后,点击创建运营计划,在有效期内会将设置好的优惠券推送给客户。但细节上面存在一些差别,设置过程中应当注意。

(2)兴趣人群和商品的选择系统已经帮你选定,但可以点击"查看商品"查看加购、收藏商品,为定向海报的精准营销积累商品素材。

(3)在选择转化渠道中,短信只能针对720天有兴趣的且有过购买记录资料的客户发送,与兴趣人群的重合度有限。此外,设置了优惠券的话系统会默认帮你选择"手淘消息push",给予商家更多触达消费者的通道。建议和短信、定向海报一起使用。

> **小贴士**
>
> **新增手淘 push 提醒说明**
>
> (1)该消息穿透手机桌面,但不会保留在手淘消息盒子中;消费者收到消息后,点击可直接进入消息详情页面。
>
> (2)只有当商家设置了优惠券权益并选择了手机淘宝消息通道,才会对消费者进行消息触达,消息发送的时间为优惠券发送成功后次日。
>
> (3)为保障消费者体验,系统会启动疲劳度控制,在一段周期内不会对同一消费者进行多次消息触达。
>
> (4)每日发送消息的用户量由系统计算给出,商家无法提前控制手机淘宝消息的触达量。建议该渠道与手机短信渠道一起选择。

(4)活动结束后,同样在运营计划列表里点击"兴趣客户转化",点击数据查看计划效果,如图7-4-4所示。

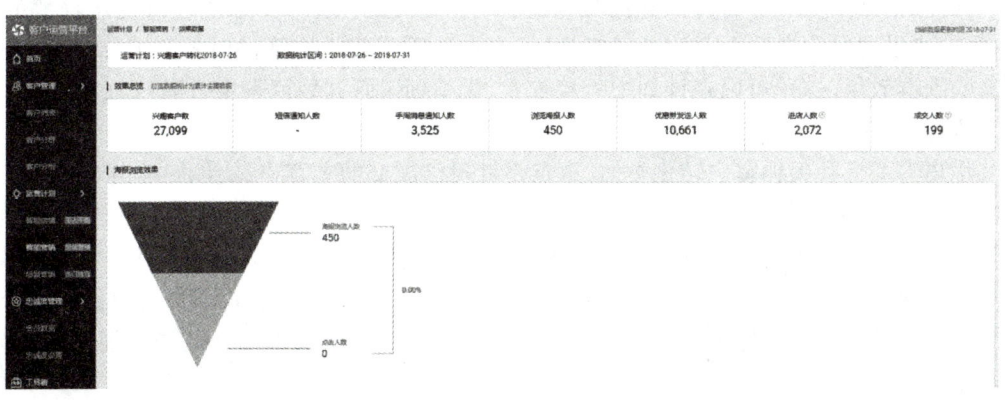

图 7-4-4 数据效果预览页面

步骤四：智能复购提醒。

智能复购提醒对部分类目不适用，点击进入后会有相应的提醒，如图7-4-5所示。

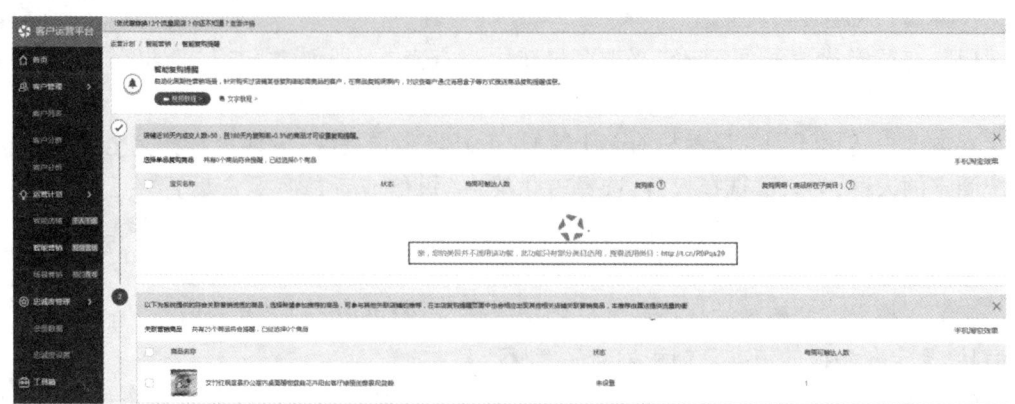

图7-4-5　智能复购页面提示图

淘宝客户运营平台支持的智能复购提醒的类目清单如表7-4-1所示。

表7-4-1　智能复购提醒类目清单

行业	类目ID	一级类目名称
母婴	35	奶粉/辅食/营养品/零食
母婴	50014812	尿片/洗护/喂哺/推车床
美妆洗护	1801	美容护肤/美体/精油
美妆洗护	5002328	美发护发/假发
美妆洗护	50025705	洗护清洁剂/卫生巾/纸/香薰
美妆洗护	50010788	彩妆/香水/美妆工具
快消食品	50008141	酒类
快消食品	124458005	茶
快消食品	50026316	咖啡/麦片/冲饮
快消食品	50016422	粮油米面/南北干货/调味品
快消食品	50002766	零食/坚果/特产
快消食品	29	宠物/宠物食品及用品
快消食品	50050359	水产肉类/新鲜蔬果/熟食

同样，根据系统展示的界面和流程进行操作，依次是：第一步选择进行复购提醒的商品；第二步设置复购提醒人群的专享权益（优惠券）；第三步设置活动时长和名称；第四步查看复购人群效果（这里可以在计划中直接查看，无须到运营计划列表中查询）。

步骤五：优惠券关怀。

优惠券关怀和兴趣客户转化类似，重点是针对已成交的老客户，给他们推送老客户的优惠券，给予一定的优惠，提高他们的购买频次和客户黏性。

（1）在智能营销页面，选择"优惠券关怀"，进入优惠券运营计划设定界面。

（2）明确营销目的并填写运营计划名称，选择优惠券投放的目标人群，可以选择一个系统默认的推荐人群。当然也可以选择自定义创建人群。具体操作前面已经详细讲过，这里就不复述了。

本店自定义了一个付款金额大于等于68元的老客户人群，如图7-4-6所示，便于有效链接这些高复购价值的客户。

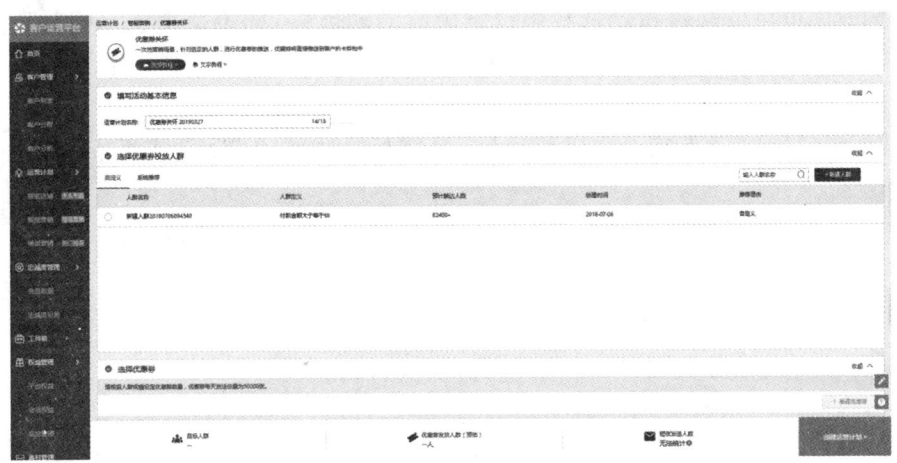

图 7-4-6　自定义新建优惠券人群

（3）选择好人群后，选择或新建优惠券，操作与之前类似，但是基于前面已经选择的人群，这里可以选择最终要投放的人数，给策略命名，以便后面查看投放效果。

（4）然后选择是否通过短信通知营销客户人群。由于这里的优惠券是直达消费者卡券包，没有任何提醒，因此建议对优惠券发送成功的消费者进行短信提醒。

（5）点击"创建运营计划"，确认创建活动。完成后同样在运营计划列表里点击"优惠券关怀"，可以看到之前的运营计划清单，并且可以查看已结束的运营计划效果数据和营销数据。

步骤六：购物车营销。

针对店铺产品加入购物车未付款的客户，设置购物车专属价格，促进高意向客户的转化。要求：只要你经营的店铺里有加购未成交人数超过 100 人的宝贝。

（1）在智能营销页面，选择"购物车营销"，点击"立即创建"。

（2）查看商品加购列表，系统会将店铺被加购宝贝按照加购人数从高到低排序展示，最多展示 50 个商品，如图 7-4-7 所示。建议点击"查看画像"看看加购该商品的潜在客户的新老客、性别、消费层级、淘宝等级和地域情况，便于后面制订营销方案。

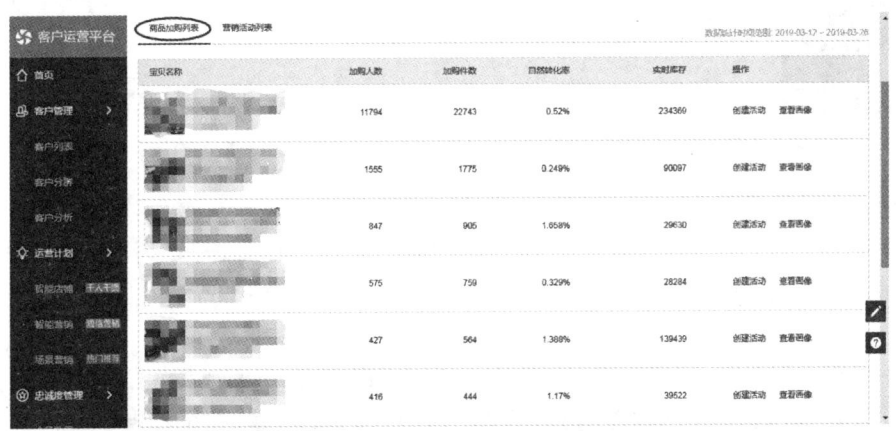

图 7-4-7　商品加购列表清单页面

(3)选择要参加购物车营销的宝贝链接,点击该宝贝的"创建活动",系统会推荐促销价区间,同时你也可以通过拉动选择条设定限时活动价(不同价格覆盖不同数量加购人数)。一旦设置成功,该价格会计入近30天的最低价,因此须要慎重。此外,购物车营销不适用于区间价产品,价格须要统一。

设置好促销价后,客户打开手机淘宝点击购物车的时候,会提示"该商品比加入购物车时优惠×元"。

(4)进入"购物车营销"界面后,点击营销活动列表,查看营销数据及效果。

二、场景营销

场景营销主要适用于日常和大促期间的拉新效率低,总是很难找到和自己最匹配的用户的店铺。

例如,点击【场景营销】→【广告敏感人群营销】可以查看通过客户运营平台基于算法计算出最近90天内发生过钻展广告点击,且有店铺收藏、加购、购买行为的高转化人群,店铺运营可以通过场景营销一键获取人群,并同步到品牌数据银行进行放大(获取全网品牌范围内类似特征人群)并投放广告,可以通过钻展的通道对他们实施转化,实现高效拉新。

步骤一:进入场景营销计划设置界面。

点击【客户运营平台】→【运营计划】→【场景营销】,进入如图7-4-8所示的界面。可以看到运营平台给场景营销的标签是热门推荐。鉴于平台刚刚推出该项功能且该项功能基于数据银行在不断优化,平台极力推荐商家试用该功能。另外,2019年3月,CEM已上线裂变优惠券以及对应的人群场景:店铺会员裂变专属、店铺高价值贡献人群、新品偏好人群、店铺高传播人群。平时设置时也可考虑这些召回能力强的人群。

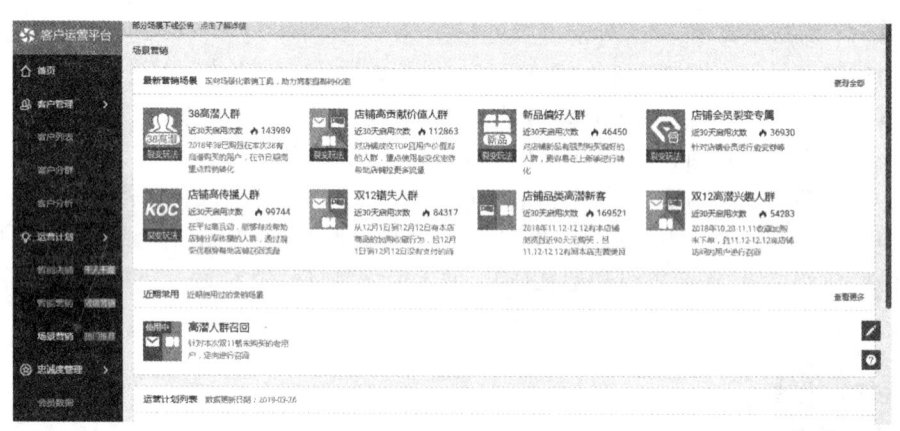

图7-4-8 场景营销进入界面

步骤二:设置营销计划。

(1)新建人群:点击最新营销场景右侧的"查看全部"按钮,选择"高潜人群召回"圈选店铺当前最具转化意向的店铺人群;或者通过"近期使用"选择"高潜人群召回"也可快速操作。

(2)新建策略:首先编辑策略名称,由于人群已经选定,下面选择短信或红包卡券的触达渠道。短信和红包卡券的设置同前面"智能营销"部分的设置,这里不再叙述。

(3)点击"创建运营计划"完成运营计划的创建。后台即会按照设定开始实施。

（4）在场景营销页面,选择"运营计划列表"即可查看已经设定的场景运营计划。点击"发送详情"和"详情"就能查看计划实施效果。

如图7-4-9所示,从场景列表的累计成交金额和转化率等相关参数来看,本店"双11"的场景营销效果明显好于"双12"的场景营销效果。

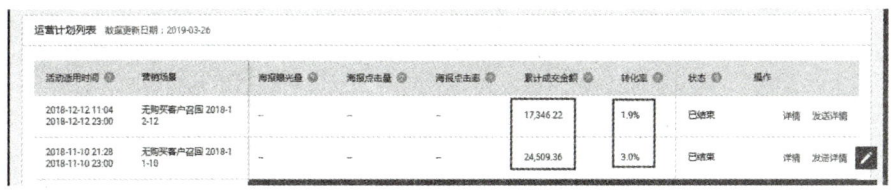

图7-4-9　场景营销详情收益情况对比

7.4.5　任务总结

1. 知识结构图（图7-4-10）

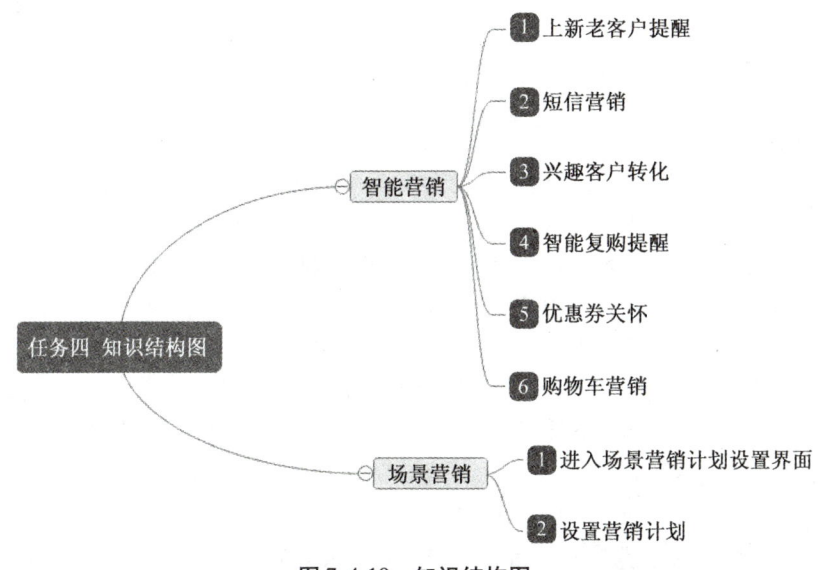

图7-4-10　知识结构图

2. 拓展知识

智能营销中发布渠道往往涉及短信营销和定向海报。关于短信和定向海报这两个常见的营销渠道的操作也是非常有技巧的。用手机淘宝扫描右方二维码可查看详情。

7.4.6　任务训练

建立一个"双12"场景功能之购物狂欢—老客成交冲刺。

目标：客户运营平台通过平台的算法能力,计算了"双12"的高潜老客人群,这部分人群是利用平台大数据能力精选出"双12"最有可能购买但是没有购买的那部分高潜力客群,在购物狂欢即将结束的时候,对这部分人群进行营销召回,进行最后的销售冲刺。

建议方案:

(1) 12月12日下午18:00至20:00开启高潜老客人群营销,进行"双12"销售冲刺。

(2) 如果还希望更大范围对现有客户做营销,还可以选择使用客户运营平台的自定义营销功能,自由地圈选客户进行营销。将操作流程填入下框中。

7.4.7 课外学习

- 客户运营平台技巧(用手机淘宝扫一扫)。

项目七 练习题

一、单选题

1. 以下( )不属于可列表中已经分类好显示的客户列表类型。
   A. 成交客户　　B. 未成交客户　　C. 询单客户　　D. 加购中客户

2. 设置新会员礼包的时候注意礼包总数不高于所配置权益内的最低库存数。那么假设优惠券1种1 500张,礼品1种200份,则礼包最多( )个。
   A. 1 500　　B. 150　　C. 200　　D. 100

3. 以下不属于忠诚度管理的会员数据分析模块的内容是( )。
   A. 会员贡献　　B. 会员规模　　C. 会员活跃度　　D. 会员忠诚度

4. 自然转化率是过去( )内加购该商品的消费者在昨日的转化率。
   A. 7天　　B. 15天　　C. 30天　　D. 7~15天

5. 智能复购提醒部分类目不适用,以下不适用的类目是( )。
   A. 酒类　　B. 女装　　C. 奶粉　　D. 坚果

6. 进行人群分组管理的时候,可以新建分组或者删除分组,注意此处最多可以新建( )个分组。
   A. 10　　B. 50　　C. 100　　D. 不限数量

7. 一般成交人群洞察中的画像分析包括的内容很多,以下不属于人群画像分析内容的是( )。
   A. 性别　　B. 年龄　　C. 访客行为　　D. 地理位置

8. 自动打标操作是选定商品让后台根据商品数据自动给商品打标,但选定的自动打标的商品数可以是( )个。
   A. 10　　B. 20　　C. 100　　D. 不限数量

二、多选题

1. 以下属于行为标签的是( )。
   A. 浏览行为　　B. 下单支付行为　　C. 收藏行为　　D. 回购行为

2. 新增分组会出现3个打标场景,分别是( )。
   A. 仅创建名称手动打标　　　　B. 原有标签手动打标
   C. 根据交易数据自动打标　　　D. 根据商品数据自动打标

3. 官方版会员等级一般分为4个层级:VIP1~VIP4,下列属于后台自带的分类的是( )。
   A. 普通会员　　B. 高级会员　　C. VIP会员　　D. 至尊VIP

4. 淘宝后台一般根据( )自动进行VIP设置,分为4个等级。
   A. 购买金额　　　　　　　　B. 购买频次
   C. 购买产品的周期　　　　　D. 购买的最高订单额

5. 人群洞察是针对整个店铺来自( )类别的流量分别进行画像分析。
   A. 访客　　B. 会员　　C. 粉丝　　D. 成交客户

6. 在运营计划分类下的智能营销中有多个智能营销的途径,以下属于该项目的营销途径的是( )。
   A. 上新老客户提醒　　　　　B. 兴趣客户转化
   C. 智能复购提醒　　　　　　D. 购物车营销

三、判断题

1. 客户运营平台是淘宝后台开发的一个崭新的用于店铺客户和会员运营的平台。( )
2. 自有过交易及手动添加的客户,都是店铺的会员。( )
3. 素材管理大多出现在网店装修界面,客户运营平台中不涉及该项。( )
4. 在子账号身份下进入客户运营平台,也能对成交客户进行VIP设置。( )
5. VIP设置成功后,会员客户直接享受对应折扣。( )
6. 无订购客户是较长一段期间内未发生购买的老客户。( )
7. 兴趣人群是对店铺近3~10天有加购、收藏行为但没有购买的买家。( )
8. 优惠券一旦生成无法删除,数量不能增加也不能减少,因此设置前及过程中须要仔细检查,避免造成不必要的经济损失。( )

项目八 直通车专员操作

学习目标

- 能熟练开展直通车关键词推广
- 能熟练开展直通车定向推广和优化
- 能熟练开展直通车推广内容管理
- 能熟练应用直通车的各种推广技巧

 学习重点

- 开展直通车关键词推广

 学习难点

- 开展直通车推广内容管理

任务一 开展关键词推广

8.1.1 任务情境

李伟在店铺营销中心发现了直通车这种推广方式后,专门在淘宝大学和阿里妈妈万堂书院搜索了许多直通车的内容来了解和学习,在知道了直通车可以给店铺带来大量的精准流量、有效提高店铺经营效果后,李伟决定开始自己的直通车推广工作。

8.1.2 任务分析

要开展关键词推广首先要学会为直通车充值;其次要学会如何创建直通车推广计划,学习日限额、投放平台/地域/时间、推广单元和创意的设置方法;最后要学会如何设置推广方案,包括关键词、精选人群和定向推广的设置,这样才能成功完成一个推广,帮助宝贝获得更多展现和流量。

8.1.3 知识准备

- 关键词:是指商家使用直通车工具在推广宝贝的过程中针对宝贝添加的关键词。

商家添加了某个关键词,就意味着希望推广的宝贝出现在某个关键词的搜索结果页上。每个宝贝在一个推广计划内最多可以添加 200 个关键词。

● 关键词出价:是指商家愿意为某个关键词出的价格,包括默认出价、自定义出价、市场平均出价。关键词的出价可以在添加关键词的时候设置,也可以后期调整价格。

● 点击率:是关键词的核心指标,也是质量分的核心维度,英文缩写为 CTR。点击率包括创意图的点击率、关键词的点击率、账户的点击率 3 个维度,这 3 个维度是互相影响、互相制约的。

8.1.4 任务实施

一、直通车充值

(1)进入【千牛卖家中心】→【营销中心】→【我要推广】,点击左侧淘宝/天猫直通车"即刻提升",进入直通车后台。

(2)点击首页右侧的"立即充值"按钮,或者在上方点击"账户"进入充值页面。在充值页面可以查看账户当前的余额并进行金额充值,充值金额可以自定义也可以勾选,首次充值金额最低 500 元,后期最低充值金额 200 元。

(3)选择完充值金额后点击"立即充值",通过支付宝扫码即可完成充值。

(4)在直通车推广中,为避免商家没能及时充值造成直通车被暂停产生损失,必须设置自动充值和提醒功能。在这里可以设置账户余额不足提醒,可以自行设置当金额小于多少元时,开启自动充值并发送提醒或者只发送提醒,也可以设置日限额到达提醒。

二、直通车商品推广

(1)在淘宝直通车点击"推广",进入推广页面,如图 8-1-1 所示。

在这里可以看到商家的全部推广计划。在"标准推广"和"智能推广"里商家可以查看当前已推广计划的推广数据,可以是汇总数据,也可以是 PC 端和移动端的单独数据。

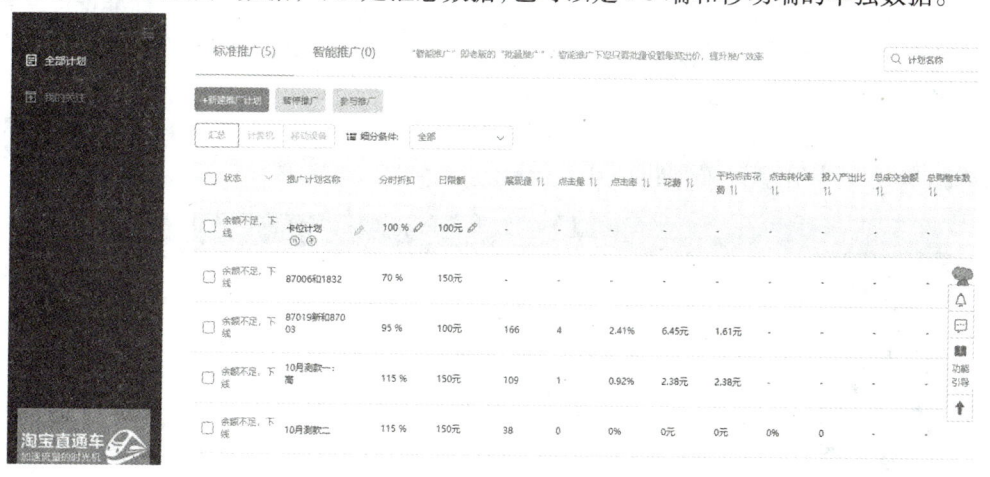

图 8-1-1　标准推广计划

为了方便查看数据,数据指标类型可以由商家自行设定,包括展现量、点击量、点击率、平均点击花费、投入产出比等 20 项数据。

小贴士

在标准推广计划中,商家可以针对已经推广的计划进行暂停推广操作,一旦暂停,该计划将不再参与直通车推广,已经推广的宝贝也将不在所设关键词下得到展现。

(2)点击"新建推广计划",进入选择营销场景页面。

营销场景选择包括日常销售 – 促进成交、宝贝测款 – 均匀快速获取流量、定时上架 – 促进收藏加购、活动场景 – 促进活动爆发、自定义场景5个选项,商家可以根据经营目标自行选择。一般情况下选择"日常销售 – 促进成交",如图8-1-2所示。

图8-1-2　选择营销场景页面

推广方式选择包括智能推广(原批量推广)、标准推广 – 系统推荐、标准推广 – 自定义3种方式。"智能推广"方式由系统智能托管,具有大数据优势,省心省力。"标准推广 – 系统推荐"方式可以借鉴系统方案,再加以手动调整。熟练的商家可以选择"标准推广 – 自定义"方式,自行设置、自行优化。

(3)选择完成后,点击"下一步,进入推广设置",进入推广设置页面。推广设置包括投放设置、单元设置、创意设置,如图8-1-3所示。

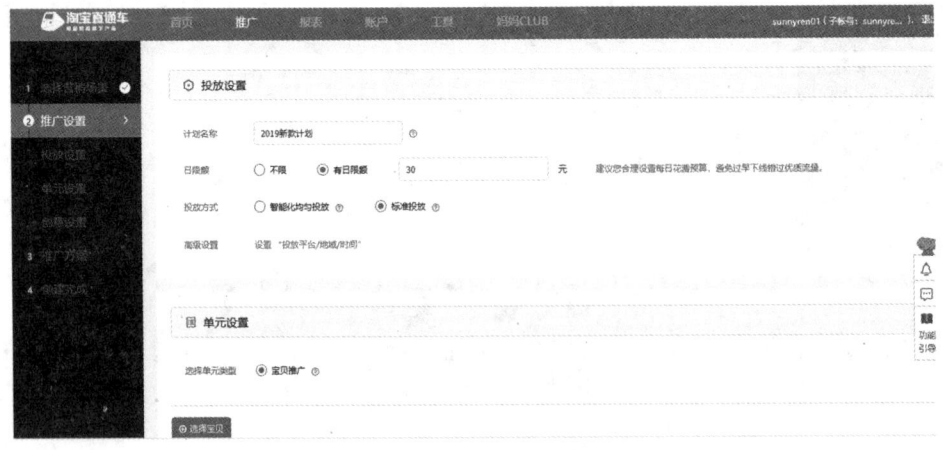

图8-1-3　推广设置页面

在投放设置里可以设置计划名称和日限额。日限额是推广计划每日扣费的最高金额，系统默认的最低扣费金额是30元。

投放方式包括智能化均匀投放和标准投放2种方式。智能化均匀投放由系统帮助商家优选高质量流量进行展现，可以延长推广宝贝的在线时长，提升宝贝转化效果。标准投放方式下系统会根据商家自己的投放设置来展现推广。

点击高级设置，可以设置"投放平台/地域/时间"。

- 设置投放平台。

"投放平台"页面设置包括计算机设备端淘宝站内、站外设置和移动设备端淘宝站内、站外设置。

直通车的投放平台关乎商家投放的直通车创意是展示在计算机设备端的广告位，还是展示在移动设备端的无线广告位。不同的平台，投放目的和投放方式是不一样的。

注意：如果想要开启定向推广的淘宝站外投放，须要先设置淘宝站内的定向推广，否则无法单独设置定向推广的站外投放。

- 设置投放地域。

投放地域是指选择在哪些地域来进行投放，可选择的投放区域有华北、东北、华东、华中、华南、西南、西北、其他地区等。商家可以根据需要，自行在要投放的区域进行勾选。还可以点击下三角图标，展开该省区下的所有市级城市进行勾选。

> **小贴士**
> **合理设置投放地域要考虑的因素**
>
> （1）物流因素：假如你的商品不利于长途运输，或者长距离运输的成本过高，那么可以根据运营成本，选择合适的投放地域。
>
> （2）季节气候因素：假如你想推广一款羽绒服，因为南北各地进入冬季的时间有差别，你可以结合时间因素逐步扩大推广地域。
>
> （3）促销活动因素：如果你的促销活动仅针对部分区域，那么可以设置地域推广计划及非活动地域推广计划，勾选对应地域，设置不同推广出价。

- 设置投放时间。

投放时间是指选择在一天内的哪些时间段进行投放，可以是24小时，也可以是只投放24小时内的部分时间。可以根据不同时间段带来的效果（即转化情况），设置各个时间段的出价百分比，也就是分时折扣。

这里可以利用行业模板设置投放时间，系统根据每个行业的特点和流量分布特征，分析制订了适合各个行业的投放时间和出价百分比的模板，卖家可以在设置投放时间时选择所在的行业模板。这样可以为卖家设置投放时间提供科学依据，还可以节省卖家的操作时间，如图8-1-4所示。

在单元设置的宝贝推广下面点击"添加宝贝"，就可以去选择宝贝进行推广了。选择推广宝贝有3种方式，分别是优选宝贝、优选流量和优选转化，不同的方式推荐的宝贝是不同的。

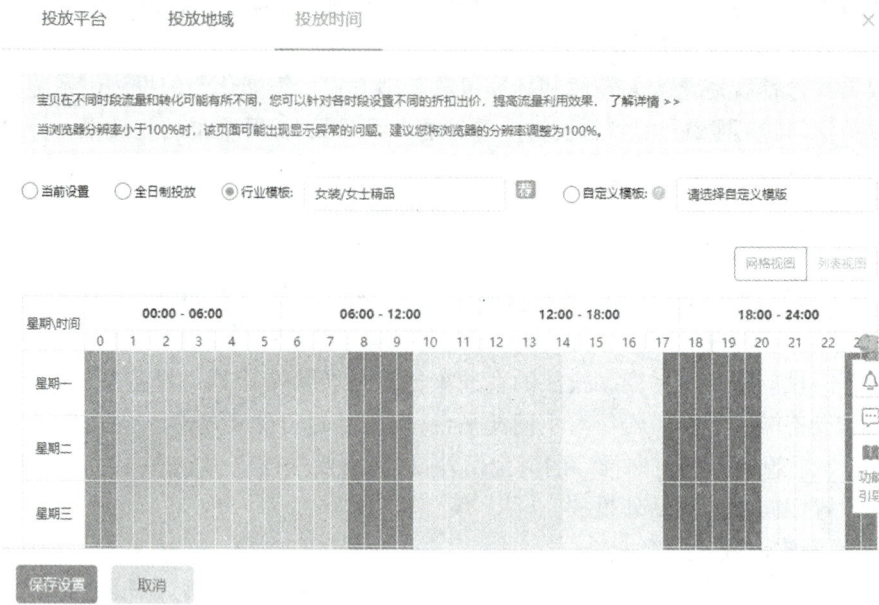

图 8-1-4　行业模板设置页面

> **小贴士**
> （1）优选宝贝：根据该宝贝历史数据预测为适合推广的宝贝。
> （2）优选流量：根据该宝贝历史数据预测为在引流方面有潜力的宝贝。
> （3）优选转化：根据该宝贝历史数据预测为在转化方面有潜力的宝贝。

完成选择宝贝，点击"确定"按钮进入创意设置。

在新建流程中，目前默认使用主图，商家可以在新建完成后在创意板块进行更换设置。

（4）点击"下一步，设置推广方案"，进入推广方案设置页面。推广方案设置包括关键词设置、精选人群设置和定向推广设置，如图 8-1-5 所示。

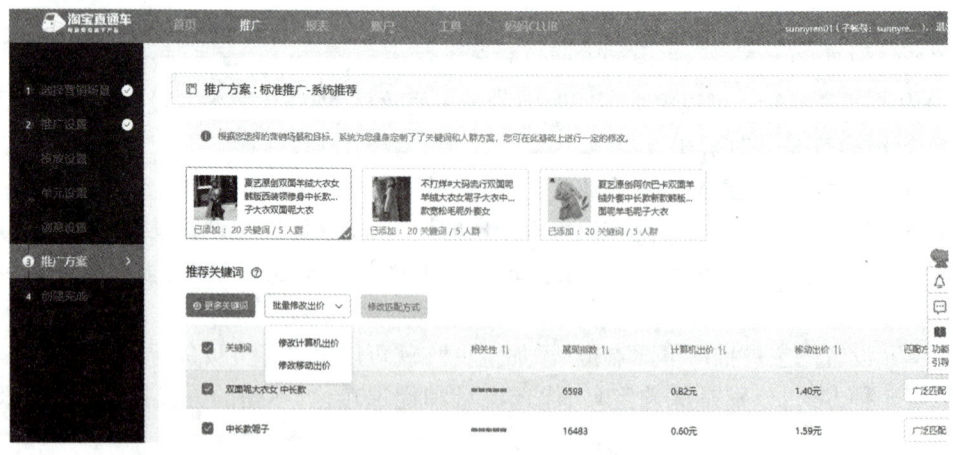

图 8-1-5　推广方案设置页面

- 关键词设置。

直通车推广的核心是关键词,关键词设置的好坏直接决定引入流量的精准度,甚至会影响成交。点击"更多关键词",进入添加关键词页面,商家可以点击右侧系统推荐的关键词进行添加,也可以在搜索关键词里通过搜索进行添加,或者在左侧将自己选择好的关键词以粘贴方式或输入方式进行手动添加,如图8-1-6所示。

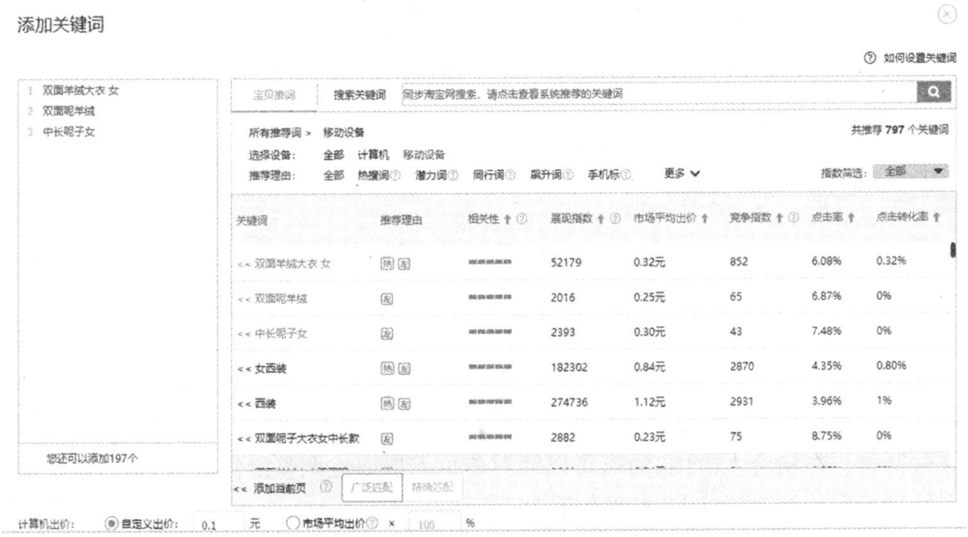

图 8-1-6　添加关键词页面

设置了关键词就有了初步展现的基础,但是要让买家在搜索关键词时能看到商家的宝贝,还要通过竞价的方式去抢占比较好的位置,所以关键词出价是一个很重要的因素。

在添加关键词页面可以为选中的关键词出价,常规的出价方式有默认出价、自定义出价和市场平均出价。在添加关键词不做任何调整的情况下,系统给出的出价就是默认出价。自定义出价是按照商家的意愿自行设定的价格,当前设置的自定义出价是0.1元,这个价格可以随时进行更改。大部分的关键词都具有市场平均出价,可以通过直通车流量解析工具查看每个关键词的平均出价,市场平均出价的方式是在每个关键词的均价基础上给予一定的折扣比例,如图8-1-7所示。

在推广方案设置页面可以进行关键词出价的批量修改,在"批量修改出价"按钮点击下三角图标,可以批量修改PC端出价和移动端出价。

在推广方案设置页面还可以批量修改关键词的匹配方式。匹配方式分为广泛匹配和精准匹配,不同的匹配方式能够获取的流量大小和精准度都会不同,要根据关键词的情况来灵活地调整,才能获得更好的投放效果。一般选择广泛匹配方式。

- 精选人群设置。

精选人群是一种对人群进行溢价投放的直通车工具。通过精选人群可以对每个人群进行单独的溢价设置,以获取更加精准的直通车流量。目前,精选人群包括宝贝定向人群、店铺定向人群、行业定向人群和基础属性人群4大类,每大类又分为不同的人群类别。

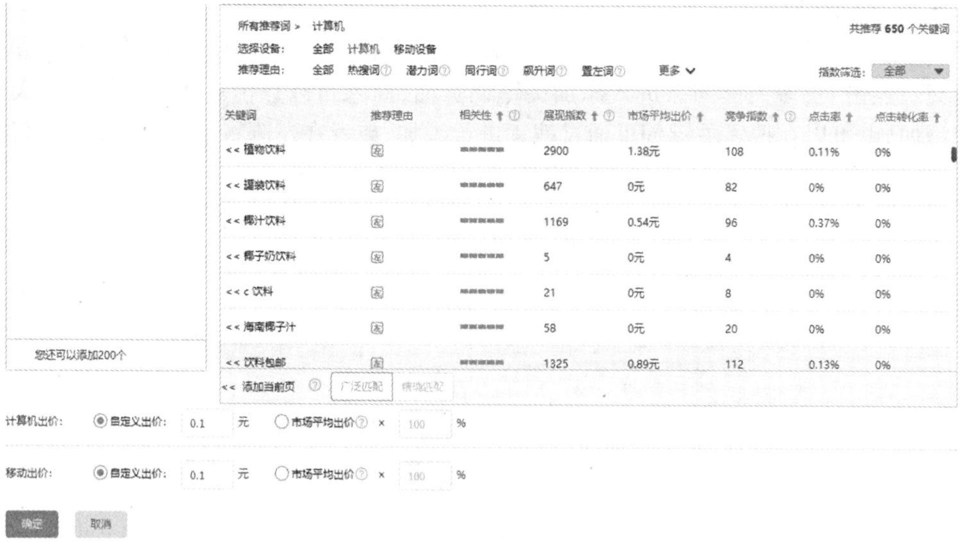

图 8-1-7　关键词出价设置

每一个人群设置的溢价并不是一成不变的,要根据投放的节点、节奏及数据的反馈情况进行实时调整。在精选人群内,商家可以针对单个人群属性调整溢价比例,也可以针对多个人群属性进行溢价修改,如图 8-1-8 所示。

图 8-1-8　修改溢价页面

在推广方案设置页面还可以批量修改溢价。点击"批量修改溢价"按钮,可以根据需要对勾选出的人群溢价进行批量修改。

- 定向推广设置。

在定向推广设置下可以设置智能投放出价,系统默认出价为 0.3 元。商家可以根据情况自行输入价格,输入的价格必须在 0.05 元至 30.00 元之间。设置智能投放出价后宝贝将有机会在定向推广位置中进行展现,成功建立推广后商家可以随时在宝贝下定向设置页面进行调整设置。

（5）点击"完成推广"，宝贝推广即可创建完成。

8.1.5 任务总结

1. 知识结构图（图8-1-9）

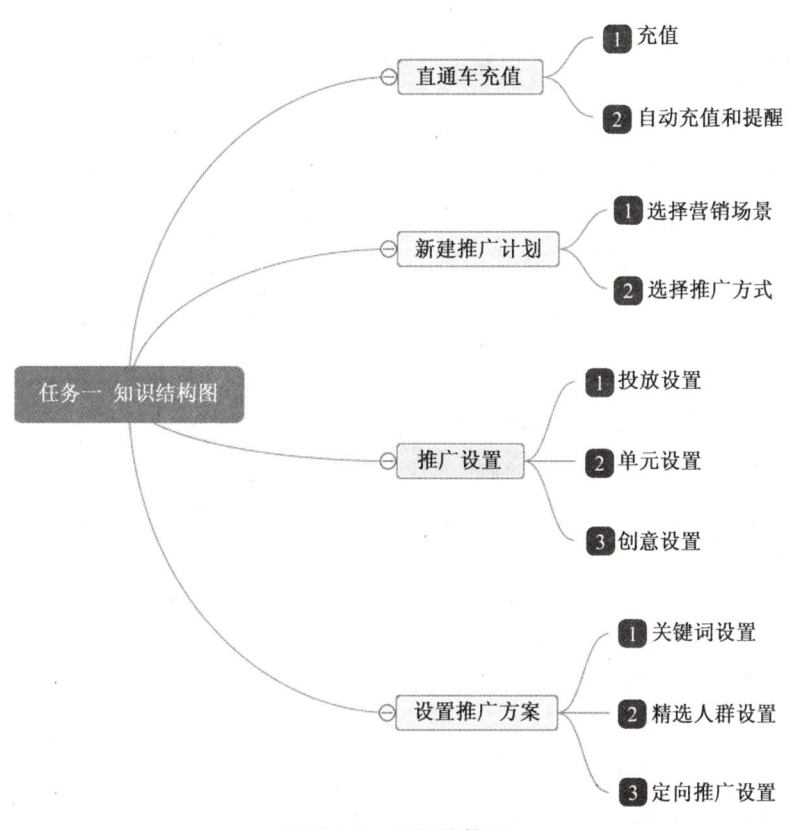

图8-1-9　知识结构图

2. 拓展知识

关键词类型解读

热搜词：展现指数较高的关键词。

潜力词：有一定展现量且市场平均出价或竞争指数较低的关键词。

同行词：同类店铺所购买的、投入产出比较高的关键词。

飙升词：近期搜索量快速增长的关键词。

手机标：有机会在手机淘宝网或淘宝客户端搜索结果中展示。

质优词：点击转化率或投入产出比较高的关键词。

锦囊词：展现在无线端自然搜索排序中推荐的关键词。

扩展词：搜索词的细化拓展，同步"搜索框下拉推荐"。

联想词：搜索词的相关联想词，同步"您是不是想找"。

置左词：有机会在淘宝网电脑版搜索结果中左侧展示。

关键词优化三法则

第一法则：养词，重在提升质量得分。（持续时间：1~2周）

初期加词，尽量以精准为主，建议20%的热门词+80%的长尾精准词。前期主要是养词，提高质量得分和点击率。

注意：

（1）不要纠结关键词质量得分高低了，要知道我们的质量得分都是养出来的，不是选出来的。

（2）流量要引进。流量不引入，质量得分也是养不起来的。

（3）养词阶段的前期可以不带来转化，但一定要注意收藏率和点击率，同时分析不转化的原因，随流量的引入改进。

第二法则：以点击率为导向，优化关键词。（优化周期：每周）

推广一段时间后，质量得分养起来了，PPC（Pay Per Click，按每次点击付费）自然就会降下来，这个时候我们注重的就是关键词的点击率。

可使用流量解析工具查看关键词市场平均点击率，与自己的数据进行对比。高于市场点击率的，建议适当调高出价；低于市场点击率的，建议适当调低出价。

第三法则：关键词的新陈代谢法则。（优化周期：每周）

关键词要经过优胜劣汰制进行淘汰，以保证账户不断在"换血"，确保每一个关键词都能带来点击率。

主要思路：删除点击率低的关键词，添加新的关键词。

添加关键词有两种方法：

（1）筛选我们系统提供的关键词：以点击转化率为基准，由高到低进行筛选，添加的时候要注意关键词的匹配性。

（2）拓展ROI比较高的词：找到ROI比较高的关键词，点击进入流量解析工具里面，然后点击"推广词表下载"，这里出现的词就是转化比较好的词的拓展词，这时候还是用同样的方法，筛选点击转化率比较高的词，进行选择性的添加，一般这些添加上去之后，转化效果都是比较好的。

8.1.6 任务训练

背景资料：

多喜爱家饰织用品有限公司以专业设计生产和销售床上用品为主，产品涉及被套、床单、床裙、枕套、被芯、枕芯、婚庆产品、垫类产品、床具等。现为了扩大公司产品的市场占有率，加大产品的销售，公司积极进军电子商务领域，入驻各大时尚电子商务生态圈，开展网络销售。现公司入驻淘宝商城，为提升公司商城人气、带动店铺销量，公司拟在淘宝平台实施推广。

公司决定采用淘宝直通车推广，而直通车推广的关键是商品关键词的设置。直通车搜索的原则是当卖家设置的词和买家搜索的词完全一样的时候才会展示宝贝。所以给宝贝设置竞价词是至关重要的。产品直通车推广可以使用200个关键词，关键词的选择可以选择直通车系统推荐的词或淘宝TOP5W中的词。请使用以下方法为产品的直通车推广进行关键词选择和优化设置。拟采用直通车推广的产品资料如下：

产品名称：多喜爱（喜玫瑰）婚庆套件
工艺：印花工艺　　　款式：床单式　　　类型：婚庆六件套
货号：090152
商品规格：1.8米床，1.5米床
商品图片：参考图8-1-10

图8-1-10　商品图片

（1）通过在淘宝首页搜索框中输入"多喜爱"，可以从搜索下拉框的衍生关键词中进行选择。

搜索界面的截图	选择1个与产品最接近的关键词
宝贝　天猫　店铺 多喜爱 多喜爱 多喜爱四件套正品　　　　约22232个宝贝 多喜爱儿童家具　　　　　约1157个宝贝 多喜爱全棉四件套　　　　约20571个宝贝 多喜爱婚庆　　　　　　　约6695个宝贝 多喜爱四件套正品特　　　约8721个宝贝 多喜爱家纺　　　　　　　约1335274个宝贝 多喜爱枕芯　　　　　　　约3480个宝贝 多喜爱子母被　　　　　　约727个宝贝 多喜爱夏凉被　　　　　　约2528个宝贝 多喜爱婚庆四件套　　　　约3123个宝贝 "多喜爱"相关店铺	

（2）从搜索结果页的"你是不是想找"相关的搜索词中进行关键词选择。

搜索界面的截图	选择1个与产品最接近的关键词
你是不是想找：多喜爱婚庆　多喜爱四件套正品　多喜爱家纺　多喜爱旗舰店　多喜爱夏凉被　梦洁　富安娜　罗莱	

（3）从淘宝搜索框下的热门搜索词中选择关键词。

界面的截图	选择1个与产品最接近的关键词
宝贝　天猫　店铺 中秋月饼　新款女T恤　2013秋装　针织衫　铅笔裤　长袖男T恤　儿童套装　打底裤	

(4) 从产品的维度去选择和组合关键词。

产品维度	分类	关键词
品牌 （各设1个关键词）	品牌名称	
	货号	
产品名称 （各设1个关键词）	产品种类	
	产品符号	
产品细节解剖 （各设1个关键词）	材质	
	颜色	
	图案	
目标人群 （各设2个关键词）	精准定位	
	搜索习惯	
产品用途与保障 （各设2个关键词）	基本功效	
	品质保证	
市场活动 （流行元素设1个，其他设2个）	节日功用	
	促销	
	流行元素	

(5) 为直通车推广的宝贝进行类目选择（类目选择至少包括两级类目）。

一级类目	
二级类目	

(6) 买家能否看到商品，标题尤为重要。标题要简洁明了（不超过20个字），突出宝贝的最大卖点（功效、品质、信誉、出价优势等），包含一些热搜关键词，而且商品标题匹配程度也要高。请根据优化的原则，为此商品设定2个适合推广的标题。

标题1	
标题2	

8.1.7 课外学习

- 淘宝网万堂书院——直通车新手基础原理（用手机淘宝扫一扫）。
- 淘宝网万堂书院——直通车新版本如何推广新宝贝（用手机淘宝扫一扫）。

直通车新手基础原理

直通车新版本如何推广新宝贝

任务二　开展定向推广与优化

8.2.1　任务情境

李伟在前面的学习中已经了解到直通车推广包括搜索关键词推广和非搜索定向推广两种方式,在开展直通车推广过程中,他进一步了解到定向推广是一种流量巨大的推广方式,非常适合需要巨大流量店铺的推广,于是他也决定尝试一下。

8.2.2　任务分析

要开展直通车定向推广,必须学会定向推广的设置,包括投放人群和展示位置的设置。在投放人群设置中要学会如何设置访客定向和购物意图定向以及如何修改溢价,在展示位置设置中要学会如何添加展示位置和如何修改溢价。在完成定向推广设置以后,还要学会定向推广的优化,帮助商家更准确地把宝贝投放给潜在买家,实现精准营销。

8.2.3　知识准备

- 定向推广:是指依靠淘宝网庞大的数据库,构建出买家的兴趣模型,从细分类目中抓取那些特征与买家兴趣点匹配的推广宝贝,展现在目标客户浏览的网页上,帮助商家锁定潜在买家,实现精准营销。
- 智能投放:是整个定向投放的基础,是系统自动在细分类目中抓取特征与买家兴趣点匹配的宝贝进行展现。智能投放出价是系统设定的基础出价,是系统给出的默认出价。商家可以在智能投放出价的基础上设置投放人群和展示位置的溢价,以提高投放的精准度。

8.2.4　任务实施

一、开展定向推广

(1) 进入直通车后台,点击"推广",在推广计划列表中选择要开展定向推广的计划,进入该推广计划。

(2) 在宝贝推广列表的推广单元中,点击要开展定向推广的宝贝,进入宝贝推广页面。在页面中间可以看见"关键词""精选人群""创意""定向推广"4个按钮,点击"定向推广",进入定向推广设置页面。

定向推广设置了"智能调价""创意万花筒"2个功能。智能调价功能全面分析消费者与掌柜宝贝的关系,可以根据人群相关性自动调整出价,通过对高转化概率的用户溢价、低转化概率的用户降价来优化宝贝的投放效果。创意万花筒功能在商家创意的基础上,根据消费者特征及浏览场景进行深度匹配,由系统智能生成内容化创意来获得更多的流量。

在定向推广设置页面,系统设置了"投放人群""展示位置"2个按钮。"投放人群"按钮下面设置了"访客定向""购物意图定向""修改溢价""推广""暂停""删除"6个按钮,"展示位置"按钮下面设置了"添加展示位置""修改溢价""取消溢价"3个按钮,商家可以根据需要进行相应的操作。

（3）设置定向推广计划。

① 设置智能投放。在"投放人群"按钮下的"定向推广"栏的"智能投放"下面点击"开启"按钮，将智能投放由"暂停"设置为"推广中"，如图8-2-1所示。

图 8-2-1　设置智能投放

② 设置访客定向。点击"访客定向"按钮，在这里可以看到两个访客定向人群，分别是"喜欢我店铺的访客"和"喜欢同类店铺的访客"，商家可以在右侧自行填入溢价比例。

③ 设置购物意图定向。购物意图定向其实就是买家的兴趣点定向，针对的是具有购买某些产品意图的特定的人。点击"购物意图定向"按钮，可以看到一些兴趣点的标签关键词，这些标签是指买家身上被贴的标签，卖家的产品只要满足这些标签，系统就会自动进行推荐。"单品兴趣定向"中包含了喜欢"双面呢""羊毛""羊绒"等词的人群，商家可以在右侧根据需要自行填写溢价比例。

④ 修改溢价、推广、暂停、删除操作。在完成访客定向和购物意图定向设置后，可以根据需要勾选不同的人群包点击"修改溢价""推广"等按钮进行相应的操作。

⑤ 添加展示位置。点击"展示位置"按钮，在设置了智能投放的情况下，这里显示的是"通投位置"。通投位置涵盖了全网站内站外的优质流量资源位，包括手机淘宝_猜你喜欢、平台营销会场等无线站内展示位置和我的购物车_掌柜热卖、我的淘宝首页_猜我喜欢等PC站内展示位置。在通投位置下各展示位置显示的是未溢价状态，如图8-2-2所示。

点击"添加展示位置"按钮，进入添加展示位置页面，可以看到手机淘宝_猜你喜欢、手机淘宝_购后猜你喜欢等17个展示位置。商家可以根据需要在不同的展示位置设置溢价比例来获得优先展现。

⑥ 修改溢价、取消溢价操作。在完成添加展示位置操作后，可以根据需要勾选不同的展示位置点击"修改溢价"和"取消溢价"按钮进行相应的操作。

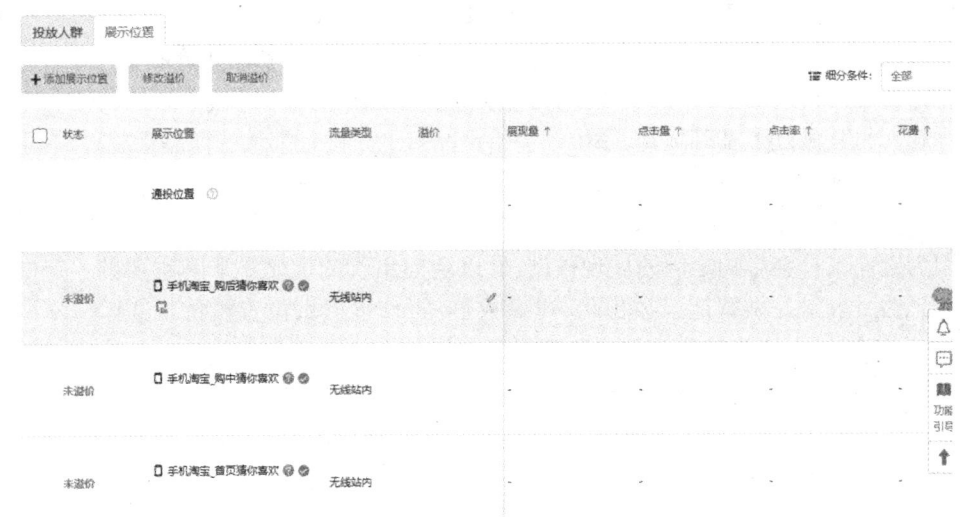

图 8-2-2　展示位置页面

二、定向推广优化

定向推广的优化思路是先做好定向投放的基础优化,再做好定向出价的优化,最后是推广单品的创意图优化。根据定向投放的原理,系统会给推广产品打标签,这就要求我们做好定向的基础优化,保证定向的触发条件。在做好定向的基础优化后,我们可以通过优化定向出价来保证定向的展现量,并通过创意图优化提高创意图的点击率从而直接影响定向流量的引入能力。

1. 定向基础优化

(1) 把定向推广的产品放在正确的类目下,这样产品才会被打上正确的标签。例如,衬衫这样的产品,可以放在女装类目,也可以放在男装类目,还可以放在童装类目,如果放在女装类目,产品就会打上女装产品的标签,针对的是对女性衬衫有需求的用户,如果目标群体是男装用户,那么产品放在女装类目就不合适,因为标签和客户的需求不一致。所以,商家在选择类目时要注意和推广的宝贝匹配,从而保证一定的流量。

(2) 选择合适的产品属性。选择的产品属性要和产品一致并且真实,尽量选择贴合产品并且热门的产品属性。因为系统在给产品贴标签的时候,会根据产品所在类目加产品的属性来组合,如果属性填写得不对,标签就会失真。例如,产品本身是九分袖圆领女士衬衫,但是属性选择了九分袖翻领衬衫,系统就会给产品打上标签"九分袖翻领女士衬衫"。通过这个标签投放引进来的买家一看产品是圆领的,转化率就会降低,不利于数据优化,推广也就失去了意义。

(3) 优化产品的搜索标题。在宝贝搜索标题里要尽可能包含产品词和属性词,并且要清楚地表达产品的特点,举例如下:

① 女包 2019 新款夏季韩版拼接真皮流苏小方包单肩休闲邮差包。

说明:这个标题里包含了宝贝名称、品牌、描述词,突出了宝贝的特色、特点、功能等信息。

② 2019 春季新款韩版优雅气质通勤连衣裙。

说明：这个标题全是竞争激烈的热卖词，没有体现宝贝自身的特征。

建议改成：2019春季新款韩版气质显瘦蝙蝠袖露肩雪纺长款高腰连衣裙。

直通车定向推广的基础优化就包含这三部分：产品的所在类目、产品的属性和产品的搜索标题。只有做好了基础优化，系统才会给产品打上正确且细致的产品标签，才有可能把产品推送给精准的有需求的买家，从而提高定向推广的点击率和转化率。

2. 定向出价的优化

因为定向出价会影响定向的展现数据，所以定向出价的优化是非常重要的。定向出价的优化思路一般是先做智能投放出价，再做人群溢价，最后做位置溢价。这样一步一步出价，更有利于用最少的花费获取最多的展现量。

先来看智能投放出价，在智能投放后，观察3~7天的智能投放数据，如果智能投放的转化和投产数据低于关键词整体的数据，那么证明智能投放出价偏高，需要下调；反之，如果智能投放的转化和投产数据表现比较好，我们就可以提升出价。

智能投放出价稳定后我们开始增加人群溢价。须要先把所有人群溢价的标签全部添加后出价1%~10%。投放3~7天后观察数据，有转化率的标签可以继续投放，没有转化率的标签可以暂时删除或者降价。这个过程就是人群标签的测试。

在人群标签的溢价测试完成后，我们可以再用同样的方式测试定向位置的出价。

在测试过程中，刚开始前几天可能会没有流量，商家要有耐心，缓慢加价，这样智能投放才会被触发。同时要注意通过直通车实时数据来观察定向流量的情况，保证引流效果。

3. 定向创意图的优化

定向的创意图目前是不支持单独上传的，和直通车关键词用的是同一批创意图和创意标题。所以，在查看创意图的定向投放数据时，须要用细分条件来看。如图8-2-3所示，在创意图操作界面选择【细分条件】→【投放方式】→【定向】，就可以查看我们的创意图在定向投放中的数据了。

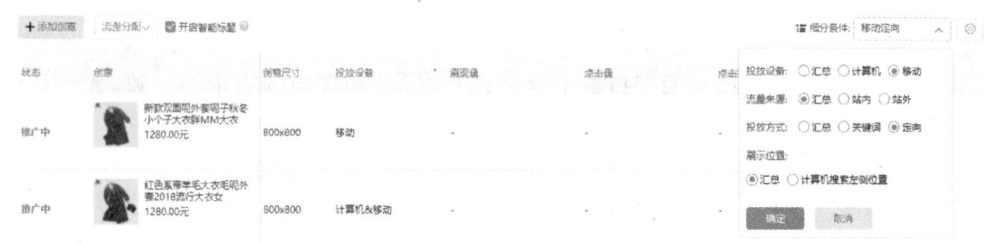

图8-2-3　创意图定向数据页面

定向在创意图上的要求是非常严格的，尤其是流量非常大的无线端定向位置。下面是系统对于无线定向创意图的基本要求：

- 浅色背景图：可以使用场景图，但避免色调过深。
- 无牛皮癣：牛皮癣即大块的标签贴。
- 无边框无透明大面积水印，Logo除外。
- 少文字。
- 无图片拼接。
- 图片清晰度高，不会显得模糊。

8.2.5 任务总结

1. 知识结构图(图8-2-4)

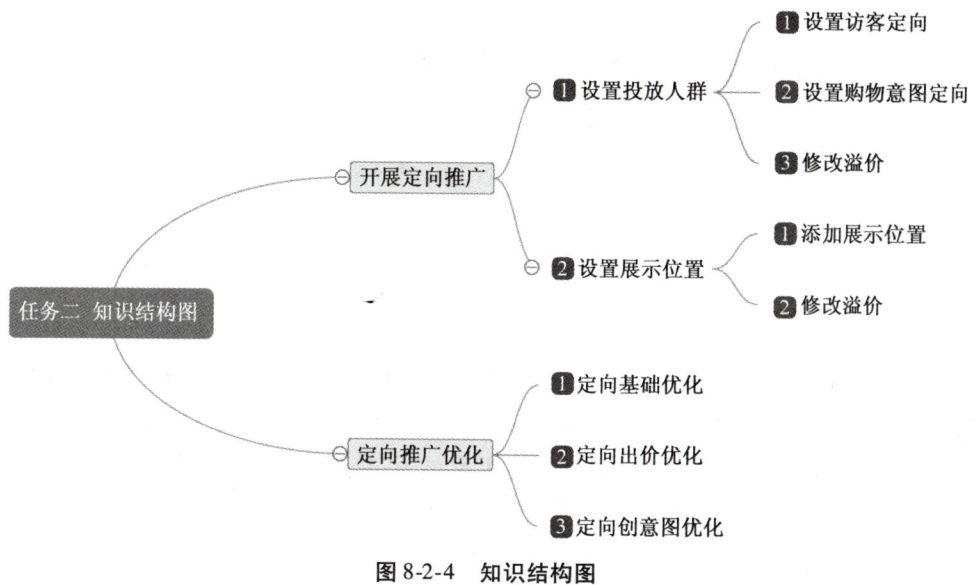

图8-2-4 知识结构图

2. 拓展知识

定向推广资源位介绍

(1) PC端站内主要资源位。

①【淘宝首页】→【热卖单品】。该位置位于首页底部,仅限具有精品库资质的商家进行投放。位置特点:超高曝光、高流量、低转化。

②【我的淘宝】→【已买到的宝贝】底部。位置特点:超高曝光、超高流量。

③【旺旺每日焦点图】→【多位置】。位置特点:高曝光、高流量、高点击率。

④收藏列表页底部。位置特点:高曝光、高流量、高点击率。

⑤购物车底部。位置特点:高曝光、高流量、高点击率。

⑥站内评价成功页面底部。位置特点:高曝光、高流量、高点击率。

⑦【我的淘宝】→【猜你喜欢】第三行。位置特点:超高曝光、高流量、高转化(节假日爆发效果强)。

⑧【我的淘宝】→【物流详情页】底部。位置特点:高曝光、高流量。

(2) 无线端站内主要资源位。

①【手淘首页】→【猜你喜欢】。优势:除首焦外流量最大的黄金位置。

②【手淘首页】→【消息中心】→【淘宝活动】→【单品活动专题】。优势:整个专题页都为直通车推广宝贝,展现机会大,转化高。

(3) 站外主要资源位。

①新浪、网易、搜狐、腾讯、人民网、环球网等大型资讯媒体首页内页多个优质高曝光位置。

②乐视网、爱奇艺、我乐网等多家高人气视频网站暂停页、视频前后贴、banner等多个优质资源位。

③ 开心网、新浪微博、QQ 等社交网站的多位置资源。

④ 潇湘书院、言情小说吧、乐文小说等小说网站的内容页高曝光资源位。

8.2.6 任务训练

1. 为自己的网店创建一个直通车定向推广计划，将操作流程填入下框中。

2. 位置出价 = 人群出价 ×（1 + 位置溢价）。如果李伟将人群出价中智能投放设置为 1.0 元，喜欢我店铺的访客溢价 10%，在展示位置中已买到的宝贝溢价 10%，那么假如点击该宝贝的买家的人群出价是 1.1 元，而这个买家是通过已买到的宝贝位置点击的话，请问最终出价是多少元？请列式计算并将回答内容填入下框中。

3. 李伟发现设置了通投就无法修改出价了，请问这是为什么？请将回答内容填入下框中。

8.2.7 课外学习

- 淘宝网万堂书院——直通车定向原理（用手机淘宝扫一扫）。
- 淘宝网万堂书院——定向点击率低是否影响权重（用手机淘宝扫一扫）。

直通车定向原理

定向点击率低是否影响权重

任务三　推广内容管理

8.3.1　任务情境

李伟在开展直通车推广的过程中,发现受瞬息万变的市场影响,直通车的数据在不断地变化。而且在初期学习直通车推广的时候,设置的许多数据并不合理,须要不断地进行修正和调整,因此,李伟准备开始自己的直通车推广内容管理工作。

8.3.2　任务分析

要做好直通车推广内容的日常管理,首先要做好推广计划的管理,包括查看推广计划、暂停/参与推广计划、修改推广计划等工作。其次要做好每一个推广计划下的宝贝的管理,包括关键词、精选人群、创意和定向推广等日常管理工作。

8.3.3　知识准备

- 精选人群:是一种对人群进行溢价投放的直通车工具,通过精选人群可以对每个人群进行单独的溢价设置,以获取更加精准的直通车流量。目前直通车精选人群包括宝贝定向人群、店铺定向人群、行业定向人群、基础属性人群4大类,每大类人群下面又细分为更多的人群类别。

- 智能匹配:是指根据推广宝贝的特点,系统智能地选择商家未添加且适合该宝贝的关键词。

8.3.4　任务实施

一、推广计划列表管理

(1)进入直通车后台,点击"推广",进入推广页面。在推广计划列表中可看到所有的推广计划,包括标准推广计划和智能推广计划。商家可以在"汇总""计算机""移动设备"中选择投放平台来查看推广计划,也可以在细分条件中选择"投放方式""流量来源""展示位置"来进行查看,如图8-3-1所示。

图8-3-1　细分条件窗口

在推广计划列表中勾选"推广计划",在"新建推广计划"按钮旁边点击"暂停推广"或"参与推广"就可以暂停或继续该推广计划。也可以在推广计划名称下面点击"暂停"按钮或者"开始"按钮来暂停或者开始该推广计划。还可以点击推广计划名称下面的"置顶"按钮或者"取消置顶"按钮以方便查看常用的推广计划。

点击"推广计划名称"右边的笔状图标,可以修改推广计划的名称。点击"分时折扣"右边的笔状图标可以修改投放时间设置和分时折扣。点击"日限额"右边的笔状图标可以修改日限额设置。

在推广计划列表中可以看到每个推广计划的展现量、点击量、点击率、花费等数据,还可以点击右侧的设置按钮选择更多的数据字段来进行查看。在每一个数据字段的右侧都有上下箭头,点击箭头可以按从低到高或者从高到低的顺序排列,方便商家进行查看。

(2)在推广计划列表中点击要管理的推广计划名称,进入该推广计划页面。在页面左侧有搜索计划、计划类型、计划状态3个栏目。商家可以输入计划名称来进行搜索,也可以通过选择计划类型或者计划状态来进行查找。或者直接点击计划状态下面的计划名称在不同的推广计划之间进行切换。另外,在上部标准计划旁边的推广计划名称栏里点击下三角图标,也可以打开不同的推广计划。

在页面上部"推广计划名称"右侧可以看到推广计划当前的状态、日限额和当前折扣。点击"日限额"右侧的笔状图标可以很方便地修改日限额。点击"当前折扣"右侧的"投放平台/地域/时间"按钮也可以很方便地修改投放平台、投放地域和投放时间。

点击右上角的时间范围栏,可以选择要查看的日期,以及不同时间范围内的花费、点击量、展现量等数据,点击右边的设置按钮,还可以添加其他的显示数据。

二、宝贝列表管理

在页面下部是宝贝推广列表。宝贝推广列表和推广计划列表内容很像,商家同样可以在"汇总""计算机""移动设备"中选择投放平台来查看自己推广的宝贝,也可以在细分条件中选择投放方式、流量来源、展示位置来进行查看。

在宝贝推广列表中勾选宝贝,在"新建宝贝推广"按钮旁边点击"暂停推广"或"参与推广"就可以暂停或继续该宝贝推广。也可以在宝贝名称下面点击"暂停"按钮或者"开始"按钮来暂停或者开始推广该宝贝。点击"开始推广"旁边的"删除"按钮可以删除勾选的宝贝,或者点击宝贝名称下的"删除"按钮可以删除该宝贝。还可以点击"添加关注"按钮,将需要关注的宝贝添加到"我的关注"中去以便于查看。

点击宝贝推广列表中"状态"右侧的下三角图标,可以选择"全部""推广中""暂停""宝贝回收站""屏蔽中""淘宝下架""排查下架"7种状态来查看。点击"营销场景"右侧的下三角图标,可以选择"全部""宝贝测款""日常销售""定时上架""活动场景""自定义场景"6种营销场景来查看。

也可以点击宝贝推广"营销场景"右侧的笔状图标,在弹出的"更改营销场景"窗口中修改营销场景。

和推广计划列表一样,在宝贝推广列表中也可以看到每个推广宝贝的展现量、点击量、点击率、花费、总收藏数等数据,同样可以点击右侧的设置按钮选择更多的数据字段来进行查看。

三、宝贝管理

在宝贝推广列表中点击要管理的宝贝名称,进入该宝贝页面,如图8-3-2所示。

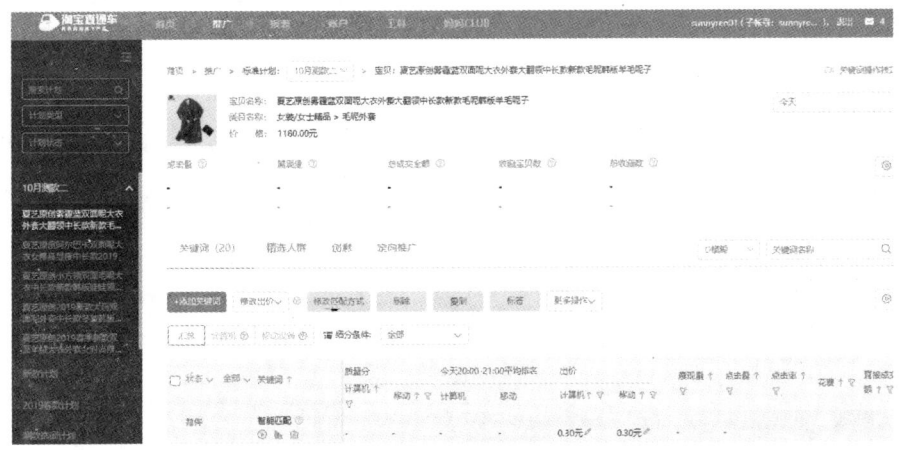

图8-3-2　宝贝页面

在页面中部可以看到关键词、精选人群、创意、定向推广4个操作入口,在这里可以完成对于关键词、精选人群、创意和定向推广的日常管理。

1. 关键词管理

关键词操作入口下面有"添加关键词""修改出价""修改匹配方式""删除""复制""标签""更多操作"7个按钮,点击这些按钮可以完成相应的操作,如图8-3-3所示。

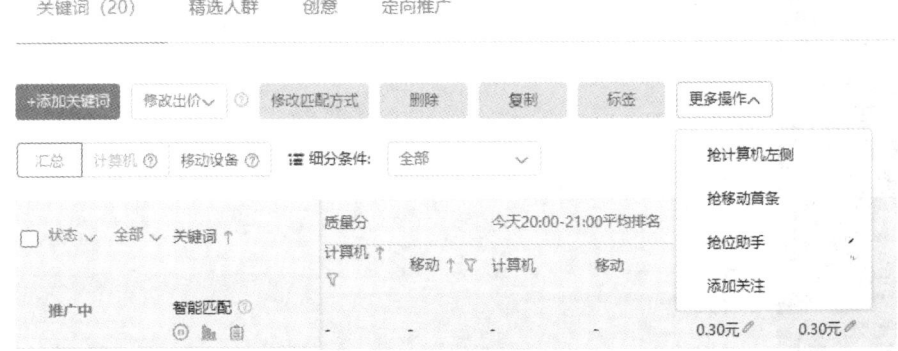

图8-3-3　关键词操作入口

点击"添加关键词",在弹出的"添加关键词"窗口可以进行添加关键词的操作,如图8-3-4所示。因为添加关键词的内容在任务一里已经讲解过,这里就不再赘述。

在关键词列表首行可以看到智能匹配,点击智能匹配下面的"开启"按钮可以打开智能匹配。智能匹配是指系统根据推广宝贝的特点,智能选择未添加且适合该宝贝的关键词。点击智能匹配下的"查看实时数据"图标,可以在弹出的"智能匹配实时数据"窗口查看系统智能匹配的展现量、点击量数据。

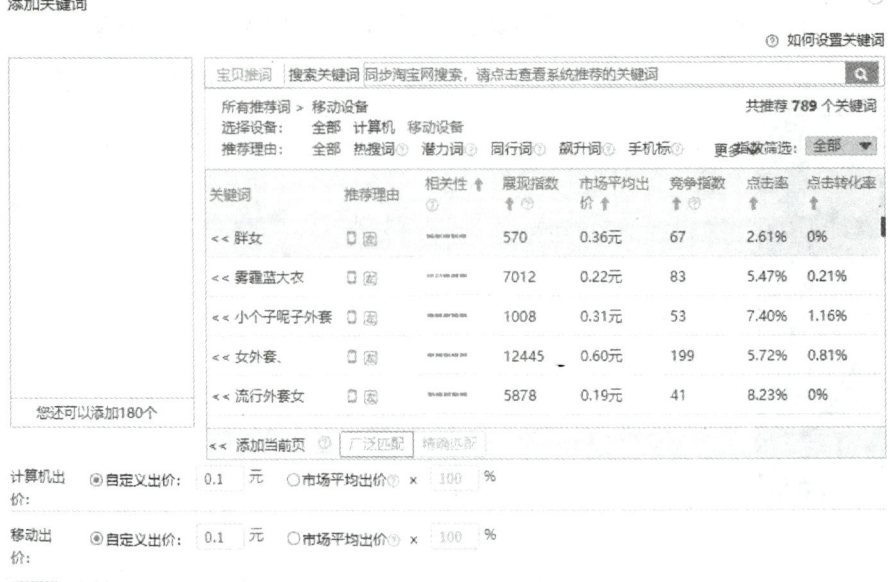

图 8-3-4　添加关键词窗口

点击智能匹配下的"查看历史报表"图标,将直接跳转到直通车报表页面,如图 8-3-5 所示。

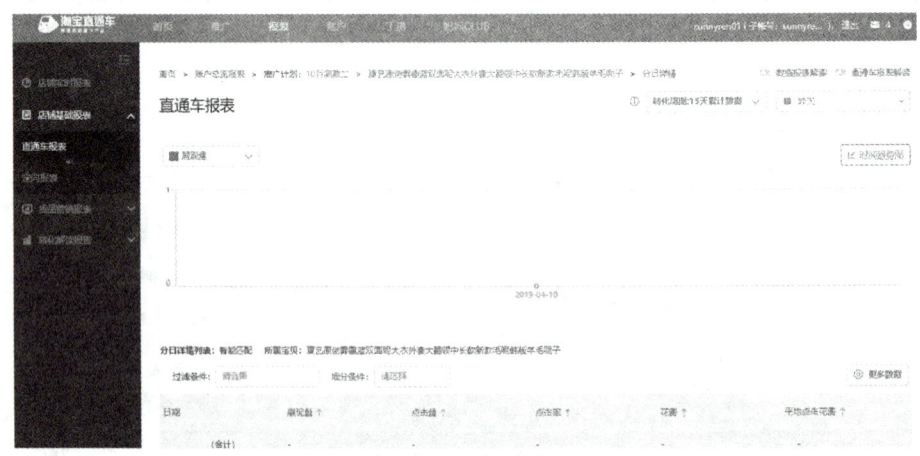

图 8-3-5　直通车报表页面

在关键词列表中点击选中的关键词,系统将直接跳转到流量解析页面。在流量解析页面可以查看对所选关键词的分析结果,包括市场数据分析、推广词表下载、数据透视、线上推广排名等,如图 8-3-6 所示。

在关键词列表中每个关键词下面都有 4 个按钮,可以点击这 4 个按钮来修改匹配方式、删除和查看关键词实时数据、查看历史报表、查看关键词全景图。

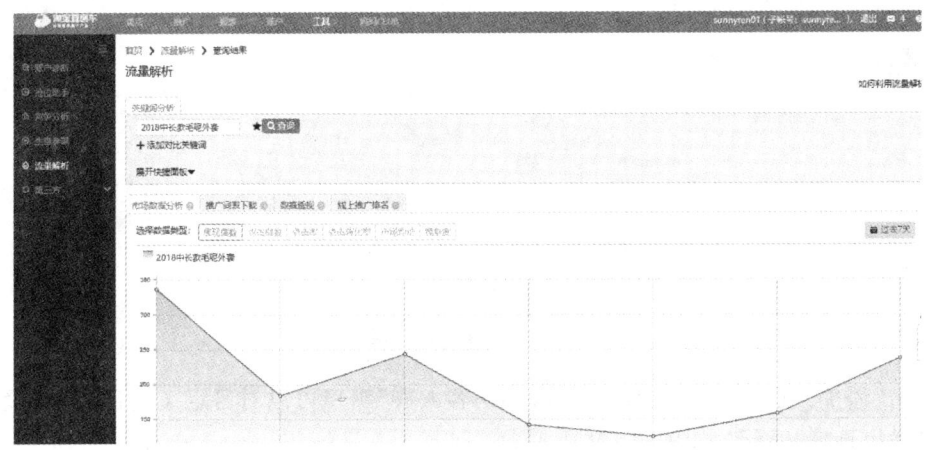

图 8-3-6　流量解析页面

在关键词列表中可以看到计算机端和移动端的质量分、平均排名、出价,以及展现量、点击量、点击率、花费等数据。点击这些数据右侧的上下箭头可以从低到高或者从高到低来进行查看。点击右侧的设置按钮还可以添加更多的度量选项来进行分析,如图 8-3-7 所示。

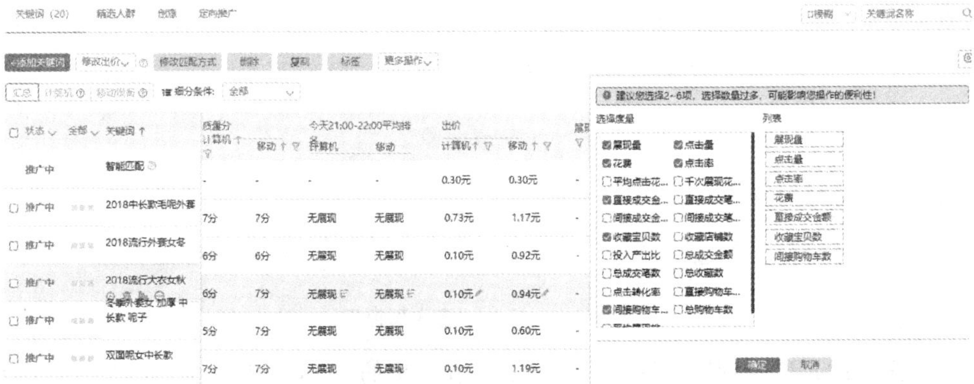

图 8-3-7　关键词列表中的数据

将鼠标移到计算机质量分和移动质量分上时,将会弹出计算机质量分和移动质量分的解析窗口。点击计算机和移动平均排名右侧的"分布"图标,可以看到系统对于所选关键词的流量分布解析。

点击关键词列表中计算机出价右侧的笔状图标,将会弹出计算机端的关键词建议出价窗口;点击关键词列表中移动出价右侧的笔状图标,将会弹出移动端的关键词建议出价窗口。

2. 精选人群管理

关键词操作入口右侧是精选人群操作入口,在精选人群操作入口下面有"添加人群""修改溢价""参与推广""暂停推广""删除""复制"6 个按钮,在最右侧还有细分条件选择和度量设置按钮,如图 8-3-8 所示。

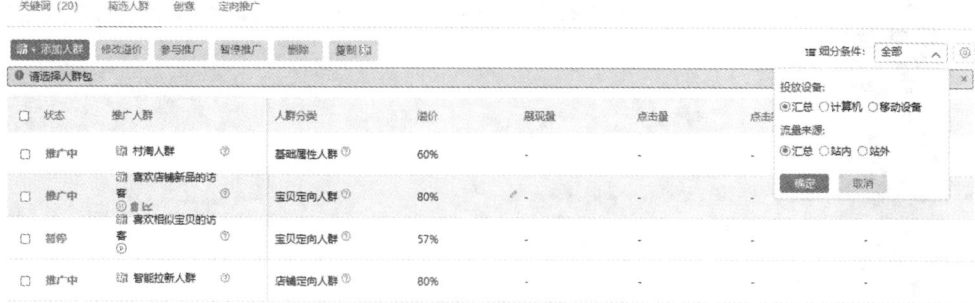

图 8-3-8　精选人群操作入口

点击"添加人群"按钮,在弹出的"添加访客人群"窗口可以对自定义组合人群和系统推荐人群做出选择和修改,如图 8-3-9 所示。

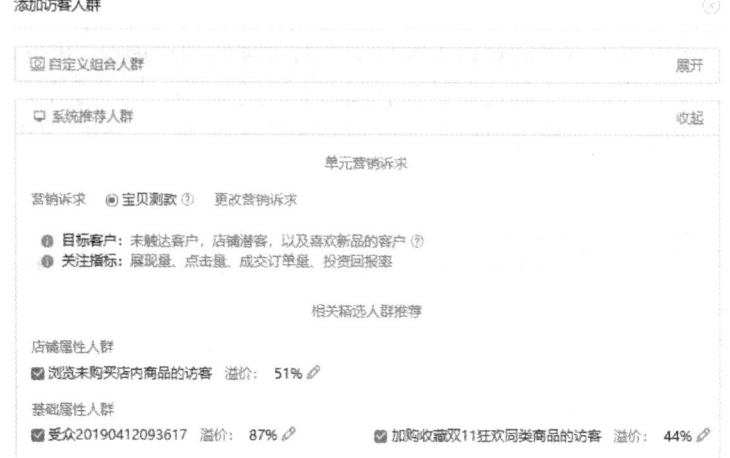

图 8-3-9　添加访客人群窗口

勾选选中的人群包,点击"修改溢价"按钮,在弹出的"批量修改溢价"窗口可以进行"自定义溢价"或者"提高/降低原有的溢价幅度"选项的操作。

也可以直接点击溢价数据右侧的笔状图标,对选中的人群包单独修改溢价。

另外,在勾选人群包后,点击"参与推广""暂停推广""删除""复制"等按钮,可以对选中的人群包进行相应的操作。

也可以在推广人群下面点击"暂停/开启"按钮来暂停和开启推广,点击"删除"按钮来删除推广。在推广人群下面还有显示详情图标和实时数据图标,可以点击查看。

在精选人群列表中可以看到展现量、点击量、点击率、花费等数据。点击最右侧的"设置"按钮还可以添加更多的度量选项来进行分析。

3. 创意管理

精选人群操作入口右侧是创意操作入口,在创意操作入口下面有"添加创意""流量分配""开启智能标题"3 个选项,在最右侧还有细分条件选择和度量设置按钮,如图 8-3-10 所示。

第二篇　运营岗位操作篇

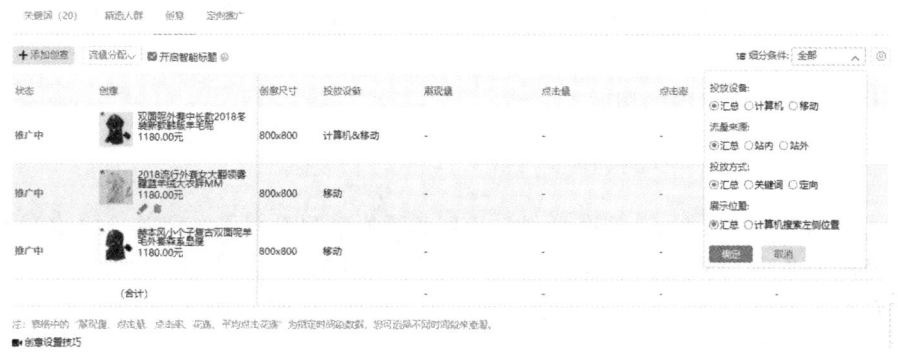

图 8-3-10　创意入口

点击"添加创意"按钮，系统将会跳转到编辑宝贝创意页面，如图 8-3-11 所示。

图 8-3-11　编辑宝贝创意页面

注意：每个推广单元最多只能添加 4 条创意。

在添加宝贝创意页面可以选择创意图片和编辑创意标题。选择创意图片有两种选择：本地上传和在已有图片中选择。如果选择本地上传，图片的要求是：800 × 800 px，0 ~ 500 KB，支持 JPG、JPEG、PNG 格式图片。已有图片默认为宝贝主图，可以从宝贝主图中选择任意一张进行展示。如果要选择其他的已有图片，可以点击下三角图标来进行选择。

在页面下部可以编辑创意标题，商家可以在标题输入框中针对当前标题进行编辑，标题要注意突出宝贝的属性、功效、品质、信誉、价格优势等，同时也可以添加一些热门词。编辑完创意标题后要选择投放平台，商家可以指定投放设备，单独为计算机端或者移动端制作不同的创意。

完成创意图片的选择并编辑完成标题之后，在页面右侧能够查看宝贝展示的预览效果。

点击流量分配右侧的下三角图标，可以管理流量的分配方式，在计算机设备端和移动设备端选择优选或者轮播。

流量分配右侧是开启智能标题选项,开启智能标题后,系统会根据人群偏好,自动生成对应的个性化展示标题,有效提升点击率,该标题不会影响质量得分中的相关性。如果希望继续使用原标题,可以关闭该功能。

> **小贴士**
>
> 当选择创意优选时,系统会根据您的创意历史表现数据帮您优选一个表现较好的创意进行集中展现,但对定向推广位置不生效;当选择创意轮播时,系统会根据您上传的创意个数自动将流量平均分配给您上传的创意进行展现。

在创意列表中点击创意图片,可以打开宝贝的淘宝网页进行查看。当鼠标停留在创意图片上时,可以进行发送图片到手机、全屏看图、快速存图、分享图片、设置等操作。当点击"设置"按钮时,在跳出的设置页面可以进行基本设置、界面设置、标签设置、优化加速等操作,如图 8-3-12 所示。

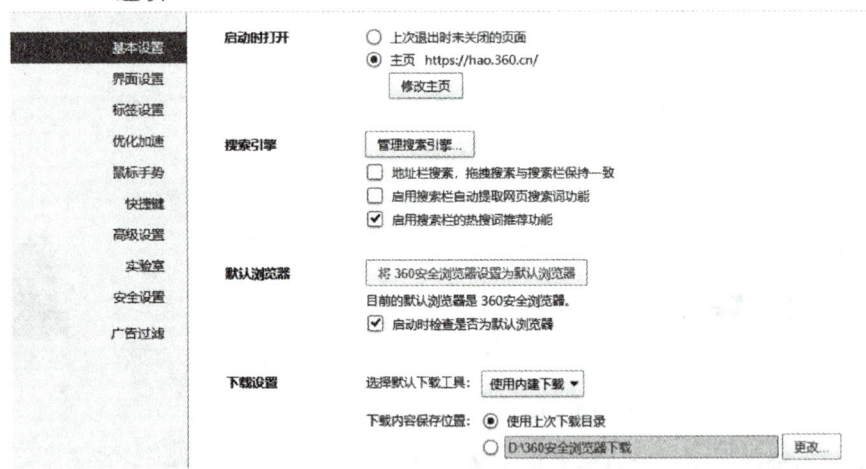

图 8-3-12　创意图片设置页面

在创意列表中点击创意标题或者点击创意标题下面的"编辑"按钮,同样可以打开编辑宝贝创意页面进行编辑。点击标题下面的"删除"按钮,可以删除该条创意的所有数据。

在创意列表中可以查看展现量、点击量、点击率、花费等数据。点击最右侧的"设置"按钮还可以添加更多的度量选项来进行分析。

4. 定向推广管理

创意操作入口右侧是定向推广操作入口,关于定向推广,在任务二里已经进行了详细的说明,这里不再赘述。

8.3.5 任务总结

1. 知识结构图（图 8-3-13）

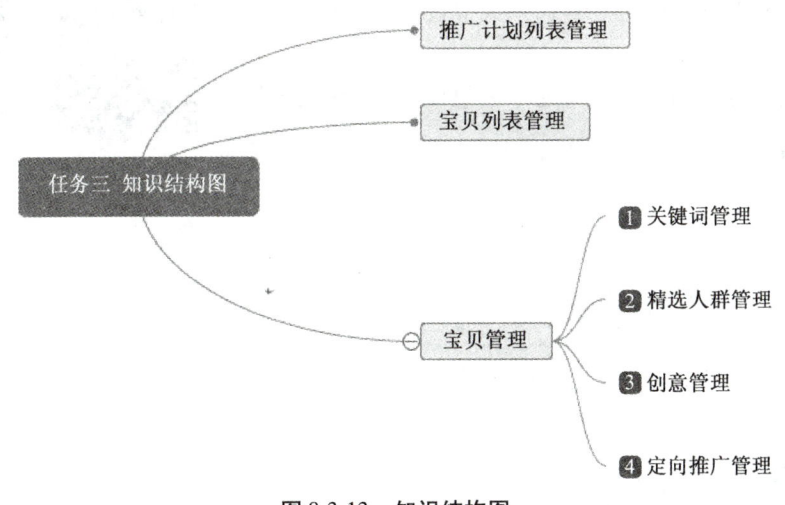

图 8-3-13　知识结构图

2. 拓展知识

"直通车的推广标题"是宝贝在直通车展示位上的标题，并非店铺内宝贝的标题。一个好的标题可以让更多的买家记住，在同样的展现量下，可以吸引更多的潜在买家浏览、购买推广的宝贝。

推广标题可以使用 40 个字符（20 个汉字），标题内容要简洁明了，与宝贝密切相关，并突出宝贝的卖点，尽可能多地涵盖宝贝的属性、特征，这样可以有效提高关键词的质量得分。

（1）标题要卖点明确，简练直接，一看即知商品的优势。

可以参考的商品卖点有：产品本身的特性、价格优势、品质或品牌保证、促销优惠信息等。当然，卖点的提炼一定要实事求是，夸大的卖点可能会花冤枉钱。

（2）将文字的信息点归类，并注意断句。

让买家能轻松地读懂标题。可以适当使用标点符号或空格，让标题读起来更像个通顺的句子，而不是复杂的没有任何停顿的短语。

（3）最重要的卖点一定要在标题里突出而且要确保表达清楚。

如果一个宝贝的卖点有好几个，无法在 20 个字的标题里写全，至少在标题里突出最重要的那个卖点，次要的卖点可以放到描述里面。

（4）为宝贝同时设置两个推广标题，可对比哪个标题点击率更高，更吸引买家。

8.3.6 任务训练

1. 选取店铺的宝贝参与直通车推广时应考虑哪些因素？请将回答内容填入下框中。

2. 为自己网店的某款产品制作一张直通车推广创意图。

8.3.7 课外学习

● 淘宝网万堂书院——直通车人群设置技巧(用手机淘宝扫一扫)。

● 淘宝网万堂书院——直通车创意设置技巧(用手机淘宝扫一扫)。

直通车人群设置技巧

直通车创意设置技巧

任务四　提高直通车推广技巧

8.4.1 任务情境

开展直通车推广一段时间以后,店铺宝贝的展现量、点击量和转化率都有了较大的提升。但是,李伟注意到自己的直通车数据相比优秀店铺还是有很大的差距。怎样才能缩小这个差距,让自己成为优秀的车手呢？李伟开始研究直通车后台的报表、账户、工具等内容。

8.4.2 任务分析

要提高直通车推广技巧,取得更好的直通车推广效果,必须要对直通车报表有所了解,学会解读直通车报表、定向报表等内容；还要学会解读财务记录、操作记录、违规记录、资质管理等账户管理的内容；更要了解直通车的各种工具,包括账户诊断、生意参谋、流量解析等工具,为更好地开展直通车推广打好基础。

8.4.3 知识准备

● 生意参谋：是淘宝最主要的数据分析工具,对于全店及全网数据分析起到第一参考作用。商家可以通过生意参谋分析直通车流量对全店贡献的占比,根据流量走势决定直通车推广力度。

● 流量解析：是商家最常用的直通车工具,主要用来分析关键词的行业数据,也是贯穿直通车优化操作中的重要数据工具。流量解析工具不仅仅可以用来查看关键词的市场情况,还可以辅助分析行业的市场变化。

8.4.4 任务实施

一、解析直通车报表

直通车具备非常完善的报表查看工具,可以非常方便且全面地查看直通车推广数据。直通车报表是商家日常推广中运用最多的工具之一,基本上商家每天打开直通车的第一件事就是查看直通车报表。

在上方点击"报表",进入报表首页,可以看到在左侧有店铺实时报表、店铺基础报表、货品营销报表、转化解读报告 4 个选项,如图 8-4-1 所示。

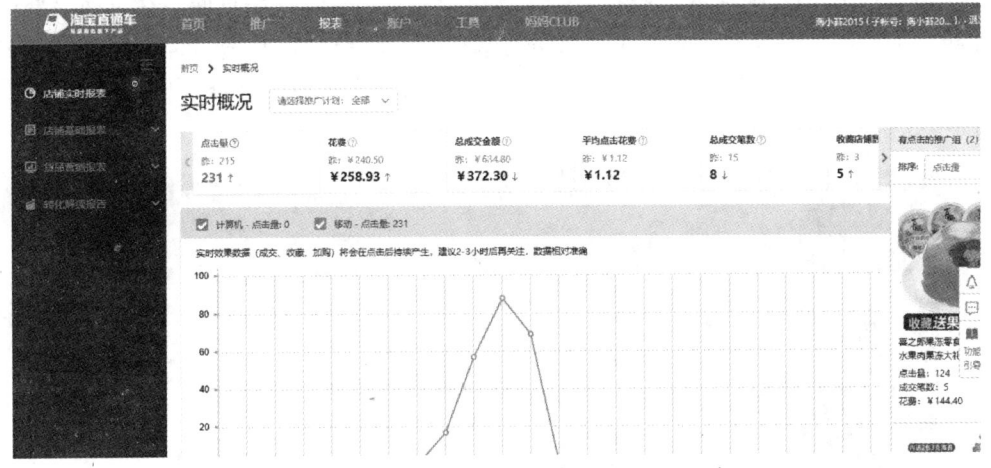

图 8-4-1　报表首页

（1）点击"店铺实时报表"，进入实时概况页面。在上方可以看到点击量、花费、总成交金额、平均点击花费、总成交笔数、收藏店铺数的实时数据，还可以点击右三角图标，查看收藏宝贝数、加入购物车数、点击转化率、投入产出比的实时数据。在查看数据指标时，下面将会显示相应的实时数据效果图和地域划分、平台划分图，在右侧显示有点击的推广组的数据信息，如图 8-4-2 所示。

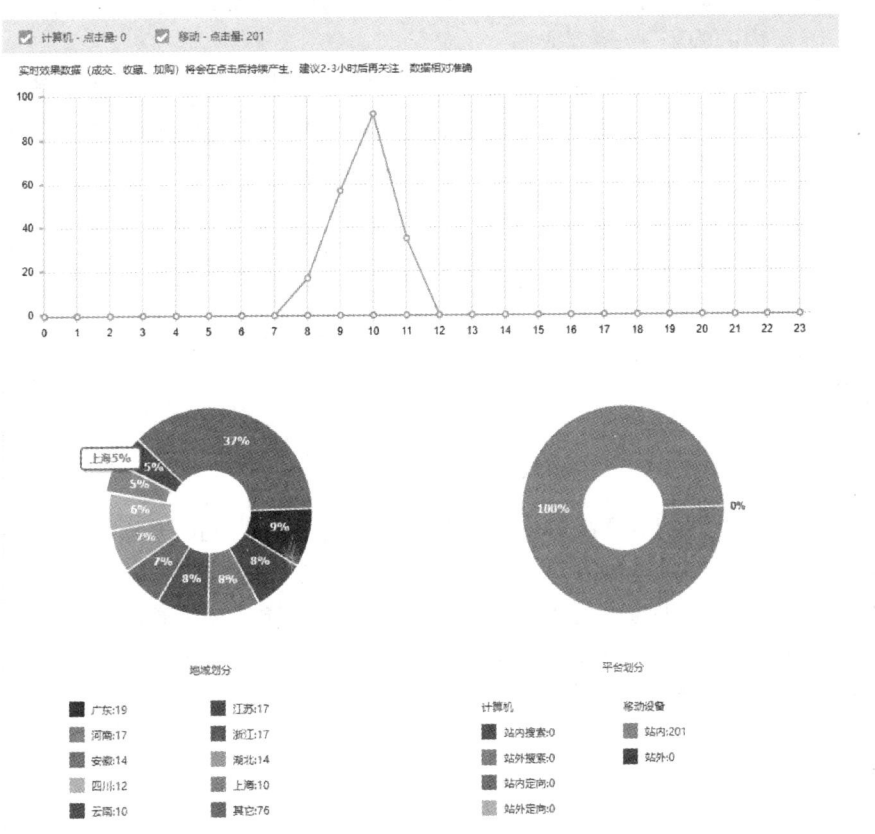

图 8-4-2　实时数据效果图和地域划分、平台划分图

（2）点击"店铺基础报表"下的"直通车报表"，进入直通车报表页面。在页面上部可以看到店铺过去 15 天或 7 天累计数据的数据报表，里面有展现量、花费、点击量、平均点击花费、点击率、投入产出比等数据，点击右侧的"更多数据"按钮还可以查看更多的数据类型，如图 8-4-3 所示。

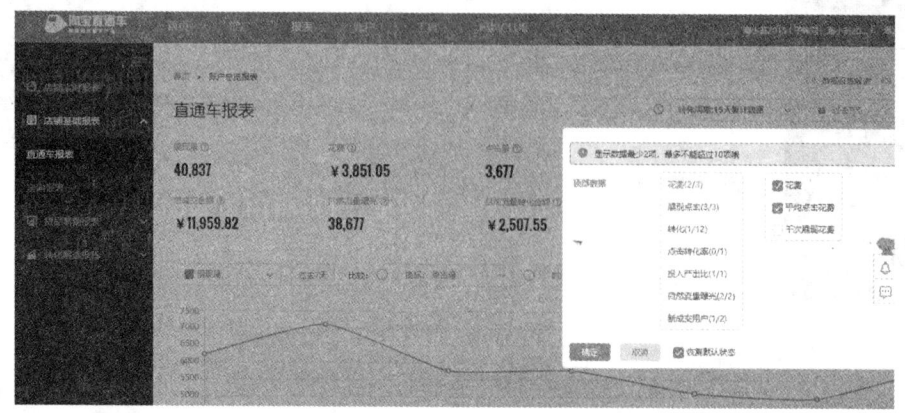

图 8-4-3　直通车报表

直通车报表对时间的选择是很人性化的，可以选择昨天、前天、过去 7 天、过去 14 天、上周（周日至周六）等时间范围，最长可以选择查看过去半年的数据。转化周期有 1 天转化数据、3 天转化数据、7 天转化数据、15 天转化数据 4 个选项，可以提供直通车链接点击后 1 天、3 天、7 天、15 天内的购买、收藏等数据。

通过直通车报表不仅能查看数据，还可以观察单个数据指标的数据变化趋势。点击右侧的"时间趋势图"按钮，展现的是店铺过去 7 天展现量的时间趋势图，商家可以通过查看异常趋势点来查找问题并进行分析，如图 8-4-4 所示。

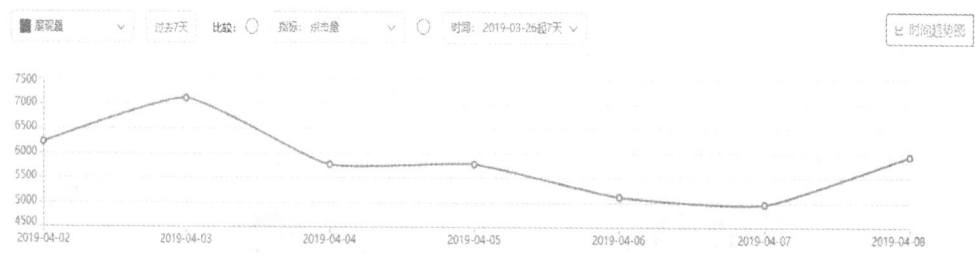

图 8-4-4　展现量数据趋势图

除了对单个数据进行数据趋势查看外，直通车报表还可以同时查看两个数据指标的数据趋势，并进行数据比较。

直通车报表不仅提供时间趋势图，还提供了数据占比图。点击右侧的"数据占比图"按钮，可以清楚地了解来自计算机设备、移动设备、关键词、定向、站内、站外等不同来源数据的占比情况，如图 8-4-5 所示。

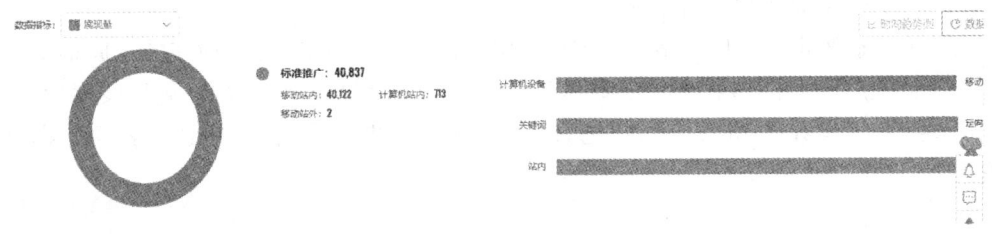

图 8-4-5　数据占比图

时间趋势图下面是自然流量曝光数据,在这里系统会提供直通车 15 天累计效果额外带来的累计自然流量曝光数据,如图 8-4-6 所示。如果数据图显示自然流量曝光在下降,卖家就要注意了,要分析是由自然搜索变化引起的,还是由直通车推广变化引起的。

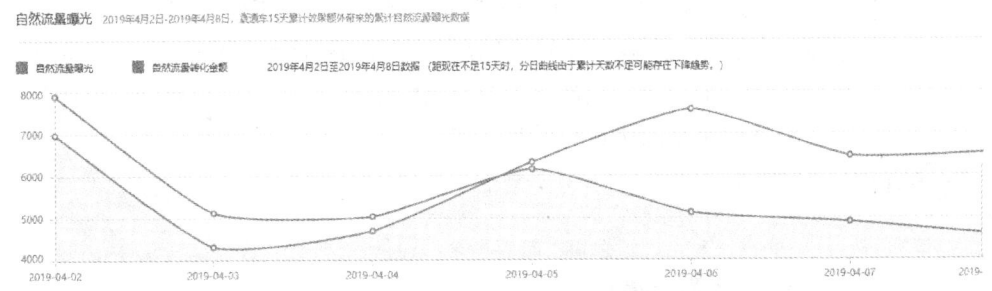

图 8-4-6　自然流量曝光数据图

在直通车报表页面的下部是卖家分析数据的主要工具,包括推广计划列表、推广单元列表、创意列表、关键词列表和地域列表。卖家可以打开这些列表来查看数据统计情况。在页面右侧可以点击"更多数据"按钮来选择展现量、点击量、花费等分析数据需要的数据维度。点击"下载报表"按钮,设定报表名称、选择报表类型、选择时间范围后点击"确定"按钮,就可以将数据报表下载下来在表格里进行分析。在"细分条件"下可以看到流量来源、投放类型、投放设备等维度的数据值,通过筛选不同的细分条件可以查看相对应的各种数据,如图 8-4-7 所示。

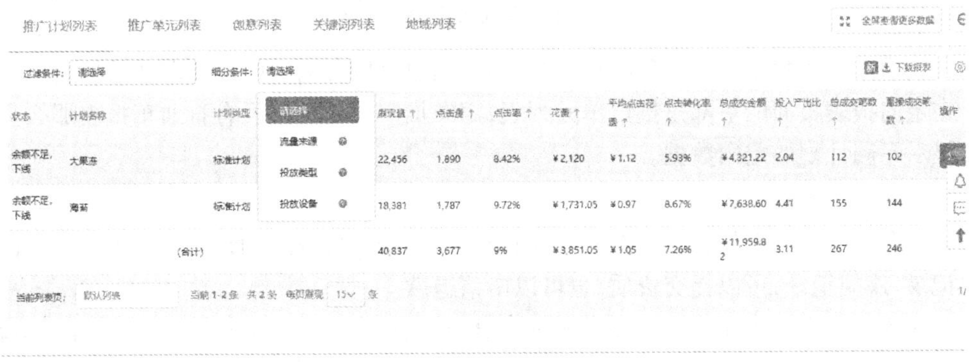

图 8-4-7　直通车数据列表

(3)点击"店铺基础报表"下的"定向报表",进入定向报表页面。定向报表和直通车报表比较类似,但是内容相对简单,数据也没有直通车报表全面。在报表上部可以看到推广类型、设备来源、转化周期和时间范围。

以前的直通车定向推广类型分为宝贝定向推广和店铺定向推广,现在的定向推广类型只显示宝贝推广,如图 8-4-8 所示。显示的即为某店铺宝贝的定向数据,包括展现量、点击量、点击率、花费等数据,卖家还可以通过点击右侧的"更多数据"按钮选择其他数据进行查看。

图 8-4-8　宝贝定向数据报表

直通车定向报表可以查看不同设备来源的数据,如图 8-4-9 所示,设备来源分为汇总、计算机设备、移动设备、站内来源、站外来源、计算机站内来源、计算机站外来源、移动站内来源、移动站外来源等。每一个设备来源都是一个数据的细分,通过设备来源可以单独分析单个来源的数据情况,为直通车定向优化提供数据依据。

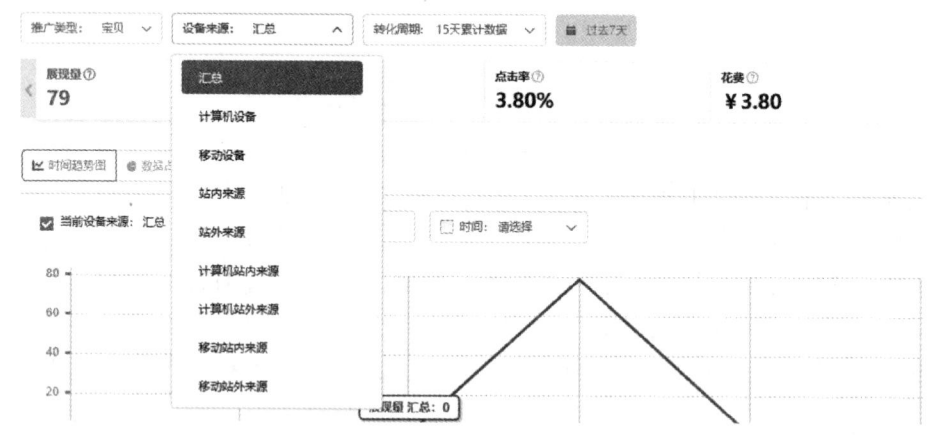

图 8-4-9　定向报表设备来源

和直通车报表数据一样,直通车定向报表数据也可以分为时间趋势图和数据占比图。

在定向报表页面的下部是推广单元列表,定向推广单元数据没有直通车报表那么全面,只会显示不同计划的定向数据。

二、解析直通车账户

直通车关于钱的操作,大多在账户里面,在这里商家可以给直通车充值,查看财务记录、操作记录、违规记录,可以提交资质,也可以申请退款。

在任务一的直通车充值里已经讲解过充值、设置自动充值和提醒 2 个功能,在这里就不再赘述。

1. 财务记录

点击账户首页的"财务记录"按钮,进入财务记录页面。在财务记录里商家可以清楚地看到不同日期支出和存入的信息,如图 8-4-10 所示。

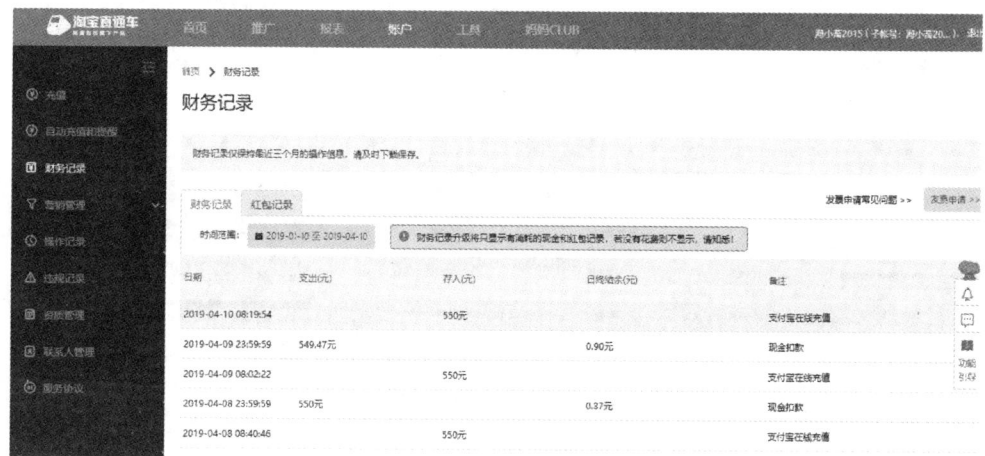

图 8-4-10　财务记录页面

点击右侧的"发票申请"按钮,在打开的发票管理页面填写开票信息、邮寄地址等内容后就可以申请发票。点击"申请退款"按钮,在打开的退款申请窗口选择退款原因后就可以申请退款,申请的退款从提交到退款成功,整个过程会在 1~10 个工作日完成。

2. 营销管理

点击账户首页的"营销管理"按钮,下面将会显示"我的优惠券""优惠券使用记录"2 个选项,点击这 2 个按钮,可以查看我的优惠券和优惠券使用记录信息,如图 8-4-11 所示。

图 8-4-11　营销管理页面

3. 操作记录

点击账户首页的"操作记录"按钮,进入操作记录页面,在这里可以查看商家直通车操作工具的记录。操作记录分 4 个部分来记录商家的操作步骤,分别是"关键词相关""宝贝相关""计划相关""创意相关"。商家可以自行设定查询的时间范围,也可以点击"添加查询对象"按钮来选择其他推广计划进行查询,如图 8-4-12 所示。

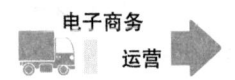

图 8-4-12 操作记录页面

4. 违规记录

点击账户首页的"违规记录"按钮,进入违规记录页面。在这里可以看到 3 类违规:A 类违规、B 类违规和 C 类违规,在这 3 类违规里有累计扣分达 12 天、累计扣分达 24 天、累计扣分达 36 天、累计扣分达 48 天 4 种情形和相应的暂停账户使用天数规定。

在违规记录页面下部有创意违规、推广单元违规、宝贝违规、账户违规、资质违规 5 种,以及在不同情形下违规原因、违规类型、违规情节、违规扣分的记录,商家可以点击查看自己的违规情况。

5. 资质管理

点击账户首页的"资质管理"按钮,进入资质管理页面。在资质管理右侧有常见资质类型和资质规则说明,商家可以点击查看。

点击"新增资质"按钮,在打开的"新增资质"窗口可以选择资质类型、子类型和二级子类型。资质类型分为品牌资质、行业资质、媒介资质、数据资质 4 类,在资质管理中可以针对这 4 类资质进行添加。例如,选择资质类型"行业资质",选择子类型"化妆品",点击"下一步"按钮,填写资质说明并上传资质证明,点击"确定"按钮,一份资质就上传成功了。

三、解析直通车工具

直通车是一个非常完善的系统,设置了许多非常实用的优化工具。优化工具的主要作用是为了给直通车推广优化提供数据支撑,包括数据分析工具(账户诊断、竞争分析、生意参谋)、操作工具(抢位助手)和数据查询工具(流量解析)等,这些优化工具对商家开展直通车日常推广起到了巨大的作用。

1. 账户诊断

点击工具首页的"账户诊断"按钮,进入账户诊断页面。账户诊断主要针对预算、出价、关键词、人群标签、创意等进行初步诊断并给出优化建议。

2. 抢位助手

点击工具首页的"抢位助手"按钮,进入抢位助手页面。抢位助手是一款自动调整关键词出价、抢占并稳定宝贝排名的工具。通过抢位助手,商家可以为账户内的关键词设置抢位策略,系统将根据商家所设置的抢位策略自动及时调整关键词出价,抢占目标排名。

点击"新建策略"按钮,进入抢位策略的创建页面,按步骤依次设定各项策略属性,即可完成抢位策略的创建。

点击"效果统计"按钮，可以查看策略报表，也可以查看单个策略里面添加的关键词的数据报表，在策略报表处进行选择即可。也可以分设备来查看计算机和移动设备的不同效果。策略报表时间范围和转化周期和直通车报表是一样的，都可以在1～15天累计转化数据之间进行切换。

3. 竞争分析

点击工具首页的"竞争分析"按钮，进入竞争分析页面。竞争分析是一个很好的分析工具，主要用途在于10项竞店的推广数据披露。可同时对比竞店的直通车花费、展现量、点击率、平均点击花费、点击转化率、总成交笔数、总购物车数、总收藏数、点击量、推广宝贝量10项数据维度。

商家可以在"竞店对比"中打开"自定义竞店设置"窗口，根据店铺类型、全店7天营业额、店铺星级、主要宝贝客单价4个数据维度来选择竞争对手类别。竞争分析工具可以提供全面细致的店铺推广预警和推广指导建议，还可以提供及时并有针对性的竞店优秀推广设置指导。包括竞店流量大、效果好的关键词推荐，购买相同关键词、跟竞店的数据表现差距，竞店设置效果好的溢价人群推荐等。

在竞争分析页面下部可以查询热销商品属性，通过选择类目名称和价格区间，可以查询不同子类目下、不同价位宝贝的热销属性榜和飙升属性榜，帮助商家快速把握行业动态。

4. 生意参谋

点击工具首页的"生意参谋"按钮，进入生意参谋页面。生意参谋是淘宝最主要的数据分析工具，对于全店及全网数据分析起到第一参考作用。商家可以通过生意参谋分析直通车流量对全店贡献的占比，根据流量走势决定直通车推广力度。

关于如何使用生意参谋工具开展详细的数据分析，将在第三篇的运营数据分析篇中专门进行讲解，在此不再赘述。

5. 流量解析

点击工具首页的"流量解析"按钮，进入流量解析页面。流量解析是一个关键词数据分析工具，通过流量解析可以查看关键词的各方面数据，为直通车投放策略提供数据依据。在关键词分析下面输入想要分析的关键词，或者在快捷面板里面点击选中的关键词，比如"连衣裙"。还可以点击"添加对比关键词"，比如"女装"，如图8-4-13所示。

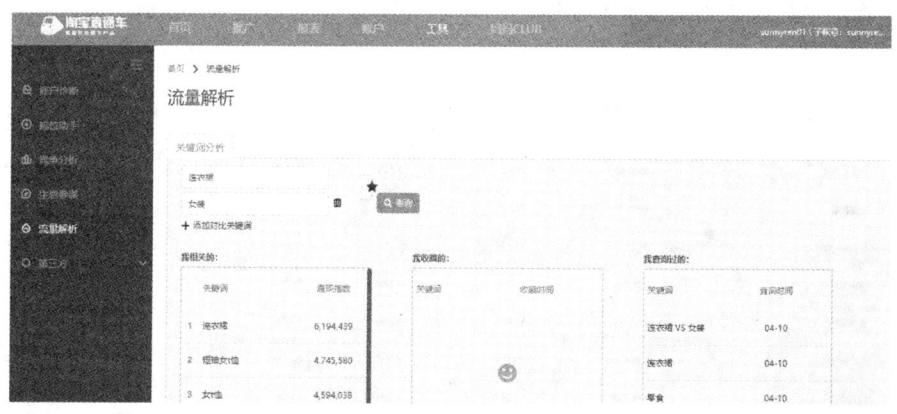

图8-4-13　流量解析页面

点击右侧的"查询"按钮,进入关键词分析页面,可以看到刚才输入的"连衣裙"和"女装"2个关键词的市场数据分析、推广词表下载、数据透视、线上推广排名的数据分析结果。

(1) 市场数据分析。

市场数据分析呈现的是关键词在所选时间范围内的市场数据,如图 8-4-14 所示,为关键词"连衣裙"的 7 天展现指数趋势图,从图中可以看出,4 月 3 日该词的展现量为 4 745 233 次,4 月 8 日的高峰展现量为 6 556 249 次。

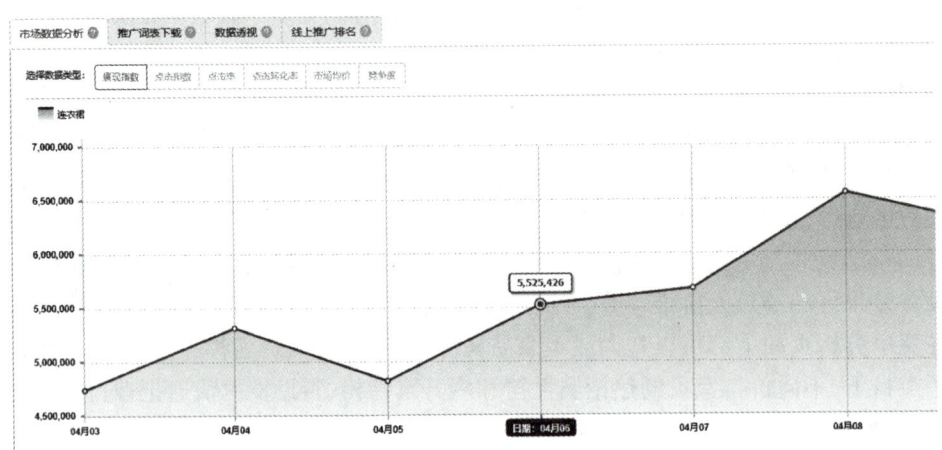

图 8-4-14　市场数据分析

除了查看关键词的展现指数,可供选择的数据类型还有点击指数、点击率、点击转化率、市场均价、竞争度。市场数据分析还可以选择不同的时间范围,查看过去 7 天、过去 30 天直至过去一年的数据趋势。

(2) 推广词表下载。

推广词表下载是一个非常方便的查找关键词的方式,同时也能获取更多的拓展词,如图 8-4-15 所示,以"连衣裙"为基准词查看推广词表下载,系统给出的相关词有"长袖连衣裙""夏连衣裙""真丝连衣裙"等,特别是这些词的展现指数、点击指数、点击率、点击转化率、市场均价、竞争度等数据都得到了一一展示,极大地方便了商家对关键词的筛选。

	关键词(相关度)	展现指数	点击指数	点击率	点击转化率	市场均价	竞争度
1	长袖连衣裙	326,772	18,431	5.31%	0.26%	¥0.44	6976
2	夏连衣裙	1,574,955	78,595	4.69%	0.41%	¥0.45	15933
3	真丝连衣裙	888,577	34,328	3.61%	0.29%	¥0.97	5344
4	棉麻连衣裙	388,718	18,669	4.51%	0.43%	¥0.64	3971
5	连衣裙春秋	241,253	13,968	5.46%	0.37%	¥0.42	4892
6	雪纺连衣裙	1,374,458	70,131	4.8%	0.42%	¥0.5	11451
7	印花连衣裙	124,059	5,734	4.34%	0.56%	¥0.65	2837

图 8-4-15　推广词表下载

除了相关词,推广词表同样给出了相关类目下的热门词,可以查看昨天、前天及上周同期的展现指数、点击指数、点击率等数据。

(3)数据透视。

数据透视的功能在于呈现关键词在各地域、各投放平台及各个价格点上的数据表现,由地域透视、流量透视、竞争透视组成。

如图 8-4-16 所示为地域透视。地域透视可以提供昨天、前天和过去一周内该关键词在全国各省份的数据分布情况。商家可以点击右侧"展现指数"旁边的下三角,选择点击指数、点击率、点击转化率、市场均价等数据字段,来查看相对应的省份分布排名。

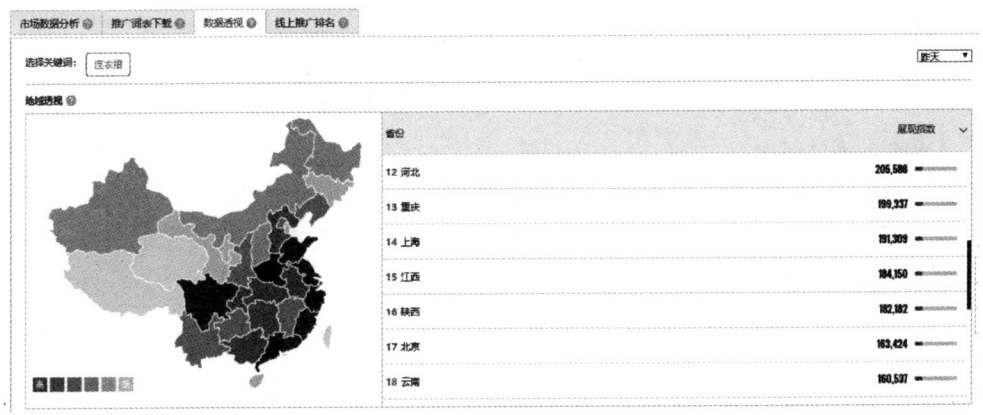

图 8-4-16　地域透视

如图 8-4-17 所示为流量透视。流量透视可以提供过去一周内,该关键词在淘宝站内、淘宝站外、计算机设备、移动设备的数据分布,以及展现占比情况。还可以查看展现指数、点击指数、点击率、点击转化率、市场均价、竞争度等数据字段的数据指标。

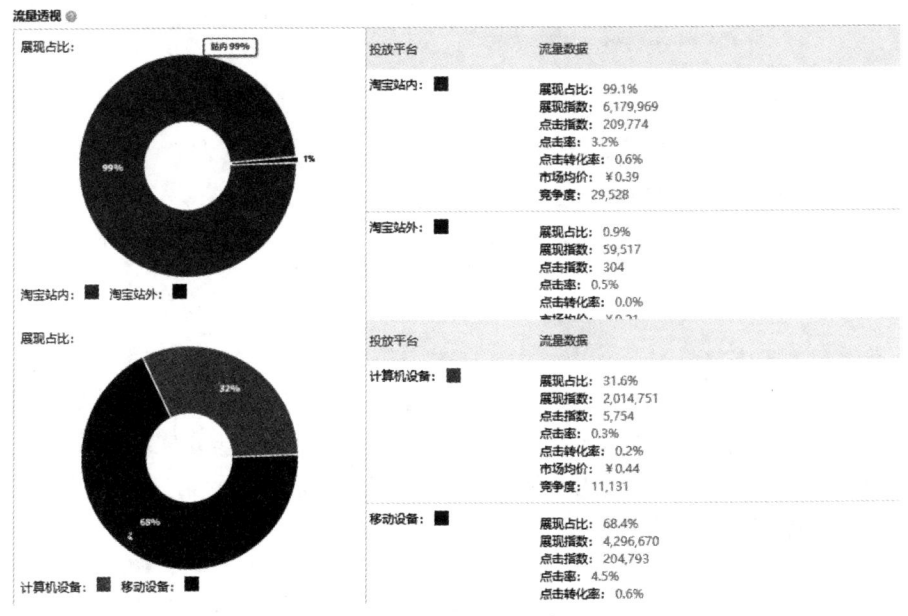

图 8-4-17　流量透视

如图 8-4-18 所示为竞争透视。竞争透视可以提供过去一周内,该关键词不同点击价格的竞争宝贝数量。商家可以根据竞争透视来调整自己的出价策略,以较小的出价成本换取更大的竞争优势。

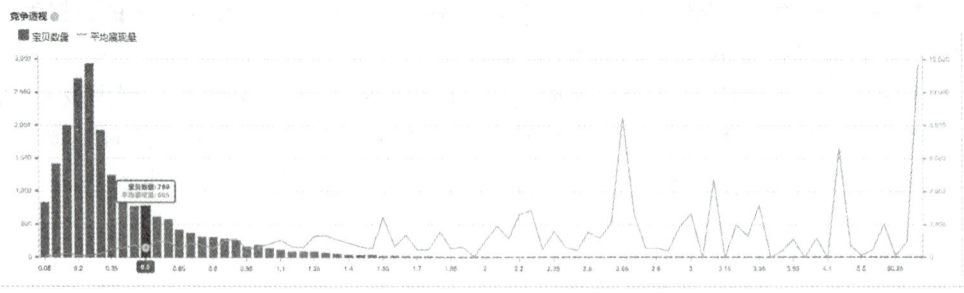

图 8-4-18　竞争透视

(4)线上推广排名。

流量解析工具中的线上推广排名功能可以方便商家查看自己的直通车广告。如图 8-4-19 所示是所选关键词在展现环境下的直通车推广内容排名列表,如果商家的宝贝在排名列表中,就会默认以红标展现。

图 8-4-19　线上推广排名

6. 直通车第三方软件

点击工具首页的"第三方"按钮下的"直通车第三方软件",页面将直接跳转到营销拍档页面。这里的第三方指的是向淘宝官方进行了服务报备,并为淘宝卖家提供服务的公司,主要提供直通车代驾(第三方服务)和直通车软件 2 种服务。所有的第三方服务都受淘宝监管,商家可以根据需要开展服务合作。

8.4.5 任务总结

1. 知识结构图（图8-4-20）

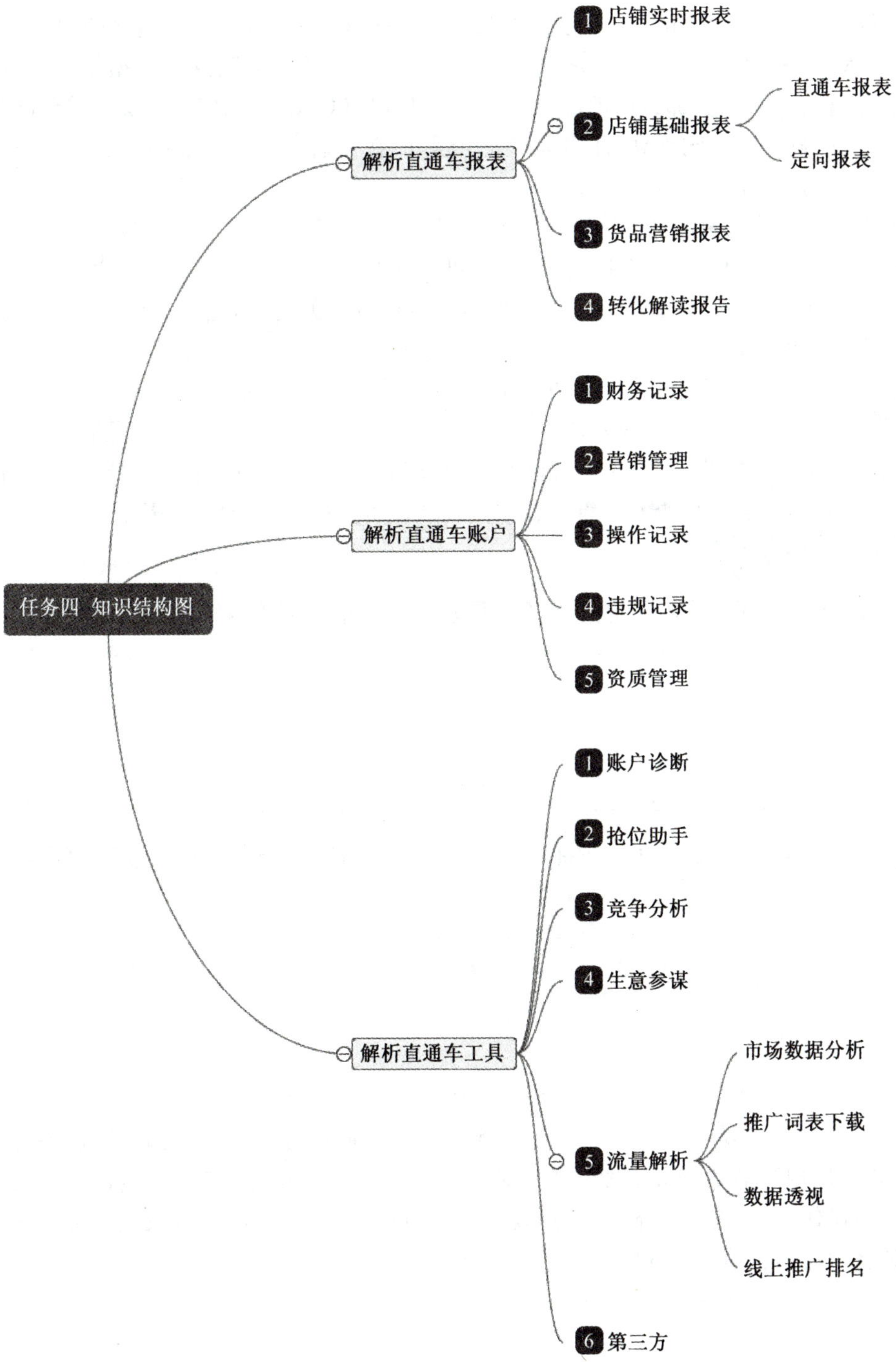

```
任务四 知识结构图
├── 解析直通车报表
│   ├── 1 店铺实时报表
│   ├── 2 店铺基础报表
│   │   ├── 直通车报表
│   │   └── 定向报表
│   ├── 3 货品营销报表
│   └── 4 转化解读报告
├── 解析直通车账户
│   ├── 1 财务记录
│   ├── 2 营销管理
│   ├── 3 操作记录
│   ├── 4 违规记录
│   └── 5 资质管理
└── 解析直通车工具
    ├── 1 账户诊断
    ├── 2 抢位助手
    ├── 3 竞争分析
    ├── 4 生意参谋
    ├── 5 流量解析
    │   ├── 市场数据分析
    │   ├── 推广词表下载
    │   ├── 数据透视
    │   └── 线上推广排名
    └── 6 第三方
```

图 8-4-20　知识结构图

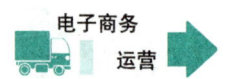

2. 拓展知识

了解投入产出比

投入产出比是指在指定时间维度内总成交金额/总消耗,英文缩写是 ROI。投入产出比在一定程度上代表了盈利能力。比如,在过去 7 天内这个关键词总成交金额是 1 000 元,总消耗是 200 元,那么这个关键词的投入产出比就是 1 000/200 = 5,这个数据就意味着,如果我们愿意消耗 2 000 元,那么产出的成交金额则为 10 000 元(当然实际情况会受到各种因素影响)。所以投入产出比越高,证明推广效果越好,在直通车推广的最终目的里要包含一定的投入产出比期望值。

投入产出比分为单品的投入产出比和关键词的投入产出比。单品的投入产出比是指单品在指定时间段内的投入产出比,在不同时间段投入产出比是会变化的,所以在查看单品投入产出比数据的时候一定要先选定时间段再进行查看。关键词的投入产出比决定了这个词在推广中是亏损还是盈利,同一个产品下的关键词投入产出比的能力是不一样的,同一个关键词在计算机端和移动端的投入产出比也是不一样的,所以商家在优化直通车的过程中,要注意投入产出比在不同平台的表现。在直通车报表里查看关键词在计算机端、移动端的投入产出比是比较方便的,在直通车后台点击【报表】→【关键词列表】,在"细分条件"栏里选择"投放设备"选项,即可查看关键词在不同投放设备上的投入产出比情况。

8.4.6 任务训练

1. 直通车效果不明显,可能是什么原因造成的?请将回答内容填入下框中。

2. 除了单纯提高出价以外,还有什么方法可提高宝贝展现概率?请将回答内容填入下框中。

3. 若关键词连续 15 天无展现,系统会显示关键词为"无展现"。如果发现关键词状态显示为"无展现",意味着买家搜索该词时推广不再被系统展现。若 7 天内没有对无展现词进行激活操作,系统将自动删除"无展现"的关键词。请问如何激活以及优化那些无展现词呢?请将回答内容填入下框中。

8.4.7 课外学习

- 淘宝网万堂书院——直通车数据报表解读(用手机淘宝扫一扫)。
- 淘宝网万堂书院——直通车如何使用流量解析(用手机淘宝扫一扫)。

直通车数据报表解读　　直通车如何使用流量解析

项目八　练习题

一、单选题

1. 直通车设置当前推广计划的日最高限额必须大于或等于(　　)元。
   A. 15　　　　B. 30　　　　C. 40　　　　D. 45
2. 直通车单次最低的充值金额为(　　)。
   A. 200元　　　B. 250元　　　C. 300元　　　D. 500元
3. (　　)天内无展现的关键词,会放入"无展现关键词"中。
   A. 5　　　　B. 10　　　　C. 15　　　　D. 20
4. 用户在淘宝搜索某件商品时,会有(　　)个加入直通车的产品展示在搜索列表右上方。
   A. 3　　　　B. 5　　　　C. 8　　　　D. 16
5. 宝贝每次被点击时,你所愿意支付的最高金额称为(　　)。
   A. 标准出价　　B. 主动出价　　C. 最高出价　　D. 默认出价
6. 在推广内容管理中,对同一个推广宝贝可以设置(　　)个标题。
   A. 1　　　　B. 2　　　　C. 3　　　　D. 4
7. 直通车推广标题的字数限制为(　　)个汉字以内。
   A. 10　　　　B. 15　　　　C. 20　　　　D. 30

二、多选题

1. 通过提醒设置,当账户余额小于设置金额时,系统会通过(　　)通知你。
   A. 短信　　　B. 邮件　　　C. 旺旺　　　D. 站内信
2. 以下不是淘宝直通车优势的是(　　)。
   A. 超准流量　　B. 超省成本　　C. 超能省心　　D. 超值推广

三、判断题

1. 直通车推广新宝贝的时候可以自主选择是否启用类目出价。　　　　(　　)
2. 默认设置直通车投放的城市为江浙沪地区。　　　　　　　　　　　(　　)
3. 淘宝直通车只能在淘宝站内展示。　　　　　　　　　　　　　　　(　　)
4. 直通车推广标题中可以包括"【】"这样的符号。　　　　　　　　　(　　)
5. 在关键词管理中,可以对推广宝贝的质量得分进行排序。　　　　　(　　)
6. 推广宝贝的投放时间段,可以由卖家自定义设置。　　　　　　　　(　　)
7. 在关键词管理中,通过复选框和 Shift 键组合运用,可以选中一批关键词,无须一个个勾选。　　　　　　　　　　　　　　　　　　　　　　　　　(　　)
8. 淘宝直通车是一种展示免费、点击付费的推广工具。　　　　　　　(　　)

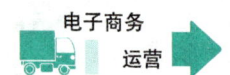

钻展专员操作

学习目标

- 了解钻石展位中选择资源位的流程
- 了解创意制作的过程
- 学会钻石展位计划创建及报表查看

学习重点

- 创建钻石展位计划

学习难点

- 钻石展位创意制作

任务一 选择资源位

9.1.1 任务情境

网店站内推广的另一大利器就是钻石展位。李伟之前已经了解了钻石展位的展现逻辑、展示位置和扣费原理,现在他决定尝试利用钻石展位进行商品推广。

9.1.2 任务分析

在开启钻石展位计划前须要对账户进行充值,作为钻展专员,要学会查看资源位信息,并且筛选出适合自己网店的资源位。

9.1.3 知识准备

- 日均可竞流量:资源位最近 7 天平均每天可竞得的最大流量。
- 点击率:资源位最近 7 天平均点击率,点击率 = 点击量/展现量。
- 点击单价指数:该指数用来衡量点击单价的高低,范围为 1~10,点击单价越低,指数越高,代表该资源位越好。
- 千次展现成本指数:该指数用来衡量千次展现成本的高低,范围为 1~10,千次展现成本越低,指数越高,代表该资源位越好。

- 竞争热度:该指数用来衡量资源位的竞价深度,范围为 1~10,购买该资源位的广告主越多,竞争热度越高。
- 综合推荐指数:该指数是基于对资源位的可竞流量、点击成本、千次展现成本和竞争热度等因素综合考虑给出的推荐值,范围为 1~10。综合推荐指数越高,代表该资源位越好。

9.1.4 任务实施

一、账户充值

要开启创建钻石展位计划,首次必须充值 300 元。充值有两种方式:第一种为进入钻石展位后台首页进行快捷充值;第二种为进入钻石展位后台"账户",点击"立即充值"按钮进行充值。钻石展位的充值都是实时到账的,可以选择支付宝或网银进行充值。

二、选择资源位

1. 筛选资源位

钻石展位所有的资源位列表在【资源位】→【资源位市场】下面。每个资源位都包括资源信息、推广渠道、媒体信息、创意要求等信息。

选择资源位最主要看日均可竞流量和点击率,如图 9-1-1 所示。寻找那些点击率高同时日均展现较高的展位,可以加入收藏,进行投放测试,如果效果不错再进行长期投放。

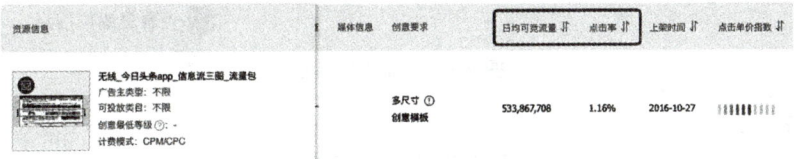

图 9-1-1　资源信息页面

建议新手卖家首先选择站内的资源位,且名称为"网上购物"的资源位,少而精,预算不大的话投放的资源位数量不要超过 5 个。

操作步骤如下:

(1) 勾选"资源位位置"中的"站内"。

(2) 勾选"查看行业数据"。

(3) 点击"综合推荐指数排序"进行排序,如图 9-1-2 所示。

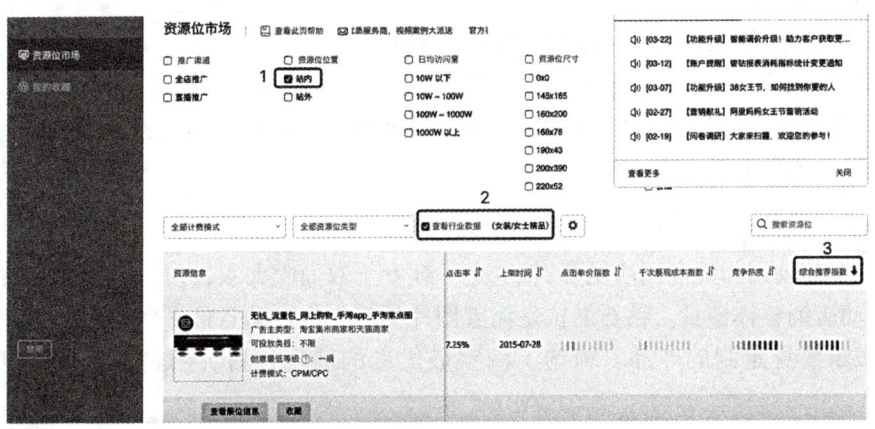

图 9-1-2　资源位选择及排序

最终展现的资源位都是系统根据各个数据维度按照最适合卖家行业的资源位进行排序的,我们通常选择排名靠前的资源位。

2. 查看资源位信息

点击"查看展位信息"按钮可以查看某个资源位的可投放类目、创意要求、创意尺寸、可竞流量、点击率等信息。

也可以点击"收藏"按钮将某个资源位收藏,它将会出现在【资源位】→【我的收藏】中。

9.1.5 任务总结

1. 知识结构图(图 9-1-3)

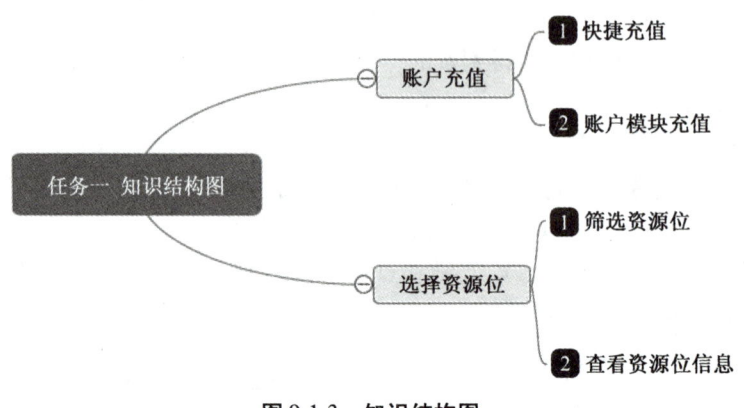

图 9-1-3 知识结构图

2. 拓展知识

资源位选择常见误区

很多卖家在刚刚开始投放钻石展位时并不知道自己要选择哪些资源位,常常会出现如下问题:

(1)选择很多个资源位在同一个计划中。

(2)选择很多不适合自己、无法投放的资源位。

某个卖家一共添加了 86 个位置在同一个计划里。这样的计划设置有什么问题呢?

(1)预算分散:如果总体预算不多,就算会有比较好的资源位,也只能分到一点点预算,会降低总体投放效果。

(2)创意不足、无法投放:每个资源位都要准备相应尺寸的创意,而且有些对类目、创意链接都有一定的要求,不符合要求的展位实际上是无法投放的。

(3)无法测试:添加这么多资源位,无法通过数据去判断到底哪些资源位是比较适合自己、可以用来后期重点投入的。

9.1.6 任务训练

夏艺女装公司为提高网店销量,拟选定一款女士双面呢大衣,进行平台中的钻石展位推广,以带动店铺整体销量。钻石展位是淘宝图片类广告位自动竞价平台,是专为有更高推广需求的卖家量身定制的产品。精选了淘宝最优良的展现位置,经过竞价排序,按照展现计费。

(1)钻石展位的主要投放位置有淘宝网站内展位、站外网站等。位置的选择一般以淘宝网站内为主,淘宝网站内钻石展位资源位有哪些?请将回答内容填入下框中。

| |
| |

(2)请为夏艺女装公司选择一个合适的钻石展位的位置,位置要求截图图示(注意所截图片能体现在整体版面的位置,并在图片中标注),并根据公司的推广目标以及钻石展位选择的原则用文字说明你选择的理由。请将回答内容填入下表中。

展示位置截图	
选择的理由	

9.1.7 课外学习

- 新手卖家资源位选择推荐。

新手卖家经验不是很多,我们为新手卖家推荐一些流量充足、点击率相对较高、投放性价比比较高的位置,如表9-1-1所示。

表 9-1-1 资源位推荐

广告位名称	尺寸	推荐理由
无线_网上购物_App_淘宝首页焦点图2	640×200	流量充足、效果好、钻展最黄金的资源位
无线_网上购物_App_淘宝首页焦点图2	640×200	
PC_网上购物_淘宝首页焦点图2	520×280	
PC_网上购物_淘宝首页焦点图3	520×280	
PC_网上购物_淘宝首页焦点图4	520×280	
PC_网上购物_淘宝首页焦点图右侧 banner	170×200	流量充足、价格相对较低、性价比高
PC_网上购物_淘宝首页3屏通栏大 banner	375×130	
PC_网上购物_阿里旺旺_弹窗焦点图2	168×175	

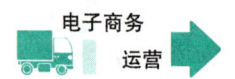

任务二 创意制作及管理

9.2.1 任务情境

李伟将资源位选择好之后,就要制作对应尺寸的创意。创意制作非常重要,直接关系到目标客户是否会点击进而购买。

9.2.2 任务分析

目前钻石展位后台提供了快捷制作工具和模板库两种方式进行创意制作,同时我们也可以在钻石展位后台对制作完成的创意进行管理。

9.2.3 知识准备

- 创意等级:钻石展位根据每个媒体广告位的要求不同,将您提交的创意区分不同的等级,以便匹配投放对应的资源位。

每个资源位都会标示所要求的最低创意等级,等级关系 1＞2＞3＞4。创意图片不同的级别分别对应不同的投放媒体,如表9-2-1 所示。

表 9-2-1 创意等级

分级	对应资源位	资源位对创意要求
一级	淘宝站内首页位置,如淘宝首页、天猫首页; 手淘 App 首页,天猫 App 首页,触摸版手淘首页; 天猫所有资源位	仅一级创意可以绑定
二级	站内:站内其他位置; 站外:无线 App 全部资源位	一级、二级创意可以绑定
三级	站外门户,影视等体资源位流量包; 全部 WAP 资源位	一级、二级、三级创意可以绑定
四级	站外地方门户,教育、动漫图片、健康、军事、母婴、小说等类型资源位; 还有流量包:智能优化流量包、App_banner、App_feeds、WAP_banner 流量包	一级、二级、三级、四级创意可以绑定

- 创意裂变:上传某一个裂变尺寸的创意,可以裂变出 N 个尺寸的创意。裂变工具能够通过一个已有的创意快速制作相似尺寸的创意。

9.2.4 任务实施

目前主要采用创意快捷制作工具、创意模板库来制作创意。

一、使用创意快捷制作工具

创意快捷制作工具可以让系统自动帮助卖家生成创意,同时也支持卖家自由编辑修改,十分灵活方便。

进入钻石展位后台,点击【创意】→【创意制作】→【创意快捷制作】,进入如图 9-2-1 所示的页面。

图 9-2-1　创意快捷制作页面

操作步骤如下:
(1) 点击"更换宝贝"按钮,可以更换其他宝贝。
(2) 选择任意一张主图。
(3) 编辑文案,包括:主标题、产品词、行动语、促销词。
(4) 进行图片尺寸与配色的筛选。
(5) 选择适合的创意图片。
(6) 选择推广类型,并点击"一键保存"按钮,如图 9-2-2 所示。

图 9-2-2　保存创意页面

为了让卖家的宝贝主图符合审核要求,系统会对卖家的宝贝主图进行筛选,只有符合要求的宝贝主图才可以进行推广。如果卖家在系统自动抓取的图片中没有挑选到符合要求的图片,可以重新制作图片并上传到素材库中,如图 9-2-3 所示。

图9-2-3　上传素材库页面

> **小贴士**
>
> **宝贝主图要求**
>
> （1）宝贝主图上没有"牛皮癣"文字、商品主图清晰可见、背景色不宜太复杂；图片尺寸没有具体要求，宽与高建议为1∶1，将商品图居中。
>
> （2）图片仅支持JPG、PNG格式。

二、使用创意模板库制作

如果卖家想要自己做创意，建议使用创意模板库来制作。创意模板库分为图片模板库和视频模板库。根据店铺类目、大盘历史投放数据分析，按照点击率高、效果最佳的模板进行智能排序，将最符合卖家店铺的优质模板推荐给卖家。

进入钻石展位后台，点击【创意】→【创意制作】→【图片模板库】，进入如图9-2-4所示的页面。

图9-2-4　创意模板库页面

操作步骤如下：

（1）对模板分类、筛选条件、风格进行选择。

（2）选择合适的创意模板，可以点击"开始制作"按钮继续制作，也可以点击"收藏"按钮将模板收藏。

在模板里制作创意时,卖家可以更换背景色、文案、Logo 以及主图。针对文案部分,卖家还可以使用系统默认的文案,满足多样性推广的需求,如图 9-2-5 所示。

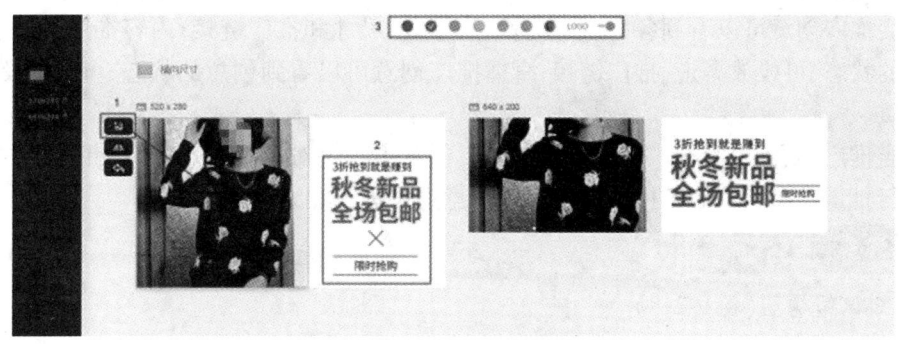

图 9-2-5　模板制作创意页面

另外,编辑器支持多尺寸自动制作,满足卖家一次性制作多套不同尺寸的创意图片,仅需一次修改,多尺寸图片联动,字体自适应,分分钟完成创意制作。

(3) 如果卖家能自己制作创意图片,也可以进入创意管理,点击"本地上传"按钮,如图 9-2-6 所示。选择创意类型、创意类目,填写对应的 URL 链接,完成上传,等待审核,如图 9-2-7 所示。审核时间一般为 1~2 个工作日。

图 9-2-6　创意上传入口页面

图 9-2-7　创意上传页面

三、创意管理

进入钻石展位后台,点击【创意】→【创意管理】,进入创意管理页面。创意管理分为全店推广创意管理、内容推广创意管理、视频推广创意管理和直播推广创意管理。

全店推广创意可以看到各个创意的状态、等级、尺寸和推广链接;内容推广创意可以看到创意的状态、可投放渠道、推广链接;直播推广创意可以看到创意的状态、可投放资源位、推广链接。

全店推广创意、内容推广创意和直播推广创意中都可对某个创意进行删除或选择几个创意进行批量移除。全店推广创意中每个创意还可进行在线修改。

9.2.5 任务总结

1. 知识结构图(图 9-2-8)

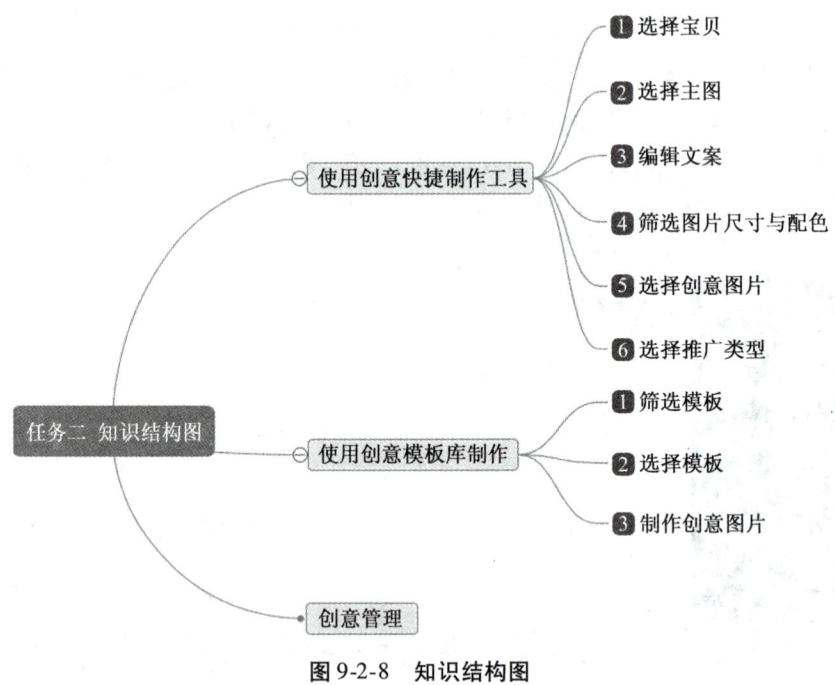

图 9-2-8 知识结构图

2. 拓展知识

创意审核不通过如何处理

(1)如何查看拒绝理由。

创意被拒绝时,可以在【创意】→【创意管理】中看到状态为"审核拒绝"。将鼠标放到"审核拒绝"上,就会浮现拒绝原因,如图 9-2-9 所示。

图 9-2-9 拒绝原因页面

拒绝原因分为三部分信息：

① 指示位置：如创意内容、页面详情、店招等，说明被拒绝的位置。钻石展位不仅仅要审核图片，如果链接页面或者店铺店招等位置出现违规内容也会被拒绝。

② 拒绝问题描述：如进口资质、美观度、无线 URL 链接等，可点击查看具体的描述。

③ 问题举例：圈出具体的问题点。

如果卖家用模板同时制作多个尺寸图片，当创意被拒绝时，可以点击查看"全部尺寸"查看具体原因，如图 9-2-10 所示。

图 9-2-10　查看多个尺寸图片被拒绝的原因

（2）常见拒绝原因。

① 无线链接不符合要求。

资源位名称中带"无线"的位置都要转化成无线链接，如果是"PC"的位置转化链接，反而会被系统自动拒绝。转化链接只要在上传创意界面对"在无线设备投放"打钩即可。

② 使用绝对化用语。

严禁使用国家级、最高级、最佳含义相同或近似用语的绝对化文案，如最佳、顶级、极品、第一品牌、全球首发等。

③ 夸大虚假。

严禁使用虚假或无法判断真伪的夸张性表述以及使用药品功效描述，涉嫌夸大或断言效果。

④ 没有相关资质。

卖家不具备行业资质、品牌资质、人物肖像资质、卡通资质、其他资质要求等。

9.2.6　任务训练

1. 创意制作关键是在有限的展示位中提炼产品的卖点，然后再在制作过程中注意要点：产品突出、文案与产品相结合、素材整体简洁干净、图片颜色的搭配、文案创新等，若展示位大小是 300×250，想要展示如图 9-2-11 所示的女士双面呢大衣，你该从哪几个方面提炼产品的卖点，做好商品的创意制作，提高点击量？请将回答内容填入下表中。

图 9-2-11　女士双面呢大衣

产品的卖点提炼

2. 创意制作还要遵守淘宝钻石展位的规则和约定,钻石展位创意制作要经过严格审核才可以通过。根据下表中呈现的案例说明审核未通过的原因,请将回答内容填入下表中。

创意案例	审核未通过的原因
血管的"清道夫" 磷脂胶囊	
¥177.00 何炅同款:欧美宫廷英伦风 时尚长袖衬衫	
点击转身	
不止50% 皮带爆款 裸价曝光 劲爆促销·全场一折起 预计十分钟抢光	

9.2.7 课外学习

• 如何进行创意测试。

首先,可以通过以下三种方法制作多套不同的图片:

(1) 文案不变,变动排版。

(2) 排版不变,变动文案。

(3) 排版和文案都不变,变动产品图片。

然后,将图片同时投放,根据每张图片的点击率数据表现,选出点击率高的图片继续投放;同时要继续出新图投放,为保证数据的准确性,确保每一张图片都有足够曝光展示(建议 10 000 个展现量以上),一般建议新图至少投放 2～3 天。通过这一系列的评估,来找出最优秀的图片进行投放。

任务三　创建计划

9.3.1　任务情境

李伟在选择了钻石展位的资源位并且制作了创意后,接下来要做的就是创建计划了,创建计划是钻石展位推广的核心。

9.3.2　任务分析

创建计划时要先选择推广场景,目前有四种推广场景可以选择。在推广场景中分别设置计划、设置推广单元、添加创意进而完成计划的创建。

9.3.3　知识准备

- 单品推广:以图片展示为基础、精准定向为核心,面向全网精准流量实时竞价单品推广功能。支持按点击付费(展现不扣费),为商家提供精准定向、效果监测等功能,帮助商家实现单品定向推广的功能。
- 全店推广:相对于单品推广计划的另一种形式,全店推广可以推广不同的页面,比如"单个宝贝页""宝贝集合页""店铺首页""活动页面"。
- 直播推广:对商家的淘宝直播间进行自主引流,提升直播账号私域运营能力。
- 达摩盘:达摩盘是阿里妈妈基于商业化场景打造的数据管理合作平台,拥有消费行为、兴趣偏好、地理位置等众多数据标签。推广需求方通过达摩盘可以实现各类人群的洞察与分析、潜力客户的挖掘;通过标签市场快速圈定目标人群,建立个性化的用户细分和精准营销;通过第三方服务应用市场,解决个性化的营销需求。

9.3.4　任务实施

进入钻石展位,点击"计划",选择推广场景,目前有全店推广、单品推广、内容推广和直播推广4种推广场景供选择。

一、全店推广

步骤一: 设置计划。

1. 设置营销参数

选择常规场景、营销目标和生成方案,如图9-3-1所示。

(1)营销目标。

促进购买:系统以成交量为目标进行优化。

促进进店:系统以进店量为目标进行优化,适合店铺引流。

(2)生成方案。

自定义创建方案:可自定义设置定向、资源位、出价等推广要素。

系统推荐方案:系统根据您的营销目标及店铺特征,为您推荐并生成推广方案,您可根据实际需求微调。

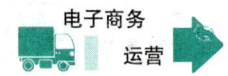

图 9-3-1　设置营销参数页面

系统托管方案：设置营销目标和创意后，系统即可开始智能推广，简单高效。

新手卖家建议使用系统托管方案，系统自动选择好资源位、定向人群和出价，投放效果更有保障。此方案默认采用 CPM 计费方式。

2. 设置基本信息

填写计划名称，设置付费方式、地域、投放时段、投放日期、投放方式、出价方式和每日预算，如图 9-3-2 所示。

图 9-3-2　设置基本信息页面

（1）付费方式：包括"按点击付费（CPC）"和"按千次展现付费（CPM）"两种付费方式。

（2）每日预算：采用按点击付费（CPC）每日预算最低不能少于 30 元，采用按千次展现付费（CPM）每日预算最低不能少于 300 元。

（3）投放方式：尽快投放和均匀投放。

尽快投放：当遇到符合定向条件的流量时，计划就会参与竞价，直到计划预算全部消耗完毕。

均匀投放：系统将预算分配到每个小时，每个小时预算用完的时候计划自动暂停，到下一个小时再开启，保证每个小时都有展现。

（4）地域和投放时段：可以参考我们自己店铺顾客的成交地域和成交时间高峰来做设置。

（5）出价方式：手动出价和自动出价。

手动出价：由卖家自己填写价格，系统将给出一定的出价建议参考。

自动出价：目前只支持均匀投放。系统根据定向人群相关度及市场竞争情况，自动设置出价，帮助卖家获取性价比更高的流量。

步骤二：设置推广单元。

一个计划可以添加多个不同的推广单元。在推广单元中，我们要设置定向人群，选择投放资源位和设置出价。下面以"自定义创建方案"的推广单元设置为例。

1. 设置定向人群（图9-3-3）

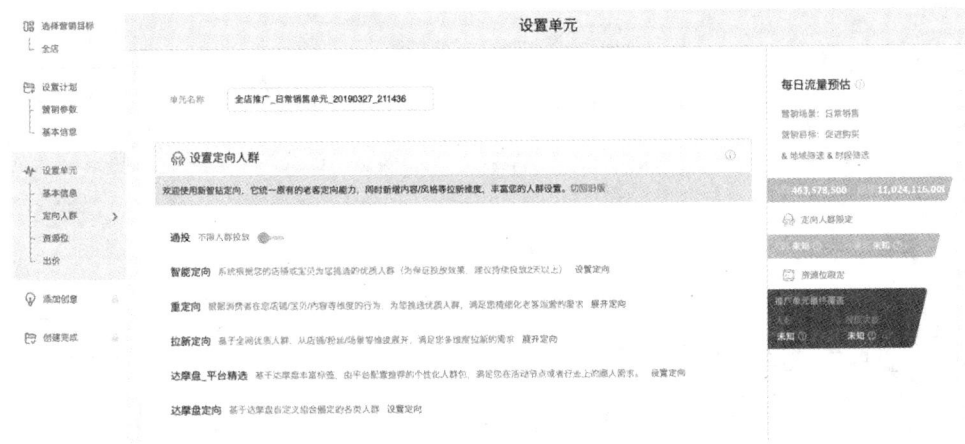

图9-3-3　设置定向人群页面

通投：不限人群投放。

智能定向：系统根据卖家的店铺或宝贝为其挑选优质人群（为保证投放效果，建议持续投放2天以上）。

重定向：根据消费者在卖家店铺、宝贝、内容等维度的行为，为其挑选优质人群，满足其精细化老客运营的需求。

拉新定向：基于全网优质人群，从店铺、粉丝、场景等维度展开，满足卖家多维度拉新的需求。

达摩盘_平台精选：基于达摩盘丰富标签，由平台配置推荐的个性化人群包，满足卖家在活动节点或者行业上的圈人需求。

达摩盘定向：基于达摩盘自定义组合圈定的各类人群。

2. 选择投放资源位（图9-3-4）

图9-3-4　选择投放资源位页面

选择之前创建好的资源位,如图 9-3-5 所示。

图 9-3-5　资源位列表页面

3. 设置出价(图 9-3-6)

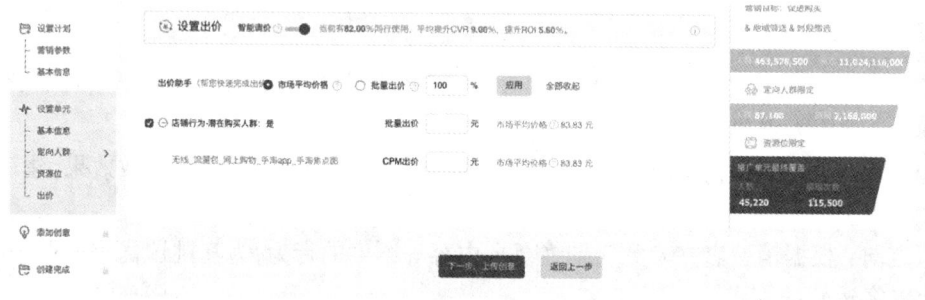

图 9-3-6　设置出价页面

出价是指选择好定向人群、资源位后,愿意支付的千次展现成本。出价越高,展现概率越大。具体设置如下:

(1)参考系统建议。

钻石展位后台有出价助手,参考系统建议即可,一般比系统建议略高一些,可以获得较好的流量。

(2)根据实际投放情况调整、测试。

进行出价测试时可以从低价往高出,或者先出高价再调低。如果展现量太少,可提高出价;如果预算花费过快或点击成本太高,可适当调低。

(3)添加创意。

从创意库中选择已经审核通过的创意进行添加,或重新添加新上传的创意,如图 9-3-7 所示。要注意的是新创意须等审核通过后才能正常投放。保存该推广单元,并且在一个计划中可以创建多个推广单元。

图9-3-7　添加创意页面

> **小贴士**
>
> **计划、单元、资源位、创意数量**
>
> 钻石展位全店推广计划最多设置100个,1个计划下可以有100个有效单元,1个单元下可以有100个资源位,1个资源位下可以有20个相同尺寸的创意。

二、单品推广

步骤一：设置计划。

1. 设置营销参数

选择常规场景、营销目标、生成方案和目标人群。

（1）营销目标。

促进购买：系统以成交量为目标进行优化。

促进进店：系统以进店量为目标进行优化,适合店铺引流。

（2）生成方案。

自定义创建方案：可自定义设置定向、资源位、出价等推广要素。

系统托管方案：设置营销目标和创意后,系统即可开始智能推广,简单高效。

（3）目标人群。

广泛未触达用户：除精选外的所有未触达用户。

精准未触达用户：系统精选与您的店铺人群相似度高的未触达用户。

触达用户：在您广告触达的所有用户中,除去您店铺的认知及成交用户。

认知用户：15天内有广告点击、内容渠道（如淘宝头条、微淘）浏览互动、进店、搜索、点击行为的用户；或90天内有过收藏、加购店铺、宝贝行为的用户；或180天内有店铺下单（未付款）行为的用户。

成交用户：180天内对您的店铺宝贝有购买行为的用户。

2. 设置基本信息

填写计划名称,设置地域、投放时段、投放日期、每日预算。单品推广采用按点击付费（CPC）,每日预算最低不能少于30元。

步骤二：设置推广单元。

1. 设置推广宝贝（图9-3-8）

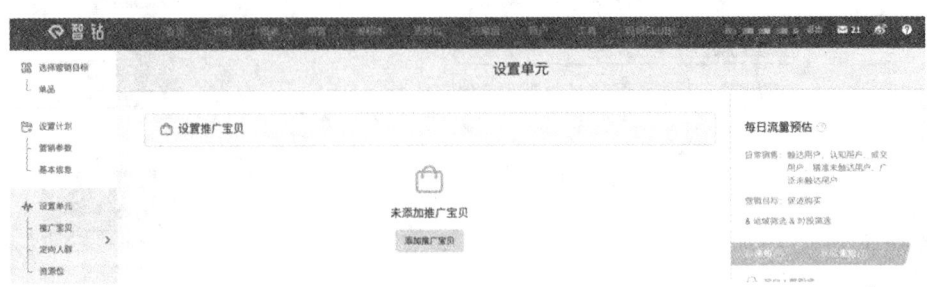

图9-3-8　设置推广宝贝页面

2. 设置定向人群及出价

智能定向：系统根据卖家的访客属性、宝贝标题、宝贝属性等维度，智能匹配出适合该宝贝的人群。

达摩盘_平台精选：基于达摩盘丰富标签，由平台配置推荐的个性化人群包，满足卖家在活动节点或者行业上的圈人需求。

达摩盘定向：基于达摩盘自定义组合圈定的各类人群。

扩展定向：相关、包含相关、热门购物意图标签可覆盖更宽泛的流量。

3. 设置资源位及溢价

在人群出价的基础上，对资源位设置不同的溢价比例（图9-3-9），以获得更优质的流量。点击"添加溢价资源位"，进入如图9-3-10所示的页面，进行相应设置。

步骤三：添加创意。

推广创意支持宝贝主图和本地上传图片。主图推广创意随着主图变更而同步更新。当该主图被删除时，系统将自动同步第一张宝贝主图作为推广创意。本地上传的图片系统将自动存储到店铺图片空间中，图片空间超过对应存储将收费，卖家要及时清理无效图片。

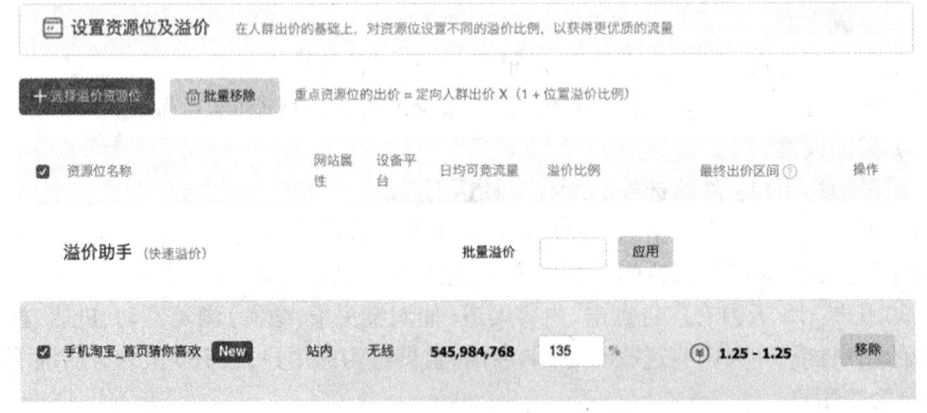

图9-3-9　设置溢价比例

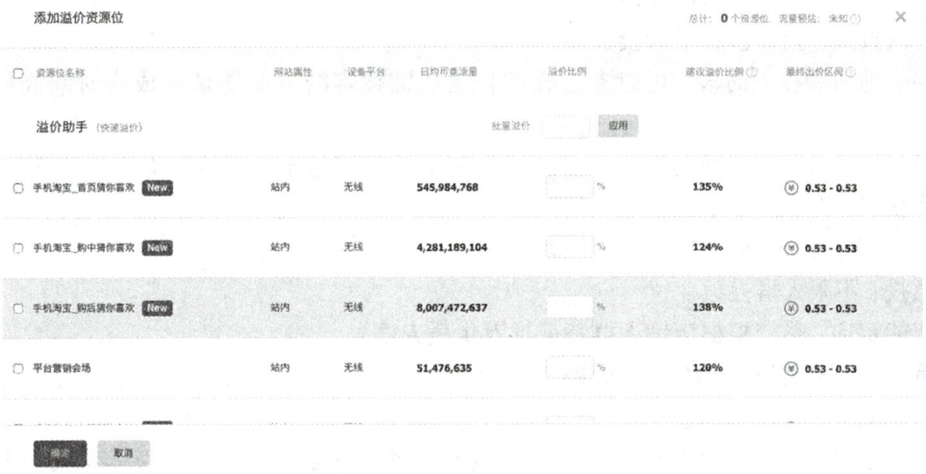

图 9-3-10　添加溢价资源位页面

> **小贴士**
>
> **计划、单元、资源位、创意数量**
>
> 单品推广计划最新可创建 100 个计划,每个计划最多 40 个单元,每个单元可以添加 4 个创意。

三、内容推广

步骤一:设置计划。

1. 设置营销参数

选择营销场景和生成方案。

(1) 营销场景。

吸引新粉丝:将内容在微淘 feeds 流中以热门推荐的形式展现给还未关注卖家的客户,吸引新粉丝。

维护老粉丝:将内容在微淘 feeds 流中以置顶头条的形式展现给已经关注卖家的客户,维护老粉丝。

有好货:手淘有好货场景。

(2) 生成方案。

自定义创建方案:由卖家自定义设置定向、资源位、出价等推广要素。

2. 设置基本信息

填写计划名称,设置付费方式、地域、投放时段、投放日期、投放方式、出价方式、每日预算。

(1) 付费方式:包括"按点击付费(CPC)"和"按千次展现付费(CPM)"两种付费方式。

(2) 每日预算:采用按点击付费(CPC)每日预算最低不能少于 30 元,采用按千次展现付费(CPM)每日预算最低不能少于 300 元。

(3) 投放方式:尽快投放和均匀投放。

尽快投放：如遇合适流量，可按预算集中投放。

均匀投放：全天预算平滑投放。

（4）地域和投放时段：可以参考我们自己店铺顾客的成交地域和成交时间高峰来做设置。

（5）出价方式：手动出价。由卖家填写价格，系统将给出一定的出价建议参考。

步骤二：设置推广单元。

1. 设置定向人群

通投：不限人群投放。

智能定向：系统根据店铺人群特征推荐优质人群。

重定向：根据消费者在卖家店铺、宝贝、内容等维度的行为，为其挑选优质人群，满足卖家精细化老客运营的需求。

拉新定向：基于全网优质人群，从店铺、粉丝、场景等维度展开，满足卖家多维度拉新的需求。

达摩盘_平台精选：基于达摩盘丰富标签，由平台配置推荐的个性化人群包，满足卖家在活动节点或者行业上的圈人需求。

2. 选择投放资源位

3. 设置出价

步骤三：添加创意。

可以从创意库或者内容中心添加，如图 9-3-11、图 9-3-12 和图 9-3-13 所示。

内容推广的创意要从卖家的微淘内容库中选择，当前支持图文、视频、直播和清单 4 种类型。在其他场景（如淘宝头条）制作的内容，将在内容生成后的第二天自动进入卖家的微淘内容库。从微淘内容库选择的内容，须审核通过后才可以正常投放，并可在卖家的创意库进行管理。同一条微淘内容，只能添加一次，生成一个创意。已经添加过的内容可以在创意库中查询。

图 9-3-11　添加创意页面

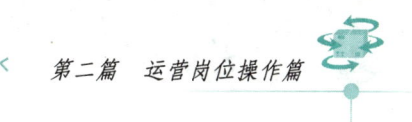

图 9-3-12　从创意库添加

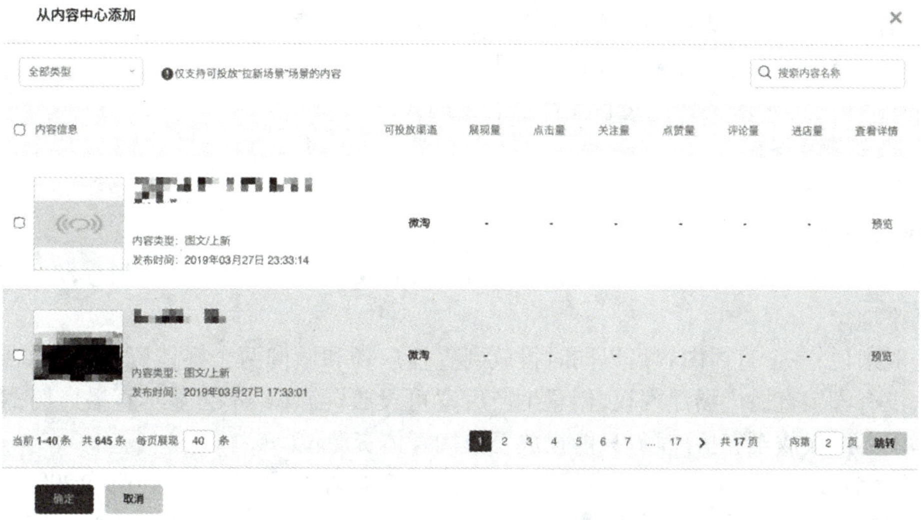

图 9-3-13　从内容中心添加

> **小 贴 士**
> 　　用手机淘宝扫描右方二维码可查看钻石展位—内容推广类目准入详细列表。

四、直播推广

步骤一：设置计划。

填写计划名称，设置付费方式、地域、投放时段、投放日期、投放方式、出价方式和每日预算。

（1）付费方式：包括"按点击付费（CPC）"和"按千次展现付费（CPM）"两种付费方式。

（2）每日预算：采用按点击付费（CPC）每日预算最低不能少于30元，采用按千次展现付费（CPM）每日预算最低不能少于300元。

（3）投放方式：尽快投放和均匀投放。

尽快投放：如遇合适流量，可按预算集中投放。

均匀投放：全天预算平滑投放。

（4）地域和投放时段：可以参考我们自己店铺顾客的成交地域和成交时间高峰来做设置。

（5）出价方式：手动出价。由卖家填写价格，系统将给出一定的出价建议参考。

步骤二：设置推广单元。

1．设置定向人群

通投：不限人群投放。

智能定向：账号粉丝和对你的直播感兴趣的人群。

达摩盘_平台精选：基于达摩盘丰富标签，由平台配置推荐的个性化人群包，满足卖家在活动节点或者行业上的圈人需求。

类目型定向–高级兴趣点：近期对某些购物兴趣点有意向的人群。

访客定向：近期访问过某些店铺的人群。

行业店铺定向：近期访问过行业优质店铺的人群。

2．选择投放资源位

3．设置出价

步骤三：添加创意。

从创意库中选择已经审核通过的创意进行添加，或重新添加新上传的创意，也可以从直播广场添加。

一般来说，一个直播内容可以同时投放到直播广场和微淘两个媒体资源位。如果商家或达人没有淘宝直播广场浮现权，创意生产后，"可投放资源位"不会显示直播广场，意味着该直播间无法投放至直播广场，只能投放至微淘媒体资源位。

首页焦点图资源位创意须从本地上传，无法从直播添加，图片尺寸为640×200 px，同时直播链接格式必须准确，否则无法提交。

小贴士

用手机淘宝扫描右方二维码可查看钻石展位—视频推广计划权限开通要求。

9.3.5 任务总结

1. 知识结构图(图 9-3-14)

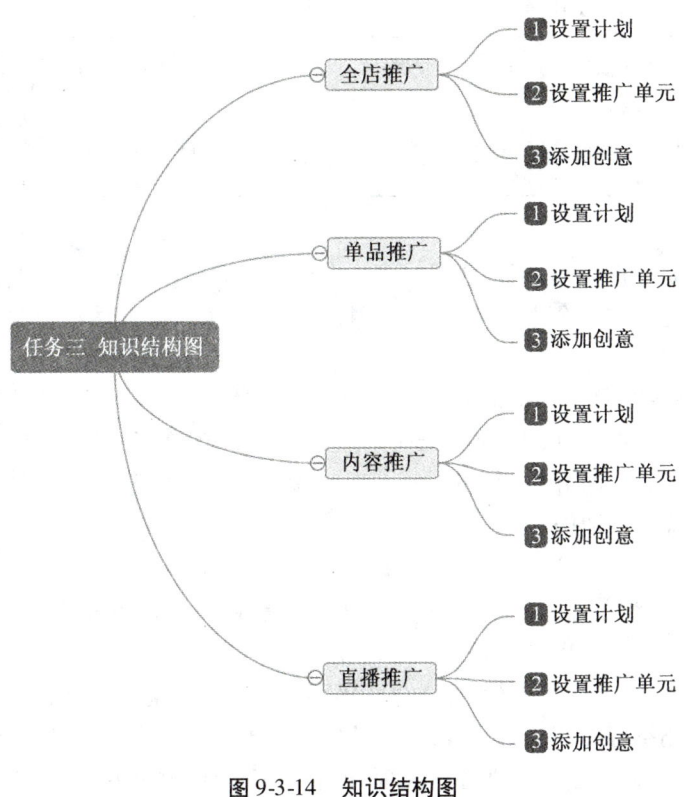

图 9-3-14 知识结构图

2. 拓展知识

钻石展位如何测试出价

在确定定向人群和资源位之后,推荐使用阶梯出价法测试合理的出价。

测试原理:

在相同或极度相近的环境(时段、定向人群、资源位和创意图片)下,用不同的出价来测试 PV、CTR 和 CPC 等数据,最终确定合理的出价。

例如,夏艺女装公司主推女士呢大衣。

推广目的:用兴趣点定向为本店引入新顾客。

选择展位:PC_流量包_网上购物_淘宝首页焦点图。

测试过程:

(1) 根据系统建议价,确定阶梯出价。

系统建议价为 17.36 元,因此测试的三个出价分别为:22 元、17 元和 14 元(在系统建议价基础上上下浮动即可)。

(2) 创建测试计划。

测试计划下设置三个单元:定向、资源位和创意素材,要求全部一致,仅出价不同。

投放后,对比三个单元的投放数据和确定最适合的出价,如表 9-3-1 所示。

表 9-3-1　投放数据

			PV	点击	消耗	阶梯出价	CPM	CTR	CPC	判断	测试结论
测试计划 300 元	单元 1	定向 1	资源位 1	7 101	256	155.01	22	21.83	3.61%	0.61	流量最多，CPC 还行	×
	单元 2	定向 2	资源位 2	5 556	183	93.95	17	16.91	3.29%	0.51	能拿到流量，CPC 不错	√
	单元 3	定向 3	资源位 3	1 836	56	25.43	14	13.85	3.05%	0.45	虽然 CPC 最低，但几乎抢不到流量	×

注意事项：

（1）测试计划尽量简单，不要放置过多的定向和资源位，能把一个问题测清楚即可。

（2）钻石展位会在每个小时结束时过滤掉一些无效 PV，因此请在投放后至少第 2 个时段再查看数据。

（3）测试计划的预算根据 CPM 来逆推，比如：CPM≈50，每个单元都需要 5 000 PV，则每个单元的消耗≈5 000/1 000×50＝250 元，因此计划总预算不能低于 750 元。

（4）当三个单元同时开启时，因定向人群、资源位完全一致，三个单元存在竞争关系，出价低的单元可能无法获取流量。

解决方案：

观察实时数据，当单元 1 投放了一定 PV 后，暂停单元 1，让单元 2、3 得到展现机会；同样，当单元 2 投放了一定 PV 后，暂停单元 2，让单元 3 得到展现机会。以此类推，尽量使每个单元的 PV 都达到 5 000 以上（低于 5 000 PV 的话，CTR 可能不准确，我们不推荐）。

（5）测试计划推荐使用尽快投放，并关注实时数据。如果操作人员不能实时观测数据，建议拆成三个计划，确保每个计划都有展现，再对比三个计划的数据。

（6）出价不同，获取到的流量质量不同，CTR 也会不同，属于正常现象。最佳的出价是既可以拿到流量、CPC 也合适的那一个出价，流量和效果必须同时考虑，才能达到为店铺引流的效果。

9.3.6　任务训练

1. 钻石展位是按照每千次展现价格来计算的。表 9-3-2 显示的是夏艺女装公司 4 月 1 日在淘宝钻石展位竞价时的数据情况。

表 9-3-2　钻石展位竞价数据报表

序号	出价（元）	占用流量比
1	24.0	0.26%
2	24.0	0.79%
3	23.4	1.35%
4	21.6	2.92%
5	21.6	0.29%
6	21.5	11.74%
7	20.0	1.26%
8	19.9	1.59%
9	19.7	1.60%

根据表9-3-2所示的情况，出价多少比较合理？请简要说明并请将回答内容填入下框中。

2. 假设夏艺女装公司以每千次6元的价格竞得某个钻石展位，而查询该展位页面的平常一天的PV数据为2 000 000个，则公司一天的预算应该设置为多少合适？请列式计算。请将回答内容填入下框中。

3. 钻石展位的投放可以实现人群定向。关于人群的选择，主要取决于店铺所售商品的类型，对于自己的产品，我们要去了解其对应的目标人群，选择人群要考虑的维度有价格、外观、类目、与产品的相似度和销量等。（注意：这里的人群不是直接输入男、女，或者年龄段，而是要求选择购买这个商品的人还有可能经常光顾某些类目的商品，实际是指某类目产品的人群）

请你为夏艺女装公司女士双面呢大衣产品拟定两类目标人群，并说明理由。请将回答内容填入下表中。

人群1	
人群2	
选择理由	

4. 钻石展位的投放也可以实现地域定向。关于地域的选择一般要了解产品特点、地域的生活习惯、地域的网络发达情况、消费水平和消费观念等。

请你为夏艺女装公司女士双面呢大衣产品拟定两个重点定向的地域，并说明理由。请将回答内容填入下表中。

定向地域1	
定向地域2	
选择理由	

5. 钻石展位投放时段的选取也很有讲究。我们要排除转化率很低的那几个时段来让我们的广告产生最大的效果。同时还要考虑这个投放时间段能够有充足的客服安排。根据网络消费经验，请你从下表几个时间段中按优先级别从高到低选择3个时间段来进行投放，

并说明选择理由。请将回答内容填入下表中。

备选时间段如下：		
10:00—11:00	6:00—8:00	11:00—13:00
8:00—9:00	14:00—17:00	19:00—23:00
合理的投放时间顺序如下：		
选择理由：		

9.3.7 课外学习

- 全店推广与单品推广的全面解读（用手机淘宝扫一扫）。
- 如何创建视频推广计划（用手机淘宝扫一扫）？

全店推广与单品推广的全面解读

如何创建视频推广计划

任务四　查看报表

9.4.1 任务情境

钻石展位的计划已经投放，如何查看推广的效果数据呢？李伟找到了账户报表页面，在这里可以看到各种与推广相关的数据。

9.4.2 任务分析

钻石展位后台提供了全店推广、单品推广、内容推广和直播推广4种账户报表，我们可以从中查看各种推广数据并进行效果分析。另外报表也可以按照一定条件下载进行查看。

9.4.3 知识准备

- 消耗：所有创意在钻石展位资源上被展现或点击后所产生的费用。
- 深度进店量：通过展现或点击钻石展位创意之后，在一段时间周期内，浏览页面次数大于等于2次的买家，进店后产生的浏览次数总和。
- 行动量：一段时间周期内的广告曝光人群，回搜（视频报表无）、回访和收藏加购等行为量的总和。

- 回搜量：一段时间周期内的广告曝光人群，在曝光或点击后的一定天数内，发生过回搜行为(通过搜索渠道进入店铺首页或店铺内宝贝详情页)的总数。
- 回访量：一段时间周期内的广告曝光人群，在曝光或点击后的一定天数内，发生过回访行为(通过搜索、收藏、购物车等渠道进入店铺首页或店铺内宝贝详情页)的总量。
- 收藏加购率：收藏加购率 =（宝贝收藏量 + 宝贝加购量）/点击量 × 100%，反映钻石展位点击后，在一段时间周期内带来的宝贝收藏加购比例。

9.4.4 任务实施

一、查看账户整体报表

在该页面可以查看单日投放效果的具体指标数据，包括已消耗、展现量、点击量、点击率、千次展现成本和点击单价，如图9-4-1所示。

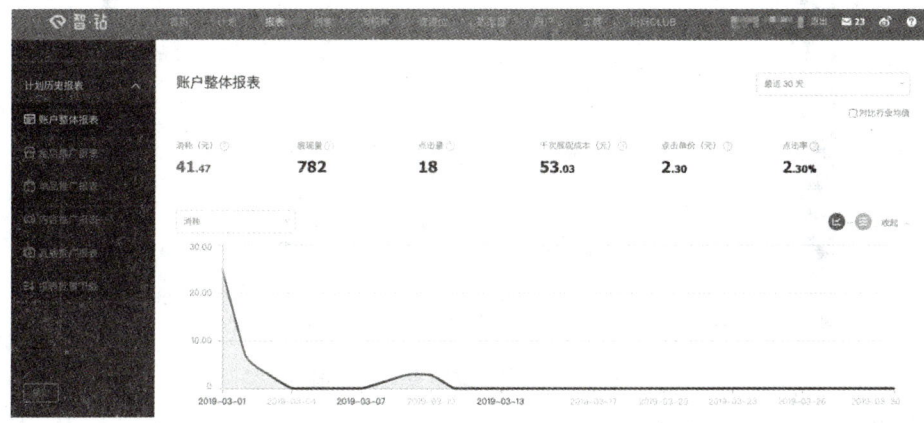

图 9-4-1　账户整体报表页面

卖家可以选择单日投放数据与行业均值进行对比，帮助卖家更加清楚地了解数据变化情况以及趋势，如图9-4-2所示。

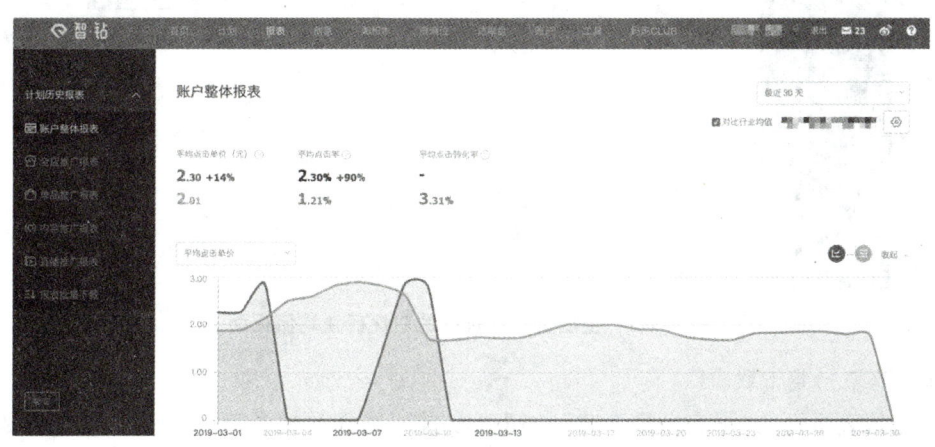

图 9-4-2　账户整体报表中的对比行业均值页面

二、查看报表页面数据

报表页面可以查看全店推广报表、单品推广报表、内容推广报表和直播推广报表，所有报表均支持以"效果转化周期""展现效果"等维度筛选数据。

每种报表均支持选取自定义字段展现数据，如图9-4-3所示。

图9-4-3　自定义数据选择页面

全店推广报表与单品推广报表支持对比行业均值，如图9-4-4所示。

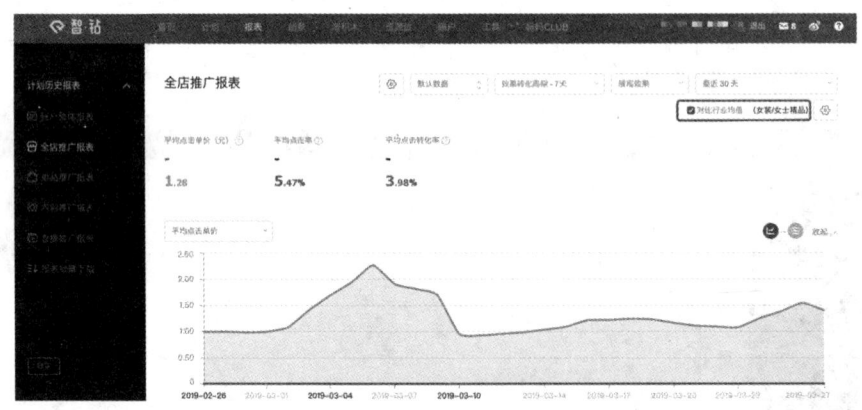

图9-4-4　全店推广报表中的对比行业均值页面

三、报表批量下载

点击报表页面的"报表批量下载"按钮可以自行选择数据类型、时间、业务类型和数据内容来下载对应的报表，如图9-4-5所示。

图 9-4-5　报表批量下载页面

9.4.5　任务总结

1. 知识结构图(图 9-4-6)

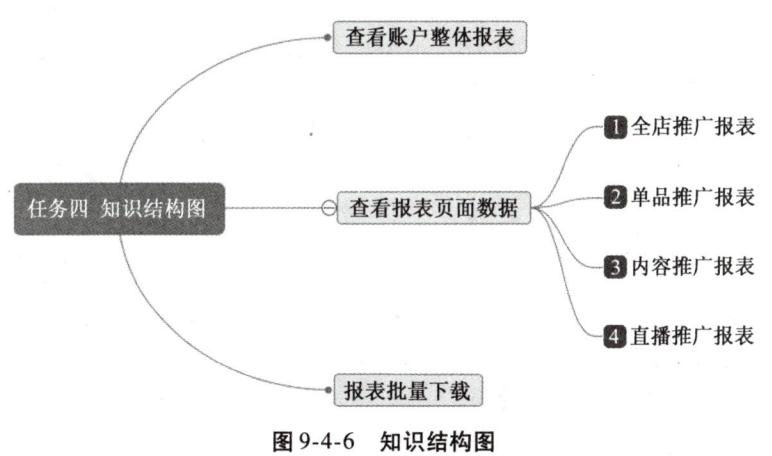

图 9-4-6　知识结构图

2. 拓展知识

钻石展位数据分析思路

(1) 分析流量获取情况。

① 日预算是否消耗完成。

② PV 和点击率是否达到预期。

(2) 分析投放效果。

① 在报表界面查看点击单价与同行均值的对比。

② 在资源位列表中点开资源位详情,查看同类目商家的平均点击率。如果自身点击率低于同行,说明要优化定向和创意;如果点击率高于同行,说明定向人群和创意表现良好,可继续投放。

③ 点击成本 = 千次展现成本/(点击率×1 000),如果点击成本不够理想,可尝试优化千次展现成本(测试出价,避免出价过高)和点击率(提升定向精准度和创意质量)。

9.4.6 任务训练

1. 在进行钻石展位的推广过程中,可以通过钻石展位每天的报表数据进行跟踪分析,表 9-4-1 是夏艺女装公司女士双面呢大衣 4 月份进行钻石展位推广的部分数据。

表 9-4-1　女士双面呢大衣钻石展位 4 月份推广数据表

日期	PV	点击数	平均点击率	每千次展现出价（元）	每次点击价格（元）	消耗（元）
……	……	……	……	……	……	……
2019-4-18	499 270	3 092	0.62%	3.74		
……	……	……	……	……	……	……
2019-4-3	12 277	307	2.5%	9.03	0.36	110.92
2019-4-2	78 672	260	0.33%	2.5	0.76	196.59
2019-4-1	57	7	12.28%	13.86	0.11	0.79

根据表 9-4-1 中对应数据,计算 2019 年 4 月 18 日该钻石展位消耗的成本,以及每次点击的成本,分别列式计算结果,并将回答内容填入下框中。

2. 将下列公式填写完整。

（1）回报率 = $\dfrac{(\quad) \times (\quad)}{(\quad)}$

（2）点击单价 = $\dfrac{(\quad)}{1\,000 \times (\quad)}$

3. 钻石展位报表中展现效果和点击效果的区别是什么?请将回答内容填入下框中。

9.4.7 课外学习

• 通过钻石展位报表分析常见问题的出现原因及优化方法。

1. 流量少

出现原因:（1）广告位本身 PV 过少;（2）定向过于精细;（3）出价低。

优化方法:（1）选择大流量广告位;（2）提高出价;（3）兴趣点定向圈定人数千万级

以上。

2. 点击率低

出现原因：(1)素材单一；(2)定向不够准确。

优化方法：(1)多做图、多测试,找到自己的高点击图片；(2)多做计划、多测试,优化定向设置。

3. 转化低

出现原因：(1)宝贝竞争力不足；(2)宝贝详情描述不清晰,卖点不突出；(3)店铺装修、服务等不够好。

优化方法：(1)挑选优质宝贝,提升宝贝竞争力；(2)优化宝贝详情描述；(3)美化装修、提升服务。

项目九 练习题

一、单选题

1. 关于钻展新客户的推广流程,下列说法正确的是(　　)。
 A. 上传素材→绑定计划→审核通过→充值1 000元→生效
 B. 建立计划→充值1 000元→上传素材→审核通过→生效
 C. 建立计划→上传素材→绑定素材→充值1 000元→生效
 D. 充值1 000元→上传素材→审核通过→建立计划→生效

2. 以下描述不属于绝对化文案的是(　　)。
 A. 全网销量第一　　　　　　　B. 打造全网最低价
 C. 第一品牌　　　　　　　　　D. 淘宝独家

3. 关于钻展文案,无须提供资质的是(　　)。
 A. 专柜正品　　B. 明星同款　　C. 杂志款　　D. 明星产品

4. 当流量进入店铺内,下面哪种方法不能有助于提升成交?(　　)
 A. 提升宝贝竞争力　　　　　　B. 设置定向
 C. 美化店铺装修　　　　　　　D. 优化宝贝详情页面

5. 以下哪一种时效性文案是创意图片上可以使用的?(　　)
 A. 仅限一天　　　　　　　　　B. 错过今天,后悔一年
 C. 错过今天,明天别来了　　　D. 10月1日当天

6. 不能通过以下哪种途径来筛选资源位?(　　)
 A. 推广渠道　　B. 资源位位置　　C. 最低出价　　D. 资源位尺寸

7. 报表页面不能查看的数据有(　　)。
 A. 时间段数据　　　　　　　　B. 定向数据
 C. 展示位日均浏览量　　　　　D. 单个创意投放数据

8. 钻石展位不可以进行哪种定向?(　　)
 A. 地域定向　　B. 访客定向　　C. 兴趣点定向　　D. 目标定向

9. 资源位市场能够看到资源位的信息描述正确的是(　　)。
 A. 资源位日均可竞流量　　　　B. 资源位最高出价

C. 资源位成交量 D. 资源位素材

二、多选题

1. 钻石展位报表查看入口不一样,但报表的类型是一样的,对新手来说查看思路一致。全店推广和单品推广这两份计划报表都包括(　　)。

　　A. 计划　　　　B. 单元　　　　C. 创意　　　　D. 定向

2. 某母婴类目商家选择"淘宝首页焦点图4"做钻展CPM收费模式的推广,预算500元/计划,但最终计划报表中只消耗了13.85元,以下哪些原因可能导致这种情况发生？(　　)

　　A. 广告PV量级小　　　　　　B. 定向访客精细
　　C. 展现竞价偏低　　　　　　D. 创意素材单一

3. 钻石展位创意审核不通过,商家可在钻石展位导航栏的【创意】→【创意管理】中看到其状态为"审核拒绝",当商家把鼠标放到"审核拒绝"字样上时,就会浮现拒绝原因,拒绝原因的描述包括(　　)。

　　A. 指示位置　　　　　　　　B. 问题描述
　　C. 问题举例　　　　　　　　D. 解决方案

4. 商家抄袭或盗用创意排行榜中的优秀创意,将受到账户处罚,禁止参加阿里妈妈官方活动。钻石展位挑选这些优秀创意的标准包括(　　)。

　　A. 当月消耗值　　　　　　　B. 当月点击率
　　C. 当月转化率　　　　　　　D. 当月成交量

5. 钻石展位相似宝贝定向是指通过商家指定的宝贝,寻找跟这个宝贝相似且有竞争关系的其他宝贝,圈出对这些相似宝贝感兴趣的消费者群体。在上述过程中,从种子宝贝到相似宝贝的筛选原则有(　　)。

　　A. 决策周期　　B. 客单价　　　C. 子类目　　　D. 属性

6. 钻石展位的单品推广,制作完并投放一张创意须要不断地测试优化,以下哪些是比较适用的测试优化办法？(　　)

　　A. 创意AB测试　　　　　　　B. 效果数据跟踪
　　C. 周期优化替换　　　　　　D. 随机测试

7. 创建一个完整的钻展计划,主要包括(　　)。

　　A. 新建推广计划　　　　　　B. 填写计划信息
　　C. 设置推广单元　　　　　　D. 添加创意

8. 裂变工具能够通过一个已有的创意快速制作相似尺寸的创意。以下哪些尺寸的创意可以裂变？(　　)

　　A. 920×300　　B. 640×480　　C. 480×580　　D. 380×400

9. 钻石展位的一个计划可以添加多个不同的推广单元,商家在推广单元中须要设置定向人群、资源位和出价。目前商家可选择以下哪几种方式设置定向人群？(　　)

　　A. 群体定向　　B. 访客定向　　C. 兴趣点定向　　D. 差异化定向

三、判断题

1. 在使用钻石展位的推广过程中,覆盖尽可能多的资源位以便引入更多流量来激活老顾客。　　　　　　　　　　　　　　　　　　　　　　　　　　　(　　)

2. 在钻石展位广告投放过程中,拉新投放策略无益于当前投资回报,但有利于店铺长期发展。（　　）
3. 钻石展位采用按点击付费（CPC）每日预算最低不能少于300元。（　　）
4. 拉新是钻展投放的一个重要目的。（　　）
5. 钻石展位单品推广目前不包含搜索重定向类型。（　　）
6. 创意快捷制作宝贝主图,只有符合审核要求才可以进行钻石展位推广,清晰可见的宝贝主图可以通过审核。（　　）

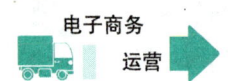

活动专员操作

学习目标

- 能进行淘客、折800有关活动的报名
- 能进行聚划算、淘抢购、官方大促等活动的报名
- 能进行微淘活动的策划与实施
- 了解微博团购的传播模式
- 熟悉网店促销活动策划流程

学习重点

- 各类活动报名

学习难点

- 聚划算活动的报名

任务一　活动资源维护与新增

10.1.1　任务情境

赵明作为夏艺女装公司电商运营部门的负责人,希望通过不断地举办活动来带动人气、带来流量和销量。于是,赵明安排活动专员李伟和宗仰负责活动的筛选、报名和落实。那么,有哪些活动可以参加呢?

10.1.2　任务分析

网店想要报名参加促销活动,不仅要重视淘宝网的活动,还要充分认识到微博团购、折800等第三方活动资源的重要性。

10.1.3　知识准备

- 淘宝客。

淘宝客活动的优势主要体现在三个方面:第一是找淘客捷径,淘客发起活动,卖家自主报名,无须费力找淘客;第二是站外流量打爆款,每天数万活动任卖家挑选报名,推广力度大;第三是简单易用,卖家没有烦琐的操作,只要挑选商品报名即可。

● 一淘网。

淘宝、天猫电商业务发展越来越趋向内容化和会员权益化,作为阿里巴巴旗下官方营销平台,一淘网也正往内容化、会员权益化的方向进行业务转型。同时,随着每年下半年营销旺季到来,为了配合双11营销,提升商家和消费者的使用体验,为此我们将一淘网销量计入淘宝、天猫搜索权重。一淘网活动类型主要包括:① 品牌活动;② 主题活动;③ 单品限时抢;④ 囤啦;⑤ 超级大牌。

● 微博团购。

微博团购是目前一种新的团购模式,它是借助微博平台,由某人气微博拥有者发布商品信息,组织购买者集中购买的新型网上购物模式。在微博团购中,发出团购商品链接的微博主人被称为"团长",其他购买者被称为"团员"。目前,微博上做团长的主要是个人,也有类似的组织。

微博团购的出现,既给团员们节省了网上寻找商品的时间,又能让团员们享受到更实惠的价格。所以,微博团购作为一种新型的购物方式受到越来越多网友的追捧。

10.1.4 任务实施

一、淘客资源维护与新增

步骤一:进入淘宝客后台。

(1) 打开阿里妈妈联盟商家中心(http://ad.alimama.com),输入商家账号和密码后点击"登录",如图10-1-1所示。

图10-1-1 联盟商家中心

(2) 点击"进入商家后台"按钮,进入联盟商家中心后台。
(3) 点击页面导航栏中的"活动",进入活动招商广场,如图10-1-2所示。

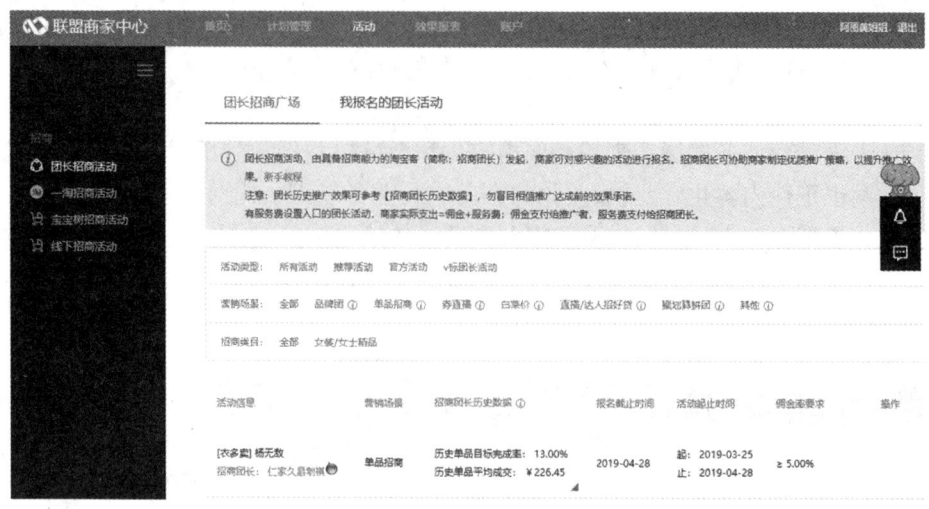

图 10-1-2　活动招商广场

步骤二：团长招商活动。

团长招商活动由具备招商能力的淘宝客（简称招商团长）发起，商家可对感兴趣的活动进行报名。招商团长可协助商家制订优质推广策略，以提升推广效果。

（1）在团长招商活动广场页面，我们查看正在招商的所有活动（在活动广场中同步展现发起的活动）。商家可根据团长本次活动的预估单品平均成交金额和团长的历史推广数据等进行参考，选择合适的活动进行报名。把鼠标移动到所选活动右侧的"操作"下方，单击"立即报名"按钮，如图 10-1-3 所示。

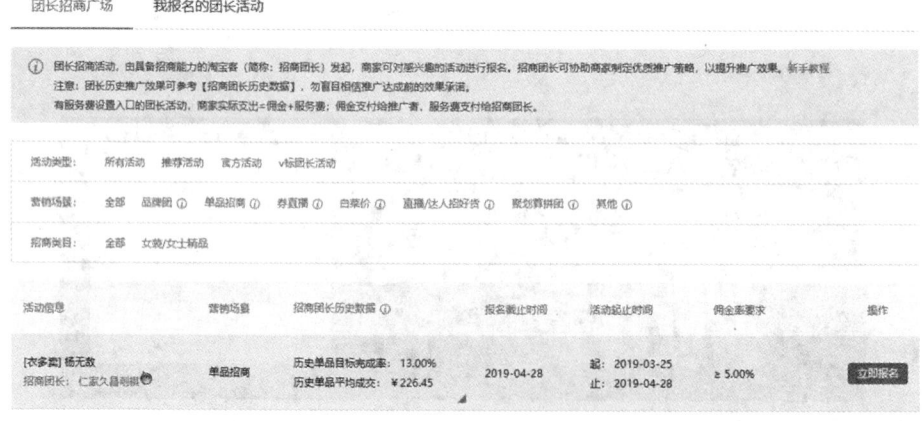

图 10-1-3　招商活动报名

团长预估单品平均成交金额是指团长对该活动招商和推广商品的预估平均目标产能。反映团长历史数据的四个字段为：历史单品目标完成率、历史单品平均成交、历史推广商品总数和历史总成交。

① 历史单品目标完成率：近 180 天内活动"单品平均成交"目标完成率，即完成目标的活动次数/活动总次数。

举例:

活动 1:预估单品平均成交 1 万,实际平均单品成交 1.2 万,则完成目标。

活动 2:预估单品平均成交 2 万,实际平均单品成交 1.8 万,则未完成目标。

活动 3:预估单品平均成交 1.5 万,实际平均单品成交 2 万,则完成目标。

那么历史单品目标完成率 = 2/3。

② 历史单品平均成交:近 180 天内所审核通过的商品成交总金额/近 180 天内审核通过商品数。

③ 历史推广商品总数:近 180 天内所审核通过的商品总数。

④ 历史总成交:近 180 天内所审核通过的商品成交总金额。

(2)进入报名页面,如图 10-1-4 所示,勾选"只显示可添加商品",从满足条件的商品中选择想要推广的商品,然后点击"确定"按钮,如图 10-1-5 所示。

注意:每个活动最多报 20 款商品,每个商品最多报 10 个活动。

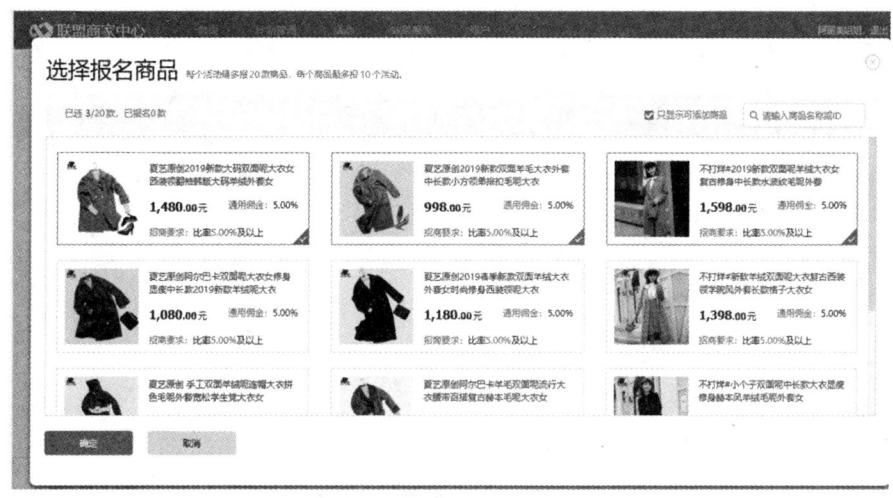

图 10-1-4 选择报名商品

图 10-1-5 活动报名

（3）在图 10-1-5 中，我们要对推广策略进行设置，包括推广时间、佣金率和服务费率等的设置。

① 推广时间：设置推广的开始时间和结束时间。这里要提醒商家的是：在商家选择的实际参与推广时间段内不支持中途退出活动或修改佣金率。

② 佣金率：佣金＝成交金额×佣金率，即每笔订单按佣金率支付给推广者（推广的淘宝客）的佣金，范围为 5%～90%。活动佣金率必须高于团长要求和通用计划下的佣金率。

③ 服务费率：服务费＝成交金额×服务费率，即每笔订单除按佣金率支付给推广者佣金外，额外再按服务费率支付给团长的服务费，范围为 0.1%～85%，商家实际支出＝成交金额×（佣金率＋服务费率）。

（4）点击图 10-1-5 中的"添加优惠券"，进入配置优惠券页面，如图 10-1-6 所示。创建并选择优惠券后，点击"确定"按钮返回活动报名页面，点击"完成，提交报名"按钮，弹出确认提交报名页面，如图 10-1-7 所示。

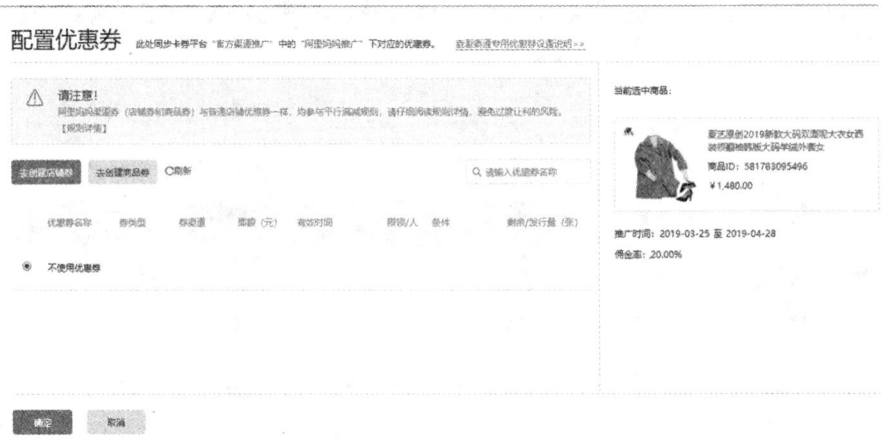

图 10-1-6　配置优惠券页面

图 10-1-7　确认提交报名页面

（5）在确认提交报名页面，勾选"我已了解："，然后点击"确定"按钮，系统提示"活动报名成功，已提交招商团长审核，敬请等待"。

（6）在报名商品页面，我们可以查看已报名活动的审核情况，也可以继续报名商品、修改推广策略，或者取消报名。

> **小贴士**
> 　　团长历史推广效果可参考"招商团长历史数据"，勿盲目相信推广达成前的效果承诺。有服务费设置入口的团长活动，商家实际支出＝佣金＋服务费，佣金支付给推广者，服务费支付给招商团长。

步骤三：一淘招商活动。

（1）按照步骤一的操作进入活动招商广场，点击图 10-1-2 所示页面左侧的"一淘招商活动"，进入超级返利活动广场，勾选"我能参加的活动"，如图 10-1-8 所示。

图 10-1-8　超级返利活动广场

（2）把鼠标移动到所选活动右侧的"操作"下方，单击"立即报名"按钮，进入添加商品页面。选择要推广的商品，点击"确定"按钮，进入设置商品信息页面，如图 10-1-9 所示。

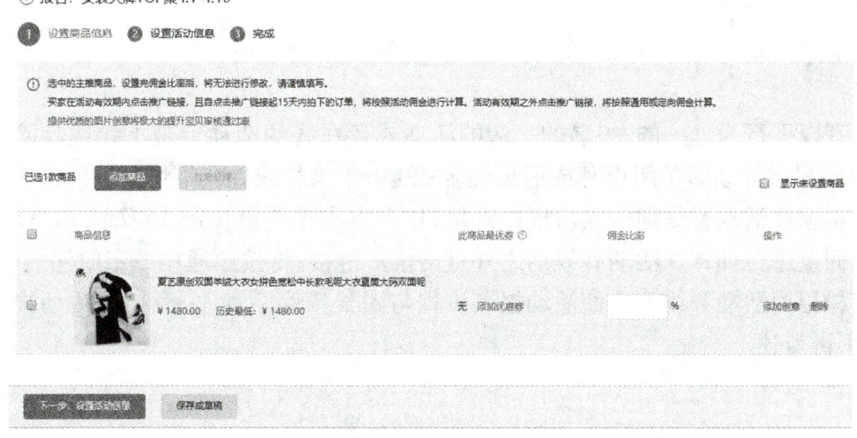

图 10-1-9　设置商品信息

（3）在设置商品信息页面，我们可以添加优惠券、设置佣金比例和添加创意（提供优质的图片创意将极大地提升宝贝的审核通过率），或者删除已选商品。也可以批量勾选商品，进行批量设置。商品信息设置完成后，点击"下一步，设置活动信息"按钮。

（4）在设置活动信息页面（图10-1-10），按照系统提示设置活动素材，包括：

① 活动标题：必填，标题字数为6~12个中文字符。

② 活动描述：必填，字数要求至少1个汉字，且只能输入中文、字母、数字以及符号。

③ 品牌LOGO图：400×200 px的白底JPG、PNG图片，图片大小在500 KB以内。

④ 首页露出图：750×320 px，支持SWF、FLV、JPG、GIF、PNG格式，文件大小不超过2 MB。

⑤ PC端活动banner：1 190×330 px，支持SWF、FLV、JPG、GIF、PNG格式，文件大小不超过2 MB。

图10-1-10　设置活动信息

（6）无线端活动banner：750×450 px，支持SWF、FLV、JPG、GIF、PNG格式，文件大小不超过2 MB。

活动信息设置完成后，点击"完成并提交"按钮，完成活动报名。

注意：

（1）有以下行为之一的，报名的一淘的活动或者在线的活动会被下线或删除。包括但不限于：① 报名活动后关闭返利或退出淘客；② 由于欠款或处罚等情况导致淘客关闭。

（2）买家在活动有效期内点击推广链接，且自点击推广链接起15天内拍下的订单，将按照活动佣金进行计算。活动有效期之外点击推广链接，将按照通用或定向佣金计算。

宝宝树招商活动和线下招商活动报名流程与团长招商活动、一淘招商活动报名流程类似，此处不再赘述。

二、微博团购

1. 了解微博团购的传播模式

微博团购的传播模式如图 10-1-11 所示。在微博团购的传播模式中,微博博主是最主要的传播者,它作为一个桥梁联系起商家和用户,发挥大众传播的作用。团购信息会通过微博上的人际传播得到进一步的扩散。用户和潜在用户作为受众,一方面,用户直接接受了团购信息,可能以口头或微博的形式表现出来,同时,其朋友或"粉丝"就能够得知这些信息并进行再次传播,这种层层扩散的传播效应在微博上很容易实现。

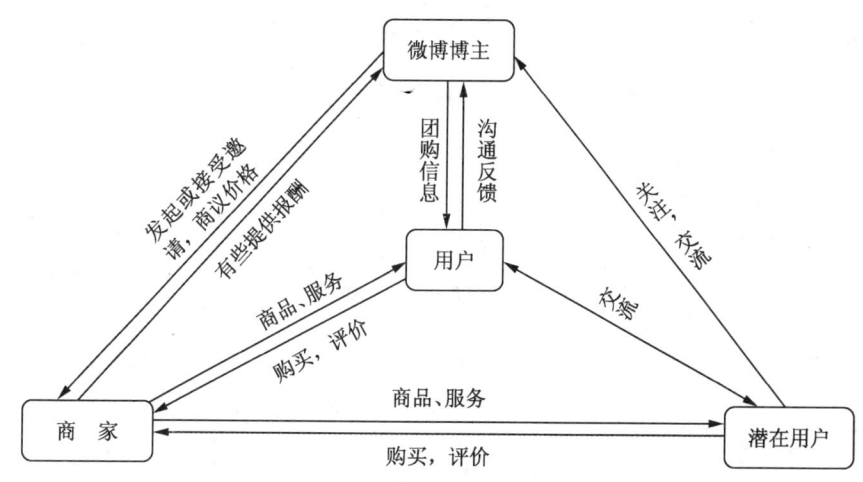

图 10-1-11　微博团购传播模式

2. 微博团购的传播特点

微博团购的传播特点主要包括以下三个方面:

(1) 意见领袖拥有绝对权威。意见领袖是指人际传播网络中经常为他人提供信息,同时对他人施加影响的"活跃分子"。微博博主显然就是整个团购过程中的意见领袖。从最开始一个团购的发起到联系商家,再到团购商品的确定和价格的商议,以及最后的购买行为和信息反馈的传播,都是由博主一手操办的。博主发布的信息时刻影响着用户的判断和思考,以及是否购买商品的决定。微博博主作为意见领袖,在团购中是拥有极高的权威的。

(2) "把关人"缺失。由于意见领袖的绝对优势和微博自媒体的传播特点,微博团购成为一场人人皆可参与的"独角戏"。团购商品的来源和真假都无从确定,虽然部分微博博主选择开团前发布购买凭证,但是传播者发布的信息始终带有自己的立场,信息的可信度仍是未知。负有信息的过滤与筛选,决定继续还是终止传播责任的"把关人"的缺失,让参与微博团购成为一场"博弈"。

(3) 团购信息私密性强,难以保留。微博团购的规则是博主发布"暗号",买家点击博主发布的淘宝网链接并给卖家留言"暗号"才能以团购价购买,并在评论中不能出现有关团购的字样。这样就切断了两个平台间的信息交互,除了参与者,在淘宝网这一平台的其他人很难发现与团购有关的信息。博主发布的团购信息均有时效性,以一天到一周不等,加之微博的随意性特征,博主可以随时删除相关链接,这就加大了微博团购信息的整合难度。

3. 微博团购的商品特征

微博团购的商品与团购的商品类似,但是以实物类商品为主,可以是饰品、服装、鞋和电子产品等,这类商品的市场价一般都比较高,用这类商品做微团购会有更大的转发降价空间,微博团购更强调的是消费者与消费者、商家与消费者之间的互动。

4. 微博团购案例

(1)一般微博团购的团长都会在置顶微博中介绍参团的方法和注意事项等信息,也有的微博团长建立了自己的独立站点。

(2)微博团长经常会在微博中发布微博团购信息和参与方法。

三、第三方活动资源维护与新增

第三方活动主要包括:折800、卷皮、楚楚街、米折网、淘粉8和特价头条等。下面我们以折800为例进行介绍。

步骤一:注册账号。

(1)打开折800(http://www.zhe800.com),点击右上角的"卖家中心"进入商家中心,点击右侧的"立即注册"按钮。

(2)在卖家注册页面,输入手机号、设置密码、填写验证码并同意卖家注册协议,点击"立即注册"按钮完成卖家身份注册,页面自动跳转到商家中心后台,如图10-1-12所示。

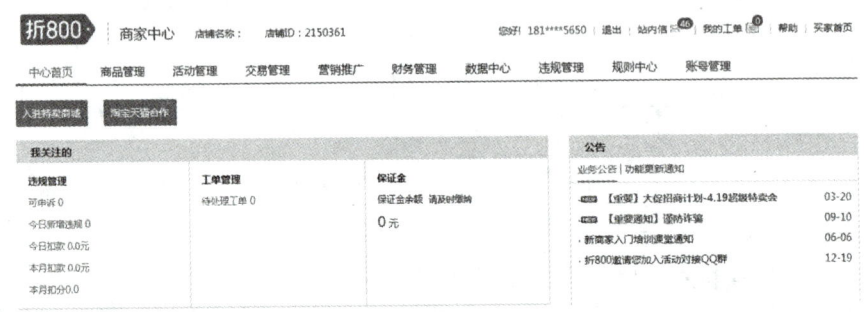

图10-1-12 商家中心后台

步骤二:熟悉合作模式。

(1)特卖商城入驻模式。折800特卖商城是追求高性价比的折扣平台,商家入驻后,在折800站内完成交易。特卖商城秉承"好货、好价、好服务"的理念,致力于和广大商家一起,为用户提供超值商品,打造成为值得消费者天天来逛的折扣特卖平台。入驻流程如图10-1-13所示。

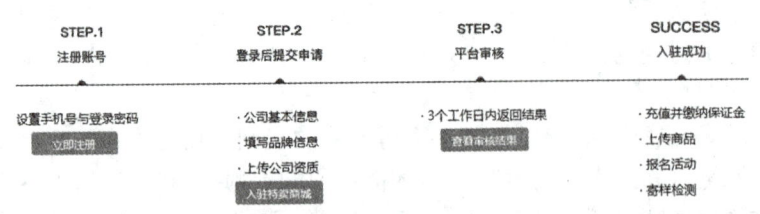

图10-1-13 特卖商城入驻流程图

(2)淘宝天猫合作(导购)模式。折800是优质的营销平台,汇聚大量高等级淘宝、天猫买家。淘宝天猫合作旨在挖掘性价比高、具有价格竞争力的商品,营造物超所值、错过就是损失的购物体验,采用大数据精准分配曝光量和流量,为淘宝天猫商户带来更多精准流量,打造爆款。入驻流程如图 10-1-14 所示。

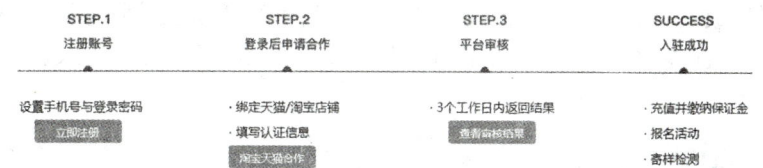

图 10-1-14　淘宝天猫合作入驻流程图

小贴士

扫描右方二维码查看折 800 入驻资质要求。

步骤三：选择合作模式。

下面我们以淘宝天猫合作模式为例进行介绍。

（1）在商家中心后台,点击"淘宝天猫合作"按钮,进入淘宝店铺绑定页面,如图 10-1-15 所示。认证淘宝店铺须要在店铺任意一件商品标题后面添加验证码,确认发布后将该商品的链接填写到下面进行认证,完成认证后再删除标题后的验证码。

图 10-1-15　淘宝店铺绑定

注意：

① 该验证码是添加在"商品标题"后面,并不是"商品链接"后面。

② 修改完商品标题后应等待半小时再提交认证,否则可能会认证失败。

③ 如果要入驻特卖商城,建议使用企业店铺认证；否则无法通过企业认证,从而无法入

231

驻特卖商城。

（2）设置完成后，点击"下一步"，系统提示"修改完商品标题后应等待半小时再提交认证，否则可能会认证失败，您确定现在就提交吗？"，点击"确定"按钮，进入认证信息填写页面，如图10-1-16所示。

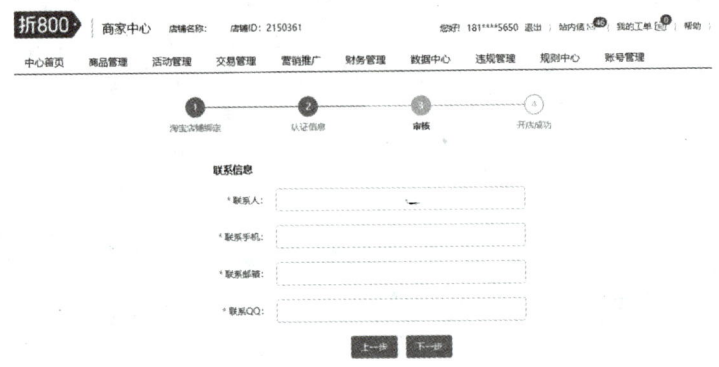

图10-1-16　填写联系信息

（3）按照页面提示填写联系信息，包括联系人、联系手机、联系邮箱和联系QQ。完成后，点击"下一步"进入身份认证页面，如图10-1-17所示。按照认证要求选择认证类型、填写认证信息、上传身份证照片（证件头像面、证件国徽面、手持证件头部照和手持证件半身照）等信息，然后点击"提交"，系统提示"您的信息已提交成功，专员会在2～3个工作日进行审核。请及时查看审核进度"。这里要提醒大家注意：提现时只能提现到认证信息页面所填写姓名的账户下。

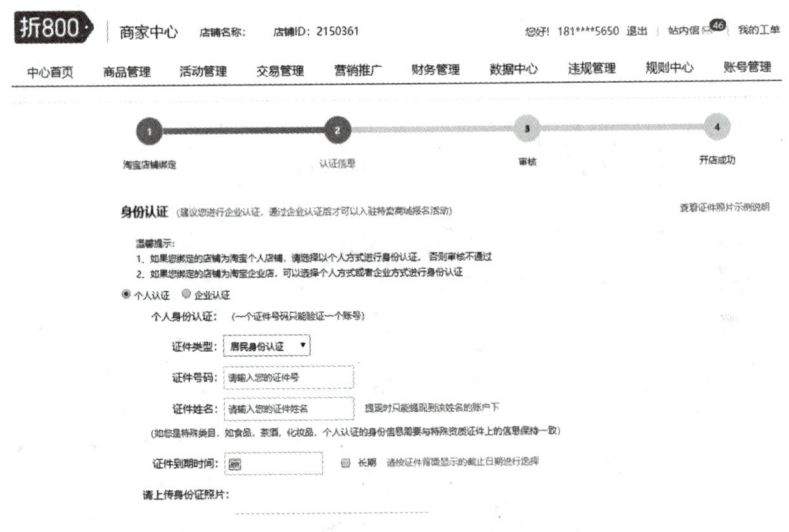

图10-1-17　身份认证

（4）等折800专员审核后，我们就可以报名参加活动了。

小贴士

认证注意事项

（1）如果是天猫店铺，必须提交"企业认证"。
（2）如果是淘宝店铺或生态农业店铺，可选择"个人认证"或"企业认证"。
（3）如因类型不符而未通过审核，提交的部分信息将被清除。

步骤四：活动报名与管理。

（1）在商家中心后台，点击顶部导航栏中的"活动管理"，进入活动管理页面。

（2）点击左侧导航栏"淘宝天猫活动"下的"报名活动"，进入淘宝天猫活动报名页面，如图 10-1-18 所示。

图 10-1-18　淘宝天猫活动报名页面

（3）我们可以根据店铺推广计划，选择相匹配的活动，点击"立即报名"按钮进行报名即可。在进行报名前，我们首先要熟悉报名要求。下面我们看一下超级爆款的活动报名要求：

① 商品单价不宜过高，商品建议为日消品、热销品、快消品、服装流行款等。
② 可与天猫聚划算/淘抢购活动同步。
③ 报名商品为知名品牌或者淘宝热销品牌，可享受优先审核权限。
④ 商品要求超高性价比且质量优质，会根据店铺综合资质及评分，酌情收取样品。
⑤ DSR 三项动态评分均为 4.7 及以上，淘宝店铺信誉须为 3 钻及以上。
⑥ 必须为淘宝/天猫商品，符合折 800 活动要求，禁止发布违禁商品、二手商品、假冒伪劣商品、侵犯他人商标权等合法权益的产品，符合广告法要求等。

小贴士

扫描右方二维码查看折800淘宝/天猫合作要求。

10.1.5 任务总结

1. 知识结构图（图10-1-19）

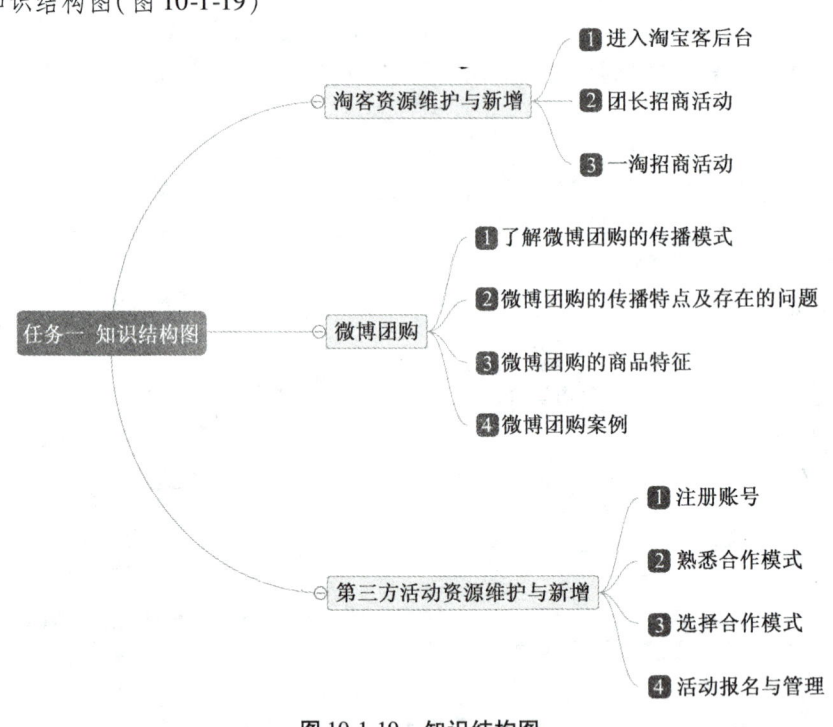

图10-1-19 知识结构图

2. 拓展知识

招商团长活动流程如图10-1-20所示。

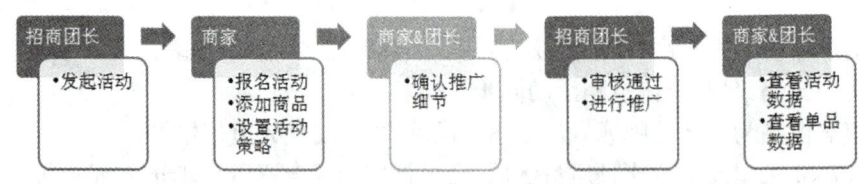

图10-1-20 招商团长活动流程图

报名商品所设置的推广策略，招商团长审核通过后，将会同步到营销计划的"商品营销策略"中。由于活动公开，平台主推时会选择该商品在"商品营销策略"中的"默认"策略（即最优佣金与最优质优惠券进行推广），以帮助卖家达到更好的营销效果。

单品招商场景为动态招商，在活动起止时间内，商家可随时报名，团长可随时审核。若团长审核通过，商品进入推广时间，系统自动锁定商品佣金和优惠券；若推广时间结束当日的 24 小时之前团长仍未审核,系统将自动拒绝该商品。

10.1.6 任务训练

1. 结合自己的网店策划一项微博团购活动,编写一份微博团购活动策划书。
2. 选择一款自己网店的产品报名参加折 800 的活动,将报名流程填入下框中。

10.1.7 课外学习

- 卷皮网商家入驻规则。

任务二 | 主要活动报名

10.2.1 任务情境

李伟和宗仰作为推广专员,在网店经营过程中积极地运用各种营销推广方法和工具进行网店推广,这为店铺带来了流量、销量和信誉的提升,使得夏艺女装逐渐成长为一个成熟的网店。最近一个多月,网店中的一款呢大衣销量喜人、好评如潮,两人计划为这款呢大衣报名参加淘宝官方的活动,以此提升店铺流量、带动店内其他商品的销售。

10.2.2 任务分析

想要报名参加淘宝官方的活动,首先要熟悉有关活动的相关规则,充分做好前期准备,这是十分必要的。熟悉相关活动规则后,再逐步进行聚划算报名、淘抢购报名和官方大促报名等。

10.2.3 知识准备

- 聚划算费用。

聚划算费用包括保证金和保底佣金两部分。

(1) 保证金:是指聚划算为了维护消费者权益,冻结商家一定的款项,确保商家根据承诺提供商品和服务。若商家出现付款后不发货,商品有质量问题等,聚划算平台会将保证金赔付给消费者。保证金分为商家保证金、货款冻结保证金和参聚险。

商家保证金:适用于长期参与聚划算的商家,每年交一次保证金,金额为 50 万。1 年计算期为自冻结开始之日起的一年时间。在此期间,不支持商家保证金的解冻。

货款冻结保证金:卖家每次参团,聚划算根据报名商品的货值冻结一部分款项。

保证金具体金额:
① 货值大于等于0元、小于10万元的,冻结等值的全额保证金。
② 货值大于等于10万元、小于30万元的,冻结10万元保证金。
③ 货值大于等于30万元、小于100万元的,冻结30万元保证金。
④ 货值大于等于100万元的,冻结50万元保证金。

参聚险:是指根据参团货值缴纳一定的保费至保险公司,由保险公司就卖家提供的商品或服务向消费者及平台等提供权益保障;金额为保证金的0.3%,最高为1 500元。

保证金冻结时间:必须在发布前完成冻结,否则商品将被取消活动,同时给予店铺中止合作一个月的处罚。

(2)保底佣金:是由卖家参加聚划算,成交额未达到目标成交额(保底交易量)时须向聚划算承担的技术服务费。当订单总金额达成或超出目标成交额(保底交易量)时,则全额返还(解冻)保底收费预付款;未达成的,该类目的保底佣金减去实时划扣的佣金之后所形成的差额部分,从保底佣金中扣除。剩余保底佣金解冻并返还卖家。

冻结时间:必须在商品发布前冻结对应一定款项至卖家所绑定的支付宝账户。

解冻时间:参团结束后15天,特殊类目为25天。

- 聚划算上团前准备。

(1)信息变更。商品从待审核至开团可全程修改信息;信息变更提交后30分钟会审核完成;信息变更不影响发布,在发布状态下仍可以进行变更,待信息变更审核通过后,展示生效。

(2)发布。目前聚划算采用系统发布和自助发布两种模式。

自助发布:指商家在商品审核通过后,商家自己选择发布时间点,点击"我要发布"按钮进行自助发布。

系统发布:在展示开始时,系统将符合发布条件的商品自动执行发布。

商家可以在系统发布时间点前,自助发布;也可以等待系统自动发布;还可以在系统发布失败后,进行修改,然后自助发布。一旦发布成功,无法取消发布(商品只有发布后,才可以正常进行参团,未发布的商品是无法参团的,若不符合规范,系统将无法发布成功)。

- 聚划算商品审核。

(1)一审(表10-2-1)。

表10-2-1 一审审核项目及内容

项　目	内　　容
审核方式	系统审核
审核时间	该活动报名结束2天内
审核内容 (包括但不限于)	① 商品报名价格; ② 报名商品货值; ③ 历史成交及评论; ④ 商品DSR评分; ⑤ 店铺近3~6个月成交排名; ⑥ 店铺聚划算成交额和历史单坑产出水平

注:淘宝坑位就是淘宝搜索关键词首页的展示位置,而产出就是这个宝贝的销售金额。那么淘宝单坑产出是预估单个位置会有多少成交金额,预估单坑产出金额=参聚单价×预计销量。

(2)二审(表10-2-2)。

表10-2-2 二审审核项目及内容

项 目	内 容
审核方式	人工审核
审核时间	该活动报名结束4天内
重点审核内容	① 库存：数量多者优先考虑，建议高于保底成交额； ② 价格具有市场竞争力； ③ 商家分值择优录取，不低于各个一级类目的最低分值； ④ 是否存在拼款、换款

10.2.4 任务实施

一、聚划算报名

步骤一：进入活动报名页面。

(1)商家登录淘宝后,点击页面上方的"千牛卖家中心",进入"千牛卖家工作台",在左侧的"营销活动"中点击"活动报名",进入淘宝官方营销活动中心(简称淘营销)页面。

(2)在淘营销页面中,点击导航栏中的"品牌活动",进入品牌活动页面。

(3)点击活动页面中聚划算右侧的"立即报名"按钮,进入到聚划算活动页面,如图10-2-1所示。

图10-2-1 聚划算活动页面

步骤二：了解详情。

(1)点击图10-2-1所示的聚划算活动页面右侧的"我要报名"按钮,进入频道活动选择页面,如图10-2-2所示。

图 10-2-2　频道活动选择页面

（2）下面我们以"聚划算商品团"为例，进行活动报名的介绍。点击图 10-2-2 中"聚划算商品团"下面的"去报名"按钮，进入了解详情页面，如图 10-2-3 所示。在这里，我们可以查看活动详情、品类要求、收费规则和坑位规则等信息。

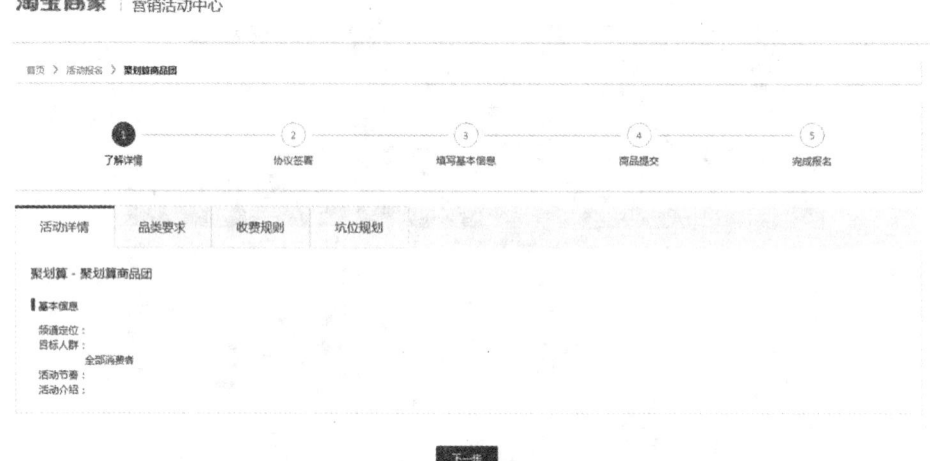

图 10-2-3　了解详情页面

（3）点击图 10-2-3 中的"收费规则"，进入如图 10-2-4 所示的页面。我们可以通过设定商品 ID、选择保证金/参聚险和货值等条件来预估参加本次活动所需费用，活动实际收费以最终收费为准。

图 10-2-4　收费规则页面

（4）点击图 10-2-4 中的"坑位规则"，进入坑位规则页面。通过选择所需报名的类目，点击"查询"按钮，可以查看坑位情况。

步骤三：签署协议。

（1）点击坑位查询页面中的"下一步"按钮，进入签署协议页面。依次签订《营销平台服务协议》《聚划算卖家运费险协议(卖家版)》《"聚划算"商家退货运费险保险保障计划投保协议》，并点击"提交"按钮。系统提示如图 10-2-5 所示的信息。

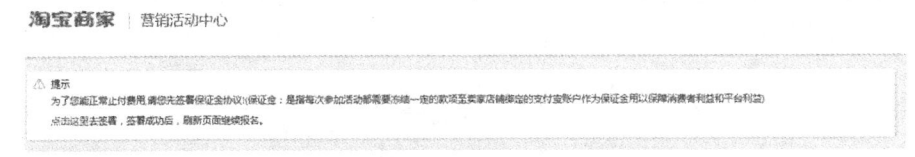

图 10-2-5　签署保证金协议提示页面

（2）点击图 10-2-5 中"点击这里"链接去签署保证金协议。签署成功后，刷新页面继续报名。系统提示如图 10-2-6 所示的信息。

图 10-2-6　签署支付宝代扣协议提示页面

（3）点击图 10-2-6 中"点击这里"链接去签署支付宝代扣协议。正确输入支付宝账户、支付密码和校验码，点击"同意协议并提交"按钮。签署成功后，刷新页面继续报名，如图 10-2-7 所示。

图 10-2-7　填写基本信息页面

步骤四：提交商品。

（1）在图 10-2-7 中选择活动类型"商品团"，勾选"同意接受营销平台系统排期，具体时间以系统通知为准"，点击"下一步"按钮，进入商品提交页面。

（2）选择商品后，填写报名页面信息。

① 报名类型：可以选择商品维度或者 SKU 维度提报商品，审核通过后该类型不支持修改，如图 10-2-8 所示。若选择商品维度报名，则商品下的所有 SKU 都参与活动，须对报名的商品统一设置活动价及活动库存；若选择 SKU 维度报名，可以对报名的每个 SKU 单独设置活动价及活动库存。

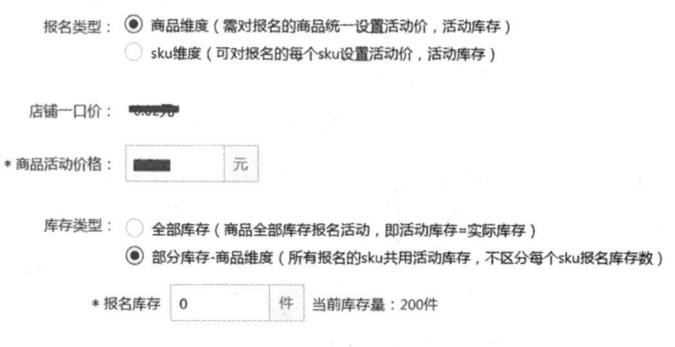

图 10-2-8　商品信息填报页面

② 价格类型：当报名类型选择 SKU 维度时，可以选择 SKU 相同价或 SKU 不同价。审核通过后该类型不支持修改。若选择 SKU 相同价，所有报名的 SKU 的活动价须要保持一致，否则会提交不成功；若选择 SKU 不同价，每个报名 SKU 的报名价可以单独设置。若活动要求一口价报名，则无法选择 SKU 不同价，如聚划算 App 活动等。

③ 库存类型：可以选择全部库存、部分库存 – SKU 维度或部分库存 – 商品维度。审核通过后开团前可以修改，但若这期间已发布过一次，即使再取消发布也不支持修改。

全部库存是指商品所有的库存均参加活动，即实际库存 = 活动库存，"报名库存"默认为全部库存。该选项若不可选,说明该活动不支持全部库存。若系统默认该选项,且不可更改,说明该活动要求全部库存报名。

部分库存－商品维度是指选中报名的SKU共享一个库存,选择该项后可以立即设置报名库存。设置后,选中的SKU报名库存显示为"共享库存",即所有报名的SKU共用活动库存,不区分每个SKU的报名库存数。

部分库存－SKU维度是指每个选中的SKU可以单独设置活动库存进行报名。勾选对应要报名的SKU后,在下方表格中可看到选中的SKU,填写报名库存,报名库存即为对应SKU参与活动的库存数。当报名类型选择商品维度时,库存类型则没有这一选项。

④批量设置:点击SKU列表下方的"批量设置",则可对活动价格或活动库存进行批量设置。

⑤报名模式:通过规格选中SKU后,在表格中的该SKU默认全部报名,若某个SKU要取消报名,可在右侧的操作栏中,点击"取消报名",则在提交报名时不会将此SKU进行报名。

(3)设置完成后进行提交。提交后,点击"已选商品",可查看已选择商品,如图10-2-9所示。点击规格栏的"设置",在弹窗中可设置规则,设置规则详见上方单品团报名类型、价格类型和库存类型等的设置。

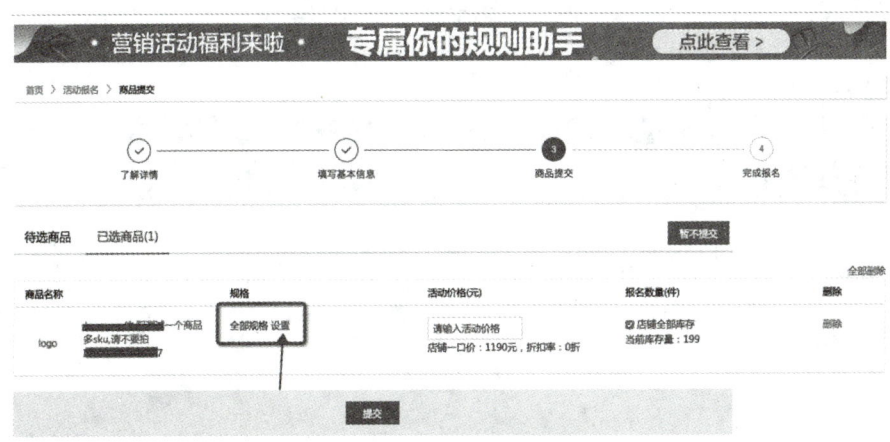

图 10-2-9　已选商品页面

(4)完成设置后,点击"提交"按钮,系统提示提交成功,完成报名。

小贴士

淘宝营销活动报名基本流程如图10-2-10所示。

```
01 选择活动                  02 报名申请                  03 活动准备
● 搜索或筛选合适的活动        ● 在线签署活动协议          ● 确定报名商品状态
● 仔细阅读活动提示            ● 填写店铺信息或上传图片    ● 清点商品库存
● 了解活动详情及规则介绍      ● 选择商品并填写信息        ● 检查活动促销价
● 确定自身可以报名            ● 提交等待审核
```

图 10-2-10　淘宝营销活动报名基本流程图

二、淘抢购报名

步骤一：进入活动报名页面。

（1）打开淘抢购（http://qiang.taobao.com）。

（2）点击右上角的"商家报名"，进入淘抢购商户中心页面，如图10-2-11所示。点击"我要报名"按钮，进入淘抢购商户中心我的工作台页面，如图10-2-12所示。

图10-2-11　淘抢购商户中心页面

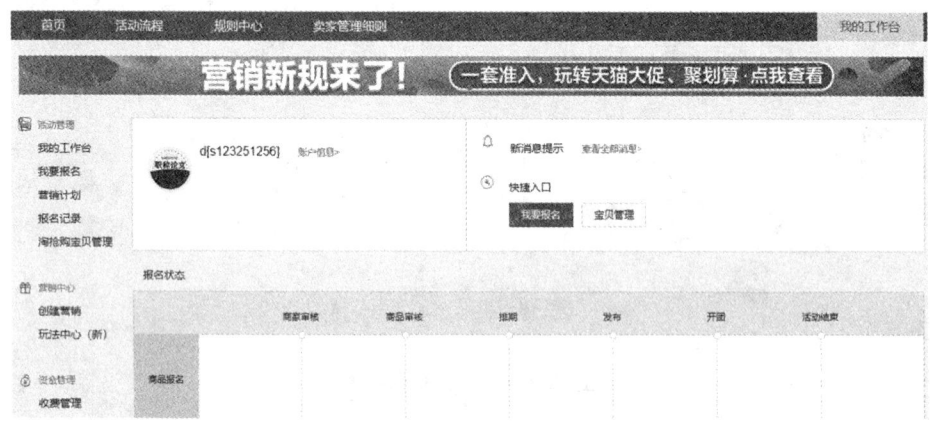

图10-2-12　我的工作台页面

步骤二：活动报名。

（1）点击图10-2-12中的"我要报名"按钮，进入淘宝商家营销活动中心页面，如图10-2-13所示。

（2）点击图10-2-13中"淘抢购"下面的"去报名"按钮，按照提示和要求填写表单并提交报名。操作步骤与聚划算商品团类似，这里就不再赘述。

（3）淘抢购活动流程如图10-2-14所示。

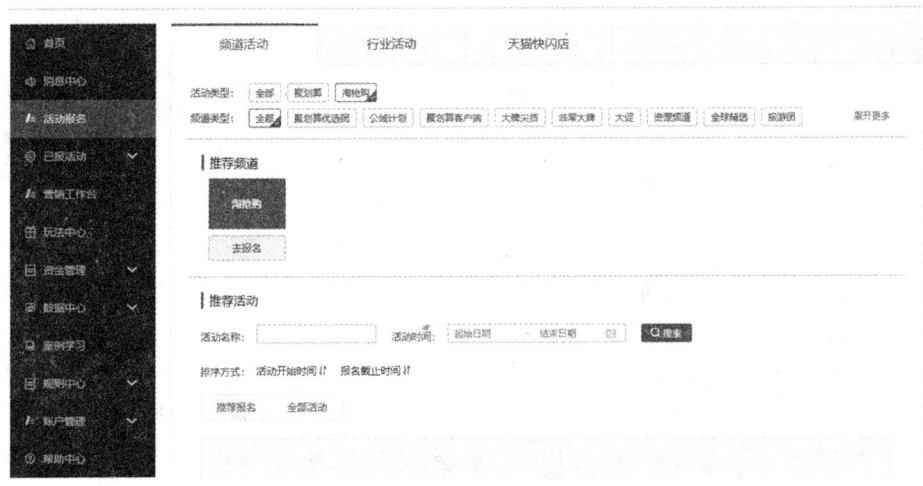

图 10-2-13　淘宝商家营销活动中心页面

图 10-2-14　淘抢购活动流程图

① 报名。当日可参与报名 8～13 天后的淘抢购活动，报名流程如图 10-2-15 所示。

图 10-2-15　淘抢购报名流程图

② 审核。日常情况在活动开始前 3 天会完成审核，其他活动商品最晚在活动前 1 天完成审核。可在淘抢购商家中心的"已报活动"中查看商品的审核状态。审核不通过的，会显示不通过的原因。

③ 缴费。商品审核通过后，商家缴纳费用。淘抢购单品类活动会收取技术服务费。

④ 发布。系统会在活动前 3 天进行商品发布，需要收费的业务，只有缴费后商品才能发布。若在发布后缴费，商家还要进行手动发布。建议审核通过后第一时间完成支付，不要错过预热时间。

商品发布后才可看到活动的排期时间。注意有时因为报名情况或活动需要，商品会跨日期调排期，实际排期日期及时间可能会有调整，以最新的时间为准。

⑤ 预热。单品类活动（如日常单品活动、今日必抢、抢洋货和抢大牌等）预热开始时间为活动前一天的 20 点。品牌抢购从活动前 1 天的 0 点开始预热。

⑥ 上线。目前单品类活动全天共 18 个场次，分别为：0 点场、7 点场、8 点场、9 点场、10 点场、11 点场、12 点场、13 点场、14 点场、15 点场、16 点场、17 点场、18 点场、19 点场、20 点场、21 点场、22 点场和 23 点场，活动售卖时间为 24 小时。活动开始后，必须为消费者

提供优质服务,遵守淘抢购活动卖家管理细则。

> **小贴士**
> 用手机淘宝扫描右方二维码查看报名淘抢购须要满足的条件。

三、官方大促报名——以双 11 为例

淘宝官方营销活动中心(简称淘营销)包括行业营销活动、品牌活动、无线手淘活动、去哪旅行活动、活动资金助力、淘营销论坛、营销日历等栏目。淘宝的各类官方大促活动都可以在淘营销页面(http://yingxiao.taobao.com)找到,各类活动的报名过程基本相同。

双 11 淘宝嘉年华是集全淘宝之力让消费者全民疯抢的节日,同时也是卖家的盛宴。2019 年的淘宝嘉年华活动,淘宝网在 PC 端和无线端同时发力,携手卖家共进,为消费者打造淘宝嘉年华盛宴,共同创造美好购物体验。下面我们以 2019 年双 11 淘宝嘉年华活动的报名为例进行介绍。

> **小贴士**
> 用手机淘宝扫描右方二维码可查看 2019 年淘宝嘉年华活动招商规则。

每一年在双 11 来临的时候,都会有部分新手卖家因为找不到活动报名入口而错过双 11 的活动报名。这里要提醒大家,进入双 11 招商入口,一般有两种方法:①活动招商入口将会在【商家中心】→【营销中心】→【官方活动报名】页面展示,建议大家关注该页面即可。当活动开始的时候,双 11 活动报名就会出现在官方活动报名处。②关注淘营销,活动开始之后,会有双 11 招商报名的活动窗口,点击"立即报名"即可。

(1)在淘宝双 11 活动开启后,卖家可以在千牛卖家中心顶部看到双 11 报名的 Banner 广告。

(2)点击该 Banner 广告进入淘宝嘉年华活动中心,点击"立即报名"按钮,进入淘宝嘉年华海选各个会场的报名入口页面,如图 10-2-16 所示。

(3)根据情况,选择"外围/会场"打开各行业的模块,选择符合店铺类目的行业模块,选择对应"可报名活动",点击"去报名"按钮。

(4)符合报名情况,则可开始报名活动,总共分四步:第一,了解详情。了解活动详细情况后点击"下一步"按钮。第二,签署协议。查看活动须知,勾选"本人已阅读并同意《淘宝行业营销活动协议》",点击"提交"按钮。第三,设置活动玩法。点击"赶去考场"按钮,参加并通过考试后,返回当前页面并进行刷新,设置店铺红包、店铺满减并进行保存,点击"下一步"按钮。第四,提交店铺素材。按要求填写店铺信息并点击"下一步"按钮。第五,提交商品。选择商品以后要点击"完善商品"对商品相关字段如价格等商品基础信息和素材等进行完善后再提交。如果想报名多个商品,重复上述步骤即可。若不能报名,说明店铺报名资质不够,可点击"规则 & 资质"查看具体原因。

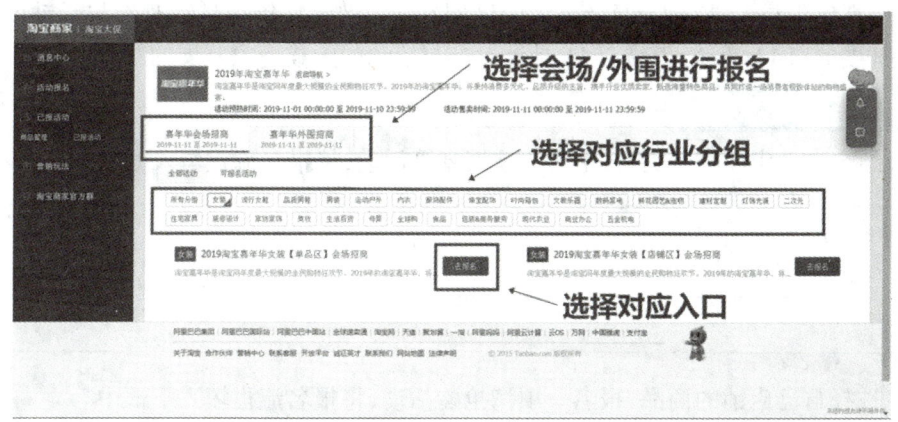

图 10-2-16　淘宝嘉年华海选报名入口页面

10.2.5　任务总结

1. 知识结构图(图 10-2-17)

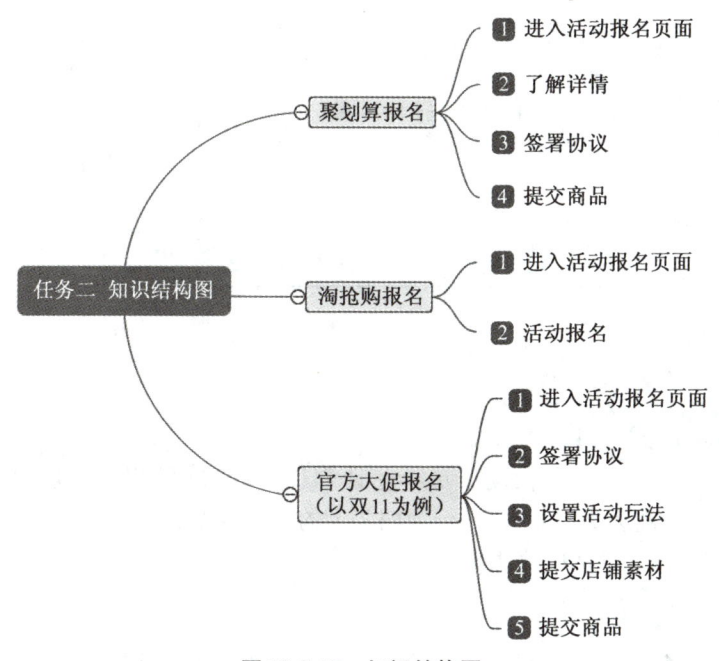

图 10-2-17　知识结构图

2. 拓展知识

淘宝嘉年华和双 11 的区别

淘宝嘉年华是 2018 年和 2019 年双 11 淘宝网的活动名称,活动期间可以在各个会场和热卖店铺中购买商品、抢店铺红包。

双 11 购物狂欢节是指每年 11 月 11 日的网络促销日,源于淘宝商城(天猫)2009 年 11 月 11 日举办的网络淘宝促销活动,当时参与的商家数量和促销力度有限,但营业额远超预想的效果,于是 11 月 11 日就成为天猫举办大规模促销活动的固定日期。双 11 已成为中国电子商务行业的年度盛事,并且逐渐影响到国际电子商务行业。

淘宝嘉年华与天猫双 11 两者最大的区别在于:淘宝嘉年华是针对参与活动的淘宝集市商家开展的双 11 活动,天猫双 11 是针对参与活动的天猫商家开展的双 11 活动。

10.2.6 任务训练

1. 结合自己店铺经营类目,报名一项聚划算活动,将报名流程填入下框中。

---

2. 选择自己店铺的商品,报名一项淘抢购活动,将报名流程填入下框中。

10.2.7 课外学习

- 淘宝营销活动规范(用手机淘宝扫一扫)。

任务三　店内活动策划

10.3.1 任务情境

经过与店长赵明沟通后,活动专员李伟计划进行一次微淘互动活动,主题为"特价美衣,由你投票定"。挑选 8 款美衣,进行为期 2 天的粉丝投票,得票数最多的 2 款作为粉丝专享价款式。活动结束,价格恢复原价。

10.3.2 任务分析

作为一名卖家,想必每年都会自主举办或受邀参加一些主题活动,店铺活动的开展想获得较好的活动效果,都离不开活动前的精心准备与策划。店内活动的策划,包括活动规划、页面准备、团队准备和活动总结等方面。

10.3.3 知识准备

- 促销的最佳时机。

促销虽好用,但也不能随时都用。如果全部商品都在搞促销,促销也就没有意义了。一般来说,促销的最佳时机有以下几种:

(1)新品上架。新品促销可以作为店铺长期的促销活动。因为一个用心经营的店主总是会源源不断地上新品的。新品促销既能加快商品卖出的速度,也有利于培养老顾客的关注度,进而提高他们的忠诚度。

(2)节日促销。商家不会放过任何一个节日促销的机会,尤其国庆、五一、元旦等大型节日更是给商家带来促销的理由。当然,节日促销也要结合自身的商品实情及顾客的特征来进行,比如你是卖男装的,在三八妇女节搞促销显然不合适。

这里要注意的是,大节日对网店来说不是好事。和实体店相反,节假日期间网店即使做促销也不见得销量比平时好。这是由于节日期间大家都有空逛商场了,而线下实体店在节日期间也活动不断,很多客户都到实体店去买东西了,所以网店的生意自然会受到影响。解决这种困境的办法就是把促销活动的时间提前一周。

(3)淘宝店庆。店铺在"升钻升冠"时都可以庆祝一下,进行一些促销优惠活动。店铺开张周年庆更是大好时节,不仅可以做比较大的促销,还可以向客户展示店铺的历史,给人以信任感。

(4)换季清仓。对于一些季节性比较强的商品,在换季的时候促销活动力度都是比较大的,而客户显然也乐于接受这种换季清仓类的活动,从而为店铺吸引不少人气。

10.3.4 任务实施

我们一般把网店的活动分成两个类型:促销型活动和互动型活动。

一、促销活动策划流程

步骤一:活动规划。

1. 活动主题

没有一个明确的活动主题,怎么能策划出一场好的淘宝店铺活动呢?俗话说"好题一半文",一个好的主题能够迅速吸引消费者的眼球,起到很好的宣传效果。它犹如一个人的灵魂,贯穿活动的始末。

活动主题一般要求简洁、扼要,最好控制在5个字以内,突出新颖与特色,避免冗杂与单调。活动的主题可以根据节日或者目的来定。即使你的商品与节日无太大关系,只要主题与节日有联系、足够吸引,就能够带来不错的人气。

2. 活动时间

自主发起的活动时间犹如结婚定日子一样,要选一个"良辰吉日",确保这个活动期间不会与其他的一些活动产生冲突或者向官方活动"借力",保证活动效果;活动时间一旦确定后,最好不要随意更改,以便团队人员有充足时间做相关准备工作。

3. 活动产品

确定参加活动的产品、价格、库存等信息;为活动产品进行分类,包括引流款、基础款、形象款等,给消费者呈现不同形式的产品与服务。

4. 促销方式

确定活动的促销方式,比如满减、满送、包邮、抽奖等;促销方式要结合当期季节与产品特色进行,促销形式不求多、只求精,否则会让消费者感觉眼花缭乱,找不到方向。在结合店铺特色的基础上,还要学会换位思考,从消费者的角度出发,制订切实可行的促销方案,让买家能够积极参与进来。

5. 推广资源

确定活动期间所需要的推广资源支持,比如直通车、钻石展位、短信、淘客等营销媒介,这样可以让推广部门有更多的时间为活动的开展做相应的准备与推广工作。根据活动方案确定广告投放形式、位置、数量、预算、时间等,进行有计划、有针对性的投放。要淘宝小二审核的广告位如钻石展位,须要提前3~5个工作日提交审核。

6. 效果预估

对本次活动的UV、转化率、销量、销售高低峰、物流等进行预估,制订活动目标。

步骤二:页面准备。

1. 页面视觉

视觉营销就是配合产品结构、活动安排、时效性等因素的变化对店铺的结构、设计进行实时调整从而在店铺访问深度、用户黏度等方面达到提升。

确定好活动主题后,对店铺页面进行设计、调整,以符合活动风格和相关要求,提升客户的体验,提高转化率;做好宝贝描述工作,提高顾客对店铺和产品的信任度,吸引顾客购买;对活动海报进行设计和悬挂,营造活动氛围。

页面视觉设计不仅仅是为了好看,应该从以下五个方面入手:设计风格统一、注重视觉引导、注重用户体验、注重易用性和突出产品。好的页面视觉设计可以达到以下效果:提升品牌形象、提升信任度、增强用户体验、提高易用性、增加访问页面数和增加停留时间。

2. 价格修整

活动开始前,对参加活动的商品价格进行统一调整;同时有专人检查商品首页图片上价格标签、包邮信息与宝贝详情页、活动方案的价格是否一致;避免因页面前后信息不统一导致顾客投诉。

3. 库存调整

调整商品库存,避免买家拍下后仓库无货,引起客户投诉。

4. 页面测试与复查

活动页面做好后,要对活动页面的商品链接进行测试,点击商品图片,看是否有相对应的宝贝页面或活动页面跳出;同时,对商品的价格、包邮、规格、数量等信息进行仔细检查,确保无差错;对活动页面的整体视觉进行二次检查,如有不协调之处,须及时更换。

步骤三:团队准备。

1. 运营

运营部门要制订详细可行的活动规划,指定负责人和任务完成时间节点;活动负责人随时待命,发现问题及时解决。店铺活动上线前一定要好好利用微淘、微信及微博做好预热,增加活动进行中的人气。预热就是给活动做好足够的曝光,做好活动海报、主图角标、主图腰带、活动页面,在所有的流量承接明显处都要展现你的活动预热信息。店铺活动上线后要及时更新,做好相关宣传工作,提升活动效果。活动结束时要及时撤出活动元素。

2. 客服

根据活动前流量预估,适当增加客服人员,合理安排排班时间,确保活动期间客服在线人数充足;对客服人员进行活动规则培训,熟知活动细则与要求,以便及时有效地解决客户的疑问。

(1)牢牢抓住每个进店的买家。每一个进店的买家都是卖家花了高成本广告费吸引进来的,我们要牢牢把握住每个进店咨询的买家,提高成交率。

(2)主动营销,提高转化率。对于只拍下单件商品的买家,可以适当地为他推荐,比如买家买的裤子,可以推荐上衣。客服的推荐是最简单,也是最直接最有效果的提高转化率的方法。

(3)狠抓回头客。

① 微笑的售前客服。买家只有在售前客服处体验到了愉快的购物过程,才会有再次购物的行为。所以,除了拥有专业的商品知识和熟知交易规则外,我们对售前客服还有5点最基本的要求:诚信、耐心、细心、换位思考和自控力。

② 永远站在买家立场的售后服务。当买家发现商品出现问题后,首先担心能不能得到解决,其次担心多长时间能够解决,一个及时有效的补救措施,往往能让买家的不满化成感谢和满意。所以,出了问题的时候,不管是买家的错还是快递公司的问题,都应该及时解决,而不是回避和推脱。

③ 确保商品完好准确以及发货及时。在每一件商品发出之前,都会经过3~4个人的严格检验,一点小线头我们都不会放过。并且全部系统打单,条形码出库,大大降低发错率,确保买家收到的商品都是完好准确的。同时在发货的时候,包裹里有售后服务卡,让买家无须担心售后,如果是晚发货的话,会附上致歉信,让买家处处体会到我们的用心服务。

④ 对老顾客关怀备至。例如,每一个订单在发货后,及时附上短信告知;每一次交易后都会送上优惠券,促使买家第二次消费;每一次节日和生日都送上温暖的祝福等。

3. 设计

设计人员根据活动主题指定符合活动要求的相关页面,做好视觉设计与维护工作。尤其要做好店内流量的闭环,尽可能让每一个进店顾客都能看见活动信息,吸引他们进入店铺自定义页的活动承接页,在承接页最醒目的地方对力度最大的几款商品进行展示,并在后面放上其他款式。活动还要有满减之类的优惠,吸引顾客去凑单,提升客单价。至于满减是多少,要根据店铺商品单价来定。所以,活动设置优惠都要有目的、有针对性地设置。

4. 仓储

根据活动前的预估,提前准备好活动商品,进行"预打包",或者将活动商品统一放置在容易打包的区域,节约拣货时间,提升发货速度。

步骤四:活动总结。

活动总结是营销活动中非常重要的一环,它可以帮助我们总结活动中的经验与不足,找出团队自身的优势与劣势,后期根据活动中所出现的问题可以有针对性的进行改进。活动总结须在整个活动结束后的一周内完成,这样可以避免因时间过长导致部门细节问题遗忘或总结不深刻。活动总结主要包括以下几个方面:

1. 活动指标

流量指标:UV、PV、首页访问数据、分类页访问数据等。

销售指标:销售额、客单价、销售TOP20的宝贝数据。

转化指标:转化率、访问深度、停留时间、收藏量、静默转化率、询单转化率、全店转化率等。

服务指标:DSR变动、客服响应速度、投诉量。

要对以上数据进行汇总、分析,根据数据反映出的问题进行调整。

2. 广告效果

根据活动前预备的广告资源跟踪广告效果,找出在广告投放上的技巧与不足,为下次的广告投放做相应的准备。

3. 活动执行情况

根据活动方案,查看每个环节的执行情况以及所带来的实际效果,进行综合评估,给团队人员进行一个简要考核。对活动前、活动中、活动后遇到的问题要进行记录、分析和总结,从中吸取经验和教训。

4. 活动效果对比

将活动后的效果与活动前的预估效果进行对比,找出差异所在,这样可以为下次活动预估提供更加准确的思路和方法。

以上四个步骤主要介绍了淘宝活动策划的基本流程,主要为广大淘宝卖家梳理活动流程、提供一个切实可行的活动策划方案。一场活动的开展,所涉及的方面较多,这就需要营销人员既要有宏观把控的能力,又要细致入微地深入到工作细节中来,让活动达到或超出预期效果。

二、互动型活动

店铺日常互动型营销活动见表 10-3-1。

表 10-3-1 店铺日常互动型营销活动

序号	项目	是否付费	工具	目的	序号	项目	是否付费	工具	目的
1	微淘抢楼	否	微淘	互动	8	淘分享	否	微海报	拉粉
2	分享赚	是	淘宝客	拉粉	9	关注/收藏有礼	否/是	超级无线手机营销	权重
3	分享有礼	是	官方	拉粉	10	签到送金币	淘金币	官方	流量
4	拼团	插件付费	超级无线手机营销	拉粉转化	11	加购有礼	否/是	超级无线手机营销	权重
5	砍价	插件付费	超级无线手机营销	拉粉转化	12	浏览有礼	否/是	超级无线手机营销	权重
6	半价抢	否	店铺	转化	13	收藏有礼	否/是	超级无线手机营销	权重
7	买二付一	否	店铺	转化					

下面我们以微淘互动活动为例进行介绍。本次微淘互动活动主题为"特价美衣,由你投票定"。挑选 8 款美衣,进行为期 2 天(投票时间是 3 月 26 日至 3 月 27 日)的粉丝投票,得票数最多的 2 款作为粉丝专享价款式。专享活动时间为 3 月 28 日 9:00 至 23:55,活动结束后价格恢复原价。

步骤一:进入微淘页面。

(1)商家登录淘宝后,点击页面上方的"千牛卖家中心",进入"千牛卖家工作台"页面,在左侧的"店铺管理"栏目中点击"手机淘宝店铺",进入手机淘宝店铺管理页面,如图 10-3-1 所示。

(2)在图 10-3-1 中点击"发微淘",进入阿里·创作平台页面。点击左侧的"互动中心",进入互动中心管理页面,如图 10-3-2 所示。

(3)互动中心包括互动管理、评价管理和奖品管理 3 个功能。互动的类型包括盖楼、投票、征集、福利、切红包、大转盘、派券和分享有礼。

下面我们以投票为例进行介绍。点击图 10-3-2 中的"投票",进入创建投票页面,如图 10-3-3 所示。

图 10-3-1　手机淘宝店铺管理页面

图 10-3-2　互动中心管理页面

图 10-3-3　创建投票页面

步骤二：投票设置。

（1）基础设置。按页面提示和活动内容填写投票名称、投票描述、添加超链接文本、添加超链接地址、活动时间和背景图（将展现在活动详情页顶部，尺寸为 750×330 px）。

（2）投票类型设置。系统共提供 4 种投票类型对应不同的前台展现方式，包括文本、图片、商品和其他。商家可以根据需要进行设置，但单个活动只支持一种投票类型。投票图片可以配置链接，点击图片可跳转到指定链接页面。

（3）投票形式设置。投票形式分为单选和多选，多选可设置最多可选几项。

（4）用户评论设置。设置是否允许用户发表评论。

（5）完成投票设置后，点击"确定"按钮，系统提示"活动创建成功"，如图 10-3-4 所示。活动创建成功后，我们可以把活动推广至群聊，自主选择推广时间及已经创建的群。也可以推广至其他，活动开始后允许被自动投放到评价成功页和店铺买家秀等页面。

图 10-3-4　投票创建成功页面

步骤三：活动查看。

（1）完成投票设置后，在互动管理页面下方，可以看到刚刚添加的投票活动。点击该活动右侧的"预览"，进入活动预览页面，可以看到活动的链接和活动二维码，如图 10-3-5 所示。

图 10-3-5　活动预览页面

（2）用手机淘宝扫描图 10-3-5 中的二维码，可以跳转到该活动手机端页面，如图 10-3-6 所示。

图 10-3-6　活动手机端预览图

10.3.5　任务总结

1. 知识结构图（图 10-3-7）

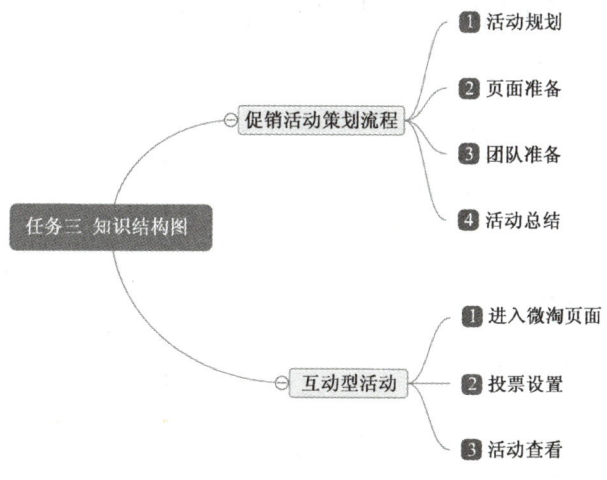

图 10-3-7　知识结构图

2. 拓展知识

互动中心介绍及玩法

互动中心是淘宝官方开发提供给商家使用的工具。商家可在日常的内容营销当中创建互动活动,也可在互动的后台简单方便地发起互动活动,让从前只有平台能发起的能力成为自己日常可以去运营的手段。

互动活动的作用主要体现在维护粉丝关系,提升活跃度。除了日常营销及售卖之外,商家还要定期维护店铺与粉丝之间的关系,从而提升店铺在粉丝面前的曝光与亲密度。互动工具可以在微淘、淘宝群等场景很好地完成用户互动,做好粉丝关系的维护,以便在大促中更好地回流变现。

互动中心主要有以下8种玩法:

(1)盖楼。商家可运用盖楼互动工具发起有奖(或无奖品)的盖楼游戏,按照"楼层百分比中奖""楼层整数倍数中奖""楼层尾号中奖""指定楼层中奖"4种形式设置对应的奖品,在主题上可以选择和自己店铺或品牌相关的盖楼主题,通过商家的渠道触达用户后,用户参与盖楼。

(2)投票。商家可运用投票工具发起互动,可以"文字""图片""商品"等类型来选择投票页面的样式,通过商家的渠道触达用户后,用户参与投票。

(3)福利。商家可运用福利互动工具生成店铺优惠券的链接,通过商家的渠道触达用户后,用户领取福利。

(4)征集。用投票互动工具发起有奖(或无奖品)的征集活动。

(5)切红包。商家可设置日常切红包的玩法,通过官方发奖工具进行奖品发放。

(6)大转盘。商家可设置抽奖参与门槛(关注/收藏/加购/购买),给消费者提供抽奖机会,通过官方发奖工具进行奖品发放。

(7)分享有礼。在宝贝详情页中直接透出活动,分别设置分享者及回流者的不同权益,通过用户间分享拉回用户。

(8)派券。通过微淘互动工具派发店铺优惠券,用户打开可看到所有设置的优惠券。

10.3.6 任务训练

为自己的网店策划一项微淘盖楼活动,将操作流程填入下框中。

10.3.7 课外学习

- 阿里创作者平台操作指南。

项目十 练习题

一、单选题

1. 淘宝、天猫电商业务发展越来越趋向内容化和会员权益化,作为阿里巴巴旗下官方营销平台,( )也正往内容化、会员权益化的方向进行业务转型。
   A. 阿里妈妈　　　　B. 一淘网　　　　C. 折800　　　　D. 聚划算

2. 团长招商活动,由具备招商能力的( )发起,商家可对感兴趣的活动进行报名。
   A. 团长　　　　　　B. 淘宝客　　　　C. 博主　　　　　D. 网店主

3. 团长招商活动中,每个活动最多可报( )款商品。
   A. 10　　　　　　　B. 20　　　　　　C. 30　　　　　　D. 40

4. 团长招商活动中,每个商品最多可报( )个活动。
   A. 10　　　　　　　B. 20　　　　　　C. 30　　　　　　D. 40

5. 在一淘招商活动中,买家在活动有效期内点击推广链接,且自点击推广链接起( )天内拍下的订单,将按照活动佣金进行计算。
   A. 7　　　　　　　 B. 10　　　　　　C. 15　　　　　　D. 20

二、多选题

1. 淘宝客活动的优势主要体现在( )。
   A. 找淘客捷径　　　　　　　　　　B. 站外流量打爆款
   C. 简单易用　　　　　　　　　　　D. 操作复杂

2. 一淘网活动类型主要包括( )。
   A. 品牌活动　　　　　　　　　　　B. 主题活动
   C. 单品限时抢　　　　　　　　　　D. 囤啦
   E. 超级大牌

3. 阿里妈妈联盟商家中心后台包含的招商活动有( )。
   A. 团长招商活动　　　　　　　　　B. 一淘招商活动
   C. 宝宝树招商活动　　　　　　　　D. 线下招商活动

4. 微博团购的传播特点主要包括( )。
   A. 意见领袖拥有绝对权威　　　　　B. "把关人"缺失
   C. 团购信息私密性强　　　　　　　D. 团购信息难以保留

5. 第三方的活动主要包括( )。
   A. 折800　　　　　B. 一淘网　　　　C. 卷皮　　　　　D. 楚楚街

6. 折800拼团拥有( )及多样化推广渠道。
   A. 独立频道入口　　　　　　　　　B. 定制化互动活动
   C. 爆款特推　　　　　　　　　　　D. 数百万微信粉丝

7. 折800特卖商城提供的活动形式有( )。
   A. 品牌专场　　　　　　　　　　　B. 单品活动-专题
   C. 拼团　　　　　　　　　　　　　D. 单品活动-限时抢

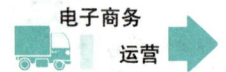

8. 网店开展促销活动的作用有( )。
A. 缩短产品入市的进程　　　　　B. 激励买家初次购买,达到使用目的
C. 激励使用者再次购买,建立消费习惯　　D. 提高销量

三、判断题

1. 在微博团购中,发出团购商品链接的微博主人被称为"团长",其他购买者被称为"团员"。目前,微博上做团长的主要是个人,也有类似的组织。　　　　　　　　(　)

2. 团长历史单品目标完成率是指近90天内活动"单品平均成交"目标完成率,即完成目标的活动次数/活动总次数。　　　　　　　　　　　　　　　　　　　　(　)

3. 报名参加团长招商活动,当商品被审核通过后,在此时间内支持中途退出活动或修改佣金率。　　　　　　　　　　　　　　　　　　　　　　　　　　　　　(　)

4. 折800提供两种合作模式:特卖商城入驻和淘宝天猫合作(导购)。　　(　)

5. 在折800注册认证过程中,如果您是天猫店铺,必须提交"企业认证"。　(　)

6. 保证金是指聚划算为了维护消费者权益,冻结商家一定的款项,确保商家根据承诺提供商品和服务。　　　　　　　　　　　　　　　　　　　　　　　　　(　)

7. 品牌团特卖有助于品牌规模化出货、快速抢占市场份额、有效提升品牌知名度等。
　　　　　　　　　　　　　　　　　　　　　　　　　　　　　　　　(　)

第三篇 运营数据分析篇

第三篇 运营数据分析篇

行业数据分析

学习目标

- 了解生意参谋市场行情模块
- 学会分析大盘数据
- 学会分析类目数据
- 学会分析关键词数据
- 学会分析人群数据
- 学会分析属性数据

学习重点

- 生意参谋市场行情模块中的数据指标及趋势分析

学习难点

- 使用生意参谋和 Excel 工具分析数据

任务一 大盘数据分析

11.1.1 任务情境

在运营店铺的过程中,市场分析是店铺定位最重要的一部分。不了解市场,就很难有一个好的店铺定位,在当今这个大数据时代,分析行业数据也能为店铺经营起到决定性的支持作用。但是,做行业分析要了解哪些方面的信息呢?你的行业分析真的准确吗?你知道行业分析的趋势吗?这些都可以在生意参谋的市场大盘里面查看到。

11.1.2 任务分析

生意参谋集数据作战室、市场行情、装修分析、来源分析、竞争情报等数据产品于一体,是阿里巴巴商家端统一数据产品平台。生意参谋市场大盘数据怎么看?对于新手来说,数据分析十分重要,可以帮你掌握市场行情,掌握竞争对手动态。那么如何看行业大盘?我们从中可以得到什么？路径在：【市场】→【供给洞察】→【市场大盘】。

11.1.3 知识准备

- 关于数据维度的说明。

这里有几个数据维度，第一个维度是时间区间的选择，有最近 7 天、最近 30 天的数据。同时还有自然日、自然周、自然月，如图 11-1-1 所示。那么既然这些选项出来了，就应该有它的应用场景。

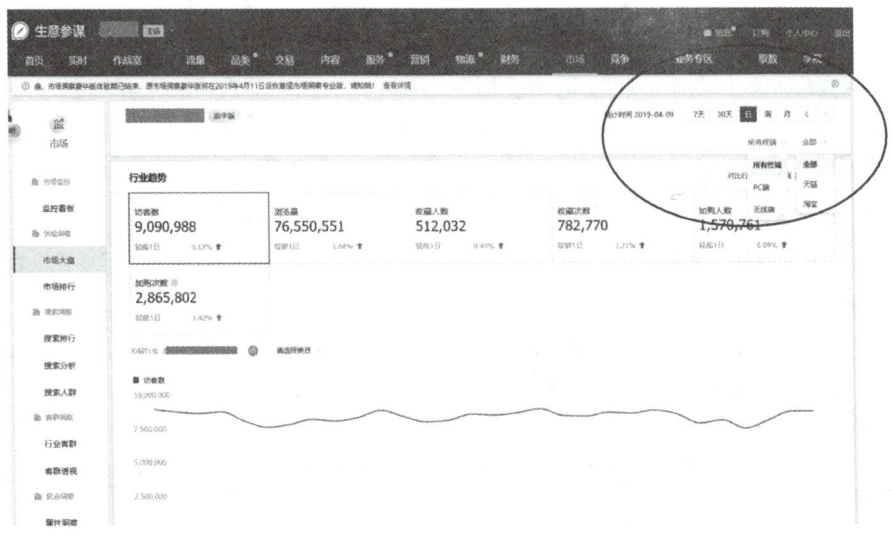

图 11-1-1　市场大盘

（1）最近 7 天：主要是看一下行业的均值数据，比如说：收藏率、加购率、转化率等。一般这个最能反映整个行业的现状，为什么呢？因为一天的数据有比较大的偶然性（比如恰好是大促，或者恰好有特殊事件等），而 30 天的数据又隔得比较长，可能会有季节性因素的影响。

（2）最近 30 天：主要是用来看整个行业的发展趋势的，一个月的数据就比较有代表性。

（3）另外，自然周、自然月、自然日等，都给我们进行更加精准的数据分析提供了很多的便利条件。

接下来在所有终端那里，你可以选择看全部，也可以选择专门看无线端。因为毕竟现在无线端的数据才是最关键的。然后你还可以选择单独看天猫的数据或者单独看淘宝的数据，因为有一些类目，确实是天猫分走了大多数的数据，所以还是有必要的。

11.1.4 任务实施

一、行业趋势

行业趋势包括：搜索人气、搜索热度、访客数、浏览量、收藏人数、收藏次数、加购人数、加购次数、客群指数和交易指数。点击单个数据，可以看出这个数据 30 天的一个趋势。如图 11-1-2 所示是夏艺女装这家店铺的某类产品的搜索人气趋势。其中，4 月 9 日这天，搜索人气为 26 041，较前一日上升了 11.02%。

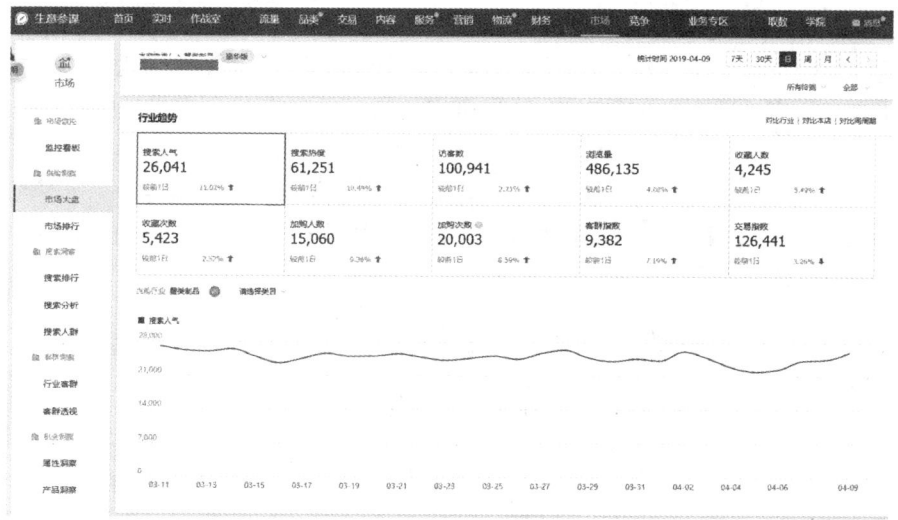

图 11-1-2　行业趋势

这里要注意的是搜索人气和交易指数这两个指标。这是经过指数化处理的数据,不代表搜索人数和成交人数,当搜索人数和成交人数有较大幅度变化时,这个指数数据变化也会比较大。

（1）搜索人气：根据统计周期内的用户搜索行为数拟合出的指数类指标。指数越高,表示搜索行为越多。

（2）交易指数：根据统计周期内支付金额拟合出的指数类指标。交易指数越高,表示交易行为越多。

另外,如果卖家店铺内数据莫名地大幅度上升或者大幅度下降(没有违规、不是大促、没有参加活动),这时候就可以看一下大盘的数据,行业的数据有没有大幅度上升或者下降,因为大盘是肯定影响卖家店铺数据的。如果店铺的下降幅度远远高于大盘的下降幅度,那你就必须从其他方面去找原因了。如图 11-1-3 所示,在行业趋势里选择"对比本店",黄色线表示本店趋势,蓝色线表示行业趋势。

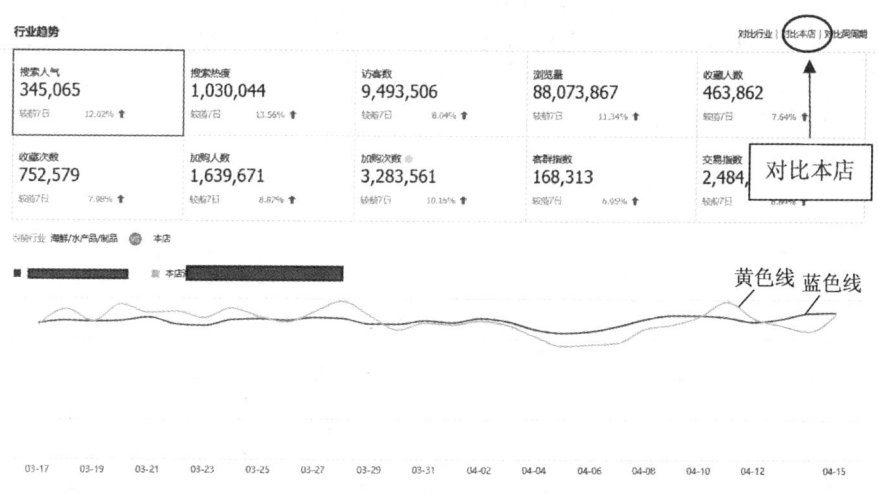

图 11-1-3　行业趋势——对比本店

二、行业大盘数据分析

在这些数据指标里面,我们可以去计算一些行业均值的基本状况、单店产出的状况等,然后去跟自己的店铺数据做一些对比,这样可以给自己的运营优化提供数据支持。在这里举个例子:

$$收藏占比均值 = 收藏人数/访客数$$

比如,我们想看一下最近7天的收藏占比,可以根据公式把收藏占比的趋势图在 Excel 中做出来,如图11-1-4所示。

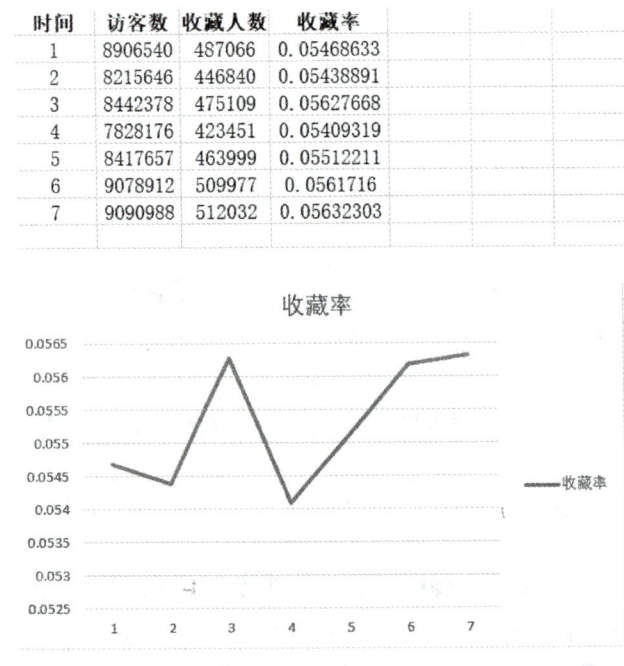

图 11-1-4　收藏占比趋势图

从图11-1-4中我们可以看出收藏率基本在5.5%上下浮动,变化不大。如果有一天,发现宝贝的收藏率大幅度上升了,那么可能就是大促快来了,因为这时候观望的人比较多。将行业均值和自己的收藏率趋势图进行对比,如果收藏率一直在行业均值以上,那么一般情况下,搜索表现(尤其是新品爆起的可能性)都要更好。

11.1.5　任务总结

1. 知识结构图(图11-1-5)

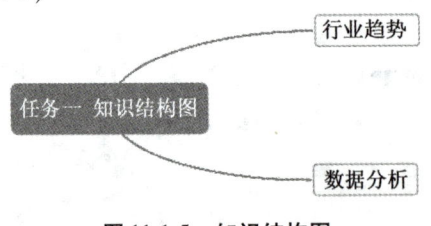

图 11-1-5　知识结构图

2. 拓展知识

在我们运营店铺的过程中,行业大盘里还有一些数据指标,也十分具有参考价值,比如访客数和卖家数。

访客竞争力 = 访客数/卖家数。这个数值当然是越大越好,因为数值越大,代表你能够获取到的访客或者订单就越多,说明竞争就越小。

11.1.6 任务训练

我们知道收藏占比均值 = 收藏人数/访客数,加购占比均值 = 加购人数/访客数。

请搜集自己网店最近 7 天的数据,利用 Excel 算出 7 天的收藏占比均值和加购占比均值,并画出趋势图,并做简要分析。

11.1.7 课外学习

- 百度指数。

百度指数是以百度海量网民行为数据为基础的数据分享平台。在这里,你可以研究关键词搜索趋势、洞察网民需求变化、监测媒体舆情趋势和定位数字消费者特征,还可以从行业的角度分析市场特点。

任务二　类目数据分析

11.2.1 任务情境

夏艺女装公司专业经营女装,根据市场分析,我们对女装类目有了一定的了解。那么在女装类目中,哪些是适合我们自己经营的子类目?女装类产品什么时候是淡季,什么时候是旺季,单品适合什么时候上新、清仓?赵明作为店长,如何为产品布局呢?

11.2.2 任务分析

要找出适合我们店铺经营的优质子类目可以通过市场大盘里行业趋势中的搜索人气、交易指数和市场大盘里卖家概况中的有交易卖家数这 3 个指标综合分析。

对于产品布局,我们可以通过行业构成里的交易指数来分析产品的生命周期,从而对产品进行布局。

11.2.3 知识准备

- 指标注释。

(1)搜索人气:选定周期下,对通过搜索引导至该行业下商品详情页的去重访客数进行指数化后的指数类指标。搜索人气越高,代表由搜索引导至该行业下商品的访客数越高。指数之间的差值不代表实际指标差值,仅代表高低。

(2)交易指数:选定周期下,根据该行业支付金额进行指数化后的指数类指标。交易指数越高,代表支付金额越高。指数之间的差值不代表实际指标差值,仅代表高低。该指标仅在非一级类目下展现。

(3)交易增长幅度:选定周期下,该行业支付金额较上一周期支付金额的变化率。

（4）支付金额较父行业占比：选定周期下，该行业支付金额除以该行业所属上级行业支付金额。

（5）有交易卖家数：选定周期下，该行业去重后有成功下单并支付的去重卖家数。

11.2.4 任务实施

一、类目市场分析

如果是一级类目的话，下面会展现各个子类目的对比状况，如图 11-2-1 所示。

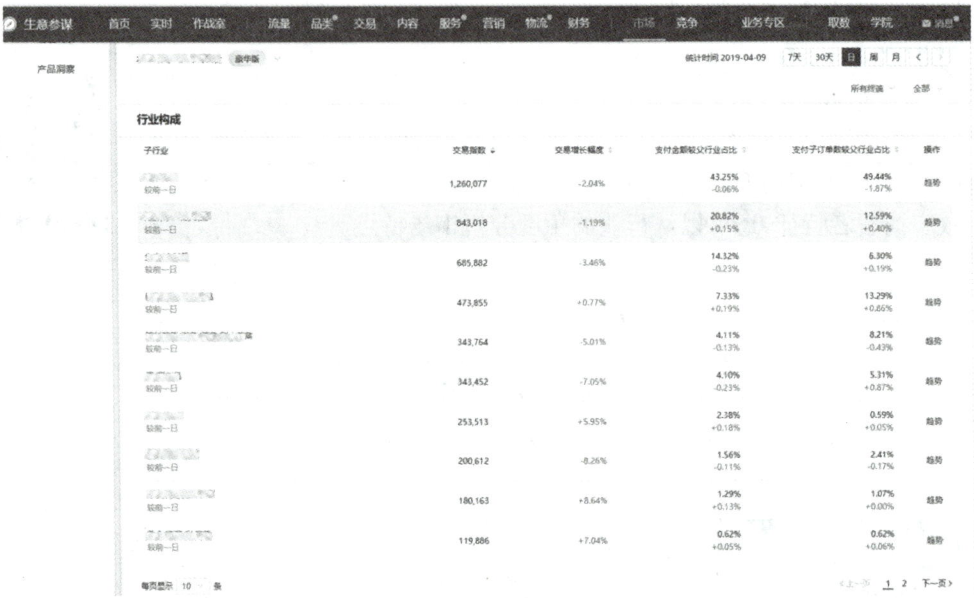

图 11-2-1 行业构成

这里能够直接看到，每个子行业包括四个指标，分别是：交易指数、交易增长幅度、支付金额较父行业占比和支付子订单数较父行业占比。点击"趋势"，可以查看子行业数据趋势，如图 11-2-2 所示。从图中可以简单、清晰地了解各个子类目在整体行业中的情况。

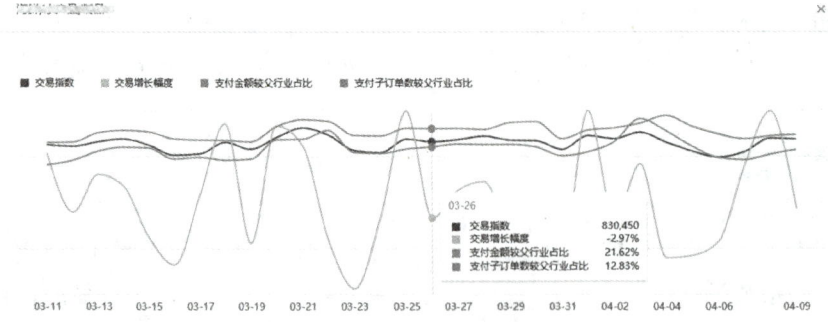

图 11-2-2 子行业数据趋势

二、类目数据分析

通过数据的统计和对比，能够快速找出子类目中最优质的类目，优质子类目的原则是搜索人气和交易指数相对较高，有交易卖家数相对较低。其中，搜索人气代表市场容量，交易指数代表市场热度，有交易卖家数代表竞争度。搜索人气和交易指数在“市场大盘”的“行业趋势”里，如图 11-2-3 所示，有交易卖家数在“市场大盘”的“卖家概况”里，如图 11-2-4 所示。

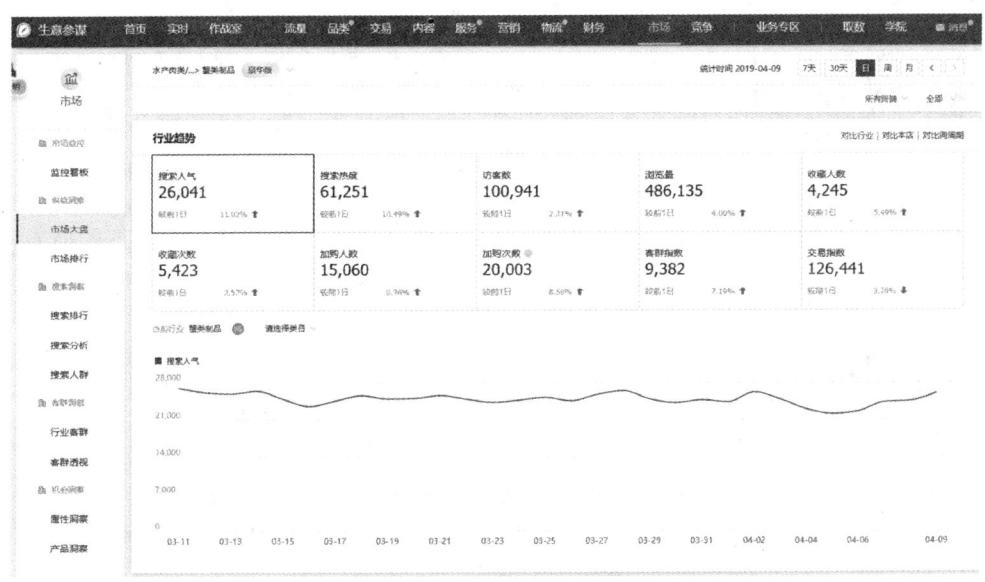

图 11-2-3　子类目行业趋势

卖家概况

子行业分布

子行业	卖家数	父行业卖家数占比	有交易卖家数	父行业有交易卖家数占比
[illegible] 较前一日	13,615 +0.22%	23.57% +0.22%	1217 -2.41%	15.05% -3.32%
[illegible] 较前一日	11,744 +0.15%	20.33% +0.16%	1118 +0.90%	13.82% -0.05%
[illegible] 较前一日	9,858 +0.07%	17.07% +0.07%	1164 -0.09%	14.39% -1.02%
[illegible] 较前一日	8,742 +0.11%	15.13% +0.12%	918 +3.03%	11.35% +2.06%
[illegible] 较前一日	8,623 +0.08%	14.93% +0.08%	726 -0.82%	8.98% -1.75%
[illegible] 较前一日	7,590 +0.28%	13.14% +0.28%	1003 +2.77%	12.40% +1.80%
[illegible] 较前一日	6,979 -0.03%	12.08% -0.03%	370 0.00%	4.57% -0.94%
[illegible] 较前一日	6,552 +0.06%	11.34% +0.06%	571 -1.55%	7.06% -2.48%
[illegible] 较前一日	5,967 +0.03%	10.33% +0.04%	376 +1.35%	4.65% +0.40%
[illegible]	5,887	10.19%	686	8.48%

图 11-2-4　卖家概况

首先用表格手动统计出这个类目每个月的搜索人气、交易指数和有交易卖家数，再用表格统计出近一年行业子类目每个月的搜索人气和交易指数，如图 11-2-5 所示。

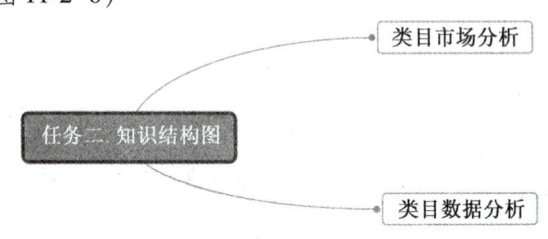

图 11-2-5 类目市场分析统计表

然后根据表格做出可视化折线图或者柱形图,这样就可以看出这个类目下的所有类目的一个大体情况。在商家供应链差不多的情况下,通过折线图或柱形图就能够快速找出子类目当中最优质的类目。

11.2.5 任务总结

1. 知识结构图(图 11-2-6)

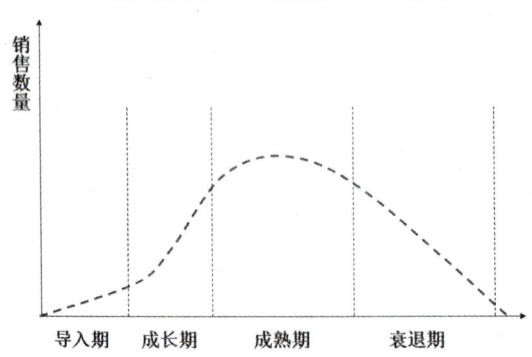

图 11-2-6 知识结构图

2. 拓展知识

商品的生命周期分为:导入期、成长期、成熟期和衰退期,如图 11-2-7 所示。

图 11-2-7 商品生命周期

这四个阶段的特点如表 11-2-1 所示。

表 11-2-1 商品生命周期四个阶段的特点

	导入期	成长期	成熟期	衰退期
销售	低	快速增长	快速增长	衰退
利润	大	稳定	下降	最小
顾客	创新意识	应季购买	常规消费	培养客户
竞争	少	逐渐增多	数量稳定	减少

怎么利用生意参谋找到商品的生命周期呢？首先要寻找数据，打开【生意参谋】→【市场行情】→【行业大盘】，找出前一年或者前两年的产品的交易指数情况。然后把数据复制到 Excel 中去，如图 11-2-8 所示，这里输入了女裤类目（休闲裤、打底裤）2 年的数据。

子类目名称	交易指数	年	月	子类目名称	交易指数	年	月
休闲裤	944280	2014年	1	打底裤	844429	2014年	1
休闲裤	877685	2014年	2	打底裤	536180	2014年	2
休闲裤	1392935	2014年	3	打底裤	737841	2014年	3
休闲裤	1579955	2014年	4	打底裤	680155	2014年	4
休闲裤	1757271	2014年	5	打底裤	642903	2014年	5
休闲裤	1767404	2014年	6	打底裤	410766	2014年	6
休闲裤	1530649	2014年	7	打底裤	630019	2014年	7
休闲裤	1348034	2014年	8	打底裤	762771	2014年	8
休闲裤	1419636	2014年	9	打底裤	513748	2014年	9
休闲裤	1376531	2014年	10	打底裤	410443	2014年	10
休闲裤	1544515	2014年	11	打底裤	613748	2014年	11
休闲裤	1430894	2014年	12	打底裤	526300	2014年	12
休闲裤	1259349	2015年	1	打底裤	426927	2015年	1
休闲裤	790720	2015年	2	打底裤	742582	2015年	2
休闲裤	1454129	2015年	3	打底裤	407583	2015年	3
休闲裤	1694417	2015年	4	打底裤	353907	2015年	4
休闲裤	1842134	2015年	5	打底裤	863321	2015年	5
休闲裤	1815543	2015年	6	打底裤	545854	2015年	6
休闲裤	1544816	2015年	7	打底裤	977165	2015年	7
休闲裤	1396048	2015年	8	打底裤	702158	2015年	8
休闲裤	1477526	2015年	9	打底裤	873163	2015年	9
休闲裤	1434936	2015年	10	打底裤	668853	2015年	10
休闲裤	1573887	2015年	11	打底裤	667691	2015年	11
休闲裤	1463208	2015年	12	打底裤	547125	2015年	12

图 11-2-8　类目市场分析统计表

统计好数据后生成折线图，看多个类目的产品的生命周期，如图 11-2-9 所示。

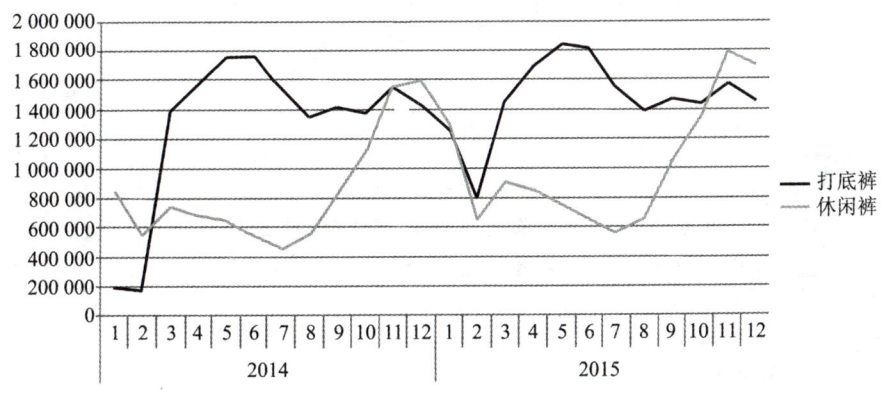

图 11-2-9　子类目交易指数趋势图

从图 11-2-9 中可以看出休闲裤在 4、5 月是交易高峰期，为了在高峰期的时候可以有个好的名次，在 3 月前就要开始积累销量。

11.2.6　任务训练

1. 假如你是夏艺女装公司的数据分析专员赵明，选择你认为优质的两个类目，通过这两个类目每月市场容量和市场热度以及有交易卖家数的对比，找出有最大优势且适合自己的类目。请将操作与分析内容填入下框中。

2.通过搜集子类目交易指数数据,分析两个产品的生命周期,为夏艺女装公司做产品布局。请将操作与分析内容填入下框中。

11.2.7 课外学习

- 阿里指数。

阿里指数是了解电子商务平台市场动向的数据分析平台。它可以为用户提供市场行情分析、热门类目、搜索词排行、买家概况等具体数据分析。

任务三 关键词数据分析

11.3.1 任务情境

大家都知道买东西是通过关键词来搜索商品的,所以商品关键词的设置就显得尤为重要。只有所设置的关键词和买家的搜索习惯吻合时,你的商品被搜索到的概率才会更大,从而获得更多的曝光,促成更多的交易。

11.3.2 任务分析

那么,如何设置关键词才能让商品被搜索到的概率更大呢?怎么知道自己所设置的关键词是否合适呢?这就要通过生意参谋来分析。路径在:【市场】→【搜索洞察】→【搜索分析】。

11.3.3 知识准备

- 关键词:特指单个品牌或产品服务在网络上制作和使用索引时所用到的词汇。由于互联网的快速发展,很多商家看到了互联网所蕴藏的商机,便开始进军电子商务领域。当用户要通过网络查找某项内容或解决某个问题时,就需要在搜索引擎中输入搜索关键词进行查找。那么,如何有效地设置关键词,就成为提升搜索率和转化率的关键。

11.3.4 任务实施

一、搜索排行

在搜索排行里分为搜索词、长尾词、品牌词、核心词和修饰词这几类,如图 11-3-1 所示。分别对搜索增长幅度、搜索人气、点击人气、点击率和支付转化率进行排序,能清楚地知道每一类词的热搜词和飙升词分别是什么。

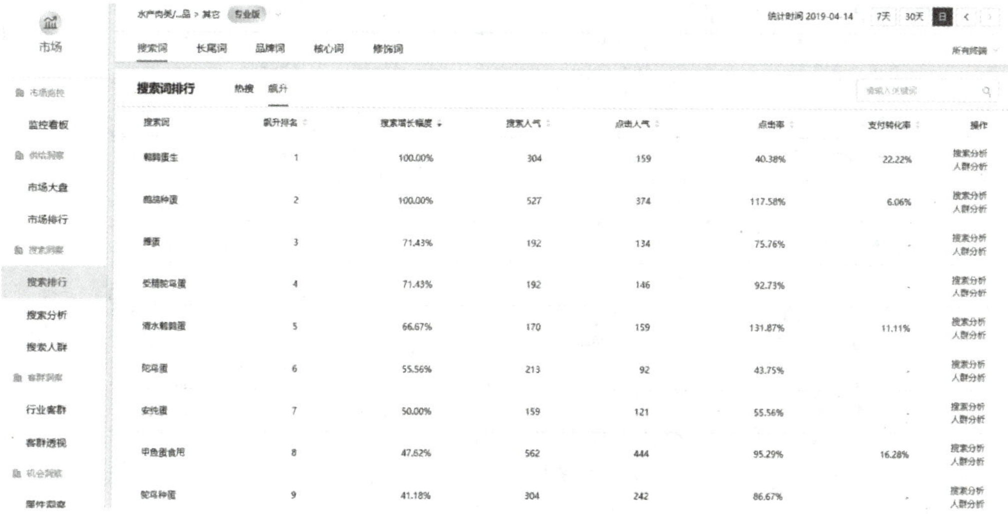

图 11-3-1　搜索排行

二、关键词数据分析

点击"搜索分析",进入如图 11-3-2 所示的页面。首先在搜索框中输入产品名称,比如输入"连衣裙",点击"搜索"。然后我们选择"7 天"的数据,点击"相关搜索词",勾选"搜索人气""点击率""支付转化率""在线商品数""商城点击占比"这 5 个选项。在每页显示里选择 100 条。

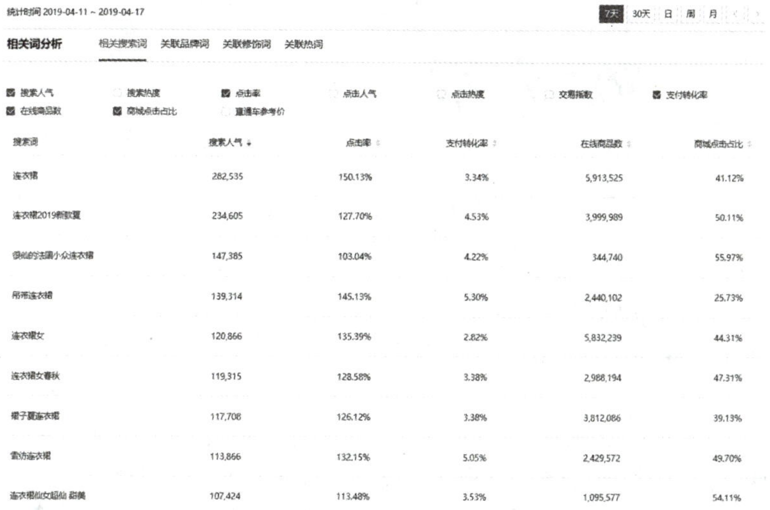

图 11-3-2　搜索分析——相关搜索词

把这些数据罗列在表格中,如图 11-3-3 所示,并利用公式计算关键词的竞争力,关键词竞争力 = 搜索人气×点击率×支付转化率/在线商品数×1 000。计算出来的数值按降序排列,这样就可以找出最符合产品属性的关键词。

关键词	搜索人气	点击率	商城点击占比	在线商品数	支付转化率	竞争力
连衣裙	78669	2.2973	0.3017	98038	8.56%	15.77976982
韩版连衣裙	63257	1.8047	0.3457	74258	8.10%	12.45246645
背心连衣裙	60447	2.2014	0.2561	88216	7.33%	11.05682222
蕾丝连衣裙	45167	1.6941	0.3816	69833	10.33%	11.31878759
中长款连衣裙背心	40999	1.617	0.3472	58883	14.75%	16.60677783
女春秋连衣裙	35851	1.4791	0.271	26927	13.63%	26.84149471
女春秋连衣裙	33225	1.6692	0.3087	17978	12.35%	38.09771663
修身连衣裙	31900	1.5328	0.3912	20051	9.64%	23.50808063
抹胸连衣裙	30730	1.4258	0.3248	28300	10.10%	15.63709623
西装裙连衣裙	30706	1.942	0.2288	41786	10.86%	15.49785155
裙蕾丝连衣裙	30684	2.006	0.355	67891	8.05%	7.298381777
气质连衣裙修身	30437	1.6572	0.3661	73643	13.13%	9.015147472
夜店性感连衣裙	29799	1.9101	0.3438	84333	11.51%	7.768471352
性感连衣裙	28817	1.7965	0.3634	83321	8.96%	5.56710643
连衣裙女夏	27627	1.7185	0.2473	76731	11.30%	6.991829826
镂空蕾丝连衣裙	27350	1.6655	0.242	26008	8.56%	14.99231767
女连衣裙	27203	2.2527	0.2398	67583	9.50%	8.614028409
白色蕾丝连衣裙	27192	2.5023	0.2148	20791	10.74%	35.14871323
性感露背连衣裙	26857	1.8194	0.3215	10443	11.13%	52.07815332
网红连衣裙	24778	1.5428	0.2768	35390	13.07%	14.11792608
秋款连衣裙	24692	17744	0.3262	13749	4.90%	156146.6838
黑色蕾丝连衣裙	24536	1.5158	0.2475	19276	14.53%	28.0345999
网红连衣裙两件套	24188	1.6675	0.2659	12096	9.62%	32.07739532
西装连衣裙	23854	2.1081	0.1806	55854	11.41%	10.27268064
雪纺连衣裙	23747	1.902	0.427	77165	13.22%	7.738029115
设计感连衣裙	22824	2.2284	0.2303	72156	9.71%	6.844341781

图 11-3-3　关键词竞争力数据统计分析

11.3.5　任务总结

1. 知识结构图(图 11-3-4)

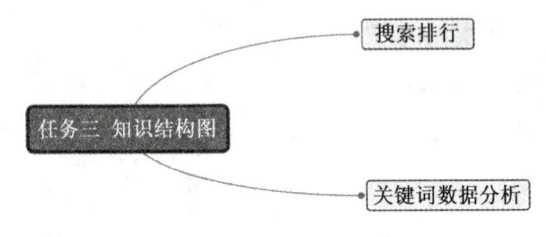

图 11-3-4　知识结构图

2. 拓展知识

通常情况下,要在互联网上寻找相关的信息,使用关键字搜索是最快、最省力的方式,在交易平台上海量的商品里面,顾客要想尽快找到自己需要的商品信息,也会使用到各种关键字。

在淘宝网,搜索对接的是宝贝标题。因此,宝贝标题一定要尽可能选用更多的关键字,扩大消费者搜索的范围,提高被他们发现的概率。淘宝宝贝的标题容量是 30 个字,我们可以通过前面所学的方法找出最符合产品属性的关键词,进行标题的组合。但是,有的小类目关键词较少,怎么写满 30 个字的标题呢?这时我们可以选择"关联修饰词",再进行分析,找出搜索人气高的词进行标题组合,如图 11-3-5 所示。

搜索词	搜索人气	相关搜索数	搜索点击率	点击人气	词均支付转化率	操作
女	433,243	20,220	101.00%	320,788	16.00%	搜索分析 人群分析
新款	388,134	14,402	101.00%	290,514	19.00%	搜索分析 人群分析
气质	261,400	8,341	93.00%	185,018	15.00%	搜索分析 人群分析
韩版	244,299	10,573	102.00%	184,764	19.00%	搜索分析 人群分析
大码	233,645	6,511	113.00%	177,836	14.00%	搜索分析 人群分析
长款	223,306	6,344	99.00%	167,538	10.00%	搜索分析 人群分析
夏季	215,099	9,816	98.00%	157,804	19.00%	搜索分析 人群分析
春秋	208,858	4,868	97.00%	151,827	13.00%	搜索分析 人群分析
小	180,938	4,276	99.00%	131,957	20.00%	搜索分析 人群分析
学生	178,599	4,218	82.00%	126,431	13.00%	搜索分析 人群分析

图 11-3-5　搜索分析—关联修饰词

11.3.6　任务训练

结合自己的网店,选择一个类目,利用生意参谋,为该类目进行关键词分析,找出最符合产品属性的关键词,并进行标题的组合。

11.3.7　课外学习

淘宝网是目前国内十分流行的电商平台,要想在淘宝网运营一家店铺并获得盈利,就要非常注重网店的客流量,这就要求店家做好站内优化,选择合适的关键词来提高商品在淘宝搜索中的排名。只有这样,当目标消费者在网络搜索相关需求商品时,才会看到相应的品牌、店铺及商品,从而带来流量及转化。获取电商关键词的方法除了生意参谋,还有一种免费的方法:淘宝搜索框,如图 11-3-6 所示。

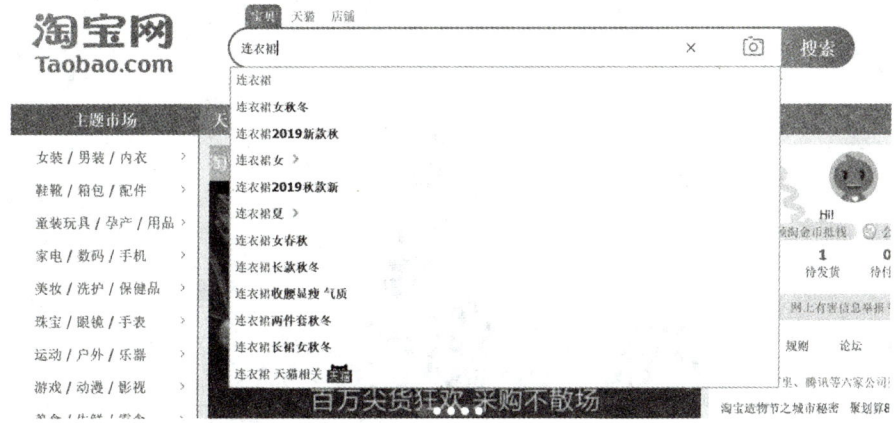

图 11-3-6　淘宝搜索框

任务四 人群数据分析

11.4.1 任务情境

我们在平时运营店铺的过程中,应注重优化关键词和关注图片。这两个方面做好了,有利于流量引入,但是流量的精准度是我们不容易把握的。我们虽然可以加入精准长尾词来引流,但是结合买家的搜索习惯,过于长的精准词,往往搜索热度较低,流量少。那么,我们是否可以根据宝贝的特点、适应的人群、人群的特征来设定一个范围,专门投向我们理想的客户人群呢?

11.4.2 任务分析

如何找到理想的客户人群呢?可以参考生意参谋的数据来分析人群的特征。路径在:【市场】→【客群洞察】→【行业客群】→【属性画像】。

11.4.3 知识准备

● 人群画像:画像就是根据用户的社会属性、社会习惯和消费行为等信息抽象出的一个标签化的用户模型。给目标受众画像就是给用户贴上"标签"。

11.4.4 任务实施

一、属性画像

1. 性别分析

点击进入【行业客群】→【属性画像】,选择我们要观察的类目和时间维度。首先我们看到的是性别分析,如图11-4-1所示。其中,女性占比68.44%,男性占比30.86%,还有未知占比0.7%,可以看出女性占大多数。

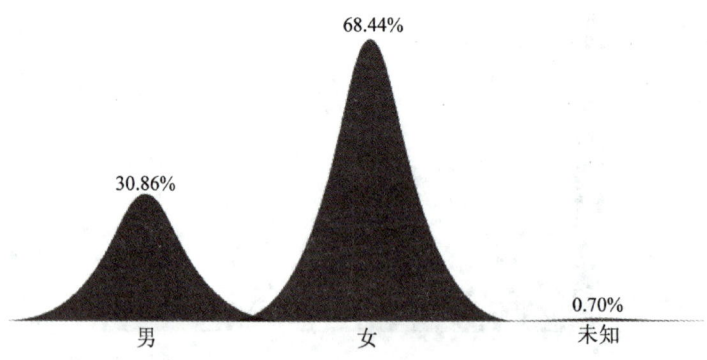

图11-4-1 性别分析

2. 年龄分析

第二个,我们会看到年龄分析,如图11-4-2所示。其中,25~29岁的占比26.03%,30~34岁的占比24.63%,这两个年龄段占比过半。

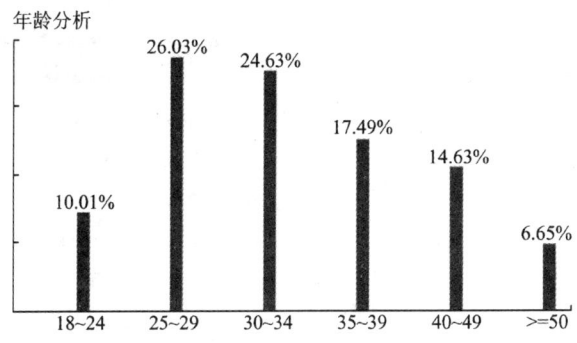

图11-4-2 年龄分析

3. 职业分析

第三个,我们会看到职业分析,如图11-4-3所示。其中,公司职员占比最高,达31.83%。

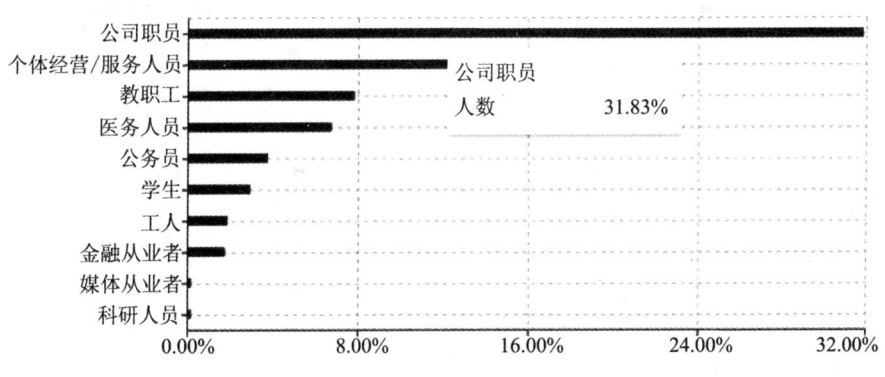

图11-4-3 职业分析

4. TOP省份

第四个,我们会看到TOP省份,如图11-4-4所示。其中,排名前三的分别是:江苏省(15.05%)、浙江省(12.25%)和上海(10.71%)。

5. TOP城市

第五个,我们会看到TOP城市,如图11-4-5所示。其中,排名前三的分别是:上海市(10.71%)、北京市(6.51%)和杭州市(5.88%)。

TOP 省份

排名	省份	客群占比
1	江苏省	15.05%
2	浙江省	12.25%
3	上海	10.71%
4	广东省	6.86%
5	北京	6.51%
6	山东省	6.23%
7	安徽省	4.83%
8	湖南省	3.43%
9	河北省	2.73%
10	江西省	2.66%

< 1 / 3 >

图 11-4-4　TOP 省份

TOP 城市

排名	省份	客群占比
1	上海市	10.71%
2	北京市	6.51%
3	杭州市	5.88%
4	南京市	4.83%
5	广州市	2.38%
6	重庆市	2.31%
7	苏州市	2.24%
8	合肥市	2.10%
9	武汉市	1.89%
10	济南市	1.82%

< 1 / 3 >

图 11-4-5　TOP 城市

二、人群数据分析

从生意参谋的数据我们可以看出，该类目女性消费者占绝大多数，还有一小部分属于未知人群。而在女性人群中，25～29 岁为主要购买年龄层，其次是 30～34 岁和 35～39 岁。那么我们可以根据这几个年龄层在搜索人群标签中进行对应的设置。

针对生意参谋数据，设置搜索人群标签。虽然该店铺消费人群主要以女性为主，但男性和未知人群也占有一定的比例。下面从 18～24 岁、25～29 岁、30～34 岁和 35～39 岁四个维度来展开设置标签。设置如下：男 18～24、男 25～29、男 30～34 和男 35～39，女 18～24、女 25～29、女 30～34 和女 35～39。

设置标签后,可以看半个月后的直通车数据。从半个月后的数据来看,标签"女25～29"和"女30～34"转化笔数最多,符合生意参谋的访客信息内容,并且在这段时间内,直通车 ROI 数据有明显的涨幅。流量和 ROI 数据成正比,说明引入的流量比之前未设置标签时的更精确。

11.4.5　任务总结

1. 知识结构图(图11-4-6)

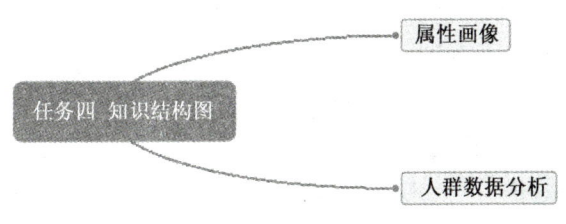

图 11-4-6　知识结构图

2. 拓展知识

我们可以使用百度指数看一下我们店铺的目标人群是什么类型的人。例如,搜索"大衣",我们可以看到百度指数的人群画像,如图11-4-7所示。

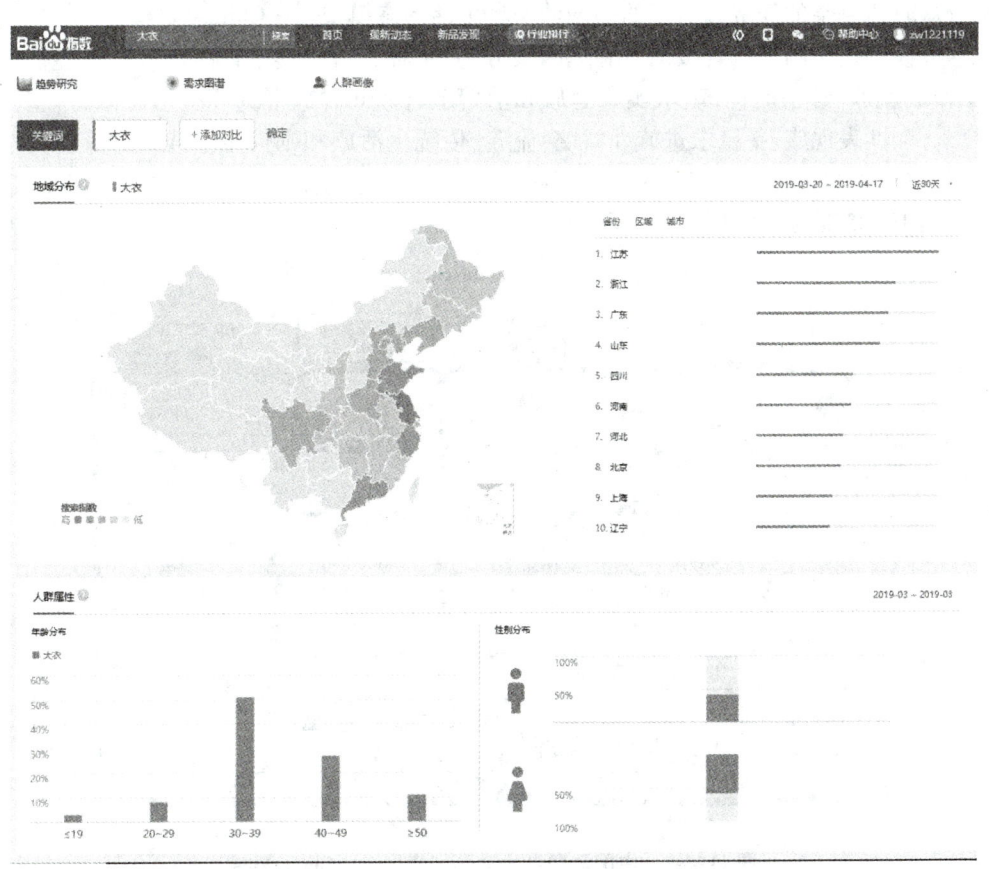

图 11-4-7　百度指数人群画像

根据简单的分析,我们可以知道购买大衣的女性多于男性。淘宝买家新手较多,以30~39岁的青壮年为主。

11.4.6 任务训练

结合自己的网店选择一个类目,利用生意参谋,对其进行人群画像分析。将分析内容填入下框中。

11.4.7 课外学习

- 中国消费者生活形态模型。

新生代市场监测机构宣布在中国消费者细分市场的分群深度研究上取得重大成果。通过1997年以来在中国内地进行的关于居民媒体接触习惯和产品/品牌消费习惯的连续调查积累的大量翔实的数据,新生代对中国的消费者进行了心理层面上的分析,建立了适应中国市场分众时代复杂的经济态势下的中国消费者生活形态模型——China-Vals。

这一模型把中国消费者按消费心理因素分为14种族群。其中,理智事业族、经济头脑族、工作成就族、经济时尚族、求实稳健族和消费节省族6种族群为积极形态派,占整体的40.41%;个性表现族、平稳求进族、随社会流族、传统生活族和勤俭生活族5种族群为求进务实派,占整体的40.54%;工作坚实族、平稳小康族和现实生活族3种族群为平稳现实派,占整体的19.05%,如图11-4-8所示。

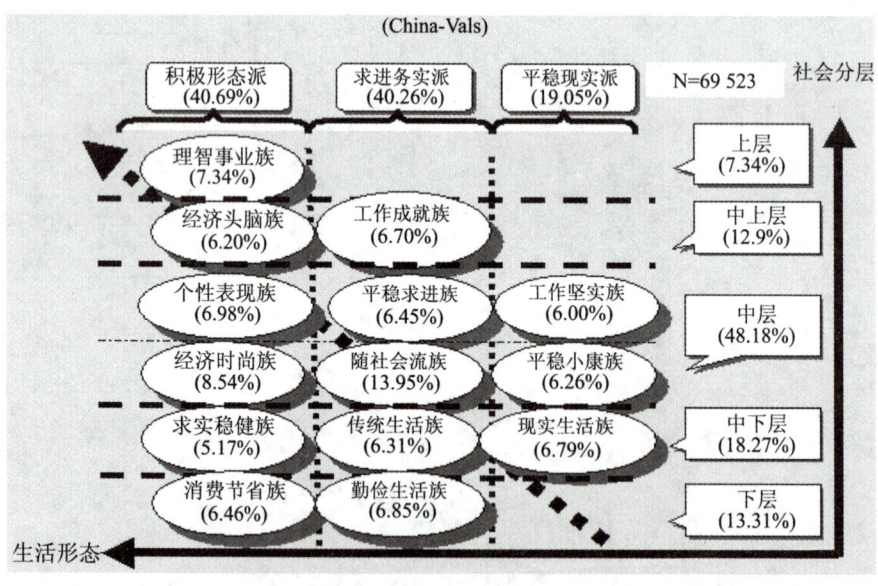

图11-4-8 中国消费者生活形态模型——China-Vals

从整体分析看,包括积极形态派和求进务实派的11种族群占中国消费者整体的80%以上,反映出中国消费者普遍持有积极、务实的消费心态。而14类消费者在消费者总量的比例大多都在6%～8%之间,分布均匀,其中随社会流族(13.95%)、经济时尚族(8.54%)在14类消费者中所占比例最大。而以随社会流族、经济时尚族为代表的随社会流族、经济时尚族、平稳小康族、工作成就族、平稳求进族和工作坚实族占整体的47.9%,共同构成位于社会中层的中国消费者人群。这与中国整个社会发展态势以及典型消费形态相吻合,也验证了China-Vals模型的精确与精准。

任务五　属性数据分析

11.5.1　任务情境

在确定了经营的类目和定位以后,如何为店铺选款是我们接下来要面临的问题。经营网店的人都知道,做店就是做款,爆款少不了。爆款是淘宝店不可缺少的重中之重,以吸引更多客户,增加成交机会,并且可以带动其他产品销售,提高店铺整体销量。在淘宝,女装是大类目。而女装也因为自己本身丰富的风格、款式、色彩影响着市场,市场蛋糕很大,能学会女装怎么选款,对其他类目也就可以触类旁通了。

11.5.2　任务分析

那么如何为店铺选款呢？我们要卖什么样的产品？这就要对产品的属性进行分析。

11.5.3　知识准备

● 属性:指的是产品的特质、特征和性质。例如,我们销售的产品是服装,那么服装的风格、款式、面料和品牌等,都是该产品的属性。详细填写产品属性,可以吸引更多客户,增加成交机会。

11.5.4　任务实施

一、属性排行

进入生意参谋,选择"市场",点击"属性洞察",我们会看到属性排行,如图11-5-1所示。属性排行包括热销属性排行和热销属性组合排行。其中,在热销属性排行中有下拉选项框,可以对属性进行筛选。

在属性排行里有两个指标,分别是交易指数和支付件数。这两个指标的数值越大越好,分别对它们进行降序排列,我们可以选出所需的属性值。

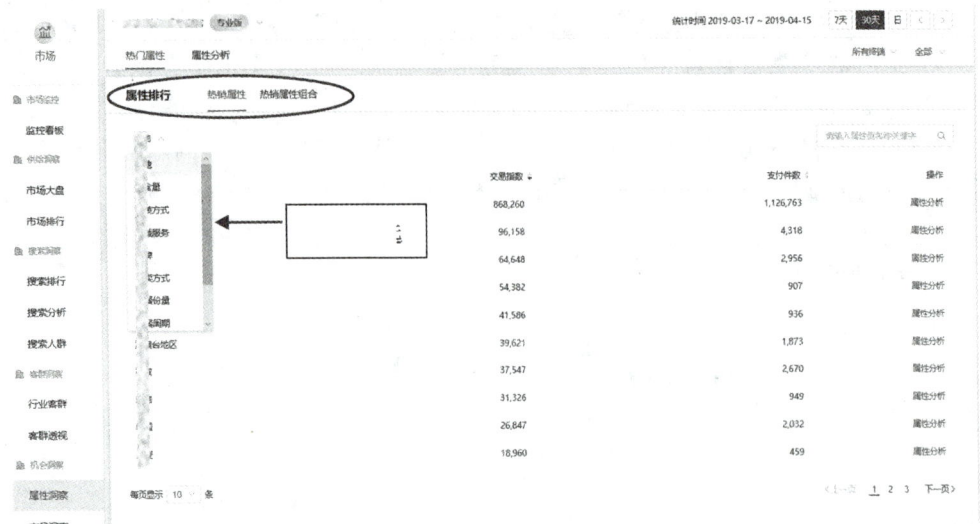

图 11-5-1　属性排行

二、属性分析

点击"属性分析",选择具体的属性,我们可以看到该属性的趋势。包含:交易指数、支付子订单数、支付件数和支付买家数这 4 个指标,如图 11-5-2 所示。

其中,交易指数和支付买家数是我们要参考的指标。如果它们的趋势是上升的,说明我们选择的属性是热销的。

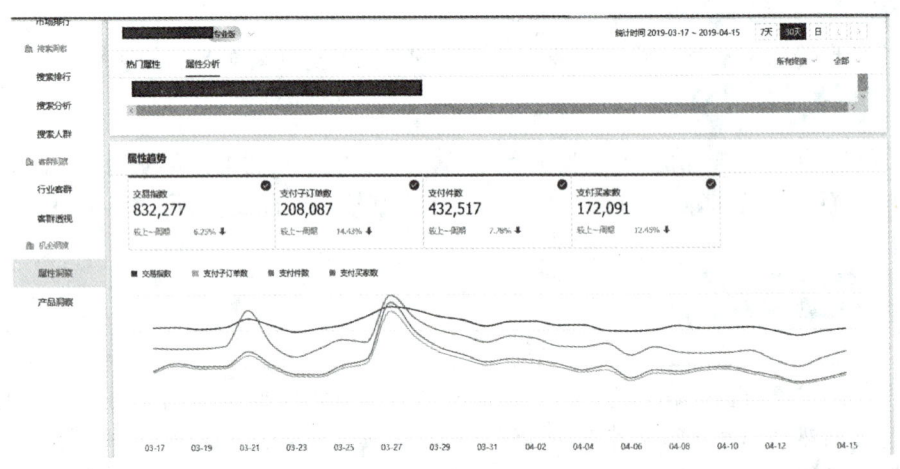

图 11-5-2　属性趋势

三、属性数据分析

在热门属性里,我们选择"分析材质"这个属性。首先,我们选择 30 天这个时间周期,然后把属性值、交易指数和支付件数这些数值复制到 Excel 表格中,如图 11-5-3 所示。

属性值	交易指数	支付件数
	4,501,693	15,503,957
	4,245,301	10,061,755
	2,947,888	7,749,554
	1,797,865	2,887,073
	1,366,572	1,439,811
	1,247,511	728,097
	1,235,853	1,265,410
	914,226	271,595
	583,212	243,131
	547,626	302,524
	545,666	163,358
	404,314	194,210
	353,160	41,484
	291,117	68,276
	241,507	56,990
	211,400	21,032
	203,294	26,137
	163,890	44,744
	160,544	34,016
	138,208	36,009
	112,712	19,100
	94,227	9,206
	90,445	7,269
	83,557	7,727
	81,661	787

图 11-5-3　材质属性数据

在 Excel 中插入数据透视表，属性值为行标签，求和项为交易指数，并按降序排列，如图 11-5-4 所示。插入图表，选择柱形图，我们可以看到如图 11-5-5 所示的材质属性的柱形图，从而可以清楚地看到排名靠前的属性值，这些属性值就是我们要多注重的材质属性。

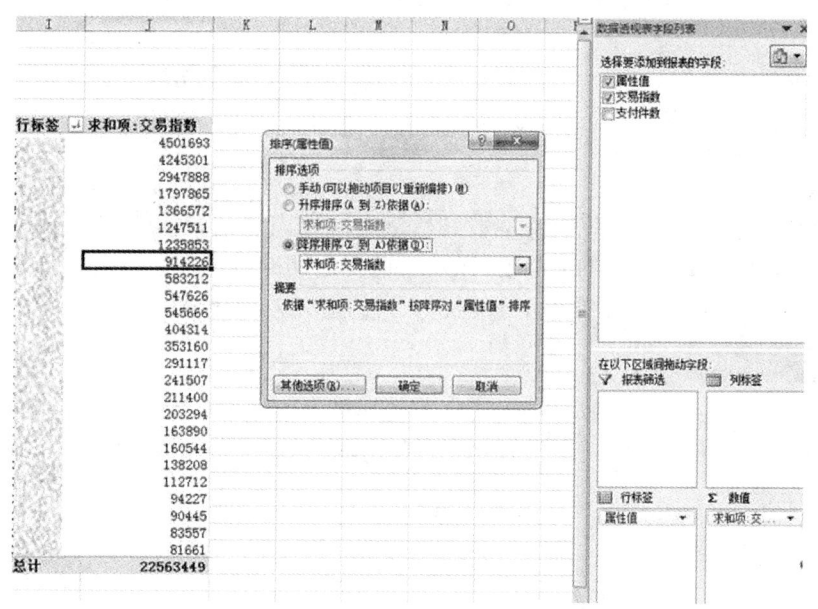

图 11-5-4　材质属性数据透视表

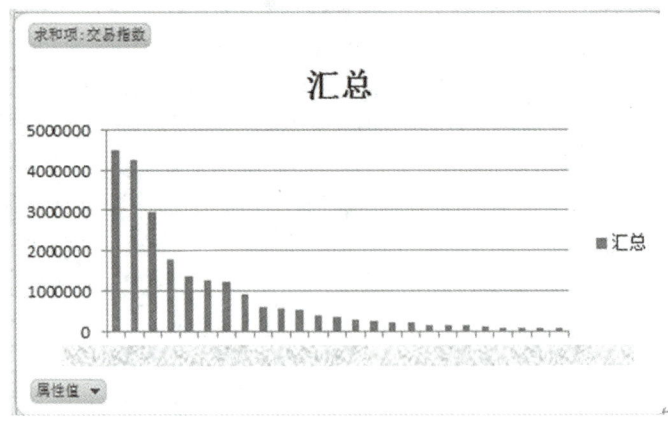

图 11-5-5　材质属性柱形图

最后,我们要到属性分析里去看这些属性值的属性趋势。前面我们提过两个指标:交易指数和支付买家数,如果这两个指标都呈上升趋势,则是我们需要的属性;如果呈下降趋势,则不建议选择该属性。

11.5.5　任务总结

1. 知识结构图(图 11-5-6)

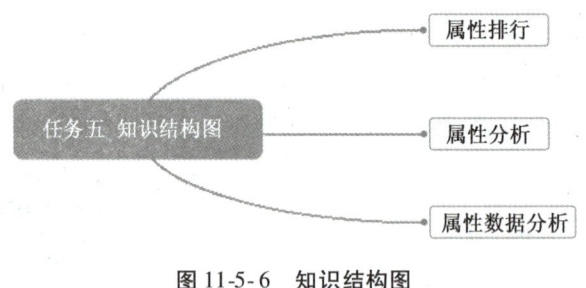

图 11-5-6　知识结构图

2. 拓展知识

在属性分析里,我们还可以直观地看到所选时间段内热销属性的 TOP 榜单,通过这个榜单,可以查看该属性下热销的商品榜,以及店铺榜近期的数据。通过这些属性数据,可以有针对性地做淘宝竞品分析,结合自身的优势,进行有效差异化分析。

11.5.6　任务训练

我们知道服装类产品除材质以外,还有其他属性,比如款式、品牌和颜色等。针对夏艺女装公司的产品,请你对其中一种属性进行数据分析,筛选出热销的属性值。请将操作与分析内容填入下框中。

11.5.7 课外学习

- 电商数据分析：商品属性布局优化。

项目十一 练习题

一、单选题

1. 市场大盘在（　　）路径里面。
   A. 供给洞察　　　B. 搜索洞察　　　C. 客群洞察　　　D. 机会洞察
2. 对于产品布局，我们可以通过（　　）指标来分析产品的生命周期，从而对产品进行布局。
   A. 搜索人气　　　B. 有交易卖家数　　C. 支付件数　　　D. 交易指数
3. 下列不是获取电商关键词的工具是（　　）。
   A. 生意参谋　　　B. 阿里指数　　　C. 光影魔术手　　D. 淘宝搜索框
4. 下列指标不属于行业构成的是（　　）。
   A. 交易指数　　　　　　　　　　　B. 支付金额较父行业占比
   C. 支付子订单数较父行业占比　　　D. 有交易卖家数
5. （　　）不包含在搜索排行里。
   A. 搜索词　　　　B. 长尾词　　　　C. 核心词　　　　D. 泛关键词

二、多选题

1. 属性画像包括（　　）。
   A. 性别分析　　　B. 职业分析　　　C. 年龄分析　　　D. TOP 省份
   E. TOP 城市
2. 在属性分析里，选择具体的属性，我们可以看到该属性的趋势。包含下面哪些指标？（　　）
   A. 交易指数　　　　　　　　　　　B. 支付子订单数
   C. 支付件数　　　　　　　　　　　D. 支付买家数
3. 在相关搜索词里，包含下面哪些指标？（　　）
   A. 搜索人气　　　B. 点击率　　　　C. 支付转化率
   D. 在线商品数　　E. 商城点击占比
4. 生意参谋里包含下面哪几个数据维度？（　　）
   A. 最近 7 天　　　B. 最近 30 天　　C. 自然日　　　　D. 自然月

三、判断题

1. 属性指的是产品的特质、特征和性质。例如，我们销售的产品是服装，那么服装的风格、款式、面料和品牌等，都是该产品的属性。（　　）
2. 商品的生命周期分为导入期、成长期、成熟期和衰退期。（　　）
3. 行业趋势包括：搜索人气、搜索热度、访客数、浏览量、收藏人数、收藏次数、加购人

数、加购次数、客群指数和交易指数。（　　）

4. 在属性排行里有2个指标,分别是交易指数和支付买家数。（　　）

5. 关键词竞争力＝搜索人气×点击率×支付转化率/在线商品数×1 000。（　　）

6. 搜索人气：根据统计周期内的用户搜索行为数拟合出的指数类指标。搜索指数越高,表示搜索行为越多。（　　）

7. 交易指数：根据统计周期内支付金额拟合出的指数类指标。交易指数越高,表示交易行为越多。（　　）

8. 要找出适合我们店铺经营的优质子类目可以通过搜索人气、交易指数和有交易卖家数这3个指标综合分析。（　　）

竞品数据分析

学习目标

- 了解竞品分析的含义及目的
- 能进行竞品的查找、选择和分析
- 了解竞品分析报告的构成

学习重点

- 竞品分析、竞店分析

学习难点

- 竞品分析、竞店分析

任务一 竞品单品数据分析

12.1.1 任务情境

随着淘宝店铺的增多,商家们的竞争压力越来越大。最近两周时间,夏艺女装网店的流量、销量不知道什么原因,出现了罕见的下滑现象。部门和网店都已步入正轨,却出现了业绩的下滑,店长赵明就这个情况召开了部门会议,经过讨论,大家一致认为不滑的原因是这段时间只顾低头做事忽略了对竞争对手的分析。

12.1.2 任务分析

"知彼知己,百战不殆;不知彼而知己,一胜一负;不知彼,不知己,每战必殆。"(出自《孙子兵法·谋攻篇》)竞品分析是为了发展和自我完善。根据竞品分析结果,可以帮助企业有效地挖掘市场需求,确定产品研发方向,协调营销、运营环节,制订科学的发展策略。所以,竞品分析非常重要。我们首先要查找和筛选竞品,逐步确定竞品,最后进行竞品数据分析。

12.1.3 知识准备

- 竞品分析的含义及目的。

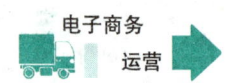

竞品是竞争对手的产品。竞品分析,顾名思义是对竞争对手的产品进行比较分析,进而得出有利于自身的竞争策略。

做竞品分析并不是为了出一份分析报告,也不是为了简单判定产品好坏或者策略的正确与否,主要目的体现在两个方面:一是了解市场上竞品以及自身产品的位置、市场覆盖情况、优缺点等,高质量的竞品分析能为革新与迭代过程提供扎实的依据;二是根据分析得出一套有针对性的解决方案来改进自身的产品,可以让企业预测到行业走势,为发展打下基础。

- 竞品选择方法。

首先,做竞品分析一定要找到合适的竞争对手,从竞争对手的宝贝、流量渠道等维度进行分析。根据竞争对手选择的产品,看宝贝是否符合定位人群的需求,找到产品的优势。

其次,可以观察竞争对手的主图、详情页或者整体的装修风格和定位。根据他们的布局和一些细节找到自己店铺的缺点,并进行修改。

然后是流量渠道。流量是比较重要的因素,不能通过店铺直接观察到店铺的流量,我们要借助生意参谋来进行分析。找到流量来源渠道,根据顺序用表格做好排名。根据不同的流量渠道来做引流,如果引来的流量不精准,会拉低店铺的转化率。值得注意的一点是,查看的数据应该根据店铺类型(淘宝集市和天猫商城)来选择。一般来说,手淘搜索的流量所占的比重是最多的,其次就是直通车等付费推广的流量。通过对比,找到自己店铺的薄弱点在哪里,然后加大投放,当然前提是宝贝的优化做得好,质量也过关,不然,就算花再多的钱也无济于事。

除了流量渠道,店铺装修、宝贝主图和详情页等也可以提炼竞争对手宝贝的卖点,根据他们的思路,找到销售的方法。

(1)产品属性对比。进入我们初筛的竞品详情页,会看到很多信息,我们要一一采集。打开电子表格 Excel,把产品参数一列列地复制粘贴过去,用于竞品属性对比,市面上也有软件实现产品对比功能。

(2)产品 SKU 对比。在评价页,可以进行抽样调查。比如说,都抽查 10 页,把他们的 SKU 统计下来,慢慢观察,看看到底有什么不同。

(3)首图视觉对比。将每家店的首图、首图下面的 4 个主图以及 SKU 的图的情况采集下来,并且对其详情页的结构进行评价。一般来说,从这 5 个图就可决定要不要买这个产品,以及选择什么颜色了。

(4)产品评价对比。我们再来研究一下对手的评价,有时间的可以把评价复制过来。最直接的方法,就是打开一个产品评价,直接把评价内容里说产品不好的地方记录下来。一般情况下,中差评必看。再看追评以及好评里内容较多的。不仅如此,现在还有手淘问大家,也承载着部分评价的功能,更重要的是反馈了许多目标客户的核心需求、痛点。

想要成为行业的 KOL,那么你就要清楚地了解行业其他竞争对手的发展模式,取其精华,去其糟粕,这样才能在淘宝的大浪淘沙下生存下来并且日益强大。

12.1.4 任务实施

一、竞品查找

步骤一:进入竞品查找页面。

(1)商家进入生意参谋后台管理页面。点击顶部导航栏中的"市场",进入生意参谋的市场功能模块管理页面,如图 12-1-1 所示。

图 12-1-1　市场功能模块管理页面

（2）点击左侧导航栏中的"市场排行",进入市场排行页面,如图 12-1-2 所示。市场排行分为店铺排行、商品排行和品牌排行,这里我们选择商品排行,统计时间选择最近 7 天,如图 12-1-3 所示。按照销量从高到低排序,然后进行竞品查找。

图 12-1-2　市场排行页面

图 12-1-3　商品排行页面

步骤二：查找目标竞品。

首先,我们要确认竞品的相关因素：款式包括但不限于材质成分、面料等；功能包括但不限于使用场景、舒适度等；价格；针对人群包括但不限于年龄、消费能力、消费偏好等。细分条件越多，说明相似度越高，可以选择相似度相对高的产品作为竞品。

（1）在查找竞品时，我们一般选择外观类似、价格接近、与我们月销量目标接近的款。在商品排行页面，我们可以通过搜索功能，快速找到目标竞品。输入商品关键词"呢大衣"进行搜索，快速圈定竞品，结果如图 12-1-4 所示。

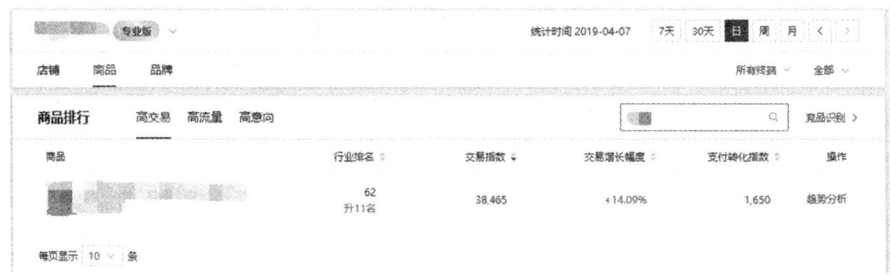

图 12-1-4　竞品搜索结果页面

（2）在找到目标竞品后，接下来要查看竞品数据，每个单品后都有趋势分析，点击"趋势分析"，打开如图 12-1-5 所示的页面。把鼠标放到趋势分析图上，可以清晰地看到所在时间点当天的交易指数、流量指数、客群指数和支付转化指数。

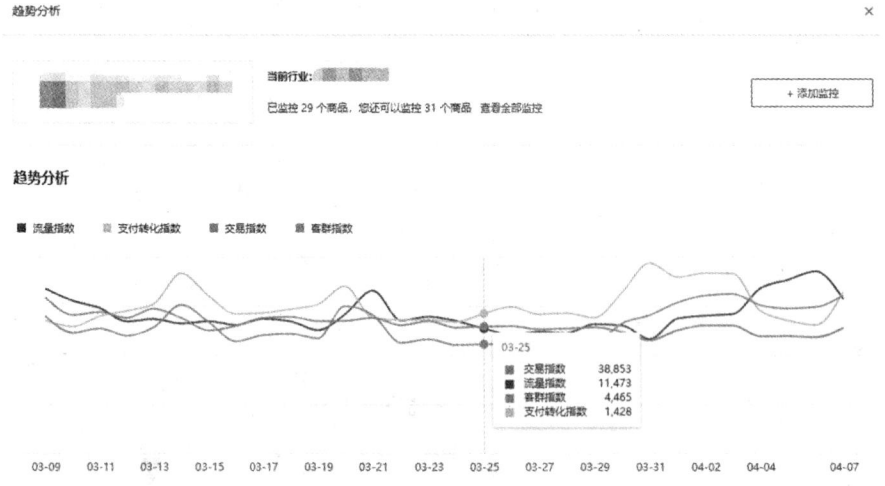

图 12-1-5　趋势分析页面

（3）添加竞品要慎重。如果确定该产品为竞品，点击"添加监控"，系统提示如图 12-1-6 所示，点击"确定"按钮，完成监控添加。我们可以在【生意参谋】→【竞争】→【监控商品】里看到竞品列表，如图 12-1-7 所示。

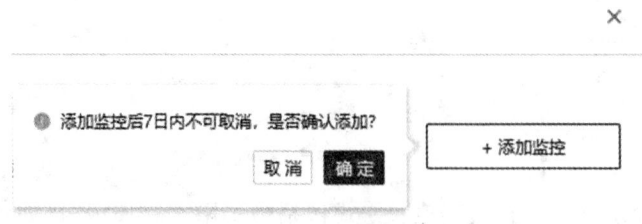

图 12-1-6　添加监控

图 12-1-7　竞品列表

生意参谋提供了竞品识别功能。竞品识别是系统基于当前店铺特质,在海量数据中从交易流失和搜索流失的维度识别出核心竞争商品,帮助店铺快速找到同行核心竞品,了解竞争差距,取长补短。

二、竞品数据分析

步骤一:竞品单品简单分析。

(1) 在生意参谋后台页面点击顶部导航栏中的"竞争",进入生意参谋的竞争功能模块管理页面,如图 12-1-8 所示。竞争功能模块主要包括竞争店铺(监控店铺、竞店识别和竞店分析)、竞争商品(监控商品、竞品识别和竞品分析)、竞争品牌(监控品牌、品牌识别、品牌分析和品牌客群)、竞争动态和竞争配置。

图 12-1-8　竞争页面

(2) 点击左侧导航栏中的"竞品分析",进入竞品分析页面,如图 12-1-9 所示。

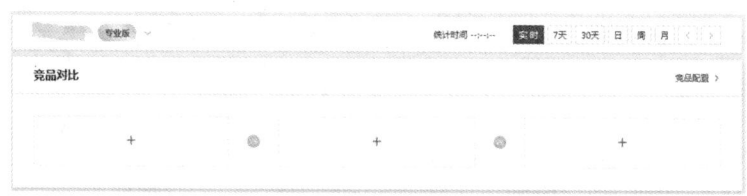

图 12-1-9　竞品分析

（3）选择本次要分析的商品，也可以在搜索的位置直接输入商品 ID，依次选择本店商品、竞品 1 和竞品 2，如图 12-1-10 所示。统计时间可以根据需要选择实时、7 天、30 天、日、周和月。系统会对三款产品的关键指标、入店搜索词和入店来源等数据进行对比。

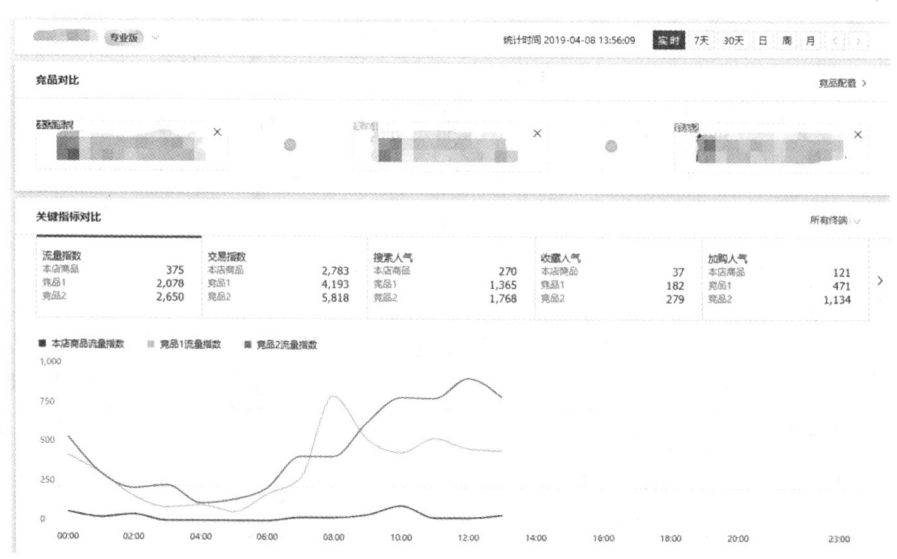

图 12-1-10　竞品对比

（4）在竞品分析页面下方"入店搜索词"的位置可以查看到自己的商品与竞争商品的关键词来源（引流关键词和成交关键词），但这个关键词只显示当前状态的词。这里要提醒大家：引流关键词分析仅支持实时或者日粒度在 PC 端或者无线端进行查看，如无数据显示请切换终端或者时间周期；成交关键词分析仅支持日粒度在 PC 端或者无线端进行查看，如无数据显示请切换终端或者时间周期。

（5）在入店来源部分有 4 类对比指标供我们查看和对比分析，包括访客数、客群指数、支付转化指数和交易指数。这里我们可以发现优势来源和可增长流量来源。

（6）点击流量来源"手淘搜索"所在行右侧的"趋势"，可查看 3 款产品在各时段手淘搜索的数据对比，如图 12-1-11 所示。

竞品分析是要长期跟踪数据的。将数据长期记录下来后，与自己的数据进行对比，就会发现自己的商品在哪个方面弱于其他商品，进而对商品进行优化。

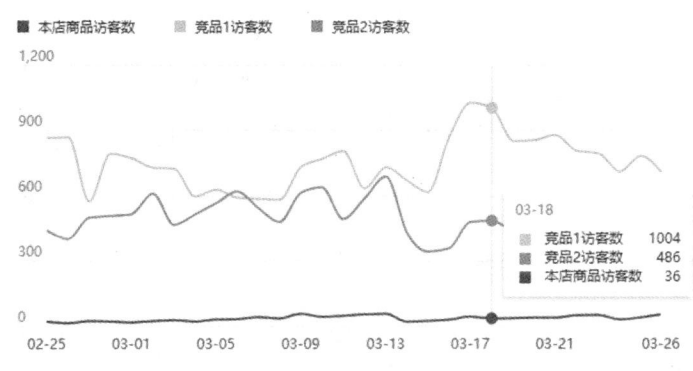

图 12-1-11　查看趋势—手淘搜索

步骤二：竞品单品数据分析。

对于竞品，我们要分析哪些数据呢？一般包括以下几个分类：

1. 基本数据（访客数、转化率、成交笔数、收藏加购率）

（1）访客数：分为无线端和 PC 端，要分别统计。选取某一天，将 TOP10 流量来源的数据复制到 Excel 中，通过计算得到当天的访客数，并统计各流量来源渠道访客数占比情况。

（2）转化率：计算公式为成交用户数/访客数。假如当天的支付件数是 45，访客数是 492，且每一个支付买家仅买了一个，根据你类目的情况，换算成支付买家数，可以算出转化率为 9.15%。

（3）收藏加购率：计算公式为（购物车+我的淘宝）/总访客。

2. 流量结构

从 TOP10 流量来源，我们可以看到这款单品的流量结构，主要看无线端（PC 端访客占比很少，可以忽略），从表 12-1-1 可以看出：

表 12-1-1　竞品单品某天访客数据

移动端流量来源	移动端访客数	占比	PC 端流量来源	PC 端访客数	占比
手淘搜索	307	63.43%	淘宝搜索	6	75.00%
购物车	52	10.74%	直接访问	2	25.00%
淘内免费其他	52	10.74%	购物车	0	0
我的淘宝	34	7.02%	淘宝客	0	0
淘宝客	11	2.27%	淘宝站内其他	0	0

续表

移动端流量来源	移动端访客数	占比	PC端流量来源	PC端访客数	占比
手淘其他店铺商品详情	8	1.65%	天猫搜索	0	0
手淘旺信	8	1.65%	天猫首页	0	0
手淘消息中心	4	0.83%	淘宝其他店铺	0	0
手淘我的评价	4	0.83%	淘外流量其他	0	0
手淘找相似	4	0.83%	店铺收藏	0	0
访客数合计				492	

（1）这款宝贝流量来源的前四名是：手淘搜索、购物车、淘内免费其他、我的淘宝，最主要的来源是手淘搜索，占63.43%。

（2）部分流量入口还没有真正打开，一个单品如果想成为爆款，所有流量入口必须真正打开。

3．关键词数据（流量词和成交词）

选取某一天，我们可以看到竞品的引流关键词和成交关键词，通过这两个数据可以计算关键词的转化率。

4．其他数据（包括参加活动、直通车、淘客和钻展等）

（1）活动情况：除了生意参谋，我们还可以通过店侦探、开店宝、多多查、店数据和运营神器等第三方工具来查询该单品是否参加了官方活动，如天天特价、淘抢购、聚划算等。如果参加了，就要了解活动预热效果怎么样、能带来多少流量、转化怎么样等情况。

（2）淘宝客：我们通过店侦探查询发现这个单品参加了淘宝客，通过用看店宝这个插件查看，知道这个单品近30天支付了淘宝客佣金5 608.2元。

12.1.5 任务总结

1．知识结构图（图12-1-12）

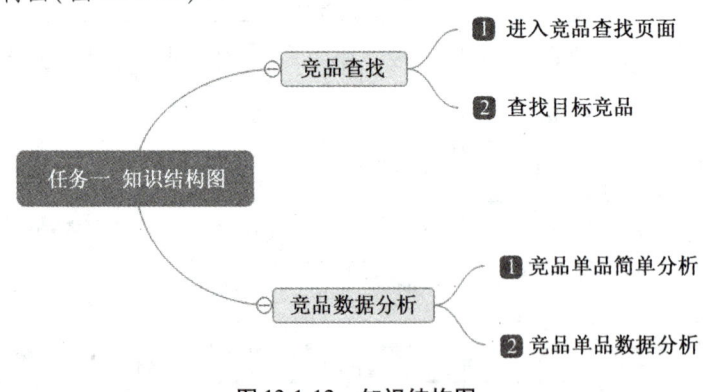

图12-1-12　知识结构图

2．拓展知识

- 竞品分析报告框架如图12-1-13所示。

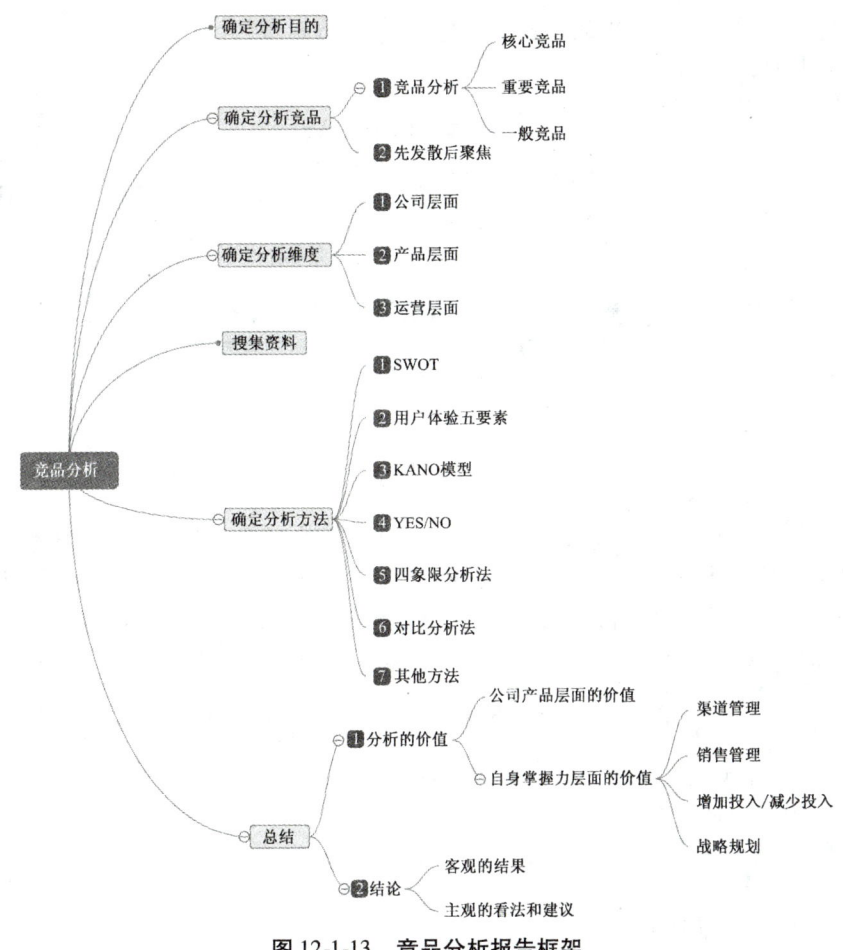

图 12-1-13　竞品分析报告框架

12.1.6　任务训练

1. 表 12-1-2 为某女装竞品某天访客数据,假如当天的支付件数是 470,且每个支付买家仅买了 1 件。请计算转化率和收藏加购率。

表 12-1-2　某女装竞品某天访客数据

移动端流量来源	移动端访客数	PC 端流量来源	PC 端访客数
手淘搜索	3 070	淘宝搜索	86
购物车	502	直接访问	32
淘内免费其他	532	购物车	11
我的淘宝	324	淘宝客	12
淘宝客	121	淘宝站内其他	0
手淘其他店铺商品详情	88	天猫搜索	0
手淘旺信	78	天猫首页	0
手淘消息中心	14	淘宝其他店铺	0
手淘我的评价	12	淘外流量其他	0
手淘找相似	11	店铺收藏	2

2. 分析自己网店的竞品单品，编写一份竞品单品分析报告。

12.1.7 课外学习

- 生意参谋数据分析专员在线视频教程（用手机淘宝扫一扫）。

帮助卖家掌握生意参谋六大模块基础使用，提升店铺数据分析能力。

任务二　竞品店铺数据分析

12.2.1 任务情境

经过一段时间的竞品分析，电商运营部根据竞品分析结果，对网店的产品策略、价格策略、营销策略、促销策略、客户评价等方面进行了调整和优化，取得了良好的效果，店铺销售额稳步提升。为了巩固阶段性成果，电商运营部计划进行竞品店铺分析（竞店分析）。

12.2.2 任务分析

竞品分析是竞店分析的一部分，有了竞品分析的基础，竞店分析掌握起来会相对轻松。竞店分析主要包括竞店的查找和添加、产品结构分析、价格结构分析、货品成本分析、销售分析、单品分析和推广分析等方面。

12.2.3 知识准备

- 竞店分析主要指标。

（1）交易指数：选定周期下，店铺支付金额指数化后指标。

（2）流量指数：选定周期下，店铺商品详情页访客数指数化后指标。

（3）搜索人气：选定周期下，店铺通过搜索进入商品详情页访客数指数化后指标。

（4）收藏人气：选定周期下，店铺商品收藏用户数指数化后指标。

（5）加购指数：选定周期下，店铺商品加购用户数指数化后指标。

（6）预收定金交易指数：统计周期内，分阶段订单的第一阶段，付定金金额拟合出的指数类指标。预售定金指数越高，表示预售付定金的金额越高。

（7）预售支付商品件数：统计周期内，分阶段订单的第一阶段，付定金订单预售商品件数。

（8）上新商品数：统计周期内，分阶段订单的第一阶段，付定金订单预售商品件数。

12.2.4 任务实施

一、查找和添加竞店

一般情况下，我们可以根据上一个任务确定的竞品，添加其所在店铺为竞店，也可以按照下面的方法和步骤进行竞店的查找和添加。

步骤一：查找竞店。

（1）在生意参谋后台管理页面，点击顶部导航栏中的"市场"，进入生意参谋的市场功能模块管理页面，再点击左侧导航栏中的“市场排行”，进入店铺排行页面，如图 12-2-1 所示。店铺排行默认按照销量从高到低排序。

店铺排行　高交易　高流量　竞店识别 >

店铺	行业排名	交易指数	交易增长幅度	支付转化指数	操作
天猫超市 较前一日	1 持平	678,409	-7.29%	1,210	趋势分析
较前一日	2 持平	475,480	+0.07%	1,274	趋势分析
较前一日	3 持平	344,495	-22.02%	1,092	趋势分析
较前一日	4 持平	258,952	-44.87%	764	趋势分析
较前一日	5 升3名	159,590	+23.98%	1,520	趋势分析

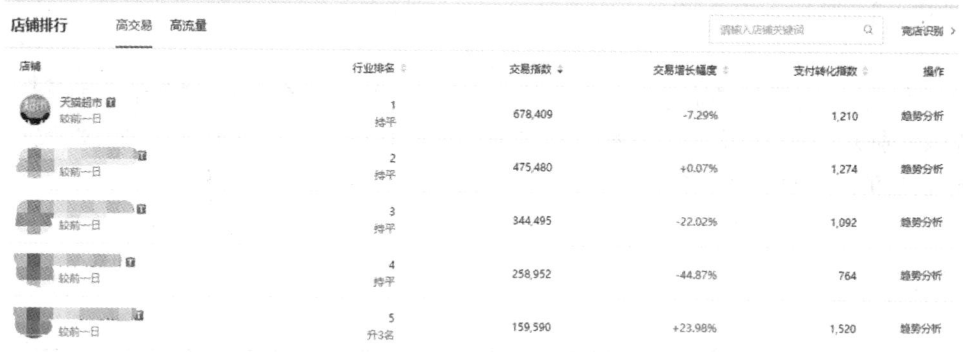

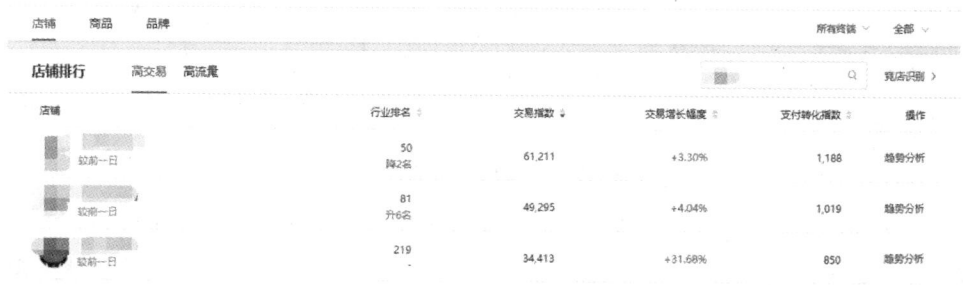

图 12-2-1　店铺排行页面

（2）在店铺排行页面，可以通过输入店铺关键词快速查找竞店，如图 12-2-2 所示。点击潜在竞争对手店铺右侧的“趋势分析”，进入趋势分析页面，如图 12-2-3 所示。

店铺　商品　品牌　所有终端　全部
店铺排行　高交易　高流量　竞店识别 >

店铺	行业排名	交易指数	交易增长幅度	支付转化指数	操作
较前一日	50 降2名	61,211	+3.30%	1,188	趋势分析
较前一日	81 升6名	49,295	+4.04%	1,019	趋势分析
较前一日	219 -	34,413	+31.68%	850	趋势分析

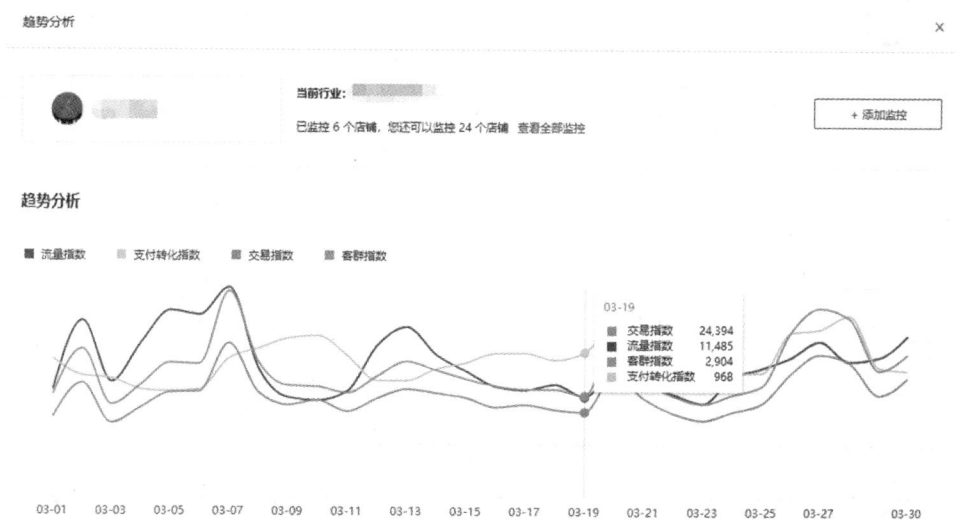

图 12-2-2　竞店搜索结果页面

图 12-2-3　趋势分析

（3）如果希望将该店铺添加到监控,点击"添加监控",系统提示"添加监控后7日内不可取消,是否确认添加?",点击"确定"完成监控添加。我们可以在【生意参谋】→【竞争】→【监控店铺】里看到竞店列表。

步骤二：识别竞店。

（1）进入生意参谋的竞争功能模块管理页面,点击左侧导航中的"竞店识别",进入流失竞店识别页面,如图12-2-4所示。流失竞店识别数据分析的价值是帮助我们发现高流失、高销量的店铺,以便优化自己店铺的运营策略。

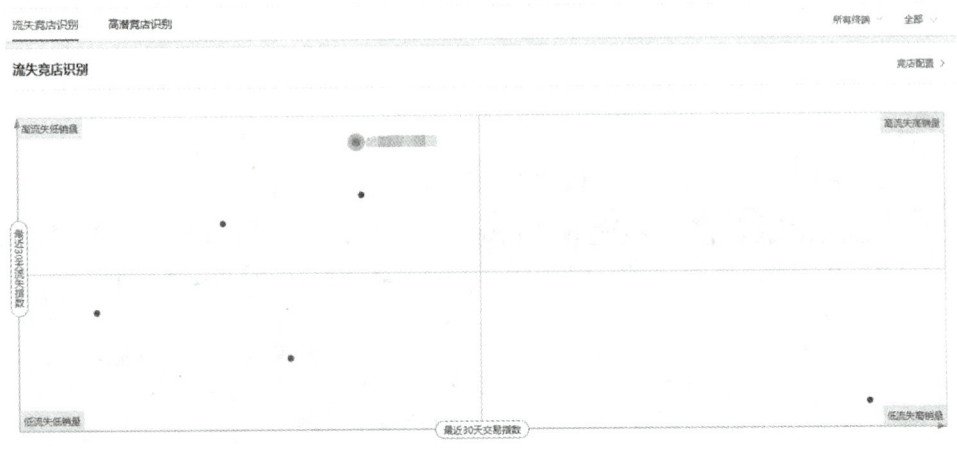

图12-2-4 流失竞店识别页面

（2）点击"高潜竞店识别",进入如图12-2-5所示的页面。高潜竞店识别数据分析的价值是帮助我们发现高增长、高销量的店铺,以便及时发现黑马竞争店铺,调整店铺营销防守策略。

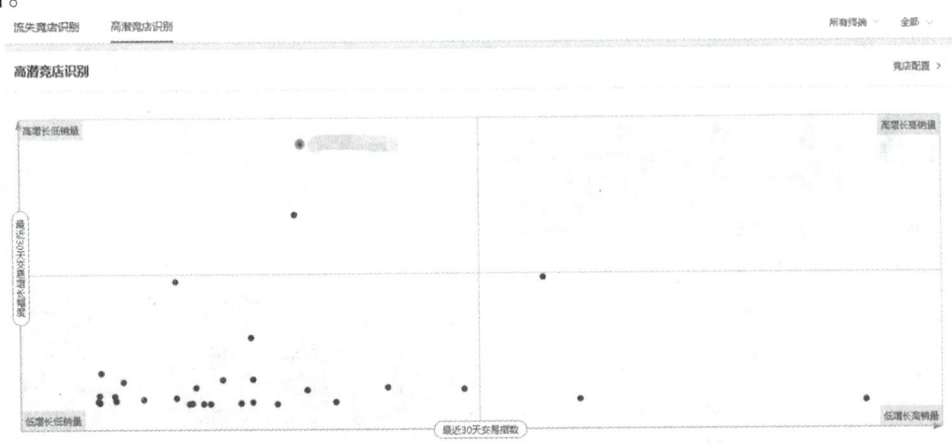

图12-2-5 高潜竞店识别页面

二、竞品店铺数据分析

步骤一：基础数据查看。

（1）进入生意参谋的竞争功能模块管理页面,点击左侧导航栏中的"竞店分析",如图12-2-6所示。

第三篇 运营数据分析篇

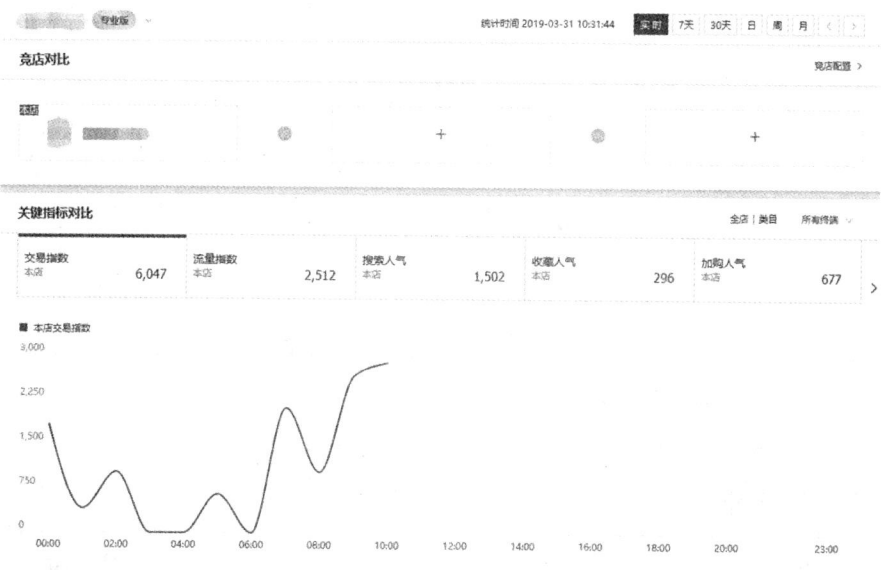

图 12-2-6 竞店分析

（2）依次选择两家竞店，页面数据自动更新，如图 12-2-7 所示。我们可以看到三家店铺关键指标对比包括：交易指数、流量指数、搜索人气、收藏人气、加购人气、预售定金交易指数、预售支付商品件数、上新商品数、支付转化指数和客群指数。数据分析的价值是更直观地看到竞店的交易指数曲线，及时发现竞争对手的成长，优化自己的品类和流量来源。

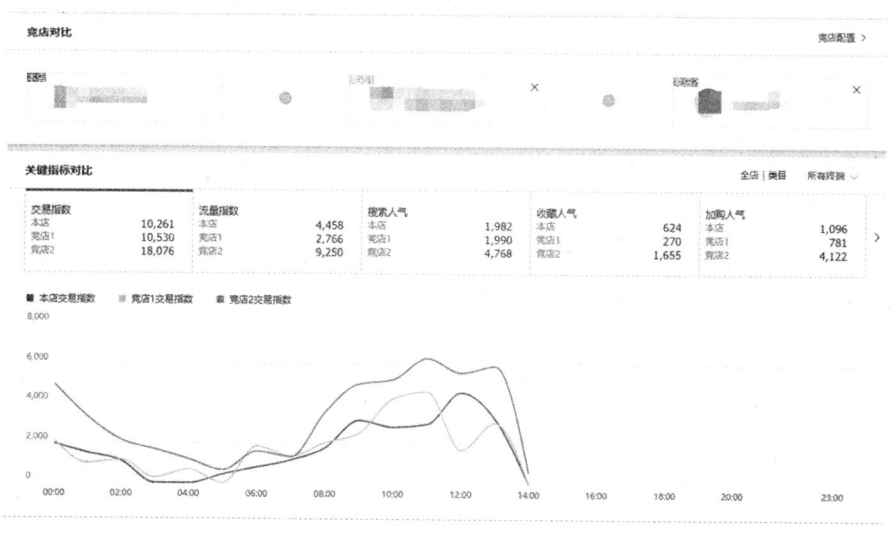

图 12-2-7 竞店对比页面

（3）在竞店对比页面下方，我们可以看到 3 家店铺热销、流量 TOP10 商品榜和入店来源情况对比，还可以看到 3 家店铺的交易构成。3 家店铺的入店来源对比如图 12-2-8 所示。从入店流量来源，我们可以发现优势来源和可增长流量来源。从交易构成数据，我们可以分析竞争店铺交易指数、流量指数和加购指数。

295

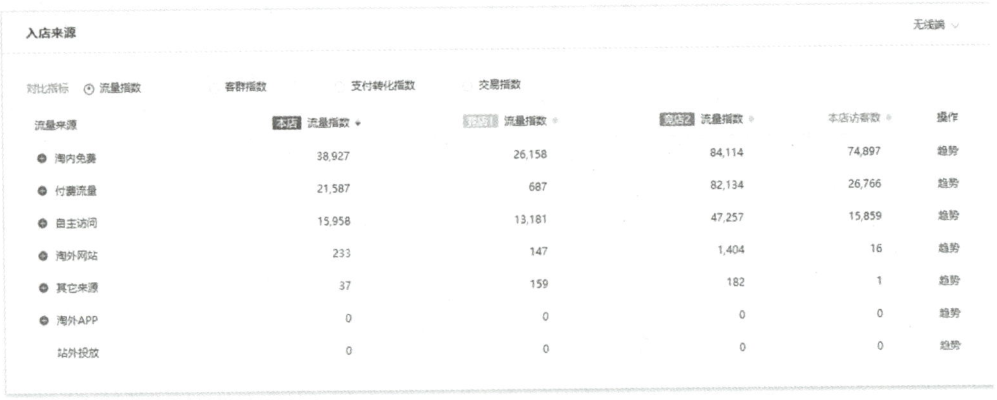

入店来源 无线端

对比指标 流量指数 客群指数 支付转化指数 交易指数

流量来源	本店 流量指数	竞店1 流量指数	竞店2 流量指数	本店访客数	操作
淘内免费	38,927	26,158	84,114	74,897	趋势
付费流量	21,587	687	82,134	26,766	趋势
自主访问	15,958	13,181	47,257	15,859	趋势
淘外网站	233	147	1,404	16	趋势
其它来源	37	159	182	1	趋势
淘外APP	0	0	0	0	趋势
站外投放	0	0	0	0	趋势

图 12-2-8　入店来源对比

步骤二：产品结构分析。

（1）了解竞店的类目结构。可以借助“看店宝”或者“店侦探”剖析店铺类目布局。进入店侦探会员后台，在【监控店铺分析】→【宝贝分析】→【类目分布】中，我们可以看到竞店的详细类目分布。

（2）了解店铺主推品类。使用看店宝的“全店宝贝销售数据功能”查询宝贝月销量或者使用店侦探的“店铺监控功能”查询宝贝日销量。

（3）了解店铺最新上架品类。类目不同，上新品类的玩法不同。“店侦探”和“看店宝”都可以分析上新宝贝。以店侦探为例，在【监控店铺分析】→【宝贝分析】→【上新宝贝】中查看，此处的上新宝贝是指该店铺监控范围内最近 14 天都没出现过的宝贝，并非淘宝的新品打标。可人为根据宝贝的创建时间来进一步判断宝贝是否为上新宝贝。

（4）利用“看店宝”或者“店侦探”了解店铺的引流款和利润款。

步骤三：价格结构分析。

（1）了解竞店主推款的价格变动。在店侦探首页点击“淘宝运营神器”，按照提示安装“店侦探 & 看店宝免费插件”后，在淘宝首页搜索框中输入关键词“大衣女 2019 流行”进行搜索，把鼠标放在对应商品下方的“调价”上，可以直接查看宝贝价格变动情况。

（2）了解主图显示的价格。很多产品的主图价格是为了解决点击率的问题，通过其他的 SKU 价格带来利润。

（3）了解利润款价格段以及进行价格利润计算。

步骤四：货品成本分析。

（1）安装“店侦探 & 看店宝免费插件”或者登陆“1688. com”进行进货成本和淘客推广费用计算。以上述“大衣女 2019 流行”搜索结果为例，点击其中一款商品进入商品详情页面。我们可以对该产品的调价、淘宝客、宝贝排名、同款货源等进行查询和分析。

（2）利用生意参谋或看店宝的“店铺经营分析功能”计算产品月产出和利润等。

步骤五：竞店销售分析。

找到 3 ~5 家经营数据接近自家店铺运营目标的竞店，记录下对方最近 1 天、最近 7 天、最近 30 天的访客数、客单价和转化率等数据，如果我们计划赶超对方，须要分析自家店铺要在哪些数据方面进行赶超，如访客数太少、支付子订单数偏低、客单价过低、转化率偏低等，找到不足之处，通过做好有关数据的优化实现赶超。如果想知道更为详细的销售数据，可以借助第三方工具进行查询,如店侦探等。

(1)进入店侦探会员后台,在【监控中心】→【店铺管理】中,点击"添加监控店铺",如图 12-2-9 所示。输入要监控的店铺的任意一个宝贝的链接后,点击"预览店铺",确认无误后,点击"添加监控",完成竞店监控的添加,如图 12-2-10 所示。这里有一点要提醒大家:添加监控后至少 7 天后才可更换,且每月 1~7 日才可删除。

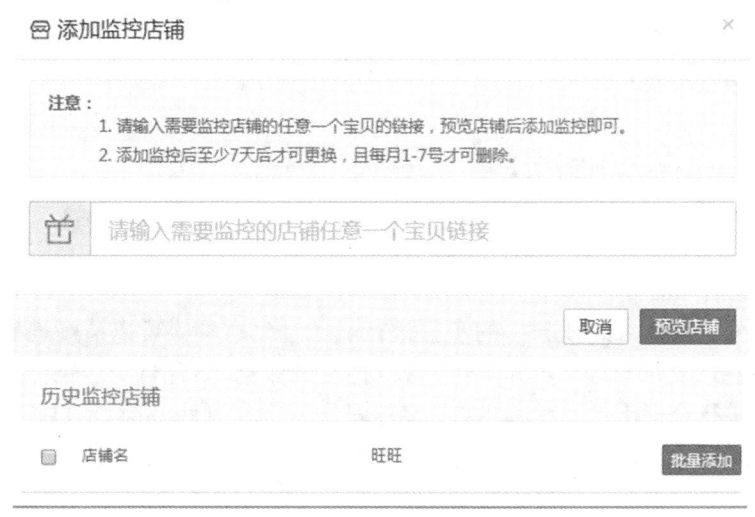

图 12-2-9　添加监控店铺

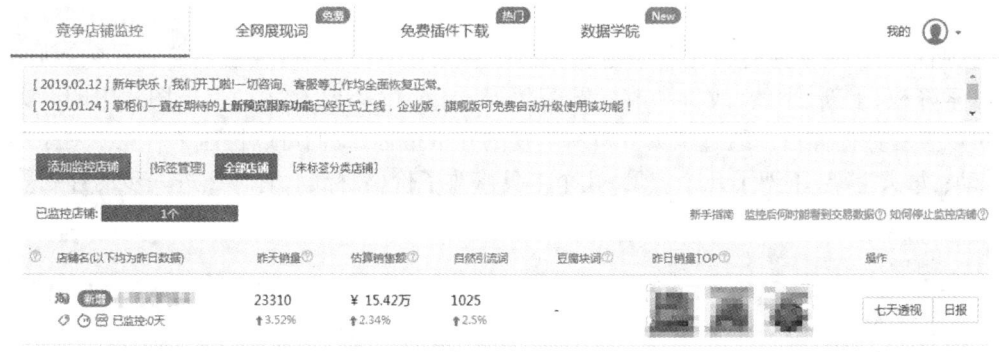

图 12-2-10　竞争店铺监控页面

(2)在竞争店铺监控页面,点击已添加监控店铺右侧的"七天透视"按钮,进入如图 12-2-11 所示的页面。我们可以看到店铺近七天每天的销售量、估算销售额、销售商品数和动销率。其中,估算销售额=宝贝日销量×SKU 最低价,然后累加宝贝日销售额,如果店铺的宝贝价格区间较大,误差有可能会比较大,建议更多关注销量。

	03月30日	03月29日	03月28日	03月27日	03月26日	03月25日	03月24日
销售量	23310件	22518件	28588件	26932件	28308件	26901件	26481件
估算销售额	15.42万元	15.07万元	18.4万元	17.23万元	17.49万元	18.12万元	18.1万元
销售商品数	253种	256种	253种	227种	221种	231种	244种
动销率	98.83%	98.84%	98.06%	89.37%	87.35%	92.77%	97.21%

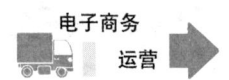

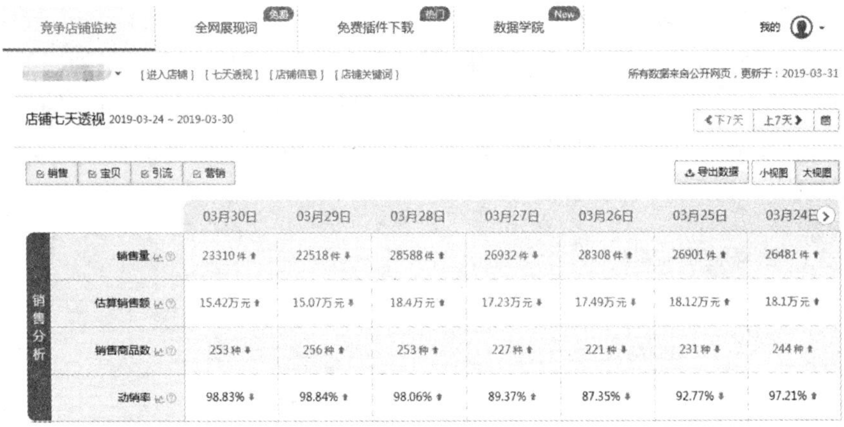

图 12-2-11　店铺七天透视—销售分析

步骤六：竞店单品分析。

竞店单品分析可以参照任务一的步骤进行。通过生意参谋可以清楚地看到竞店单品（支付转化率指数、支付子订单数和支付件数）各时段数据，结合自身店铺分析以上 3 项指标不足之处并进行合理优化。竞店热销单品流量来源都在哪些方面，是付费流量多还是免费流量多？付费流量渠道来源于哪些地方？免费流量是在哪些入口？与自身店铺对比后，哪些引流渠道不足？这些通过生意参谋统统一目了然。记录引流关键词的目的也是为后期直通车优化和标题优化做准备。选取竞店和自身单品成交关键词能够更好地提示 ROI。关联销售选品问题也能很好地解决，优化后能够更好地提升客单价、提高转化率和增加访客停留时间。

我们可以在店侦探的店铺七天透视功能中看到宝贝分析数据，包括总宝贝数、新品打标、搜索降权、上新、下线、改价和改标题等数据，如图 12-2-12 所示。点击图片中的有关数据，可以查看数据详情。通过宝贝分析所呈现的几个指标，我们可以快速了解竞争对手的一举一动：每天上架、下架了几个宝贝，几个宝贝修改了价格、标题，有什么进一步的计划等。

	04月01日	03月31日	03月30日	03月29日	03月28日	03月27日	03月26日
总宝贝数	259个	257个	256个	259个	258个	254个	253个
新品打标	0个 -	0个 -	0个 -	0个 -	0个 -	0个 -	0个 -
new 搜索降权	0个 -	0个 -	0个 -	0个 -	0个 -	0个 -	0个 -
上新	0个 -	1个 -	1个 -	1个 -	1个 -	1个	2个 -
下线	0个 -	1个	4个	1个 -	0个 -	3个	1个
改价	4个	12个	1个 -	1个 -	0个 -	12个	5个 -
改标题	1个 -	0个 -	1个 -	1个 -	0个 -	0个 -	0个 -

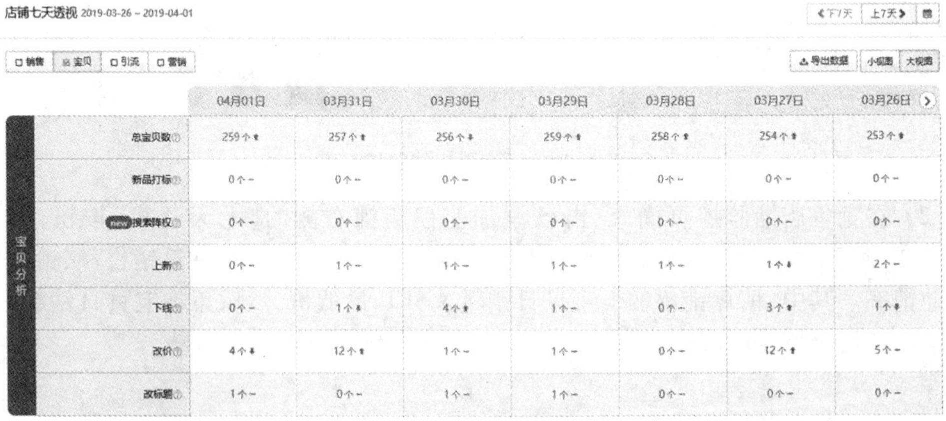

图 12-2-12　店铺七天透视—宝贝分析

步骤七：推广分析。

1. 展现引流分析

想要知道竞店是靠什么方式推广起来的，须要结合生意参谋的市场行情和店侦探。常规推爆款的方式无非就是活动 + 直通车 + 淘客 + 钻展 + 暴力玩法，正常情况下市场行情可以看 30 天的数据，店侦探可以看到活动 + 直通车，监控起来可以看到超过 30 天的数据。在店侦探的店铺七天透视功能中可以看到展现引流数据，包括 PC 端、移动端、免费和收费等流量数据，如图 12-2-13 所示。点击图片中的有关数据，可以查看数据详情。通过展现引流分析的数据，了解对手不同流量渠道的变化趋势，知道对手哪个渠道发力更猛；从对手的免费流量分析出淘宝给他的哪些宝贝流量，从付费流量分析出对手在猛推哪个宝贝，从而得知对手每天的流量情况，了解他的店铺动向，提前做好应对准备。

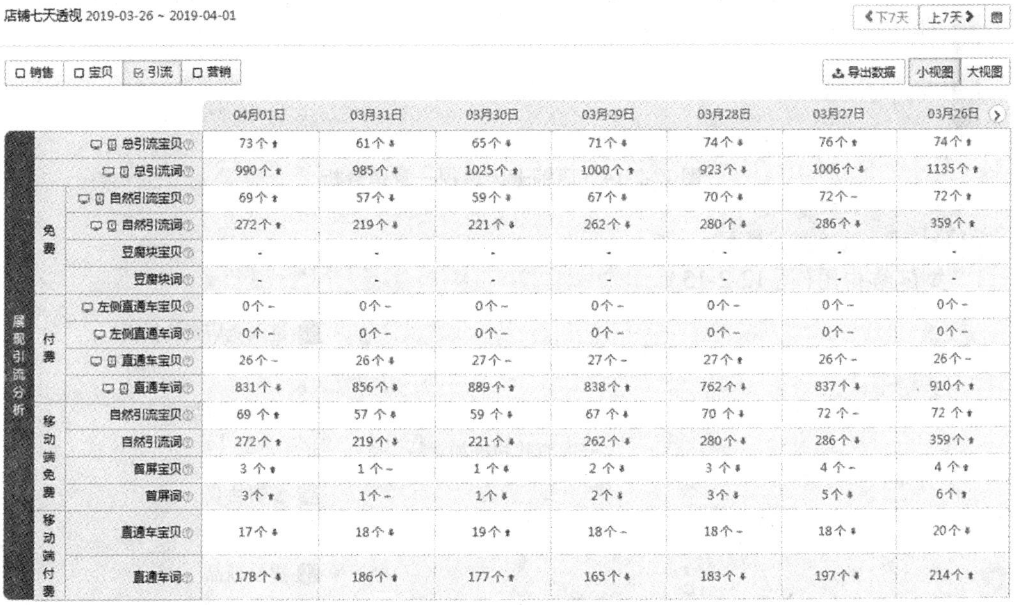
店铺七天透视 2019-03-26 ~ 2019-04-01

		04月01日	03月31日	03月30日	03月29日	03月28日	03月27日	03月26日
	总引流宝贝	73个	61个	65个	71个	74个	76个	74个
	总引流词	990个	985个	1025个	1000个	923个	1006个	1135个
免费	自然引流宝贝	69个	57个	59个	67个	70个	72个 -	72个
免费	自然引流词	272个	219个	221个	262个	280个	286个	359个
免费	豆腐块宝贝	-	-	-	-	-	-	-
免费	豆腐块词	-	-	-	-	-	-	-
付费	左侧直通车宝贝	0个 -	0个 -	0个 -	0个 -	0个 -	0个 -	0个 -
付费	左侧直通车词	0个 -	0个 -	0个 -	0个 -	0个 -	0个 -	0个 -
付费	直通车宝贝	26个 -	26个	27个 -	27个 -	27个	26个 -	26个 -
付费	直通车词	831个	856个	889个	838个	762个	837个	910个
移动端免费	自然引流宝贝	69 个	57 个	59 个	67 个	70 个	72 个 -	72 个
移动端免费	自然引流词	272个	219个	221个	262个	280个	286个	359个
移动端免费	首屏宝贝	3 个	1 个 -	1 个	2 个	3 个	4 个 -	4 个
移动端免费	首屏词	3个	1个 -	1个	2个	3个	5个	6个
移动端付费	直通车宝贝	17个	18个	19个	18个 -	18个 -	18个	20个
移动端付费	直通车词	178个	186个	177个	165个	183个	197个	214个

图 12-2-13　店铺七天透视—展现引流分析

无线端中的首屏宝贝相当于豆腐块，如果竞店总共有 8 个链接，首屏宝贝就占了 7 个，那么它的流量是非常大的。要做到那么多的流量，首屏词必须足够多。

2. 营销分析

在店侦探的店铺七天透视功能中可以看到营销分析数据，包括促销活动、站内活动和站外活动等数据，如图 12-2-14 所示。点击图片中的有关数据，可以查看数据详情。从数据中我们可以知道竞店每天做了哪些促销、参加了哪些活动；我们可以根据这些信息，分析出对手最近是要打造爆款，还是要清理库存。

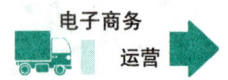

图 12-2-14　店铺七天透视—营销分析

12.2.5　任务总结

1. 知识结构图（图 12-2-15）

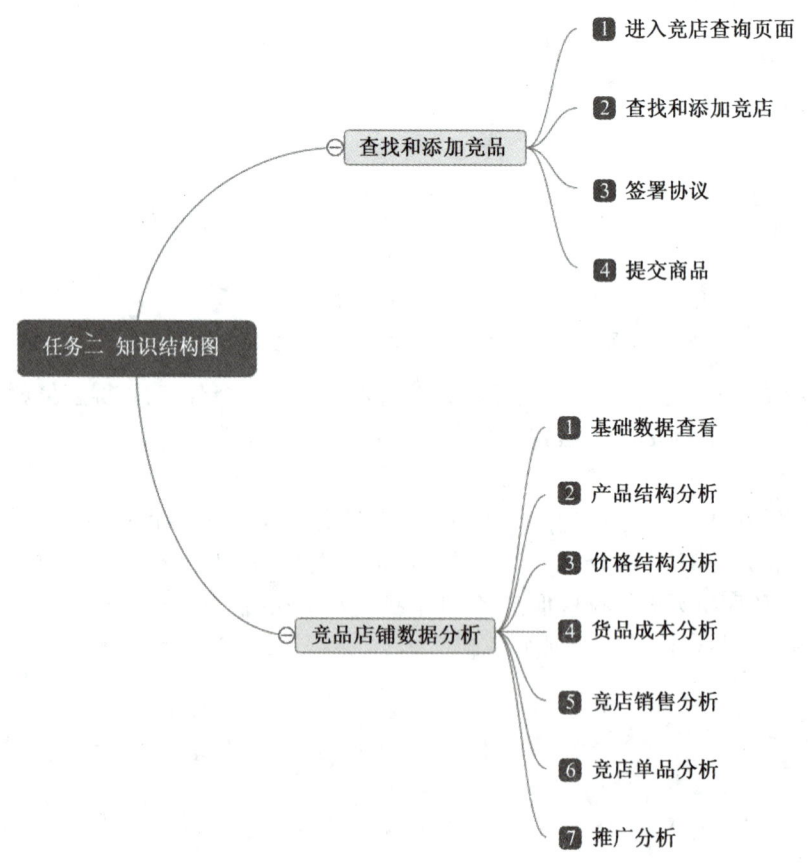

图 12-2-15　知识结构图

2. 拓展知识

爆款商品与滞销商品

淘宝商品销量定义：月销量3 000件以上的是爆款商品,1 000件以上的是小爆款(小类目也称爆款),500件以上的是热卖宝贝,200件以上的是人气宝贝,30件以下的称为低销量宝贝,0销量的为滞销宝贝。

淘宝官方定义滞销商品是指90天前首次发布,且最近3个月内没有卖出过任何一件的商品,滞销商品会被淘宝搜索屏蔽而无法搜索,而且会影响店铺权重和其他宝贝排名。

12.2.6 任务训练

根据自己网店的经营情况,借助店侦探进行竞店分析,编写一份竞店分析报告。

12.2.7 课外学习

- 完成生意参谋(初级)数据分析专员认证(用手机淘宝扫一扫)。

该课程为生意参谋官方认证,课程主要包含品类罗盘、流量纵横、市场竞争、服务洞察、内容分析和数据作战室6大模块,帮助店铺掌握生意参谋基础使用,学会基础店铺数据分析。

项目十二 练习题

一、单选题

1. 生意参谋的客群洞察功能模块主要包括行业客群和(　　)。
   A. 客群透视　　　　B. 客群排行　　　　C. 客群分析　　　　D. 客群洞察
2. 生意参谋的供给洞察功能模块主要包括(　　)和市场排行。
   A. 市场大盘　　　　B. 市场透视　　　　C. 监控看板　　　　D. 市场预测
3. 竞品添加监控后(　　)日内不可撤销。
   A. 5　　　　　　　B. 7　　　　　　　C. 10　　　　　　　D. 14
4. 在生意参谋的竞品对比页面,最多可以比较(　　)个竞品。
   A. 1　　　　　　　B. 2　　　　　　　C. 3　　　　　　　D. 4
5. 市场洞察提供多长数据周期的数据?(　　)
   A. 不同版本不一样,标准版可查看1年的数据,专业版可查看5年的数据
   B. 市场洞察不同版本不同模块的数据周期都不一样,比如专业版最长市场大盘可查看月粒度3年的数据,搜索词分析月粒度最长可查看1年的数据等;标准版市场大盘最长数据周期的模块是市场大盘,可查看月粒度1年的数据
   C. 全部都可以查看5年的数据
   D. 全部都可以查看3年的数据

二、多选题

1. 竞品分类方式包括(　　)。
   A. 功能完全相同　　B. 核心功能相似　　C. 功能本质相同　　D. 基本功能相似

2. 竞品选择除了流量渠道、店铺装修、宝贝主图和详情页等,也可以提炼竞争对手宝贝的卖点,包括(　　)。
   A. 产品属性对比　　　B. 产品 SKU 对比　　　C. 首图视觉对比　　　D. 产品评价对比
3. 生意参谋的市场功能模块主要包括(　　)。
   A. 市场监控　　　B. 供给洞察　　　C. 搜索洞察
   D. 客群洞察　　　E. 机会洞察
4. 生意参谋的搜索洞察功能模块主要包括(　　)。
   A. 搜索排行　　　B. 搜索分析　　　C. 搜索人群　　　D. 搜索对比
5. 生意参谋的竞争功能模块主要包括(　　)。
   A. 竞争店铺　　　B. 竞争商品　　　C. 竞争品牌
   D. 竞争动态　　　E. 竞争配置
6. 生意参谋的竞争店铺功能模块主要包括(　　)。
   A. 监控店铺　　　B. 竞店识别　　　C. 竞店分析　　　D. 监控商品
7. 生意参谋的竞争商品功能模块主要包括(　　)。
   A. 监控商品　　　B. 竞品识别　　　C. 竞品分析　　　D. 监控店铺
8. 生意参谋的竞争品牌功能模块主要包括(　　)。
   A. 监控品牌　　　B. 品牌识别　　　C. 品牌分析　　　D. 品牌客群
9. 店侦探的店铺七天透视功能,包括(　　)分析。
   A. 销售　　　B. 宝贝　　　C. 展现引流　　　D. 营销
10. 生意参谋的市场排行功能中,商品排行可以按(　　)排序。
    A. 高交易　　　B. 高流量　　　C. 高评价　　　D. 高意向
11. 生意参谋的市场排行功能中,店铺排行可以按(　　)排序。
    A. 高交易　　　B. 高流量　　　C. 高评价　　　D. 高意向
12. 高潜竞店识别分别有哪几个维度?(　　)
    A. 高增长、高销量　　　　　　B. 高流失、高销量
    C. 高流失、低销量　　　　　　D. 低增长、低销量
13. 影响销量的主要因素有哪些?(　　)
    A. 客单价　　　B. 展现量　　　C. 点击率　　　D. 转化率

三、判断题

1. 竞品是竞争对手的产品,竞品分析,顾名思义是对竞争对手的产品进行比较分析,进而得出有利于自身的竞争策略。(　　)
2. 商品识别是系统基于当前店铺特质,在海量数据中从交易流失和搜索流失的维度识别出核心竞争商品。(　　)
3. 访客数:分为无线端和 PC 端,无须分别统计。(　　)
4. 转化率的计算公式为成交用户数/访客数。(　　)
5. 收藏加购率的计算公式为(购物车+我的淘宝)/总访客。(　　)

项目十三

店铺数据分析

学习目标

- 了解店铺核心数据的内涵
- 了解推广工具各报表重点数据的含义

学习重点

- 店铺核心数据的内涵

学习难点

- 店铺推广数据分析

任务一　店铺核心数据分析

13.1.1　任务情境

网店在经营了一段时间后,大家都十分关心销售量,但是赵明认为销售量只是店铺的一个表面的数据,他十分想了解店铺的整个经营情况,这就须要去了解店铺运营的核心数据。

13.1.2　任务分析

要分析店铺运营的核心数据,首先要学会查看数据,其次要学会筛选我们需要的数据,最后对这些数据进行分析及优化。这样店铺才会更"健康"地运营下去。

13.1.3　知识准备

- 跳失率:统计时间内,访客中没有发生点击行为的人数除以访客数,即 1 - 点击人数/访客数。该值越低表示流量的质量越好。多天的跳失率为各天跳失率的日均值。
- 支付转化率:统计时间内,支付买家数除以访客数,即来访客户转化为支付买家的比例。
- 退款率:近 30 天内,退款成功笔数除以支付宝支付子订单数,退款包括售中和售后的仅退款和退货退款。

- **收藏人数**：统计日期内，新增点击收藏商品的去重人数，不考虑取消收藏的情况。
- **加购件数**：统计日期内，新增点击商品加入购物车的商品件数总和，不考虑删除、加购件数修改和下单转化减少的情况。

13.1.4 任务实施

一、店铺数据查看

步骤一：查看实时数据。

进入生意参谋后台，首页右侧会显示"实时概况"，其中包括店铺实时的支付数、访客数、支付买家数、浏览量等信息，右侧会显示店铺的层级与排名，如图 13-1-1 所示。

图 13-1-1　店铺实时数据页面

步骤二：视窗数据查看。

生意参谋首页提供运营、服务、管理三种数据视窗供卖家查看。

运营视窗数据包括整体、流量、转化、客单、评价、竞争情报、行业排名等数据，如图 13-1-2 所示。

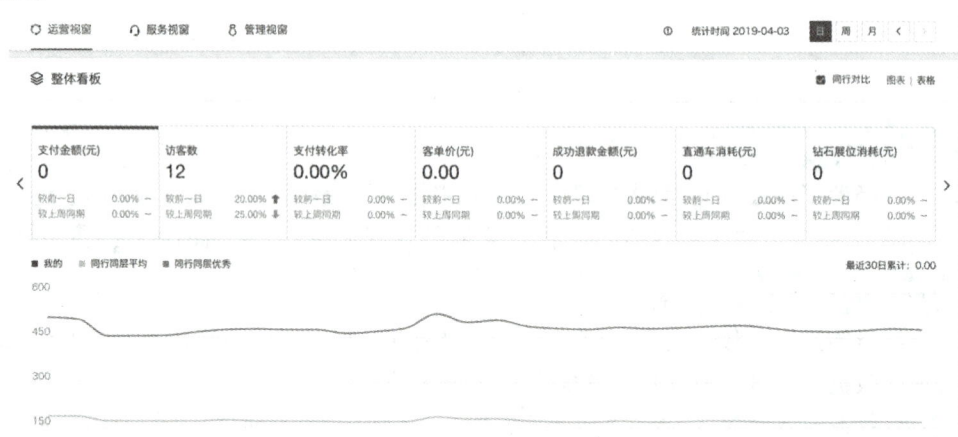

图 13-1-2　运营视窗数据页面

服务视窗数据包括服务体验、咨询、评价、退款等数据，如图 13-1-3 所示。

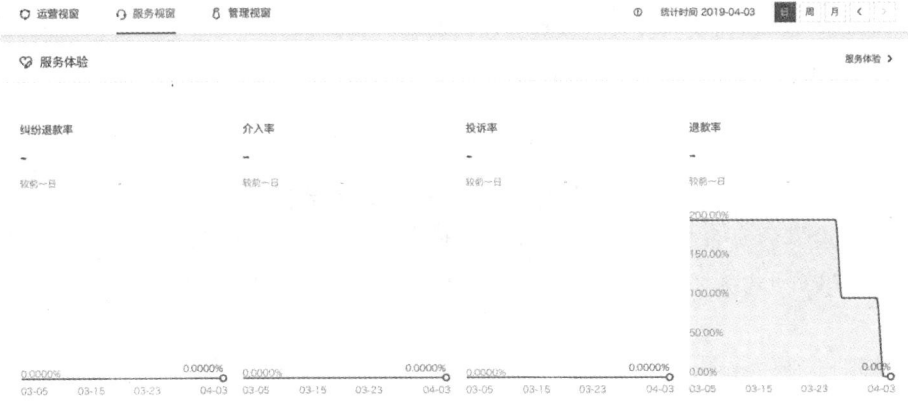

图 13-1-3　服务视窗数据页面

管理视窗数据包括整体、流量、推广、退款、财务等数据,如图 13-1-4 所示。

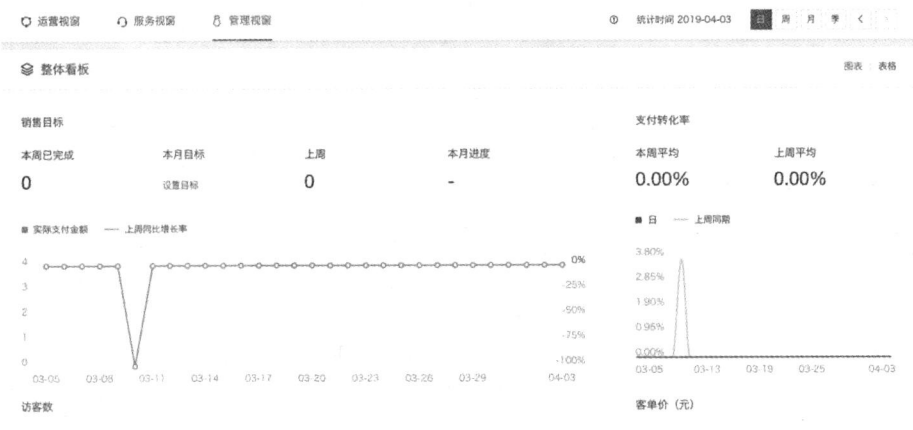

图 13-1-4　管理视窗数据页面

步骤三：店铺取数。

进入生意参谋后台,点击"取数",可以查看各类数据报表,如图 13-1-5 所示。

图 13-1-5　取数页面

其中,官方会有一些推荐的数据报表,卖家也可以自己选取数据指标生成自己的数据报表。

> **小贴士**
>
> **自助取数为什么缺少某天的数据?**
>
> 如果卖家的商品某一天没有访客和支付金额等数据,则报表中将不展示这天的数据,时间周期会缺少这一天。

二、分析店铺核心数据

1. 店铺层级分析

层级与排名是根据商家最近 30 天的支付宝成交金额计算的,如图 13-1-6 所示。层级越高,说明获取流量的能力越强,店铺层级决定了店铺的流量上限。每进一个层级,流量上限就会提高,平均每个层级比前一个层级流量要多。

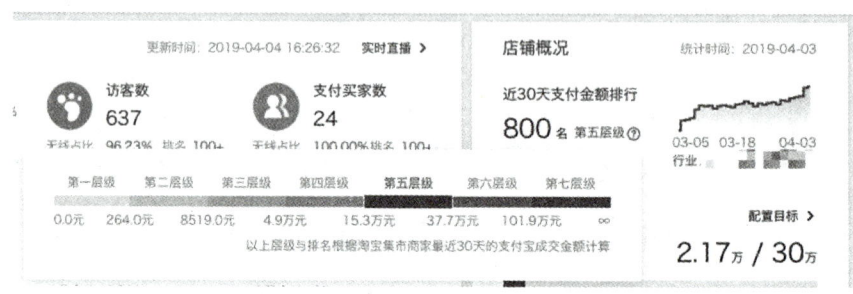

图 13-1-6　店铺层级页面

2. 流量数据分析

(1) 访客数及平均停留时长。

统计周期内访问卖家店铺页面或宝贝详情页的去重人数,一个人在统计时间范围内访问多次只记为一个。所有终端访客数为 PC 端访客数和无线端访客数相加去重。在运营视窗中选择访客数,可以按日、周、月查看数据曲线,如图 13-1-7 所示。

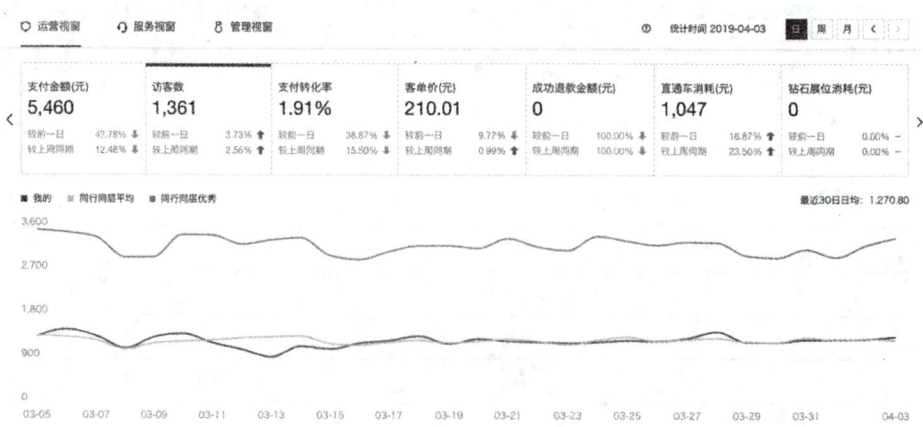

图 13-1-7　访客数

在某种意义上,访客数代表了一个店铺的人气、规模,访客数曲线折射出一个店铺的生命力。一个健康的访客数曲线,应该是稳中有小幅度的提升,偶尔有高潮,高潮之后的回落不能太明显。在同行对比中,可以看到同等级店铺的访客数均值。

在生意参谋后台,点击"流量"查看访客分析,如图 13-1-8 所示,我们可以看到更多关于访客的数据,包括时段分布、地域分布、特征分布、行为分布。

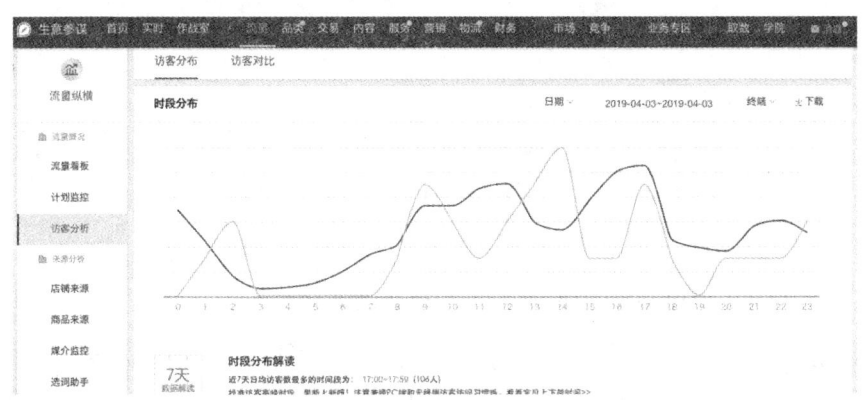

图 13-1-8　访客分析页面

通过时段分布数据,我们可以找准访客高峰时段,找到了高峰时段就可以在该时段上新商品,不过要注意兼顾 PC 端和无线端访客访问习惯。地域分布包括访客数占比排行和下单买家数排行,对排名靠前的地区进行重点推广运营,可以提升流量和转化。

访客数据的各项指标可作为直通车、钻石展位等营销工具进行推广时的限定条件。例如,行为分布,把来源关键词与搜索查询中的关键词的指标做对比,可看出店铺目前的相对竞争情况,也可把访客多、转化高的关键词进行扩展;对访客少、转化低的进行删除或调整,匹配到其他宝贝;对访客少、转化好的词进行加大投放,如增加一些拓展词、联想词、长尾词等。

在生意参谋后台,点击"流量"查看流量总览,如图 13-1-9 所示。我们发现访客数包括店铺访客数和商品访客数。除此之外,还要关注"平均停留时长",如果访客数增加,平均停留时间却缩短,可反映产品推广方式不当或所吸引的用户和产品不匹配等。

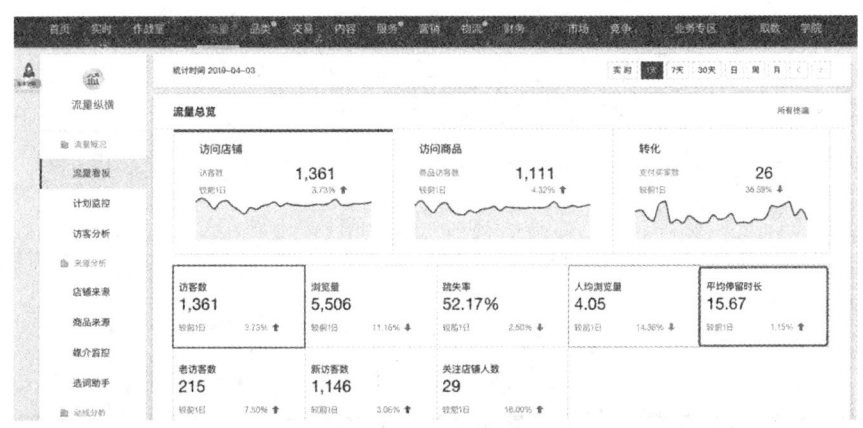

图 13-1-9　平均停留时长

（2）流量走向和流量来源。

在管理视窗的"流量看板",可以查看店铺的流量走向,如图 13-1-10 所示。流量走向主要有淘内免费、付费流量、自主访问、淘外流量等。淘内免费流量包括淘宝搜索、直接访问、购物车、宝贝收藏等,付费流量包括直通车、钻石展位、淘宝客等。

图 13-1-10　一级流量走向

进入生意参谋后台,点击"流量",进入"流量看板",可以看到流量来源排行,如图 13-1-11 所示。其中,"淘宝搜索"和"直接访问"反映的是店铺的实力。这两个来源访客越多,店铺实力越强,同时主要反映出搜索优化做得比较好。直接访问越高,反映出老顾客维护越好。

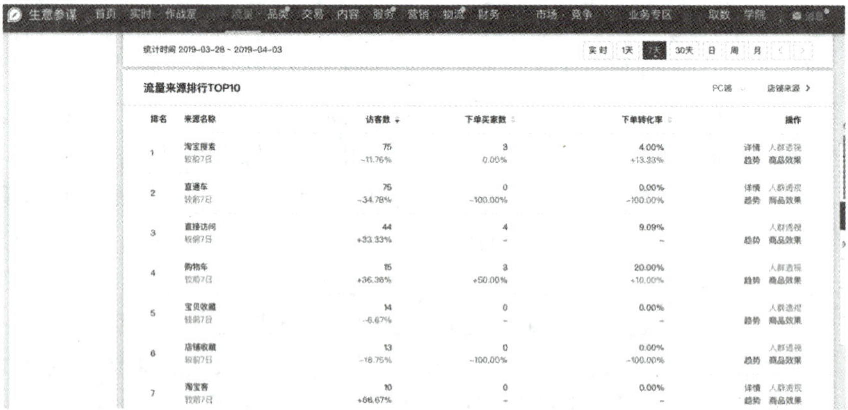

图 13-1-11　流量来源排行

"淘宝搜索"来源是一个店铺的根基,也是做推广的前提。"淘宝搜索"很高的话,直通车点击率占先天优势,因为直通车可以看作"淘宝搜索"的补充展现。既然宝贝在"淘宝搜索"结果里被点击的次数很高,作为"淘宝搜索"的补充展现,只要有一定的展现,点击率肯定也会有所保障。

> **小贴士**
>
> **生意参谋为什么会显示聚划算的流量?**
>
> （1）卖家之前参加过聚划算活动,消费者保存了聚划算的链接并点击进入。
> （2）聚划算有推荐入口,如买家从聚划算推荐入口进入,也会计入聚划算流量。

（3）跳失率。

在运营视窗的"流量看板"中还能看到店铺的跳失率，如图13-1-12所示。影响跳失率的主要原因是详情页、评论、问大家。在店铺流量增加后，首要的任务是做好关联销售，做好关联销售可以降低跳失率，提高停留时间，同时提高转化率，提高每一个流量的价值。其次要做好评论维护。客户的评论是检测产品和服务最直接的因素。所以一定要认真地分析客户的评论，不能等有了不能解决的问题再去重视。

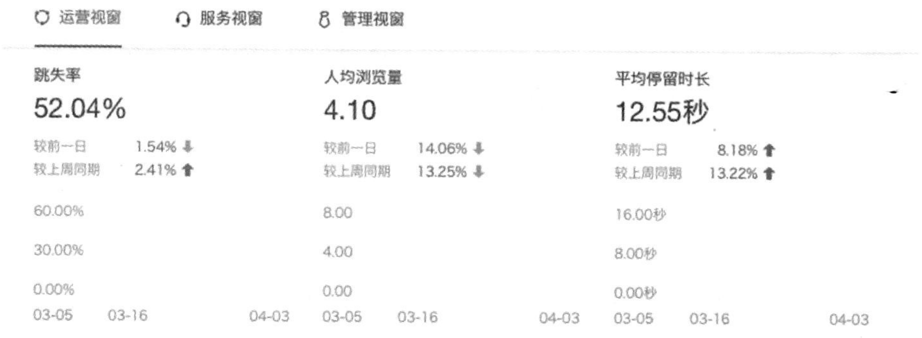

图 13-1-12　跳失率

3．品类数据分析

（1）商品访客数和支付件数。

在生意参谋后台点击"品类"，进入"宏观监控"页面，这里我们可以查看店铺宝贝的访客数和支付件数，如图13-1-13所示。我们发现有的宝贝看的人少，买的人也少，这样的宝贝一般是滞销款，要重点推荐。有的宝贝看的人多，但买的人少，这样的宝贝要重点调整，根据顾客的聊天记录来调整页面，提高转化率。有的宝贝看的人少，但买的人不少，这样的宝贝转化率很高，可以适当地增加流量，重点培养。有的宝贝看的人多，买的人也多，这样的宝贝就是主打款，要重点维护。

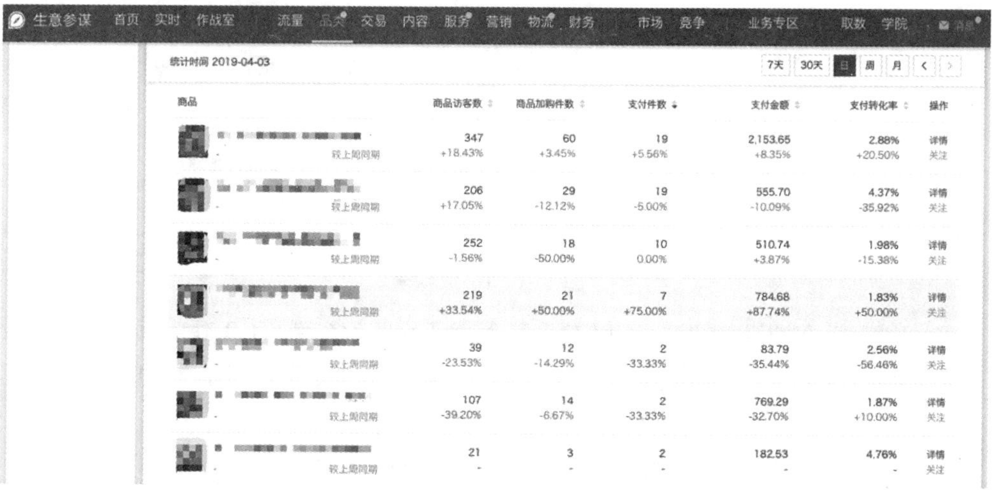

图 13-1-13　商品访客数和支付件数

(2) 收藏率和加购率。

在生意参谋后台点击"商品",进入"商品效果"页面,可以看到关于商品的收藏人数和加购人数的信息,如图13-1-14所示。收藏率=收藏人数/商品访客数×100%,加购率=加购人数/商品访客数×100%。一般两者的数据达到10%以上,手淘流量会很容易爆发出来。影响收藏率、加购率的主要因素有:宝贝详情页、活动、客服技巧、宝贝评论、问大家等。

图13-1-14 收藏人数和加购件数

4. 服务数据分析

(1) 退款率。

在服务视窗的"退款看板"可以查看店铺的退款率,如图13-1-15所示。

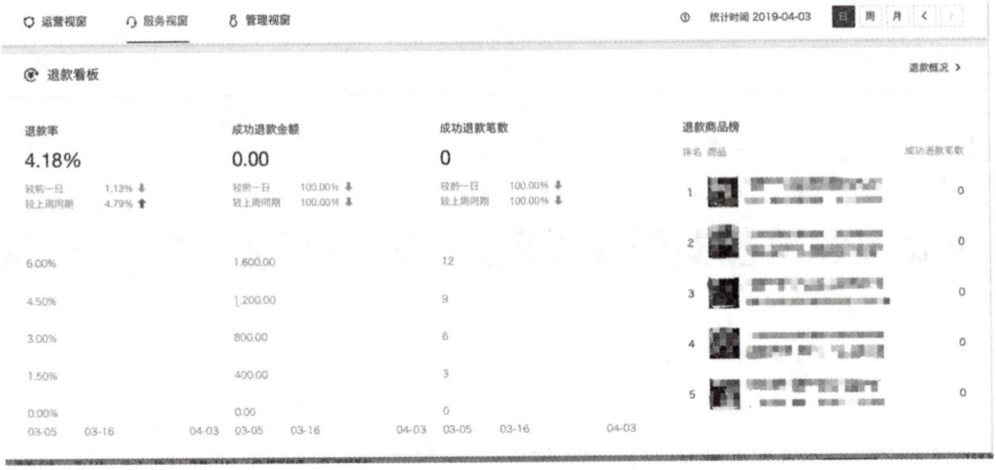

图13-1-15 退款率

点击右上角的"退款概况",可以查看每个商品的退款金额、TOP退款原因、退款笔数占比等详细数据,如图13-1-16所示。一般退款率较高的原因主要是产品本身的问题。

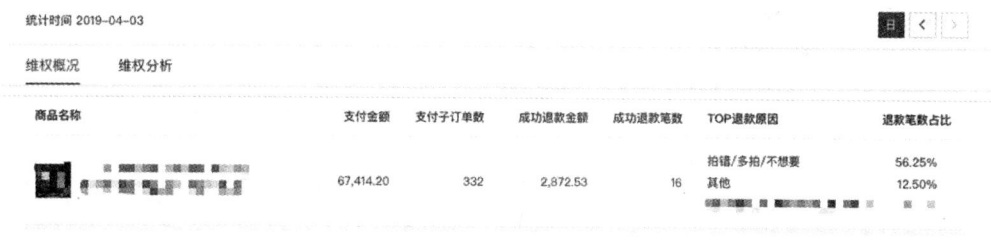

图 13-1-16 维权概况

(2) 动态评分。

在服务视窗的"评价看板"可以查看店铺动态评分,如图 13-1-17 所示。

图 13-1-17 店铺动态评分

店铺动态评分是指在淘宝网交易成功后,买家可以对本次交易的卖家进行如下三项评分：① 宝贝与描述相符；② 卖家的服务态度；③ 物流服务的质量。每项店铺评分取连续 6 个月内所有买家给予评分的算术平均值(每天计算近 6 个月内数据)。只有使用支付宝并且交易成功的交易才能进行店铺评分,非支付宝的交易不能评分。

某项指标如果连续 5 天下滑,一定要引起重视。如果下滑要分析原因,可以进入生意参谋后台,点击"服务",进入售后评价页面查看详情。我们可以查看某个商品的负面评价关键词,如图 13-1-18 所示,根据评价关键词查找原因并做出应对。卖家服务评分下降一般是受客服、退换货等原因的影响,描述相符评分下降一般是受产品、详情页内容等原因的影响,物流服务评分下降一般是受快递发货等原因的影响。

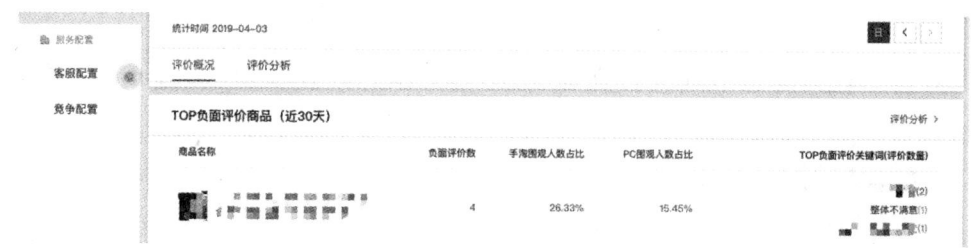

图 13-1-18 负面评价商品数据分析

13.1.5 任务总结

1. 知识结构图（图13-1-19）

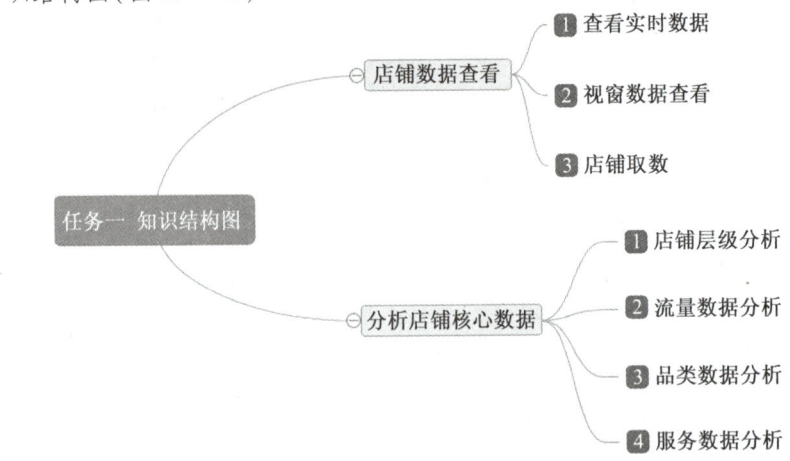

图 13-1-19　知识结构图

2. 拓展知识

动销率和动销深度

（1）动销率就是指全店上架产品是否皆有销售。

① 2～3个月以内无销售的产品尽量删除（非下架）再重新上架。

② 根据产品的多少而定，上下架时间须合理安排。如果店铺有10个滞销产品，建议一个星期内把这些产品分开删除，再分开上架，这样每一天都有新的宝贝。

③ 全店动销率越高越好，优质的店是淘宝最看重的，动销率最好达到90%。

爆款的思维已经开始在弱化了，淘宝现在更看重的是一个运营健康的店铺。全店的产品都有动销，而不是天天都在销售某几个产品。淘宝有越来越削弱爆款的趋势，打击爆款的销量也会越来越严。

（2）动销深度是指店铺销量最好的产品与最差产品的差距对比。

① 根据类目不同尽量控制在1%～10%之间。

② 零销量产品删除后再重新上架。

（3）新品动销率。

新品动销率是淘宝非常看重的，绝大多数滞销的产品很多都是新品。

① 每周上新有增加权重的机会，每周上新时新品要有高动销率和动销深度。

② 做好新品动销率的核心在于做好CRM，使新品快速获得权重。

③ 尤其值得注意的是，高单价货品权重是高于低单价货品权重的，要突出品质而不是一味打价格战。

13.1.6 任务训练

1. 夏艺女装网店访客数趋势及经营转化率如图13-1-20和图13-1-21所示。

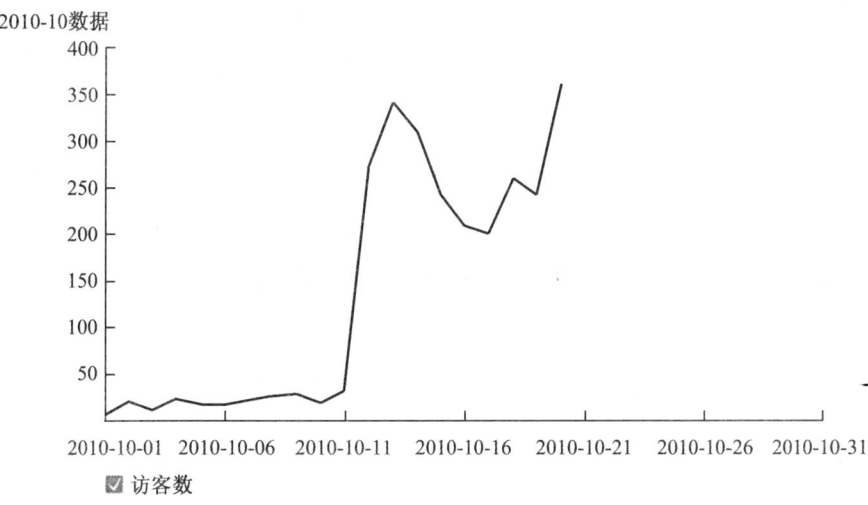

图 13-1-20　访客数趋势图

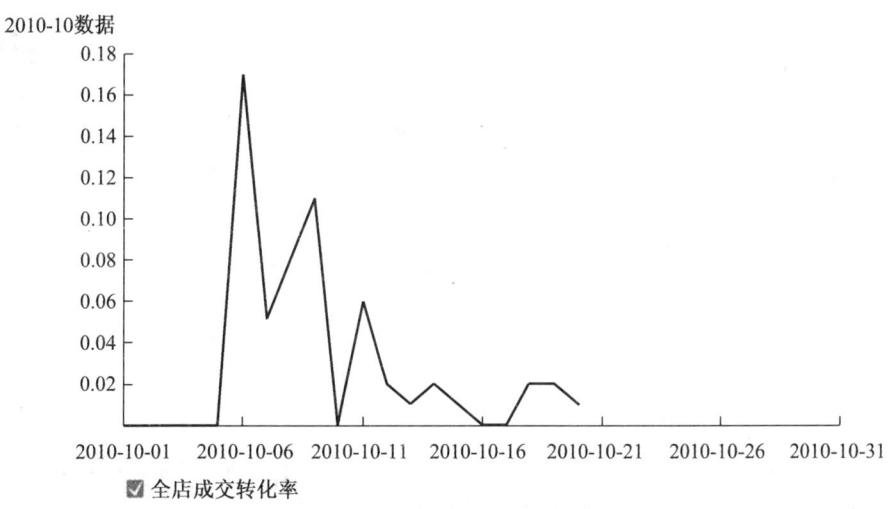

图 13-1-21　店铺经营转化率图

分析图 13-1-20 和图 13-1-21，从中可以发现什么问题，如何解决？请将回答内容填入下框中。

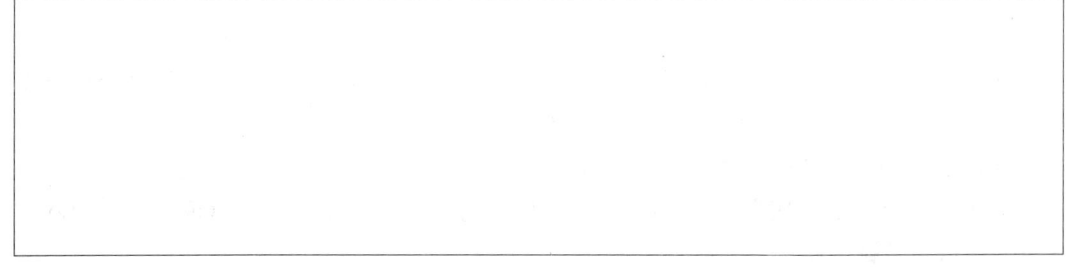

2．店铺流量来源主要依托付费流量，该店铺流量来源是否健康？原因是什么？请将回答内容填入下框中。

3. 店铺转化率低于同行业情况下,如何优化提升?请将回答内容填入下框中。

13.1.7 课外学习

- 生意参谋数据指标详解(用手机淘宝扫一扫)。

任务二 推广数据分析

13.2.1 任务情境

网店运营中很重要的一部分就是推广。推广效果好不好必须要查看推广报表。于是,赵明召集李伟和宗仰一起分析主要推广工具的报表数据。

13.2.2 任务分析

店铺推广数据主要包括直通车推广数据、钻石展位推广数据和淘宝客推广数据,我们可以进入各个推广工具的后台查看对应的报表,提取关键数据进行分析及优化。

13.2.3 知识准备

- 展现量:所有创意在钻石展位资源上被买家看到的次数。注意:虚假展现会被反作弊体系过滤,该数据为反作弊系统过滤后的数据。
- 千次展现成本:表示创意在每获得1 000次展现后所产生的平均费用。
- 投入产出比:总成交金额除以花费,反映淘宝直通车点击花费在所选转化周期内带来支付宝成交金额的比例。
- 投资回报率:投资回报率 = 支付宝总成交金额/消耗,反映有展现或点击行为的用户在一段时间周期内带来的累计投入产出比。

13.2.4 任务实施

一、直通车数据分析

步骤一：报表数据维度选择。

淘宝直通车的数据有很多，进入直通车后台的"报表"，如图 13-2-1 所示。我们主要选择并查看以下核心数据：

（1）花费数据设置 2 个：花费和平均点击花费。
（2）展现点击数据设置 2 个：点击量和点击率。
（3）转化数据设置 4 个：总成交金额、总成交笔数、总收藏数和总购物车数。
（4）点击转化数据设置 1 个：点击转化率。
（5）投入产出数据设置 1 个：投入产出比。

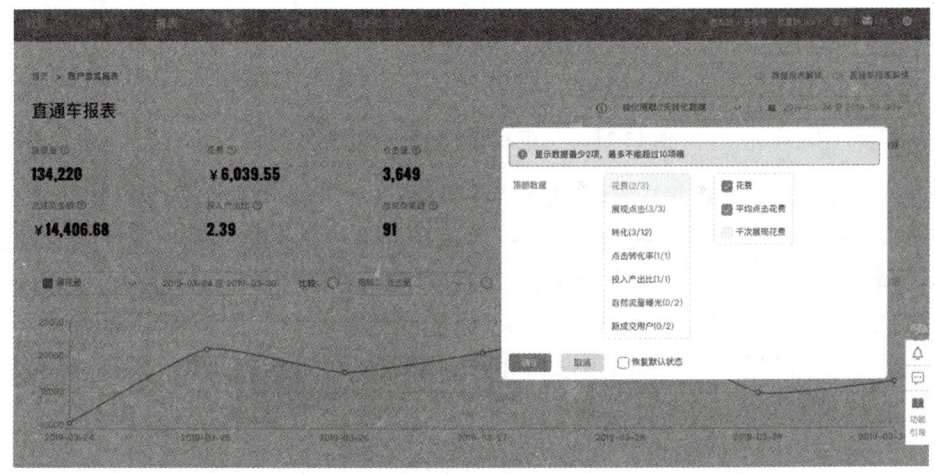

图 13-2-1 直通车报表显示数据设置页面

步骤二：获取数据。

在报表首页可选择要查看的数据时间，过去 7 天、14 天、30 天等周期，日期选完后转化周期建议选择 3 天、7 天或更长时间，如图 13-2-2 所示。转化周期选择越长，数据就越准确（1 天转化周期只统计当天 24 点前成交的，加购物车第 2 天购买或后续退款等数据均不纳入统计）。

图 13-2-2 直通车报表首页

步骤三：数据解读。

1. 整体趋势

选择完数据维度后,直通车报表主栏目就会显示相关数据在对应时间段内的总体情况,点击数据维度下拉菜单可以查看各项数据过去 7 天、14 天的总体趋势图,如图 13-2-3 所示。

图 13-2-3　直通车相关数据总体趋势图

点击率决定直通车引进多少流量,决定点击量,也关系到账户的质量得分,从而直接影响平均点击花费(PPC),最终决定我们要获取一定流量需要多少花费。因此,对于账户来说,点击率、点击转化率、投入产出比、成交金额、成交笔数和加购物车等数据越高越好。PPC 决定直通车单次点击扣费,PPC 越低,同样的花费引入流量越多,所以 PPC 走势越低越好。

通过点击量和 PPC 数据对比,可以进行整体趋势分析,如图 13-2-4 所示。

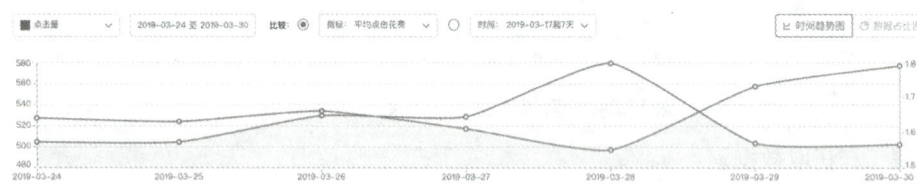

图 13-2-4　点击量与 PPC 数据对比

通过分析两个曲线的趋势,一共有 9 种情况,见表 13-2-1。

表 13-2-1　点击量与 PPC 数据对比

点击量	PPC	趋势	点击量	PPC	趋势
上涨	上涨	坏	持平	下降	好
上涨	持平	好	下降	上涨	坏
上涨	下降	好	下降	持平	坏
持平	上涨	坏	下降	下降	好
持平	持平	稳定			

这就是报表的整体趋势情况,当趋势变坏的时候我们就要去分析原因了。

2. 流量分析

当我们选取了某个数据指标,可以在右侧点击"数据占比图",查看流量来源对比,如

图 13-2-5 所示。

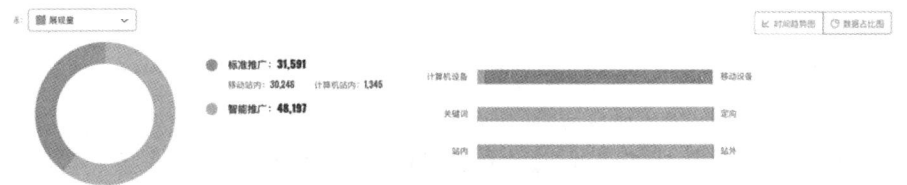

图 13-2-5　数据占比图

（1）PC 端流量和移动端流量对比：观察 PC 端流量和移动端流量占比情况，优化 PC 端和移动端投放比例，确定重点投放端。如果移动端数据比 PC 端好，移动端的投放比例可以适当调整 100% ~ 150%。

（2）关键词流量和定向流量对比：如果关键词流量过多，可以适当开启定向流量，增加流量精准性（多渠道流量获取）。

（3）站内流量和站外流量对比：站内流量精准，站外流量广泛，一般站内流量分配 85%，站外流量分配 15% 比较合理。

3．推广计划分析

在推广计划列表中我们可以看到每个计划的整体情况，如图 13-2-6 所示，方便我们合理安排直通车费用预算。转化、投入产出比高的计划可以适当增加预算，反之减少预算。同时，计划与计划之间还可以进行横向对比，同类商品可以对比不同款式。

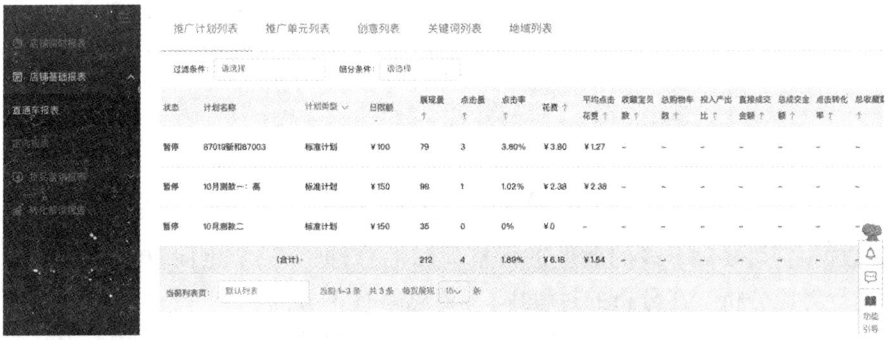

图 13-2-6　推广计划整体情况

4．推广单元分析

通过分析推广单元列表，我们可以知道账户中每个计划、每个推广宝贝的效果，帮助卖家分析并决策推广的款式和数量。哪些点击率高，哪些款式受欢迎，从而选定潜力款与主推款。

5．创意分析

在创意列表查看每个创意里的点击率，分析造成点击率低的原因，如果与全店点击率（直通车竞店）相比较低，就要考虑是否替换创意图片。

6．关键词分析

可以知道账户核心转化的关键词有哪些，将账户关键词进行划分，给每个关键词添加标签和分类，划分核心词、重点词、优化词。重点词重点对待，核心词出价排名前 5 位左右，重点词出价排名前 20 位左右,优化词排名前 30～50 位。同时通过点击情况分布,可判断账户是否适合开放定向。站内外点击率对比也可以在关键词列表页查看数据结果。

7. 地域分析

通过投放地域列表,可以看到直通车点击量在各省市地域内的分布情况,帮助卖家把全国各地流量情况进行数据化。

(1) 点击量高,成交量低的区域:说明该区域竞争对手集中、同行无效点击比较多,建议缩减投放省市或者减少投放比例,或者直接屏蔽该区域投放。

(2) 点击量低,成交量高的区域:有效点击和真实点击比较多,说明该区域潜在客户比较多,是卖家的重点投放区域,可以加大投放力度,新建计划针对该区域重点投放。

(3) 点击量和成交量一般的区域:暂不做投放比例修改,选择时间跨度稍微长一些再继续观察,2～3 个月后再根据情况做调整。

二、钻石展位数据分析

步骤一:定向分析。

点击定向页面,把数据下载下来做成数据透视表,如图 13-2-7 所示。通过下载查看的方式可以按照自己的目的整理和建立数据模型。

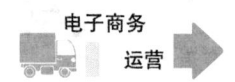

图 13-2-7　定向页面

下载数据之后,要对下载的数据进行整理和汇总,把每一个定向位置的数据都进行汇总,然后进行对比分析。在分析的过程中,主要思路有 3 个:

(1) 现状是什么样的?目前定向整体表现如何?相对于行业均值来说是好还是坏?自己的定向中哪个定向是表现最好的,哪个定向是表现最差的,把目前现状都了解清楚。

(2) 现状是什么原因造成的?例如,目前的定向数据整体比行业均值还低,那么就要思考原因。是因为圈定的人群不精准还是宝贝本身的问题,或是选择定向思路的时候存在错误。同样,如果定向表现好,也要分析表现好的原因,因为我们要学会总结经验,以便在这个基础上进一步优化。

(3) 接下来应该如何操作?当我们了解了现状之后,要决定接下来应该如何走。例如,某一个定向表现的数据较差,接下来是应该完全删除这个定向还是调整出价,还是如何优化,这些都还要考虑的。

另外,还要重点分析该定向的 PPC 是否能承受,点击率是否有提升的空间,每天消耗的费用是否在预算范围内,每天的预算是否能均匀消耗。在使用同样素材的情况下,哪一个定向的质量最高。

除了做历史数据分析外,我们也要做实时数据分析,也就是每一个时间段的定向表现情况。如图 13-2-8 所示,点击想要分析的定向报表,就可以进入到报表页面,查看每一个时间点的数据效果。

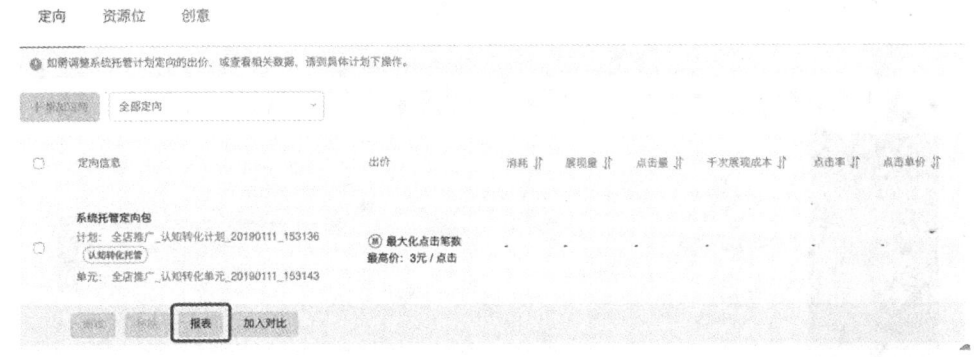

图 13-2-8　定向信息页面

步骤二:出价分析。

(1) 分析我们的出价和实际千次展现扣费的情况。要对比这两个数据,看它们之间的落差。例如,我们的出价是 86 元,但是千次展现成本是 48 元,这个时候根据钻展的扣费公式(实际扣费 = 按照下一名 CPM 结算价格 + 0.1 元)就可以知道目前这个人群下的竞争价格,这个和直通车不一样,直通车还有质量得分,所以还推算不出竞争对手的出价。钻展的展示规则告诉我们价格高的优先展示,所以只要展示,就说明在这个人群下我们的出价是最高的。当然,这个是在我们圈定的人群下,不是所有人群。因此,通过这个落差就可以大概知道我们的出价是高还是低。

(2) 分析点击率和出价之间的关系。如果发现点击成本高的时候点击率都比较高,而点击成本低的时候点击率都很低,那么就要出价高一点,争取更好的点击率。但是如果发现提高出价之后,点击率没有变化,这个时候就要根据流量需求以及 PPC 承受能力来决定是否提高出价或者降价。

(3) 根据钻展的公式来判定是否调节出价。公式看起来是很基础的内容,但对我们的指导作用是很强的。能获得的总流量 = 总预算/千次展现单价 × 1 000,这个公式一定要熟练应用。

(4) 要多看实时数据并随时调整。钻石展位和直通车有一个很大的区别:在运用直通车的时候,实时数据我们只做一些参考,不会过分依靠;但是运用钻石展位的时候我们对实时数据是非常关注的,要多看实时数据,及时调整和优化,通过实时数据及时找到最佳出价和最理想点击率的出价。

步骤三:创意分析。

创意分析就是分析在同一个维度下创意的表现情况如何。特别注意,一定要是同一个维度,也就是说在分析创意的时候,定向、资源位和出价等必须是一致的,否则分析的数据不准确。

分析创意的时候不能只分析点击率,还要分析加购人数、收藏人数、转化率和 ROI 等。同时,还要分析不同出价下创意的点击率会不会发生变化,其实这个分析就是刚刚出价分析里面的一部分。但是我们要果断删除不好的数据,这个和直通车不一样。我们发现直通车推广点击差的时候,还要经过一段时间测试之后再决定是否删除,但是钻石展位不一样,如果分析的数据量足够了,只要表现不好,就要及时删除。

三、淘宝客数据分析

在淘宝客后台的"效果报表"中,我们可以看到关于商品的报表和关于店铺的报表,如图 13-2-9 所示。

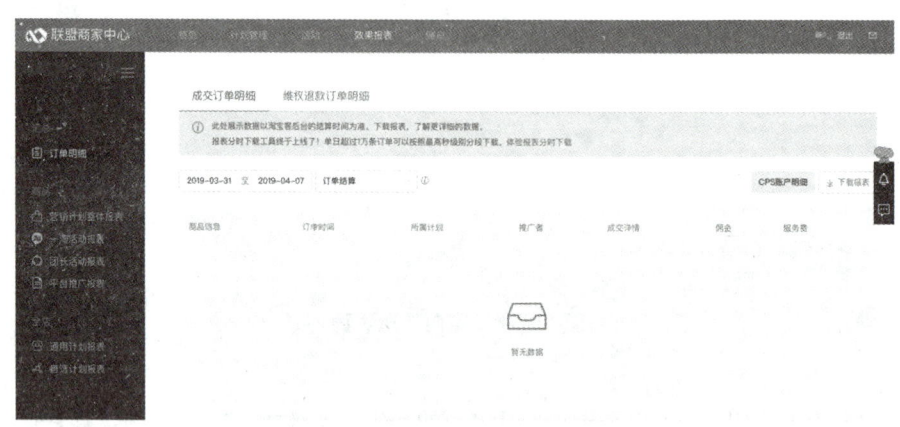

图 13-2-9　淘宝客效果报表页面

我们对点击数、佣金支出、佣金率和付款笔数这 4 个数据指标要重点关注。

在自选计划报表里我们会看到淘宝客的明细数据。我们可以从这个报表中观察每个淘客给我们店铺带来的数据,观察周期大概一个月,如果是超高转化率或者无淘宝流量,再清退该淘客。

分析淘客的数据,一般看点击数、付款笔数和点击转化率。有的淘客带来的流量和点击数都不多,但是两三个点击数中就成交一笔。这种淘客并不是优质的,虽然前期他会给淘宝店铺带来零星的流量,但是后期一般作用不大。

有的淘客带来一定的点击数,但是没有成交。淘客带来点击数说明这些淘客都在推广我们的产品,只是没有带来销量而已,现在没有成交,不代表以后没有。如果马上清退正在帮我们推广的淘客,可能会引起淘客的反感。

13.2.5　任务总结

1. 知识结构图(图 13-2-10)

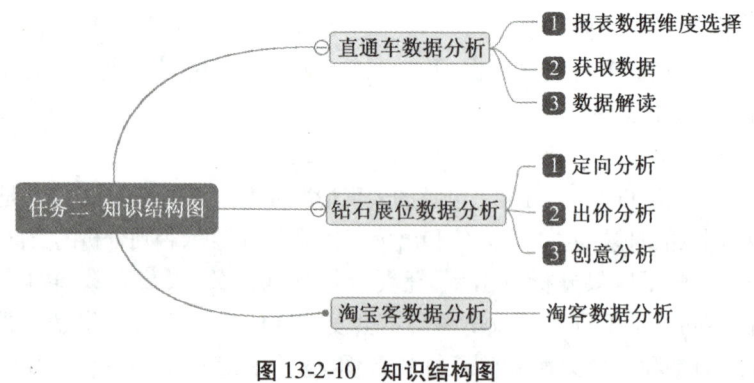

图 13-2-10　知识结构图

2. 拓展知识

网店销售黄金公式三要素提升方法

黄金公式：销售额 = 访客数（流量）× 全店转化率 × 客单价

如果店铺销售额出现下滑，我们就要重点分析上述三个因素，并有针对性地做出调整，最终提升店铺营业额。具体的提升方法见表 13-2-1。

表 13-2-1　销售公式三要素提升方法

提升的维度	对应的提升方法
流量（访客数）	（1）直通车推广：进行选词、调价、卡位、竞争排名调整；推广图设计、精准匹配等
	（2）钻石展位推广：进行定向竞争对手、意向人群、类目人群调整及钻石展位推广设计调整
	（3）官方活动报名：天天特价、淘抢购、聚划算等
	（4）淘宝客推广：淘宝客后台活动报名；收集建立淘客群并且维护淘客资源
转化率	（1）详情页优化：分析消费者诉求；找出产品差异化，包括服务、价格、物流、产品功能等
	（2）页面活动氛围提升：制订店铺日常活动、主题活动，进行活动策划、活动海报设计、关联通栏设计等
	（3）客服询单转化率提升：定期检查客服聊天记录；分析买家未转化原因，总结问题并且提升客服话术
客单价	（1）做好产品搭配套餐活动，利用引流款和新品、高价款进行搭配，有效提升店铺的客单价
	（2）做好客服回复和导购，在顾客咨询的时候进行套餐推荐，包括：互补型推荐、搭配型推荐、同款多件优惠等

13.2.6　任务训练

1. 进行淘宝客推广活动后，淘宝客关系的维护也很重要。分析表 13-2-2 中的数据并回答后面的问题。

表 13-2-2　淘客推广数据表

产品名	店铺该宝贝总成交额（元）	淘宝客推广成交额（元）	淘宝客成交占比	佣金比例	佣金金额（元）	成交笔数	ROI
产品 1	171 324.47	5 932.21		2.50%	148.31	60	
产品 2	36 330.25	2 150.75		3.00%	64.52	22	
产品 3	34 622.14	1 073.29		1.50%	16.10	11	

（1）计算上表中 3 个产品的淘宝客成交占比以及 ROI 值，将计算结果填入表中。

（2）如果想进一步提高淘宝客的成交占比，上述 3 个产品最应该选择哪个产品？如何进一步优化？请将回答内容填入下框中。

2. 夏艺女装公司女士双面呢大衣 4 月份进行钻石展位推广的部分数据见表 13-2-3。

表 13-2-3　女士双面呢大衣钻石展位 4 月份推广数据表

日期	PV	点击数	平均点击率	每千次展现出价(元)	每次点击价格(元)	消耗(元)
……	……	……	……	……	……	……
2019－4－18	499 270	3 092	0.62%	3.74		
……	……	……	……	……	……	……
2019－4－3	12 277	307	2.5%	9.03	0.36	110.92
2019－4－2	78 672	260	0.33%	2.5	0.76	196.59
2019－4－1	57	7	12.28%	13.86	0.11	0.79

（1）观察表中 4 月 1 日到 4 月 3 日数据中的平均点击率、每千次展现出价以及每次点击价格，可以发现什么现象？根据报表中的现象应采取什么策略？请将回答内容填入下表中。

现象	
采取策略	

（2）观察表中 4 月 2 日和 4 月 3 日数据中的展现量和平均点击率，可以得出什么结论？有何解决措施？请将回答内容填入下表中。

结论	
措施	

13.2.7　课外学习

- 根据自身的网店经营情况，尝试填写网店数据日、周、月报表。报表请扫描二维码下载。

项目十三　练习题

一、单选题

1. 直通车数据中的三天转化数据是指（　　　）。
   A. 链接点击发生后 3 日内产生的购买、收藏等数据
   B. 链接点击发生当天开始 3 日内产生的购买、收藏等数据
   C. 链接被推广后 3 日内产生的购买、收藏等数据

D. 链接被推广当天开始 3 日内产生的购买、收藏等数据

2. 某宝贝 7 天总流量是 2 000 个,这段时间总成交了 40 笔,每笔的利润是 20 元,该宝贝的流量价值是多少?(　　)

A. 0.4　　　　　B. 0.2　　　　　C. 0.1　　　　　D. 0.5

3. 直通车的投入产出比要看什么数据?(　　)

A. 销售排行榜　　B. 访客分析　　C. 客户流失分析　　D. 转化数据

4. 在淘宝店铺数据中,UV 的含义是(　　)。

A. 页面浏览次数　　　　　　　　B. 独立访问者

C. 关键词被搜索的次数　　　　　D. 用户在一个页面的停留时间

5. 下面哪一项属于用户自主访问流量?(　　)

A. 通过淘宝搜索来的流量

B. 用户从自己的购物车、收藏夹里来的流量

C. 通过一淘搜索来的流量

D. 从商城首页来的流量

6. A 店铺今天通过搜索获得的 UV 为 50,通过直通车获得的 UV 为 80,一共成交了 13 笔交易,那么(　　)。

A. 店铺今天的转化率为 10%　　　B. 店铺今天一共获得了 80 个 UV

C. 店铺今天的 PV 为 130　　　　D. 店铺今天的跳失率为 10%

7. 店铺各页面被查看的次数就是(　　)。

A. 访客数　　B. 成交转化率　　C. 浏览回头客　　D. 浏览量

8. 淘宝的转化率是如何计算的?(　　)

A. 转化率 = 产生购买行为的客户人数/所有到达店铺的访客人数 ×100%

B. 转化率 = 点击次数/展现次数 ×100%

C. 转化率 = 成交的总笔数/进店顾客总数 ×100%

D. 转化率 = 进店顾客总数 × 成交率 × 单笔平均成交量 ×100%

9. 以下选项中和店铺 DSR 评分关系最大的是(　　)。

A. 页面设计　　B. 品类规划　　C. 售后关怀　　D. 产品图片

10. 如果网店某次市场推广活动展开后跳失率高,可能原因是什么?(　　)

A. 促销折扣不够低

B. 广告诉求定位不准,广告内容与访问内容差距大

C. 促销活动竞争激烈

D. 市场推广预算不足

二、多选题

1. 在来源构成中的付费流量不包含以下哪个渠道引入的流量?(　　)

A. 直通车　　　B. 淘宝客　　　C. 聚划算　　　D. 淘金币

2. 做好老顾客回访可以提升动态评分,我们可以用以下哪些方法?(　　)

A. 电话回访顾客是否满意　　　　B. 建立旺旺群随时关怀

C. 设置针对老顾客的打折活动　　D. 提升店铺销量

3. 影响销售额的数据指标有哪几个？（　　）

A. 转化率　　　　　B. 客单价　　　　　C. UV　　　　　D. 投资回报率

三、判断题

1. 如果店铺的某款宝贝投放了淘客推广，想追踪一下该款宝贝详细的访问来源，可以使用来源分析中的宝贝页进行来源分析。（　　）

2. 只要能引进流量，所有活动都要上。不用管投放成本和流量的转化，只要吸引流量就行。（　　）

3. 当我们查看店铺的每日流量时，UV代表的是访客数，PV代表的是浏览量。（　　）

4. 直接转化是有效的下单行为，而间接转化不是有效的下单行为。（　　）

5. 对于一家业务一般的中小卖家，付费广告是唯一能提升和改变的手段。（　　）